JN013543

# 「起業参謀」の戦略書

スタートアップを
成功に導く
「5つの眼」と
23のフレームワーク

田所雅之

ダイヤモンド社

# なぜ、起業参謀が必要なのか？

## 〉日本には圧倒的に起業参謀が足りない

　この10年間ほどで、スタートアップを取り巻く環境は一変した。2022年のベンチャーキャピタルやエンジェル投資家のスタートアップへの出資額は9459億円、調達社数は3062社にも及んだ（INITIAL 調べ[1]）。

　私がこの業界に入った2010年頃は700億円〜800億円程度だったので、実に10倍以上に膨らんだ。この流れに比例して、スタートアップと起業家の数も増加の一途を辿っている。

　しかし、スタートアップの「数」に対して、「質」に関してはまだまだ物足りなさを禁じ得ない。現在の課題として挙げられているのが、日本のユニコーンの数の少なさだ（ユニコーンとは、未上場で10億ドル／1500億円〈2023年10月換算〉の時価総額を超えるスタートアップのことを指すが、最近は上場後数年以内のスタートアップの時価総額が1000億円を超えた場合でもユニコーンと呼ぶ場合がある）。

　スタートアップとして重要なことは、一時の勢いや一過性で勝つだけではなく、長く勝ち続ける仕組みを作ることである。どんなに優れた起業家でも、スタートアップは1人の力で勝ち続けられるほど甘くはない。スタートアップが大きく成長するためには、起業家のかたわらでそれを支える存在が欠かせない。

---

1) https://initial.inc/enterprise/resources/japanstartupfinance2023h1

　いま年間で14万社ほどが創業している。そのうち1万社がスタートアップである。新規の資金調達（第三者割当て）を行った社数が1800社程度になっている[2]。

　IPO（株式公開）やM&Aなどを成功の定義とした場合、2022年に上場したのが58社、買収されたのが122社あるが、成功と呼べるものは半数以下なので、併せて年間「100社程度」成功しているスタートアップが生まれている計算になる[3]。

**図0-01 成功するスタートアップは1％前後**

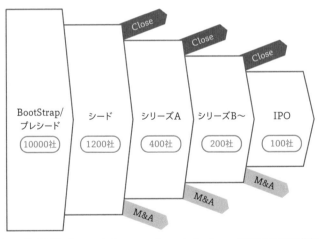

出典：https://initial.inc/enterprise/resources/japanstartupfinance2022h1を参考に著者が作成

2）https://www.tsr-net.co.jp/data/detail/1197658_1527.html#:~:text=2022%E5%B9%B4%E3%81%AE%E5%85%A8%E5%9B%BD%E3%81%AE,%E7%95%AA%E7%9B%AE%E3%81%AE%E6%B0%B4%E6%BA%96%E3%81%AB%E3%81%82%E3%82%8B%E3%80%82
3）https://newspicks.com/news/8032712/body/

それらをまとめたのが、図0-01だ。このようにスタートアップの「成功の歩留まり」は1%前後と、非常に狭き門になっているのが現状だ。

## ＞ 国が起業人材育成に舵を切った

成功するのはほんの一握り、という厳しいマクロの概況を見てきたが、なぜ、今、起業参謀（起業家の右腕）の存在が必要なのだろうか。2022年11月、内閣主導で「スタートアップ育成5か年計画」という野心的な計画が発表された。その内容とは、2027年をめどにスタートアップに対する投資額を10倍に増やし、将来的にはスタートアップの数を現在の10倍にするというものである。2022年実績でいうと総投資額は9459億円。つまり、さらに投資額を9兆円に増やしていこうという狙いだ。

ちなみに、2022年のアメリカのスタートアップへの総投資額は2000億ドル（2022年換算）を超えている[4]。

中国は10兆円ほどであるから、5年間でそのレベルにまで達しようというのだ。ある種、日本政府の覚悟を感じる計画である。この方針の意図を紐解いていくと、新たな市場や産業をスタートアップが作っていくことへの期待が感じられる。

「日本再興」といった言葉が叫ばれて久しいが、戦後日本においてソニーやホンダというスタートアップが登場し、日本経済を牽引してきたように、スタートアップをどんどん作っていくというwill（意志）を感じさせる。スタートアップの場合には、1年、2年で結果が出るわけではない。5年〜15年をかけて新たな産業や領域の開拓をしていこうと展望している点において、非常に重要な政策だ。

「スタートアップ育成5か年計画」には、様々な要素が盛り込まれている。たとえば、規制の緩和・撤廃や優遇措置を採ることなどがうたわれ

はじめに

4) https://news.crunchbase.com/venture/north-american-startup-funding-q4-2022/

ている。その背景には、新型コロナウイルス感染症蔓延に際しての国産ワクチン開発の遅れや、Web2.0からWeb3.0への移行の日本の法規制によるハードルといったジレンマが存在する。

　こうしたスタートアップを取り巻く環境の多様な転換が描かれたロードマップの中で、特に人材育成が大きな論点となっている。図0-02の中ほどの「第一の柱」のパートにおいて、「スタートアップ創出に向けた人材・ネットワークの構築」と書かれている。さらに、そこには「メンターによる支援事業の拡大・横展開」という項目がある。ただ、名ばかりのメンターではなく、起業家を支え、付加価値を提供できる参謀として伴走できるメンターの育成を目指すべきだと考える。

**図0-02「スタートアップ育成5か年計画」ロードマップ**

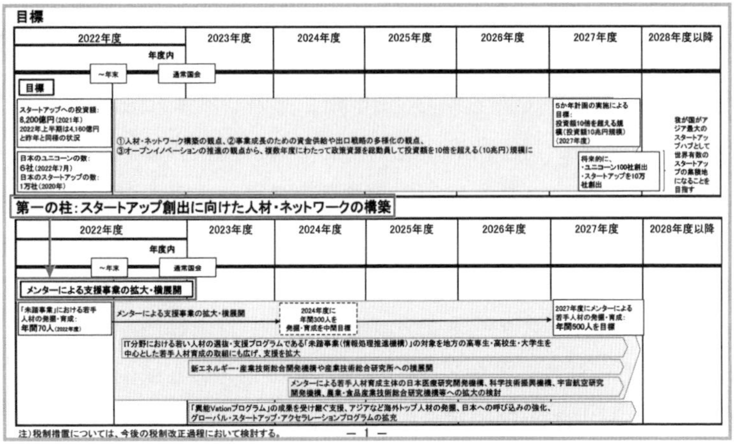

日本政府も国策として「スタートアップ5か年計画」を立てた。
その中でもネットワーク構築・人材育成が重要な論点になっている

出典：「スタートアップ育成5カ年計画ロードマップ」
https://www.cas.go.jp/jp/seisaku/atarashii_sihonsyugi/kaigi/dai13/shiryou2.pdf

　国がスタートアップ育成という戦略へ大きな舵を切ったこと、そして、起業家を支援するメンター（起業参謀）の必要性に着眼し、その育成の

必要性を認識して、こうして示していることは大きな一歩である。

## ＞ 優秀なスタートアップには、
## それを支える起業参謀が存在する

私はこれまで数多くのスタートアップや新規事業を支援してきたが、優秀なスタートアップや大きく成長していくスタートアップには、優れた起業家に加えて、それを支える起業参謀の存在が光っている。

起業参謀とは、外部からスタートアップを支援するだけでなく、スタートアップのCXO（Chief X Officer）として、いわば起業家の右腕になるような存在のことを指している。

最近の起業ブームで起業家の数自体は増えているが、一方でそれを支える起業参謀やトップを支えるCXO人材の厚みが増していないのが課題と言える。私は多くのスタートアップの成長を支援しているが、どの起業家も異口同音に言うのが、「優秀な幹部やCXOを採用できない」というものだ。

現在、質量共に足りていないのが、本書の主題である「起業参謀」の存在である。私は、起業参謀こそが、これからの日本社会で新たな事業を生み育てていくカギを握る存在だと考えている。

## ＞ 起業参謀の仕事の言語化・標準化が必要

ここで少しだけ私の自己紹介をさせていただきたい。これまで日本と米国シリコンバレーで合わせて5社を起業（そのうち2社はスタートアップ）し、起業家として活動しながらも2014年〜2017年までシリコンバレーのベンチャーキャピタルのパートナーを務め、グローバルで数多くのスタートアップを見てきた。

また、2015年〜2016年にはPioneers Asiaというグローバルイベントの日本サイドの責任者を務め、最終的に100社のスタートアップをグ

ローバルから招聘したが、その際に992社のスタートアップの事業資料の評価を行った。

その後は、現在の株式会社ユニコーンファームを立ち上げ、数多くの新規事業やスタートアップを「起業参謀」として支援してきた。そして、2017年に『起業の科学　スタートアップサイエンス』（日経BP）を出版した（累計25万部）。この本で主に伝えたかったことは、スタートアップにおいて最も重要なプロダクトマーケットフィット（PMF）[5] をいかに達成するかということであった。

続く、2020年に『起業大全　スタートアップを科学する9つのフレームワーク』（ダイヤモンド社）を刊行し、単純にPMFするだけではなく、起業家から事業家や経営者への成長の必要性を説き、そのプロセスの中で欠かせない要素について解説した。

私が考える起業家に必要な知見は、『起業の科学』と『起業大全』の2冊にまとめることができた。


一方で、スタートアップ事業のキーとなる「起業参謀」が起業家やスタートアップに対し、どう付加価値を与え支えていくか。この部分を体系化した書籍は、私自身も書くことができておらず、そして日本を見渡してもほとんど存在しなかった。

私は、起業家と起業参謀とは漫才の「ボケ」と「ツッコミ」だと考えている。起業参謀とは起業家のボケに対するツッコミ役といえる。このツッコミ役がいなければ、スタートアップがうまく回っていくことはない。

後ほど解説するが、ビジョナリー（先見の明がある人）である起業家／創業者（ボケ）に対して、起業参謀はクリティカルシンキングに基づいて事業の実現可能性を高めていく重要な存在（ツッコミ）であることをご理解いただきたい。それにもかかわらず、これまで起業参謀は十分な

---

5）PMF：Product Market Fit の略。顧客に受け入れられる製品やサービスを作ること

育成／輩出がなされてこなかった。

　私自身もこれまで起業参謀の存在や能力について、形式知としてお伝えすることはできていなかった。しかし、今では私が経営するユニコーンファームにおいて、起業参謀としての知見を言語化／体系化する事業を進めている。2022年からは、起業参謀を目指す「スタートアップアドバイザーアカデミー」をスタート。そこからは既に100名近い卒業生が巣立ち、それぞれの現場で活躍している（こちらは現在も受講生を募集しているので、「スタートアップアドバイザーアカデミー」で検索していただきたい。Startup Advisor Academy：https://unicornfarm.jp/saa/）。

　この「スタートアップアドバイザーアカデミー」で培ったノウハウを凝縮して1冊にまとめたのが、本書である。

---

## ＞ 誰の、何を、どのように

---

「起業参謀に求められる役割」「起業参謀にはどのような能力が必要か」「その能力を鍛えるにはどうしたらいいか」。そして、実際に起業家に対して価値提供を行うための武器となるフレームワークや事例を、本書には余すところなく収録した。

　私はよく事業やコンテンツを「誰の」「何を（どんな困り事を）」「どのように」というカテゴリーで説明をするが、本書をこれに当てはめると、以下のように整理できる。

> 誰の：スタートアップや新規事業のアドバイザー、スタートアップの参謀であるビジネスパーソン（CXOも含まれる）に対して
>
> 何を：起業参謀として体系的な思考法／知見が足りておらず、成果を上げることができない
>
> どのように：我流ではなく、どのようにやればいいのかを包括的・体系的に提供する

## ＞ あらゆるビジネスパーソンを救う一冊

　本書は、大きく分けて以下の2つのパートで構成されている。
第一部（第1章～第3章）：起業参謀の概念、思考法やプロセスを解説
第二部（第4章～第8章）：起業参謀として活躍するために必要な「5つの眼」と23のフレームワークを解説

　本書は、主に以下の方々を念頭に書いたが、あらゆるビジネスパーソンを救う一冊になると考えている。

ターゲット読者
- コンサルタントや参謀としてスタートアップ／新規事業を支援する方
- スタートアップの幹部（CXO／マネジャー）としてトップを支え付加価値を提供したい方
- 事業会社にて新規事業推進／支援をする担当者
- スタートアップ／新規事業の知見を包括的に身につけたいビジネスパーソン

## ＞ ChatGPTと起業参謀の役割

　2023年現在、生成AIが社会を席巻している。ChatGPT-4が2023年3月にローンチされてから、その後も生成AIを活用したソリューションの進化が加速している。以前から取り沙汰されていたことではあるが、様々な仕事がAIによって代替される社会がいよいよ現実味を持って迫ってきた。
「自分の仕事は果たして残るのだろうか……?」
　このような目に見えない不安を抱えるビジネスパーソンも少なくない

だろう。こうした人たちにお伝えしたいのは、どんなにAIが進化して
も「起業参謀の仕事は残り続けるだろう」ということである。そのよう
に考える理由は大きく2つある。

1つ目は、AIは1つのある特定の目的に立って作業を効率よく進める
ことは得意だ。ただ、必要に応じて複数の視点を行き来しながら切れ味
の鋭い示唆を出すことは、現段階においてはかなり難しい。

起業参謀とは、本書の要諦である「鳥の眼」「虫の眼」「魚の眼」「医者
の眼」「人（伴走者）の眼」という5つの視点を行き来しながら、起業家の
視座を拡大／整理してアドバイス／メンタリングを行う存在だ。

マクロ（全体視点）とミクロ（極小視点）を行き来して、抽象と具体を
駆使して、スタートアップを成功させる勝ち筋へのストーリーを起業家
と作っていく。刻々と変化する文脈に沿って、様々なフレームワークを
活用し、整理／幅出し／発散／優先順位づけを行いながら価値提供して
いくのだ。

単純に知識や情報を提供するだけなら、人間よりもAIのほうが優秀
だろう。しかし、一見何の関連もなさそうなところを抽象化してつなぎ
合わせ、気づきを与えながら腹落ちさせて起業家を動かしていくという
ことは、AIにはまだ不可能だ。それこそが起業参謀の役割だ。

もう1つの理由は、人間を動かすことができるのは、結局、人間だけ
だからだ。「メラビアンの法則」が唱えるように、「人を動かすため」に
重要なのは非言語の伝え方そのものだ（自信や実績に裏付けされた空気や表
情）。そこを代替するのは、今後もAIには難しいだろう（ただ、この領域
における昨今の進化には目を見張るものがある）。

「他の人間から信頼／尊敬されること」が人間の最大の強みで、人間は
AIを「すごい」と感じるが尊敬はしない。結局のところ、人間は「自
分が信頼／尊敬する人」からの言葉に動かされるものだ。起業家と起業
参謀の対話／メンタリングでは、信頼やリスペクトが土台にある。

「AIやテクノロジーに奪われない武器」を持ちたいビジネスパーソンに、ぜひ読んでいただきたいと考えている。

　本書では、実践で使えるフレームワークや思考法を徹底解説した。すでに起業されている方、今後、起業を目指す方々にも役立つ内容になっている。私は年間で500〜600人（社）のアドバイス／メンタリング／壁打ちを行っている。世の中には、数多くのフレームワークや思考法が存在するが、私が実務上、最も有効活用できるものを厳選して、本書にまとめた。これらの知見やスキルを身につけることによって、もっと付加価値を提供できるビジネスパーソンになる一助になることを確信している。

## ＞ 起業参謀は十徳ナイフであれ

「起業家はリソースフルであるべきだ」

——ジェフ・ベゾス

出典：https://www.businessinsider.com/jeff-bezos-interview-axel-springer-ceo-amazon-trump-blue-origin-family-regulation-washington-post-2018-4

　これはジェフ・ベゾスが起業家に届けた言葉だ。私は、これは起業参謀にも当てはまると考えている。起業参謀は広く知見を持つべきだ。金槌しか手元にないと釘を打つことしかできない。起業参謀も同様で、もし自分がマーケティング（金槌）の専門性しか持っていなければ、マーケティングに関することしか示唆を出すことができない。

　その場合、起業家が採用に対して課題感があり相談があったとしても、うまく対応できないだろう。それどころか、話をしているうちに、いつの間にか自分がうまく対応できるマーケティングの話にすり替わっているケースも散見される。素直な起業家であれば、真に受けて重要でない課題に取り組むことになり、貴重なリソースを無駄にしてしまう。こう

いう現象を「賢者の沼地」と呼んでいる。

　一方で、起業参謀に「十徳ナイフ的な知見」があれば、起業家の状況に合わせて、様々な知見／リソースを提供することができる。マクロ／ミクロの行き来、コンセプト／戦略／戦術など様々な視座を行き来しながら、示唆を提供できる。

　起業参謀は、戦略家として着想したりビジョンを掲げたりする力だけでなく、起業家の多様なニーズに応えるために、ヒト、モノ、カネに関する知識・スキルをすべて持ち合わせる必要がある。起業家と壁打ちして行動の量／質を高めていく役割を担っているのだ。

　起業参謀はスタートアップの事業成長のあらゆる段階において要となる存在だ。私はこれまで、数多くのスタートアップ新規事業を支援してきたが、「優れた起業参謀」がいるかどうかが、事業の成否を決める大きな要因となっていると断言できる。

　先ほど十徳ナイフの例を使ったように、起業参謀に求められる知見やスキルは多岐にわたる。本書では、第1章から第8章にわたり、包括的に起業参謀に求められる役割／資質／プロセス／フレームワークをお伝えしていく。ぜひ、最後までお付き合いいただきたい。

2023年11月
　　　株式会社ユニコーンファーム　代表取締役社長　田所雅之

Contents

# 第一部

## 起業参謀の概念、思考法やプロセス編

## Chapter 1 起業参謀の 価値とは

Chapter

2

最大成果を上げる
要諦とプロセス

Chapter

3

起業参謀に必要な
5つのケイパビリティ

# 第二部

起業参謀として活躍するために必要な
「5つの眼」のフレームワーク編

---

**Chapter 4**

PFMFを目指すための
「鳥の眼」を身につける
フレームワーク

# 第一部

起業参謀の概念、
思考法やプロセス編

# 起業参謀の
# 価値とは

# 起業参謀の価値とは何か?

　起業家が事業を起こす原動力は、現状の未充足を解決し、より良い世界を実現するための「ビジョン」だ。加えて、社会や市場が抱える課題を解決するために自分自身の「強い思い（Why)」も重要になる。

　ただ、この2つだけを握りしめていても、事業を成長させ「大きな成果」を上げていくことはできない。

---

> 「事業の成果（アウトカム）」＝
> 「行動の量」×「行動の質」

---

　事業の成果とは、「行動の量」と「行動の質」の掛け算で決まる。起業家は圧倒的な「行動量」を持っている人が少なくない。ゼロイチを着想し、それをベースにどんどん行動していくタイプが多い。しかし、闇雲に行動量を増やしているだけでは成果にはつながらない。

　そこで「行動の質」を高める必要がある。では、どうすれば行動の質が高まるのか?　自社のコンテクストやリソースを勘案しながら、有効な施策の幅を出し、その中で最も有効なものを優先づけること。端的にいえば、これが行動の質を高めていくキーだ。

　ただ、そのためには、広く多角的な視点が必要だ。その視点を私は本書で「5つの眼」として整理してまとめた。

1. 客観的かつ全体的に捉える「鳥の眼」
2. 顧客や個別のステークホルダーの解像度を高める「虫の眼」

3. 中長期的に勝ち続けるための戦略的視点「魚の眼」
4. 自分たちの状況を診断し最適な判断を下す「医者の眼」
5. 最終的に腹落ち（＝高い納得感）して行動量を高める「人（伴走者）の眼」

## 〉ビジョンを現実的にアクションに落とし込む

　起業参謀は事業戦略を抽象化／構造化して整理するだけでなく、もっと踏み込んでいく。たとえば、起業家に対するメンタリング／アドバイスの際には、「SMART（スマート）」[1] 目標にまで落とし込むことを助ける。

　起業参謀とメンタリングすることにより、起業家の持つ壮大なビジョンを、「明日から、何を、いつまでに、誰と、どうするか」という現実的なアクションに落とし込んでいくことができる。

## 〉起業家をバイアスから解放せよ

　こうした整理を1人で行えるのであればいいが、なかなか難しいかもしれない。起業家は強いバイアス、時に固執に近い「こだわり」を持っているケースが多いからだ。起業家が陥りがちな代表的なバイアスをいくつか書き出してみよう。

陥りがちな起業家バイアス

1. 自分バイアス：自分の視点や経験を尊重するあまり、第三者の客観的な視点や事実を捉えない、もしくは自分に都合の良い形に捻じ曲げて

---

1) SMART とは、Specific（具体的、わかりやすさ）、Measurable（計測可能、数字になっている）、Achievable（同意して、達成可能な）、Relevant（関連性）、Time-bound（期限が明確、今日やる）の頭文字を取った表現

しまう。結果として、顧客が本当は欲しい「ドリルの穴」がどういうものかを検証せずに、自分が作りたい「ドリル」を作ってしまう。

2. 属性類似バイアス：人間は、どうしても自分に近い属性の人をターゲットにしがちだ。しかし、狙うべきユーザーセグメントは起業家の属性とは異なる場合が多い。またメンバーを集める時も「似た者同士」を集めてしまい多様性がなく、環境適応能力が低い組織ができてしまう（たとえば20名までの社員が全員日本人の40代の男性だった時、20代の女性や外国人を採用するのが難しくなる。そうなると打ち手が必然的に少なくなってしまう）。

3. 専門家バイアス：起業家の多くは、その領域において「強いこだわりを持つ専門家」である場合が多い。そういう専門家がプロダクトを作る時、「これくらいユーザーはわかってくれるだろう」という期待を持ちデザインをするケースが散見される。ただ、初めてそのプロダクトに触れるユーザーの99%は、「ど素人」であり、「わからないとすぐに離脱するエンゲージの低い人」である。その99%の「ど素人」を取り込んでいかないと、事業をスケール（Scale：拡大再生産）させることは難しくなる。

4. 成功体験バイアス：人間は、一度味わった成功体験を繰り返そうとする傾向がある。プロダクトAに対してうまくいった施策が、必ずしも、プロダクトBでもうまくいくとは限らない。うまくいったやり方に固執してアンラーニングできず、ずるずるとリソースを使ってしまうケースが散見される。

5. 確証バイアス：自分がすでに持っている思い込みや先入観、仮説を肯定するために、自分に都合のいい情報ばかりを集める傾向のこと。

6.ポジティブバイアス：人間はうまくいった過去のパターンに意識を向けがちだ。クレームを入れてきた顧客や解約してしまった顧客の声に耳を傾けるのは面倒臭いし、メンタル的にきつい。ただ、スタートアップはうまくいったケースと同様に、うまくいかなかったケースに耳を傾け、その理由を探り、次に活かしていく必要がある。

「人間は易（やす）きに流れる」。これは、一般的に「ストイック」と言われる起業家であっても例外ではない。図1-01にあるように、本質的に価値があるが、一見すると面倒臭いことを実直に向かい合ってやることが重要である。それを導くことが起業参謀の役割だ。

## 図1-01 誰もやりたがらないが価値あることをやる

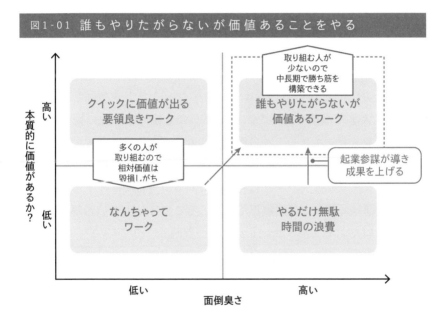

## ＞ 起業参謀がいないとスタートアップは伸びない

　私は、スタートアップと新規事業こそが、次の世界を作るという信念を持っている。事実、1990年代半ばから2000年代の前半にかけて、ス

タートアップが世界を牽引してきた。大きくなりすぎて、批判も同時にされることも増えたビッグテック企業のGAFAM（ガーファム）[2]だが、これらの現在の時価総額は1290兆円[3]（2023年11月現在）を超える。

ただ、これら世界有数のエンタープライズになった企業も、最初はスタートアップであり、大学寮の一室（Facebook＝現Meta）やガレージ（Apple）、間借りしている個人オフィス（Amazon／Microsoft）から始まっている。こうした企業が社会に大きなインパクトを与え、世界を変えてきたのだ。

それらをゼロイチで立ち上げた創業経営者にスポットライトが当たりがちだが、そのかたわらには優れた「参謀」がいて、壮大なビジョンを描いた起業家を支えていたことを見逃してはいけない。

たとえば、Googleの共同創業者であるラリー・ペイジやセルゲイ・ブリンらは元々研究者だった。そこへ2001年に、Novell（ノベル）という大会社のCEOを務めていたエリック・シュミットが参画し、起業参謀として大きな役割を担った。これが、今も続くGoogleの繁栄を支える基盤となるビジネスモデルの構築につながった。

Meta（旧Facebook）のケースでいうと、創業者であり現在の社長でもあるマーク・ザッカーバーグは壮大なビジョンを描くタイプではあるものの、金儲けに対しては無頓着だった。そこでGoogleの広告部門のトップをしていたシェリル・サンドバーグが参画し（2022年退任）、戦略を考える役割を担った。

Microsoftも、創業者であるビル・ゲイツは優れたビジネスセンスを持っているが、元来はプログラマーで内向的な性格だった。そこを、スティーブ・バルマーのような、ビジネススキルに卓越した参謀が支えて、現在の企業を作り上げた（スティーブ・バルマーはゲイツが初めて採用したビ

---

2) G ＝ Google（グーグル）、A ＝ Amazon（アマゾン）、F ＝ Facebook（フェイスブック、現Meta）、A ＝ Apple（アップル）、M ＝ Microsoft（マイクロソフト）の頭文字を取った表現
3) https://companiesmarketcap.com/

ジネスマネジャーだった)。

　一代でホンダを築き上げた本田宗一郎のかたわらには、藤沢武夫がおり、研究者気質の本田を支えた。1959年のホンダ初の海外現地法人アメリカン・ホンダモーターの設立、二輪車販売開始時における自前の販売網の構築などを担った。本田宗一郎は作る人として、藤沢武夫は売る人として、どちらも相手の不足しているものを持っており、お互いを補い合うようにタッグを組むに至った。

　すべからく、優れた起業家の横には、「優れた参謀」がいる。

　私はこれまで数多くのスタートアップを見てきたが、起業家は非常に優秀だが、ナンバー2、ナンバー3になるとガクッと落ちてしまうケースが散見された。そのスタートアップが成功できるかどうかは、起業家と同様に、キーマンである参謀の存在が大きい。

# 起業参謀に 求められる資質とは

## 人材の4タイプ

　図1-02をご覧いただきたい。人材は大きく、「①思想タイプ（Why型）」「②実務タイプ（What型）」「③実行タイプ（How型）」「④フォロワータイプ（Who型）」の4タイプに分けられると考えている。

　ソフトバンク創業者孫正義氏などをイメージすると分かりやすいが、起業家とはビジョンを描く力に優れている。「固定観念を覆す」「社会課題を解決する」といったロマンを持った「①Why型」の人材が多い。

　かたや、「③How型」の人材とは、プロジェクトを手堅く回していくマネジャーのようなイメージである。決まったゴールに向けた最適な道はどこか、緻密な戦術を立てられるような人材だ。

　そして、「④Who型」は、アサインされた仕事に対してフォロワーシップを発揮していくようなイメージである。

　4タイプでいうと、起業参謀は「②What型」の人材である。「What型」は、「Why型」の思想を咀嚼し、実現まで現実的な道程を描けるような人を指す。「Why型」の人は、自分がその事業をやる意味「Why」を起点にして、夢とビジョンを描く人材だ。時として大風呂敷を広げ、周りに熱を伝えていく。たとえば、前述のソフトバンクの孫氏や、Appleを創業したスティーブ・ジョブズなどがイメージしやすい。

　Why型人材は事業／プロダクトの魂を作る人で、全ての土台になる。ただ、時としてビジョンが大きすぎるがゆえに、無茶な要求だったり、他のメンバーに対しても、同様のコミットメントを求める場合がある。結果として、組織が崩壊したり、プロジェクトが具体的に進まなかった

## 図1-02 人材のカテゴリー

| 事業の<br>フェーズ | Ideation~<br>PMF | PMF~<br>仕組み作り | 仕組み作り~<br>Scale | Scale~<br>IPO |
|---|---|---|---|---|
| 事業の<br>具体性 | 抽象的 | | 起業参謀は<br>実務タイプに近い | 具体的 |
| 思考<br>タイプ | 思想タイプ<br>（①Why型）<br>ビジョナリー | 実務タイプ<br>（②What型）<br>リアリスト/参謀 | 実行タイプ<br>（③How型）<br>マネジャー | フォロワータイプ<br>（④Who型）<br>フォロワー |
| 行動<br>パターン | 常識/通念に疑問を<br>投げかけ課題発見<br>する。解決に向けた<br>絵を描き始め、思想<br>をもとに仲間を募る | ビジョナリーの思想<br>を咀嚼し実現までの<br>現実的な道筋が描<br>ける。方針を決める | 実現型の方針に忠<br>実。必要なスキルを<br>持ち合わせ、現場を<br>マネジメントする。実行<br>力が高い | チームの隙間を埋め<br>るサポート能力が高<br>い。忖度する能力。<br>形ができてから実力<br>を発揮する |
| 要素 | リスク許容<br>インプット/アウトプット力<br>理想追求、ビジョナリー | 咀嚼、タフ、自己否定<br>ロジカルシンキング<br>知識経験豊富 | ミッション型<br>目標達成力<br>専門性、タフ | 運用型、正確さ<br>ルーチン化 |
| 立場<br>職種 | 起業家、発案者 | CXO<br>プロデューサー<br>スーパーエンジニア<br>スーパーデザイナー | ディレクター<br>マネジャー職<br>営業、デザイナー<br>エンジニア、経理 | ディレクター、営業<br>経理、アシスタント |
| プロ<br>定義 | 理想のための環境作り<br>ヒト、モノ、カネ調達<br>ビジョン、方針策定 | ビジョンの理解、浸透<br>チームビルディング<br>戦略/戦術立案 | ミッション理解<br>スキルの研鑽<br>それを用いた実行 | チームの環境作り<br>サポート、フォロー |
| 大事<br>なこと | 信念、目的に忠実<br>美意識がある | 実現、<br>マネジメント | ミッション達成 | 他者<br>チームフォロー |

りすることがある。

　私が以前、投資を検討していたスタートアップが、まさにそんな感じ
だった。社長は典型的なWhy型で、四六時中、読書や執筆活動を行い
事業コンセプトや世界観を思案していた。でも、周りにそれを事業の具
体的な戦略に落とし込める参謀がいなかった。定点観測を数年ほどして
いたが、いつまで経っても事業は前に進まなかった。着想や世界観は壮
大だったが、結局、収益を上げることができずに、そのスタートアップ

は解散してしまった。こういうケースは、数多く散見される。

## ＞「ロマン」と「ソロバン」を併せ持つＷｈａｔ型

　そこで必要なのが「②What型」の起業参謀だ。「What型」は、「Why型」のビジョンを一旦受け止めながらも、対話／傾聴を通じて咀嚼し、フォローしているメンバーが動きやすいように仕組みを作ったり、戦略／戦術に落とし込める。時として、摩擦を恐れずにWhy型の起業家にとって「耳の痛いこと」をも直言する。「圧倒的な成果」を上げるために進言し、必要に応じて自ら実行し、「背中」で引っ張っていくリーダーだ。「ロマン」と「ソロバン」の両方を持つ人材といえる。私の感覚だが、What型人材は、求められている数に比べて圧倒的に足りていない。つまり、ビジネスの現場において非常に「貴重な存在」ということだ。

　これまでの起業参謀を担う人材は、MBAを修了した人、戦略系のコンサルティング会社で働いていた人、中小企業診断士、会計士、弁護士などの資格を持っている「専門家」が多かった。「専門家」としてある特定分野に関して、アドバイスできる価値は否定しない。ただ、それらの資格や学位で身につく知見は、すでに確立している既存事業の文脈において主に役立つものだ。ゼロイチの戦略構築ではなく、既存事業の戦略の磨き込みや、「問題発見」ではなく「問題解決」に偏ってしまう。拙著『起業の科学』でも書いたが、「スタートアップ型の事業の立ち上げ方」と「既存の事業の持続的な成長のさせ方」は、野球とサッカーくらいにルールが異なるのだ。MBAや中小企業診断士は、どちらかというと、すでに確立した事業をターンアラウンド（事業再生）させたり、深化させていくには、役に立つ。

　一方で、スタートアップは主に探索型のビジネスなので、ミスリードしてしまうリスクが高い。

# 「フェーズ感」が、既存事業とスタートアップの最も大きな違い

　既存事業とスタートアップの一番大きな違いは「フェーズ感」だ。拙著『起業の科学』で解説したが、スタートアップはアイデア創発から始まり、課題検証、ソリューション検証を行い、PMFを目指してから、ユニットエコノミクス[3]／採算性の健全化、そして、スケールを目指していく。PMFというのが重要なマイルストーンになるが、多くのスタートアップがPMFを達成できずに躓いてしまう。

## 図1-03 既存事業とスタートアップの違いは「フェーズ感」

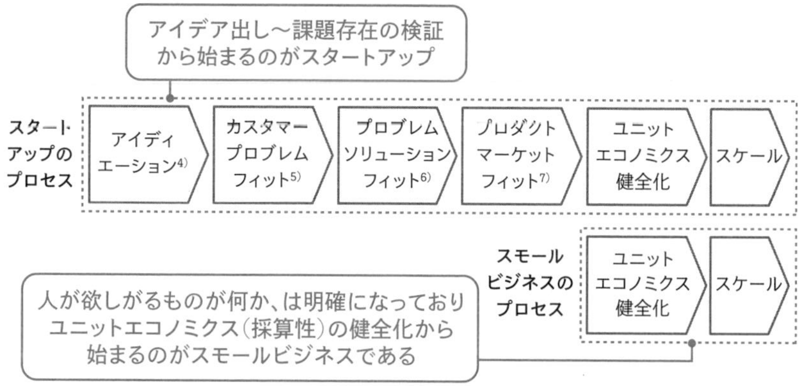

アイデア出し〜課題存在の検証から始まるのがスタートアップ

スタートアップのプロセス：アイディエーション[4] → カスタマープロブレムフィット[5] → プロブレムソリューションフィット[6] → プロダクトマーケットフィット[7] → ユニットエコノミクス健全化 → スケール

スモールビジネスのプロセス：ユニットエコノミクス健全化 → スケール

人が欲しがるものが何か、は明確になっておりユニットエコノミクス（採算性）の健全化から始まるのがスモールビジネスである

---

3）ユニットエコノミクス：ユーザー1人を獲得した時にどの程度利益が出ているのか（損失が出ているのか）を定量的に表す最重要指標の1つ
4）アイディエーション（Ideation）：アイデアの検証
5）カスタマープロブレムフィット（CPF）：顧客の課題を検証すること
6）プロブレムソリューションフィット（PSF）：検証が済んだ課題仮説を実際に解決する方法を検証すること
7）プロダクトマーケットフィット（PMF）：市場で顧客から熱狂的に愛されるプロダクトを実現すること

# ＰＭＦの導き方
## 起業参謀に必須の知見

　起業参謀に必要なケイパビリティ（能力）については第3章で詳しく解説する。その中でも「新規事業をPMFに導く知見」が必須だ。この知見は、前記のMBAや中小企業診断士などの「伝統的な参謀」になる過程で身につけることはできない。

　前述のように事業が始まってから、最終的にEXIT／IPO[8]まで、スタートアップにはフェーズが存在する。図1-04にあるように、カスタマープロブレムフィット（CPF）からプロダクトマーケティングフィット（PMF）にかけては、難易度がグッと上がる。

　課題検証やソリューション検証はある意味、スピード感を持ち、イテレーション[9]を素早く回しながら実験をするイメージである。

　PMF達成の知見については、104ページでも詳しく解説するが、それまで定性的にやってきた事業を定量的に検証したり、PMF後にスケールするための仕組み化と標準化が必須になってくる。

　PMFは難易度が高く、達成が必須ではあるが、PMFが最終ゴールではない。PMFは重要なマイルストーンであるが、その後の成長フェーズを勘案した上で、臨んでいかなければならない。ここが難しく、起業参謀が伴走して、全体視点を提供していくところに付加価値が生まれるのだ。

---

8）EXIT／IPO：事業売却や株式公開
9）イテレーション：設計・開発・テスト・改善を繰り返すこと

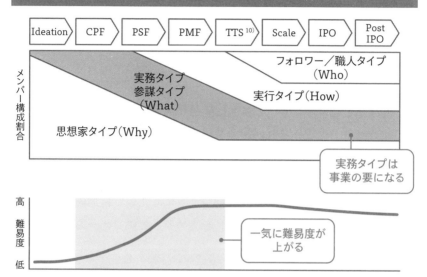

図1-04 スタートアップの成長段階と必要人材のシフト

　スタートアップは、フェーズ感（段階）によって求められるケイパビリティ（能力）が変わってくる。

---

10）TTS：Transition to Scale の略。スケールのための変革

# 成果を上げるための 4ループ

「一見すると面倒臭いが、本質的に価値があることを徹底的にやり切るようにさせる」こと。それが起業参謀の存在意義だと前述した。それを実現するためのコミュニケーション手段について解説しよう。

第一に「コミュニケーションしている時には、必ず付加価値を提供する」というマインドセットを強く持つようにしたい。付加価値を提供するためには、起業家の「行動の質」を高めることにフォーカスする必要

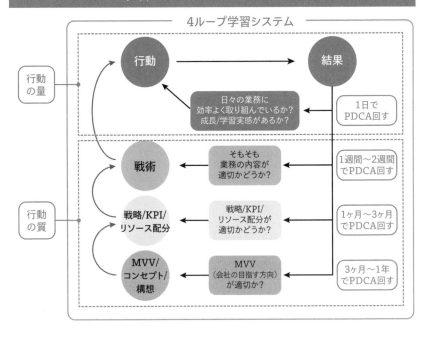

図1-05 4ループ学習システム

4ループ学習システム

- 行動の量
- 行動 → 結果
- 日々の業務に効率よく取り組んでいるか？成長/学習実感があるか？
- 1日でPDCA回す
- 行動の質
- 戦術
  - そもそも業務の内容が適切かどうか？
  - 1週間〜2週間でPDCA回す
- 戦略/KPI/リソース配分
  - 戦略/KPI/リソース配分が適切かどうか？
  - 1ヶ月〜3ヶ月でPDCA回す
- MVV/コンセプト/構想
  - MVV（会社の目指す方向）が適切か？
  - 3ヶ月〜1年でPDCA回す

がある（事業の成果とは「行動の量×行動の質」で決まるが、行動の量に対するオーナーシップは、あくまで起業家自身が持っている）。

では「行動の質」とは何か？　改めて、解説したい。4ループ学習システムというコンセプトを紹介する。図1-05にあるように「行動の質」は、MVV[11]／コンセプト／構想、戦略／KPI[12]／リソース配分、戦術の3つの要素からなる。

一番下の土台となる部分は、「コンセプト」だ。起業とは、社会に新たな着想や新たなコンセプトを生み出すということである。世の中のどのような不（不便、不満、不快等）を解決したいのか、どのような新たな価値を生み出したいのか、どのような世界観を打ち出したいのか、この根本がなければ、新しい事業を起こす意味がない。

> 新たなコンセプトを生み出すことが
　スタートアップの使命

図1-05の一番下にあるように「新しいコンセプトを生むこと」が全ての土台になっていることが、「スタートアップ型事業」と「スモールビジネス型事業」の一番の違いである。たとえば、Googleは1998年に「世界の情報を整理して誰もが便利に利用できるようにする」というコンセプトでスタートアップとして始まった。

Google以前の情報検索の仕方は、ディレクトリー・メニューで整理されたカテゴリーから調べたり、時系列で調べたりする必要があり、決して全ての人に向けての整理がされていなかった。そういった情報を、ページランキング[13]というアルゴリズムを駆使することによって、世

---

11) MVV：Mission・Vision・Value の略。企業の使命、理想像、行動指針のこと
12) KPI：Key Performance Indicator の略。重要業績評価指標
13) ページランキング：信頼性の高いウェブサイトから、多く参照されているウェブサイトは、より信頼が高まるというアルゴリズム

の中のウェブ化されている情報を整理した。

## ＞「ムリ」「ムダ」「ムラ」を減らす「戦略」

　解くべき課題を発見し、新しいコンセプトを紡ぎ出したら、次は徹底的に磨き込むことに注力し、構想を練る段階だ（磨き込み方や検証の仕方は、後述の「課題の構造化／モチベーショングラフ」に詳しく記載している）。

　それが達成できたら、次のステップは「戦略」を磨き込むことだ。戦略とは「ムリ」「ムダ」「ムラ」の排除を徹底追求すること。

　特に「ムリ」な戦いをしないために戦いを避ける（略する）ことが、戦略の要諦となる（＝Where）。

　その次のステップが「戦術」を磨き込むことだ。戦術の要諦は、「どう勝つか（＝How）」である。

## ＞「ムリ」を徹底的になくせ

**「競争を避けよ。競争は敗者のものである」**

—— ピーター・ティール

出典：https://www.youtube.com/watch?v=-oKjLVECMKA

　事業における「ムリ」の排除とは、そもそも無謀な戦いをしないということだ。既に競合がいたり、顧客が代替案で充足していたりする領域に対して、無理に突っ込んでいこうとするスタートアップや新規事業は少なくない。こうしたフィールドで戦っても、勝てるわけがない。

　大事なことは、市場全体を見渡して、その中で未充足の部分がないかを見定め、さらに競争がないセグメント／ドメイン（もしくは少ないところ）に資源を投下することである。

　Amazonは2023年現在、年間51兆円の売上を誇る世界最大のECカンパニーだ。創業者であるジェフ・ベゾスは創業当初から、「我々は『エブ

リシングストア（＝全てのものを取り扱う店舗）』になる」と宣言していた。ただ、Amazonには本当に限られたリソースしかなかった。当時のジェフ・ベゾスの個人資産はさほど多くなく、父親から2000万円の借金をして、トータル3000万円ほどの資金で事業をスタートさせた（当時レート換算）。つまり、最初から本当の「エブリシングストア」を立ち上げるのは無理だったのだ。では、何から始めるべきか、という発想から事業をスタートしたのだ。

　1993年頃は、まだインターネットの黎明期でeコマースは存在しなかった。つまり、世の中にはまだネットで販売・購買の概念がない中で、「エブリシングストアになる」ための第一歩をベゾスはあれこれと思案した。コンピュータソフトウェア、アパレル、事務用品など様々な商品やプロダクトを扱うことを検討した。その中で、最初にAmazonが扱ったのは書籍だった。さらに書店が置けないようなマイナーな本を中心に展開した。

　最初にネットで取り扱う商品として、書籍は多くの魅力を備えていた。まず書籍は腐らない。そのため、劣化による在庫のリスクがなかった。また、当時のインターネットはネットワークが脆弱だったので、画像を掲載することが難しく、せいぜいテキストを載せられる程度だった。アパレルや雑貨など、デザイン性が問われるものは消費者が画像を確認することが重要なので、適さなかった。

　一方で書籍の場合は著者やタイトル、簡単な書籍内容というテキスト情報だけで購入の判断がつきやすい。さらに、文字情報だけでいいので、他の商品と比べてカタログ化も簡単だ。加えて、形状がそこまで多様ではないので出荷や発送がしやすく、さらに紙なので壊れにくい。

　書店は空間商売のため、注目の新刊をどんどん置きたがるが、書籍の業界にはロングテール商品（ニッチな商品）も多い。リアル店舗では難しくとも、そういった話題の新刊でない商品をインターネットショップであれば、多く抱えておくことができる。

　当時は、書店に置けないようなマイナーな書籍を読むには、大型の図

起業参謀の価値とは

書館に行って借りてくるしか選択肢がなかった。人気がなかったり、発売から時間が経っていたりする書籍であれば、ユーザーの代替案に対する未充足な状態がある。ジェフ・ベゾスは、まずはこうしたマイナーな書籍を取り揃えることに注力した。

なぜマイナーな書籍の販売からスタートしたのかというと、そこに「強い競合」や「強い代替案」がなかったからである（マイナーな書籍を獲得するための代替案は、大学図書館に行くくらいしかなかったので、そこにはほとんど競争は存在しなかった）。つまり「ムリ」がなかった。その結果、1つの商材（書籍）に対して、100万タイトルという圧倒的な品揃えを実現させた。実際にベゾスと話したことはないが、図1-06のようなセグメンテーションを行い、どこが一番無理がないのかを検討したのだろう。

| 図1-06 初期アマゾンの「ムリ」のないセグメント選択 | | | | |
| カタログ化のしやすさ | 出荷のしやすさ | 管理のしやすさ | オフラインでの手に入りやすさ | プロダクトカテゴリー |
|---|---|---|---|---|
| Easy | Easy | Easy | Hard | マイナーな本 |
| | | | Easy | 売れ筋の本 |
| | | Hard | Hard | マイナーなDVD |
| | | | Easy | 売れ筋のDVD |
| | Hard | Easy | Hard | 海外製電化製品 |
| | | | Easy | 電化製品 |
| | | Hard | Hard | 海外製家具 |
| | | | Easy | 家具 |
| Hard | Easy | Easy | Hard | マイナーな中古本 |
| | | | Easy | 売れ筋の中古本 |
| | | Hard | Hard | マイナーな中古DVD |
| | | | Easy | 売れ筋の中古DVD |
| | Hard | Easy | Hard | 中古海外製電化製品 |
| | | | Easy | 中古電化製品 |
| | | Hard | Hard | 中古海外製家具 |
| | | | Easy | 中古家具 |

「あなたの事業にとって『Amazonの書籍』に該当するものは何だろうか?」。これは、常に私が初期の起業家に問いかける質問である。

# オセロの四隅を押さえよ

## 「ムダ」をなくす戦略思考

前述したが、新規事業やスタートアップの目的は、PMFを達成し、「ある期間のみ売上を伸ばすこと」ではない。「勝ち続けていく仕組み」を作ることが最終目的だ。どうしても短期的なキャッシュフローや顧客獲得が喫緊の課題になり、それに注力しがちな起業家は、「長期的な視点で勝ち続けること」まで気が回らないケースが多い。

ムダをなくすことを「オセロの四隅を取る」と表現する。リソースを投下してオセロの盤の中央部を取っていったところで、いずれはライバル社にひっくり返されてしまう。中長期的に見ると、それでは負けだ。勝つためには、四隅を取っていくようなリソースの使い方が求められる。

Amazonが非常に大きくなってから成長を続けているのも、実は初期の頃から「ムダ」を排除する視点を持っていたからに他ならない。

創業2年目の1995年にはAmazonレビューを実装した。一見すると、Amazonレビューにどんな価値があるかはわかりづらい。逆に出版社側からすれば商品にレビューをつけられることは、マイナス評価を得るリスクにつながり、本が売れなくなるのでレビューを避けたいと考える。つまり、レビューなどなく全ての書籍が「5つ星扱い」のほうがいいと考えてしまう。

そういった短期的な思考に囚われた関係者の中には、これは悪策であると反対した人もいた。しかし、ジェフ・ベゾスはこれを一蹴した。Amazonは無数のタイトルがあるからこそ、レビュー機能をつけて、購買の判断基準を与えることがUX（ユーザーエクスペリエンス：顧客体験）の向上につながると、考えたのだ。このレビューこそがAmazonが長期で勝ち

続ける礎となっていった。

　現在、あらゆる商品にAmazon上でレビューがなされており、Amazonで買う人だけでなく、実店舗や他のECサイトで買う人も、Amazonレビューを参考にしている（結果として、Amazonで購入するケースも少なくない）。

　初期のAmazonのビジネスモデルは非常に単純で本の卸から仕入れて、顧客に届けるというシンプル構造だ。誰にも容易に考えつきそうだが、Amazonがここまで大きく強くなった本質は、そのシンプルなビジネスモデルの裏にある「持続的競合優位性を構築する仕組み」だ。

　それが、ジェフ・ベゾスが紙ナプキンの裏に書いたと言われているフライホイールである。フライホイールとは、日本語訳すれば羽根車だ。図1-07の通り、ぐるぐると事業の要素をポジティブに循環させていくことで、顧客が増えたり、本の取り扱いが増えたりと規模が増大していく。さらに、売上が伸び、社員が増えて、仕入れもできるようになっていく。そうするとさらに顧客の選択肢が増えて、UXが向上する。その結果、事業がどんどん成長していく。

　事業が拡大すると、1回のトランザクション（商取引）あたりにかかる固定費が下がるので、より低コストで書籍を出荷することができるようになる（いわゆる利益逓増）。それが顧客に還元されて、さらにUXが高まっていくという構造だ。先述したAmazonレビューは、このUXの向上に大きく寄与している。レビューがなければ、顧客は膨大な書籍の中からどれを選んだらいいかがわからなくなってしまう。

　これにより、フライホイールには成長につながるダブルループができているのである（これをビジネスを動的に捉える「魚の眼」と私は呼んでいる。「魚の眼」は第6章で詳しく解説する）。

　Amazonは、レビューの仕組みだけでは終わらない。ユーザーが

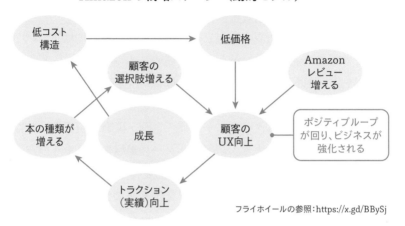

## 図1-07 動的なAmazonのビジネスモデル（フライホイール）

### Amazonの戦略ストーリー（動的モデル）

低コスト構造

低価格

顧客の選択肢増える

Amazonレビュー増える

本の種類が増える

成長

顧客のUX向上

ポジティブループが回り、ビジネスが強化される

トラクション（実績）向上

フライホイールの参照：https://x.gd/BBySj

Amazonで購入をするとユーザーの購入データが蓄積され、より精度の高いレコメンドを提供できるようになる。これにより、「選べない」という顧客の迷いが減り、UXが一層向上していく。

　こうして、2重、3重、4重にもループがぐるぐる回っていることが、Amazonが長期で勝ち続けているポイントである。これこそが、「オセロの四隅を取りにいく戦略」（徹底的にムダを省く戦略）である。Amazonは、少なくともレビューを活用する戦略に関しては、創業当初の1994年時点から進めていた。

 起業参謀の視点

起業参謀としては、こういった事業への構造理解度が高くないと提案できないような戦略の示唆出しを、起業家に対して行うことが求められる。

## ＞ ラーメンを売る前に、うまいラーメンを作れ
### ～「ムラ」を感知し、なくしていく

　スタートアップや新規事業が立ち行かなくなる理由には、「ムリ」「ムダ」だけでなく、「ムラ」がある。前述の「ムリ」「ムダ」というのは、理解しやすいかもしれない。ただ、私はこの「ムラ」を減らすことにこそ、スタートアップ／新規事業の真髄があると考えている。

「ムラ」を放置するスタートアップは、企画・開発・販売等の各要素が同期せずに歪な成長をする。結果、リソースが尽きてしまうのだ。

　単純な喩えを使うと、「うまいラーメンを作る前にラーメンを売ってしまうこと」である。うまいラーメンを作る前にラーメンを売ってしまうということは、良いプロダクトができていないのに、広告や営業でリソースをかけ、さらには中途半端なラーメンを顧客に提供することにより悪評が立つといったイメージである。

　スタートアップの文脈だと、PMFしていないにもかかわらず、どんどん、顧客獲得のみに焦点を合わせてしまって、顧客が絶え間なく離脱／解約している状況だ。これが最もよく見られるのが「ムラがある状況」だ。これは時期尚早の拡大（Pre-mature Scaling：プレマチュアスケーリング）とも言われる。

　先述した通り、起業家は行動量を上げていくことは得意なタイプが多いが、どんどん自分たちの状況を省みずに、突き進んでいく。いうなれば、バケツに穴が開いているにもかかわらず、どんどん水を入れてしまう感じだ。

　🖕 起業参謀の視点

　こうした「ムラ」を防止するために、起業参謀は、起業家に対して、メタ認知（客観視）させる視点を提供する必要がある（第7章で紹介する「医者の眼」だ）。

# 戦術の質を高める

「どこで戦うかを決めること」が戦略。
「どう勝つのかを検討すること」が戦術。

「戦略」とは、大きな方向性のことで、戦って無理がないところを見極めていくということだ。たとえば、「第二次世界大戦でなぜ日本が負けたのか」については、様々な議論がなされているが、端的にいうならば、戦略性の欠如と言われている。日本は太平洋の島々を領土化していき大東亜共栄圏を築いたが、途中からアメリカが連合国軍に加わり、その島々を解放していく。その際にアメリカ軍が重点を置いたのは、兵站の補給をできるような重要な主たるミッドウェーを押さえたことである。これは、先ほど説明したオセロの四隅を取りにいく戦略だ。アメリカが戦略的にそこにリソースを集中させたことで、結果的に日本軍を追い詰めていった。

「戦略」とは、どこで戦うのかを決めた後に、どこに兵力（リソース）を集中させるのかを判断し、そして、結果として「戦わない場所」をも決めていくということである。

　ここで「戦術の質」について触れよう。「戦略」は「どこで戦うのか」を見極めることであると説明した。「戦術」は「その選んだ戦場／セグメントでどう勝つのか」を見極めることである。

　改めて、「戦略」と「戦術」の違いを以下にまとめる。

戦略
- ・大きな方向性
- ・どこで戦うか?
- ・どうリソースを配分して戦うか?
- ・いかに戦わないか?

戦術
- ・個別の施策
- ・どうやって戦うか?
- ・所与のリソースでどう戦うか?
- ・いかに勝つか?

　ベゾスがもし、書籍ではなく「中古車」の販売から始めていたら、おそらく今のAmazonの成功はなかっただろう（中古車は、実際にその車の状態を示す画像や関連する詳細情報をカバーしないとユーザーは購買に至らないケースが多い）。

　中古車をネットで売るために、様々な戦術（たとえば、取引手数料を安くする、紹介者に対してインセンティブを用意する）を駆使したとしても、1994年だとあまりにも時期が早すぎて誰も買わなかったと推測できる（少なくとも書籍販売で達成したほどの成功は達成できなかっただろう）。

　このように戦略である「どこで戦うのか（＝Where）」といったことを間違えてしまったら、いくら戦術「どうやって戦うのか（＝How）」でカバーしようとしても、リカバリーすることはできない。

「コンセプト」→「戦略」→「戦術」の順番で磨き込んでいくことを間違えてはいけない。施策を考えたり、ソリューションを出すことは、目に見えやすい成果が上がるので、起業家はどうしてもコンセプト／戦略を勘案することなく"とりあえず施策の実行""ソリューションの検証"から始めがちだ。

以前、こんなケースがあった。とある起業家から事業についてのプレゼンを受けた。「フィリピンと日本をつないで、オンライン英会話事業をしたい。そのサービスサイトを作ったので見てほしい」という内容だった。しかし、こうした事業にはすでにレアジョブやDMM英会話など先行してスケールしている会社がある。その方に「レアジョブとかDMM英会話を試したことがあるのか？　違いは何か？」と聞くと、「そんなサービスは初耳だ」と返ってきた。

コンセプトを着想した時に「閃いたアイデアがイケている」という確証バイアスに囚われて、アイデアを過大評価してしまったのだ。現状のマーケットについてリサーチをせず、超レッドオーシャンのところに突っ込み、すでに数百万円をかけてサービスサイトを立ち上げていたのだ。ソリューションを立ち上げる前に、そもそものコンセプトと戦略の有効性を検証することは必須だ。もし私が、その起業家のメンターとして壁打ちをするなら、図1-08のように整理するだろう。

## 図1-08 事業セグメントの整理

| 現在日本における学習者数 | 今後の学習者の伸び | 現状の代替案の未充足度 | | |
|---|---|---|---|---|
| | | 高 | 中 | 低 |
| 多い | 高 | | | |
| | 中 | | | 英語 |
| | 低 | | 狙うべきセグメント？ | |
| 中くらい | 高 | 韓国語(人気ドラマの俳優を生成AI化して会話) | | |
| | 中 | | | |
| | 低 | | 中国語 | |
| 少ない | 高 | | | |
| | 中 | | | |
| | 低 | スペイン語／フランス語／イタリア語 | | |

まず、「言語学習をしたい人をターゲット」に置くと広すぎるし、競合が至る所にいそうだ。まず苛烈な競争を避けるために、最初に狙うべきセグメントがどこであるのかを検証し、その上でコンセプトも考える。

　それには、以下のような質問をすると有効だ。

Q. 現在、日本においてその言語の学習者数はどれくらいいるか？
Q. 今後、その言語を学習する人がどの程度増えていきそうか？
Q. 現状の利用可能な代替案の未充足はどの程度か？

　上記の質問に基づき、市場を3軸で整理するだけでも、狙うべきセグメントの解像度が格段に高まる。

　昨今のK-POPや韓国ドラマの影響で、韓国語を習う人が毎年20%増えていることが判明し、さらに、若年層であまり予算がない学習者が増えていることが判明する（これは架空のシナリオ／数字）。そうなると、様々な言語学習の中で、狙うべきは韓国語になる。さらにコンセプトとして生成AIを用いて、人気ドラマのキャラクターを生成AIで作り出して会話する、といった発想の幅を出していける。そのための戦術として、実際にいくつかのプロトタイプを作ってみて、実ユーザーにインタビューをするなどが考えられる。

　　　🖐 起業参謀の視点

事業の成果は「行動の量」と「行動の質」の掛け合わせ。ただ、「行動の質」にこだわりすぎて、行動できない「分析麻痺」に陥ってしまっては本末転倒だ。一方で、何も戦略性なしに行動してしまうのは、「沈みゆくタイタニック号で、ひたすらテーブルセットをすること」になってしまう。こういった行動パターンに陥るケースが驚くほどに多い。起業参謀は、起業家が「コンセプト」

→「戦略」→「戦術」→「行動」の順番で、磨き込んでいるのか
を常にチェックするのが行動原則である（図1-09）。

図1-09 コンセプトから作っていく

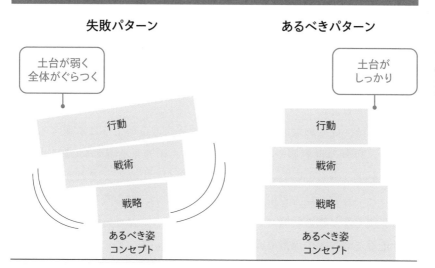

失敗パターン

土台が弱く
全体がぐらつく

行動

戦術

戦略

あるべき姿
コンセプト

あるべきパターン

土台が
しっかり

行動

戦術

戦略

あるべき姿
コンセプト

起業参謀の価値とは

# 起業参謀が
# 身につけるべき
# 「5つの眼」

　私はこれまで何千社というスタートアップや新規事業に伴走してきた
が、その中で感じたのは「起業家はバイアスがかかりやすい傾向があ
る」ということだ。バイアスとは「自分が見たいように世界を解釈して
しまう」ことだ。

　起業家は、周りの環境を自分にとって都合の良いように解釈する傾向
が強い。自分の世界観やビジョンを持ち、未充足を見つけてソリュー
ションを生み出していくのが起業家の使命だ。しかし、それがあまりに
も強いと一方的な見方や解釈に固執してしまい、知らないうちに、選択
の幅が狭くなり膠着状態に自らを追い込んだり、ソリューションありき
で考えるため課題の深掘りが甘かったりする。先入観にとらわれた「猪
突猛進」状態が少なくない。

　前述したように、Why思考／ミッションドリブンの起業家に対して、
起業参謀は、事業を複眼的に見ていく「5つの眼」を提供していくのが
その大きな役割になる。

　「5つの眼」は私の造語である。「視点」には、「鳥の眼」「虫の眼」「魚
の眼」「医者の眼」「人（伴走者）の眼」の5つがあると考えている（図
1-10）。

---

## ＞「鳥の眼」とは

---

　「鳥の眼」や「虫の眼」までは聞いたことがあるかもしれない。まず、

図1-10 起業参謀が備えるべき「5つの眼」

| 眼の<br>タイプ | 概要 | 視点を得ることでどのような<br>価値を起業家／メンティに提供できるか | 本書で取り上げる<br>フレームワーク |
|---|---|---|---|
| 鳥<br>の眼 | 全体の俯瞰 | 市場を体系的／網羅的に見渡す視点を提供する。そうすることで、市場／ターゲットセグメントに対する過大評価を抑制する。加えて、まだリーチできない魅力的な潜在市場／セグメントの探索を促し、機会損失を減らす | ・STEEP／トレンド分析<br>・ターゲット市場の魅力度検証<br>・TAM／SAM／SOM<br>・Go-to-Market<br>・ロードマップ策定 |
| 虫<br>の眼 | 顧客心理／<br>ステークホルダー<br>心理の<br>詳細理解 | 徹底的な顧客の理解を高めることを促す（顧客心理／顧客行動の定量／定性な理解）。それによりCPF／PSF／PMFの達成の蓋然性を高めていく（状況に応じて、顧客以外のステークホルダーの心理状況を深く捉える） | ・真の課題理解／課題の構造化<br>・モチベーショングラフ<br>・UXエンゲージメントマップ<br>・マーケティングファネルと5つの不<br>・真のPMF |
| 魚<br>の眼 | 仕組みを<br>構築して<br>戦わずして勝つ | プロダクトライフサイクル全体で、「リソース投入に依拠した無理な戦い」を避けるための「勝ち続けるための仕組み作り」の視点を提供する。それにより、持続的な成長を画策できるようになる | ・MOAT構築<br>・ネットワーク効果<br>・コールドスタート問題解消<br>・フライホイール構築 |
| 医者<br>の眼 | 起業家の<br>メタ認知促進／<br>組織の<br>プレマチュア<br>スケーリング防止 | 起業家のメタ認知を促進することで、必要なリソース（自分のケイパビリティと補完になる共同創業者など）の解像度が高まるスタートアップフェーズや全体最適視点から、「やるべきこと」と「避けるべきこと」の示唆を出し、時期尚早の拡大を防ぐ | ・ライフジャーニー<br>・起業家OSアップデート<br>・KPIの設計と運用<br>・スタートアップバランススコアカード<br>・スタートアップの目利き |
| 人<br>の眼 | 腹落ちして<br>行動量を増やす | 定期的な対話を通じて、腹落ち感を高め、行動のモメンタムを促進する（モメンタムブースター）<br>定期的な対話／壁打ちが、行動のリズムを作り、モメンタムを促進する（ペースメーカー） | ・リーンキャンバス<br>・MSP／MVP／Prototype<br>・CPF／PSFテンプレート<br>・自社の魅力化ドキュメント |

Chapter1

起業参謀の価値とは

イメージがしやすい、その2つから解説していこう。

「鳥の眼」は鳥のように、上空からの視点で物事を広く俯瞰して見渡せるという意味を持つ。四半期や1年という短期間ではなく、3年～5年、時に10年くらいの未来を見据えた上で、「あるべき姿」や「やるべきこと」を考えていく。つまり時間軸を少し遠い未来に置く。スタート

アップは、今の市場に最適化するプロダクトカレントマーケットフィット（Pruct Current Market Fit：PCMF）ではなく、少し先の未来に対して最適化するプロダクトフューチャーマーケットフィット（Product Future Market Fit：PFMF）を目指すことが重要だ。

時間軸を伸ばす視点に加え、自分たちが対応しようとしている市場全体を見渡すように視野を広げることも大事だ。

たとえば、顧客以外にも、バリューチェーン全体やエコシステム／産業構造まで見渡すことだ。いわゆる「視座を上げる」ということだが、そうすると抜けている視点が補完され、最初は思いもよらなかった事業機会を見つけることができる。

先ほど紹介した語学学習のビジネスモデルの例では、市場セグメント全体を見渡すためのフレームワークを活用し、英語学習者以外で追求するべきセグメントの示唆出しができた。「どう戦うのか（＝How）」の手前で、「どこで戦うのか（＝Where）」を見極めることが重要だ。「鳥の眼」の視点は、その示唆出しに役立つ。

現在ビッグテックと呼ばれ、凄まじい影響力を持つGAFAMだが、彼らの沿革を注意深く見てみると「最初に狙ったセグメントが正しかった」ということに気がつく。

たとえば、Amazonは書籍の販売から、MicrosoftはIBMの互換機の市場から着手した。創業者のマーク・ザッカーバーグがハーバード出身だったことから、Facebook（現Meta）はハーバード大学からスタートした（Facebookはハーバードという一流の大学で始めることができたのはある意味ラッキーだった）。

このように、最初の一歩をどこに踏み出すかという見極めは非常に重要だ。そのために「鳥の眼」を活用し、起業家がどう一歩目を踏み出し、その後、どのようにより広い市場に対応していくかの視座を与える。

## ＞ 虫の眼

　続いて「虫の眼」は、虫のように地に足をつけて細かく物事を見る視点である。これは視野を狭くするということではなく、顧客一人ひとりの心理やインサイトに迫り、その解像度を上げることだ。

　私は企業（特に経営者）が顧客を「ただ単なる数字」として捉えた瞬間から企業の衰退が始まる、と考えている。顧客のことを常に手触り感／臨場感のある1人の人物（ペルソナ）として捉えることが非常に重要だ。

　また、ターゲットとなる顧客の心境や状況は刻一刻と変化していく。それを受け止め、常にプロダクトにフィードバックしていくことが勝ち続けるために必須になる。

　これは「N1分析」と呼ばれる。N1分析に基づいて行動していくのは、実は非常に難易度が高い。だが、N1分析に基づき、愚直にやり続けていく企業は非常に強い。たとえば、オイシックス・ラ・大地[14]という食材のサブスクサービスをやっている会社がある。大地を守る会、らでぃっしゅぼーやとの経営統合後も成長を続けている。売上も1200億円に迫る企業だ。

　ただ、現在でも社長を務めている創業者の髙島宏平氏は、どんなに大きくなろうとも、毎週欠かさず、顧客の元に直接声を聞きにいっているという（N1分析を執拗に行っている）。経営者は舵取りをする際に、どうしてもマクロ視点と遠い視点に注力しがちである。

　ただ、それだけでは十分ではない。オイシックス・ラ・大地の場合、社長自らが、積極的に顧客の解像度を高めにいっている。顧客インタビューや対話を行い、真摯に改善点を見つけにいく姿勢が素晴らしい[15]。

14）オイシックス・ラ・大地の決算資料：https://www.oisixradaichi.co.jp/wp-content/uploads/2023/08/42dc9e505e4696d2926990d1b19b4b13-1.pdf

15）https://www.oisixradaichi.co.jp/investors/individual/performance/
https://www.tv-tokyo.co.jp/cambria/backnumber/2019/0829/

## ＞ＰＭＦに必要なのは「虫の眼」

　PMFは「状態」ではなく「動詞」である。顧客心理は常に変わり続けている。外部環境の変化に応じて、顧客の心理も変わり、プロダクトに対する期待や満足する基準も変わってくる。その変化を捉えるべく、「虫の眼」を持ち、個々のユーザーに対して向き合い続けていく必要がある。

☞ 起業参謀の視点

「顧客起点」で考えることの重要性を否定する人はいないだろうが、実際にその視座を持ち事業を推進するのは、非常に難しい。起業参謀の最も重要な役割の1つが、起業家を常に「顧客起点の視点」に戻すことである（図1-11）。

　2020年に新型コロナウイルス感染症が広がり始め、2021年、2022年、2023年と時が経つにつれて、消費者の心理は目まぐるしく変わっていった。ダイナミックな顧客心理の変動の中で、事業は常にPMFし続けることが求められる。コロナ禍が始まった直後では、多くの人が自宅待機を強いられたので、巣ごもり需要に一気に火がついた（オンラインサロンやオンライン飲み会などが流行り、そこに対応するプロダクト／サービスが生まれた）。

　そして、コロナ禍が落ち着いてきた2022年から2023年にかけて、その市場はトーンダウンし、リアルでの消費指向が戻ってきた（リベンジ消費とも言われる）。このように、顧客心理は変わり続けるので、1つのPMFの状態に固執し続けることは、外部環境が変わると一気に市場を失ってしまうリスクがあることに留意したい。

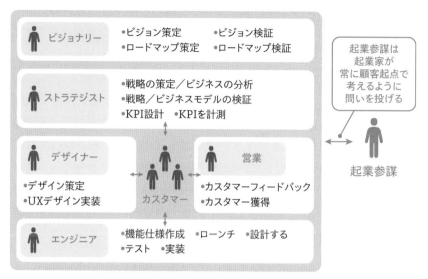

図1-11 顧客起点の視点とは

| ビジョナリー | ・ビジョン策定　・ビジョン検証<br>・ロードマップ策定　・ロードマップ検証 |

起業参謀は
起業家が
常に顧客起点で
考えるように
問いを投げる

| ストラテジスト | ・戦略の策定／ビジネスの分析<br>・戦略／ビジネスモデルの検証<br>・KPI設計　・KPIを計測 |

| デザイナー | | 営業 |
| ・デザイン策定<br>・UXデザイン実装 | カスタマー | ・カスタマーフィードバック<br>・カスタマー獲得 |

起業参謀

| エンジニア | ・機能仕様作成　・ローンチ　・設計する<br>・テスト　・実装 |

人は顧客視点ではなく自分視点(自分にとって都合の良い視点／面倒臭くない視点)で
考えがち。顧客視点で考えるのは面倒臭い。
その面倒臭さを引き入れていくために背中を押すことが求められる

> 魚の眼

　続いて、「魚の眼」を解説しよう。川や海で、魚は水の流れの中に生きている。つまり、「魚の眼」とは「流れを摑み対応していく視点」のことを指す。また、動的な流れを捉えた上で「流れそのもの」を生み出していく視点ともいえる。

　PMFはスタートアップにとって非常に重要なマイルストーンだ。ただし、PMFは最終ゴールではない。事業の最終ゴールは「持続的に勝ち続ける仕組みを作ること」だ。そのために、事業を静的ではなく動的に捉えて、勝ち筋を見立て構築していく「魚の眼」が要になる。先ほど、

「持続的に勝ち続ける仕組みを作る」具体例として、Amazonのフライホイールの事例を解説した。

　勝ち続ける事業の要の1つになるのが、違いを作ってつなげるフライホイールを構築すること、ダイナミックなネットワーク効果を構築することだ。

　Amazon以外のGAFAMも、このダイナミックなネットワーク効果を見つけ、そこに事業を構築することが非常に巧みだ。たとえば、Facebookは、SNSという多くの人が使うとネットワーク参加者の価値が高まるという「外部性ネットワーク効果」に加えて、Facebookの開発環境をオープンソース化して、開発者を呼び込みアプリケーションを作らせた。これにより、ユーザー（Facebook利用者）と開発者の二者の相互補完ネットワークを発動させた（図1-12）。GAFAMのビジネスを分析すると、このような仕掛け／仕組みが至る所にあることがわかる。

図1-12 ネットワーク効果とは

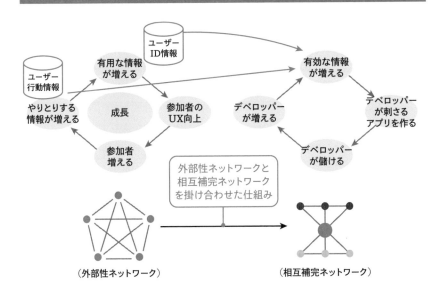

## ＞ 違いを作って、つなげよ

「違いを作って、つなげる」

　これは、『ストーリーとしての競争戦略　優れた戦略の条件』（東洋経済新報社）で著者の楠木建氏が言っている言葉だ。

　事業を静的なスナップショットではなく、動的なストーリーとして描くことにより、勝ち続ける仕組みを作ることが重要だ。
「魚の眼」は、まさにそのための視座となる。「フライホイール」「ネットワーク効果」などの具体的に活用できるフレームワークを活用してMOAT[16]（モート）を構築するのだ。

## ＞ 医者の眼

　続いて、「医者の眼」を説明したい。これは私の造語である。先ほどの「ムラをなくす」でも解説したが、スタートアップや新規事業が失敗する最も大きな要因の1つが時期尚早の拡大（プレマチュアスケーリング）だ。まだ機が熟していないにもかかわらず、拡大思考に走ってしまうことだ。うまいラーメンを開発する前にラーメンのフランチャイズ展開をしてしまうような状態だ。

　過度な拡大思考に囚われてしまい、足元の「ラーメンのそもそものうまさ」を重視せず、どんどん事業拡張を考えることだ。これは「風呂敷を広げる」特性を持ちがちな起業家によくある行動パターンである。

　スタートアップの文脈になぞらえると、きちんとPMFしていないにもかかわらず、どんどん広告を打ちマーケティングをしてしまう。

---

16) MOAT（モート）：事業を競合から守り続けてくれる城壁の周りの堀のこと

プロダクトの解約率がまだ高いにもかかわらず、積極的に顧客獲得を行うケースが散見される。この状況はバケツの穴が開いているのに、水をどんどん入れてしまっているような状況だ。まずは、バケツの穴を塞ぐことを目指すことが重要だ。BtoBならば、顧客が他の顧客を連れてくるような口コミが発生している状態を指す。BtoCならば、SNS等で話題になり、需要や引き合いが殺到するような状態だ。その状態を達成してから、バケツに水を入れることを考えないと、まさに湯水のようにリソースを使うことになり、費用が上がり、スタートアップは燃え尽きてしまうリスクが高まる。

### 🖐 起業参謀の視点

起業家はポジティブバイアスがかかりやすい。自社の状態を「過大評価」し、競合や既存代替案を「過小評価」しがちだ。自信を持つことは重要だが、過信をしてしまうと、「時期尚早の拡大」を招き、バーンアウト（燃え尽き）に至るリスクが高まる。それを防ぐために「医者の眼」を駆使して、事業をフェアに、かつ全体視点で診断／客観視するのだ。

## ＞ 人（伴走者）の眼

　最後の5つ目は、「人（伴走者）の眼」だ。伴走者として起業家をエンパワーメントする視点だ。人が一番リスペクト／信頼するのは、結局「人」である。AIがどんどん進化し、「人の仕事を奪っていく」ことが懸念されている。

　ただ、結局、人はAIには動かされない。起業参謀に託された使命は、他の人から信頼／リスペクトされ、信頼に基づき起業家の背中を押すことである。起業参謀は、ただ単なる知見の提供だけでなく、エネルギー

やパワーを注力していくことが求められる。そのために有効なメンタリングスキルや傾聴スキルを磨く必要がある。

この「5つの眼」の関係性について表現したのが、図1-13である。

## 図1-13 起業参謀に必要な「5つの眼」で全体俯瞰する

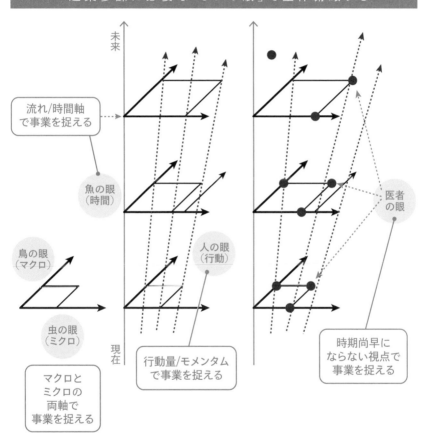

未来

流れ/時間軸
で事業を捉える

魚の眼
（時間）

鳥の眼
（マクロ）

虫の眼
（ミクロ）

人の眼
（行動）

医者
の眼

現在

マクロと
ミクロの
両軸で
事業を捉える

行動量/モメンタム
で事業を捉える

時期尚早に
ならない視点で
事業を捉える

> 起業参謀不在／先入観にとらわれるリスクを減らす

改めて、起業参謀の必要性を考えてみよう。事業というのは、起業家

1人ではうまくいかない。「Why型」の起業家はどんどん突き進んでいくので、整理されていない状況やメタ認知できない状況で、無謀な行動を続けることも少なくない。起業参謀には、その部分を補っていくことが求められる。起業参謀が不在の場合に陥りがちな問題としては、大きく次の4つがあると考えている。

## ①バイアス問題

多角的な視野を広げてくれる存在がないと、自分都合で顧客や環境を解釈するバイアスがかかる。結果、本質を見抜けなかったり、打ち手が限られたり、短期的な思考になってしまう。

## ②スピード

1人で悶々と考えていると、スピードが落ちてしまう。そうしているうちに前提条件や課題が変質してしまうことがある。起業参謀というペースメーカー／壁打ち相手がいると、考えが整理され、どんどんスピードを上げることができる。

## ③サンクコスト問題

サンクコストとは、既に投下してしまい回収できないコストのことを指す。人間は、投下したコストを取り返したい、つまりいつまで経っても損切りできないという心理的な癖がある。客観的な視座がないと、ずっとサンクコストに囚われて、先に進めない状況に陥る。

## ④批判的思考回避

1人だとどうしても、広い視点を持ち、建設的・批判的に思考していくことは難しい。参謀が広い視点を持ち、壁打ちをすることによって、事業を前進していくための思考を身につけることができる。

# 最大成果を上げる
# 要諦とプロセス

# 起業参謀が成果を 上げるための 5つのポイント

起業参謀が成果を上げるために、以下の5つのポイントについて解説しよう。

1. 起業家のレベルに応じてメンタリング、コーチング、ティーチングを使い分ける
2. 「起業家が知るべきだが、知らないこと」を伝える
3. 論理性と共感性のバランス
4. 発散と整理のバランス
5. 思考瞬発力と背景知識の掛け合わせ

> ポイント1：起業家のレベルに応じてメンタリング、コーチング、ティーチングを使い分ける

メンタリングとは、指導する側（メンター）と指導される側（メンティ）が1対1で対話し、成長支援や示唆出しを行うことだ。メンタリングとは「答えを教える」というスタイルではなく、対話を通じて気づきを与え、「自発的な成長を促す」ことが特徴だ。メンタリングは、メンターが人生の先輩やロールモデルとして、メンティの課題に対してアドバイスや経験のシェアを行う。経験や知見をシェアすることで、結果として課題解決のスピードを上げることが可能になる。

コーチングとは、質問や問いかけなどを傾聴することで、対象者の中から答えを導き出すことだ。アドバイスや経験をシェアすることはしな

い。メンタリングとコーチングの大きな違いは、対話の中でのアドバイスの有無である。

　ティーチングはその名の通り、先生（ティーチャー）が生徒に授業を行うように経験豊富な人が、経験が浅い人を相手に自分の知見やノウハウを伝える手法である。したがってティーチングにおけるコミュニケーションのスタイルは、指導者から指導を受ける側への一方通行となる。ティーチングは指導者側が明確な答えを持っているという前提で行われることが多い。図2-01でメンタリングの位置付けを見てみよう。

## 図2-01 メンタリングとは

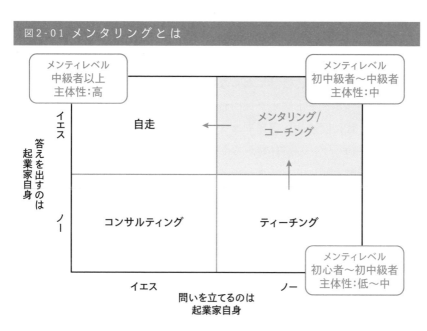

　メンタリングとは他人から問いを与えられ、能動的にインプットを行い、自ら答えを導き出そうとする行為である。もし起業家のレベルがかなり高ければ、自ら問い・答えを導き出せる（図2-01の左上）。自ら思考の軸を整理できる中級者〜上級者とも表現できるだろう。起業家がこのようなレベルに達していれば自分で考えて自走できるので、極論すると

メンタリングは必要ない。

　最終的に事業のオーナーシップを持つのは起業家である。起業参謀は、彼らに徹底的に考えさせて、成果を上げさせるようなお膳立てをするイメージを持っておこう。

　一方で、起業家がまだ経験不足の場合には、メンタリング以前にティーチング／コンサルティングが必要なケースもある（図2-02）。

　たとえば、採用について全く経験のない起業家に対して、採用戦略に関して壁打ちをするケースを考えてみよう。そもそも「母集団形成」「面接によるアトラクト」「構造面接」「ジョブディスクリプション」「ストックオプション」などの、スタートアップの採用における基礎となる知見が欠けていたら、会話にならない。そういった場合には、まず起業参謀自らが「スタートアップ採用戦略の概要」について解説するか、もしくは、それに関連する書籍やセミナー動画を見て、基礎固めをしてもらう（ティーチング）のが有効だろう。

　また、起業家側にリソースがあるならば、それを外部専門家に丸投げするコンサルティングを選択することが有効になるかもしれない。

　ただ、単にわからないまま、思考停止のまま丸投げすることは、避けるべきだ。自ら問いを立てることができるレベルに自らの知見を高めることが起業家には、求められる。

　起業家のレベルが低い場合には、指導型（ティーチング型）が求められるが、相手のレベルが上がっていくにつれて、徐々に育成型にシフトしていくということだ。ずっと指導型のレベルに留まり続けるといったことは、基本的にはあってはならない。

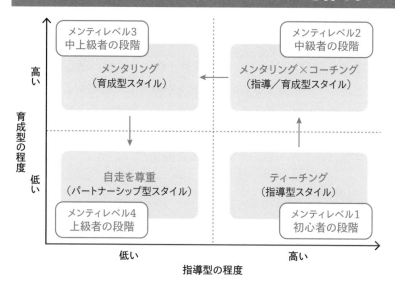

図2-02 メンティのレベルに合わせてスタイルを変える

メンティレベル3
中上級者の段階

メンタリング
（育成型スタイル）

メンティレベル2
中級者の段階

メンタリング×コーチング
（指導／育成型スタイル）

自走を尊重
（パートナーシップ型スタイル）

メンティレベル4
上級者の段階

ティーチング
（指導型スタイル）

メンティレベル1
初心者の段階

育成型の程度　高い　低い

指導型の程度　低い　高い

> ティーチングの手法

　ティーチングとは、起業参謀が問いの提示だけでなく、事例や細かい戦術まで答えもある程度提示してあげることを指す。起業家の中でも、初心者や初中級者まではティーチングが有効だ。

　ティーチングの手法としては、実際にやってみせることや事例の活用、アナロジーを使う、ナレッジを伝える、経験談を話す、書籍やインターネット記事などのコンテンツを示す、実行項目をリストアップするといったことが挙げられる。

　ある程度自走できるフェーズになると、ティーチングでは効果が薄くなるので、起業参謀が問いは立てるが、答えは起業家が自分で見つけていくようなメンタリングに切り替えていくことが重要である。

　高レベルの起業家へのメンタリングについて少し触れておきたい。この段階になると起業家のスキルや知識がそれなりの域に達しているので、自信とプライドが高まっている。実力が確定した起業家には「育成行動」のメンタリングを行うことが重要である。育成行動とは、相手が言ったことを受け入れながら説明していくことである。いわゆるパートナーシップ型というコーチングスタイルと同様だ。

☝ 起業参謀の視点

起業参謀は起業家の高いレベルの相談に乗ることが役割で、起業参謀からの積極的な働きかけは不要となる。発散と整理を繰り返す対話の中から、起業家が内面にある思いを言語化できるよう支援するのだ。

もっとレベルが高くなると、起業参謀からはほぼ何も言うことはない状態になる。とはいえ、傾聴の意味はこの段階でもすごくあり、「なぜそういうふうに思っているのか」「その裏側にあるメンタルモデルは何か」を明らかにしていくことは、起業家が前進していくために有効だ。

この基準を満たすために必要なケイパビリティ
- 起業家のレベルを見極める力
- ティーチング、コーチング、メンタリングを文脈によって使い分けられること

## ＞ ポイント２：「起業家が知るべきだが、知らないこと」を見極め伝える

　起業参謀は、起業家に対峙（たいじ）しながら事業の支援を行ったり、戦略の示唆を出すといった役割を担う。起業家と異なる点としては、基本的には自らの手を動かすのではなく、示唆を与える立場であるということだ。

　示唆とは「起業家が知るべきことであるが気がついていないこと」を気づかせることだ。図2-03のように整理することが非常に重要である。縦軸は、相手（起業家）が知るべきことかどうかの見極めだ。「相手が知るべきこと」を見極めるには、スタートアップや事業に関する全体俯瞰力や基本的な知見が重要になってくる。「相手が知っているかどうか」を見極めるには、傾聴力が重要になる。

### 図2-03 相手が知るべきことかを見極める

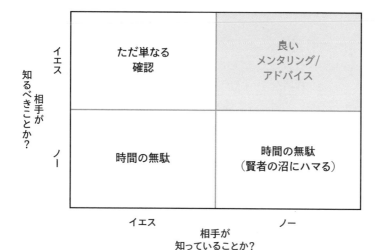

最大成果を上げる要諦とプロセス

この基準を満たすために必要なケイパビリティ

- 全体俯瞰力
- 基本的な知見（ビジネス知見／リベラルアーツなどの基礎教養）
- 事例の豊富さ（関連する事例を共有する）

## ＞ ポイント3：論理性と共感性

　図2-04をご覧いただきたい。最終的に起業家が腹落ちして行動するには、「頭での理解」と「腹落ち（＝高い納得感）」の両方が必要になる。それを実現するには、高い論理性と高い共感性が必要になってくる。

図2-04 論理性と共感性が必要

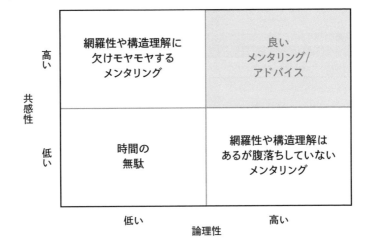

「参謀」と聞いた時に、ロジックやフレームワークを駆使する「キレレ」のコンサルタントのようなイメージを持たれるかもしれないが、それだけでは不十分である。最終的に、人はロジカルだけではなく、決して論理的とはいえない「好き」「嫌い」で判断する場合も多い（特に、こ

だわりの強い起業家にはその傾向が強い）。この「起業家」は何に動かされる
のか、根本の価値観や指向性がどうなっているのかを捉え、提案をして
いく必要がある。

## 〉 ポイント4：発散と整理

　基本的なメンタリングの進め方としては、発散と整理を繰り返してい
くことを念頭に置く。そのための行動指針について解説しよう。

### 図2-05 発散と整理

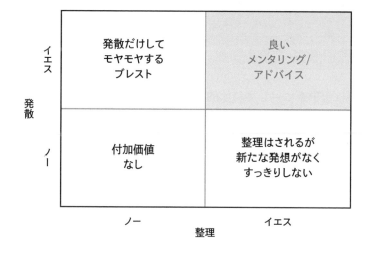

「参謀」という響きから「フレームワークを使って整理するブレイン」
というイメージを持つかもしれないが、アイデアを出していくことも重
要だ。前記の3つのチェックポイント1〜3でも触れたが「ソリューショ
ン」を発案したり、「最初に攻めるべき市場からどう大きな市場を狙っ
ていくのか」を構想したり、「自社にとっても持続的競合優位性が何か」
を考え出すための触媒になるのだ。

また起業参謀には、傾聴力が求められる。傾聴する際のスタンスとして、本質的な部分を捉えていくことが重要だ。そのためには、深掘りをする問いかけをして、相手に気づきや示唆を与えていくことが求められる。対症療法ではなく、現象や課題の本質に迫る部分を言語化し、そこに対してどういった選択肢が必要なのか、幅出しをする。

　時に、起業家は自分の過去の経験にとどまってしまうものだが、フレームワークなどを用いることで、「こんな選択肢もあるのか」と新たな発見を与えていくことができる。

　共に考えて、共感して、考えを重ね合わせていき、まさに一緒に事業を作っていくことが、起業参謀の伴走する意味である。最終的には、起業家自身が自走できるように力をつけてもらうことも大切である。

## ＞ 思考を活性化する4つのポイント

　起業参謀は起業家に対して具体的にどのように働きかけて、発散と整理を繰り返し、思考を活性化するのか。下記の4つのポイントがあると考えている。

> 1.深めること → 本質を見抜くこと
> 2.浅めること → わかりやすいように言語化・可視化すること
> 3.広げること → 発想を広げること
> 4.狭めること → 最適なオプションを提示すること

　それぞれ解説していこう。

　まず、「深めること」とは、現象の背後にある構造や法則を見極めていくことである。一見すると異なる現象やビジネスであっても共通項やパターンを見つけたりして、ヒントを得たり、より深いところにある原因（真因）を探ることにより、本質的な問題解決方法を見つけていくこ

とだ。

「浅めること」は、初めて聞く言葉かもしれないが、抽象的に構造化したところから、具体的にどう行動に落とし込んだり、手触り感のあるものとして表現したらいいのかを考察することである。

「広げること」とは、一旦、今仮説としてある案や課題について、他の可能性がないかを広い視点で発散することである（「鳥の眼」を活用）。

「狭めること」とは、発散した状態から、リソースや時間軸などを勘案して、案や対応するべき課題の優先順位をつけていくことである。

　たとえば、あるスタートアップがマーケティング施策を講じようと考えた際に、インフルエンサーマーケティングという手法もあれば、一般人のグループインタビューや記事広告のような方法もありうる。

　どのようなマーケティング施策が有効かは、まずはビジネスモデルの構造的な理解が必要になる。BtoBとBtoCでは、その構造が異なるし、SaaS[1] のビジネスモデルの場合とマーケットプレイス型でも有効なマーケティングの手法が異なってくる。また、事業フェーズによってもマーケティングそのものの意味合いが変わってくる。

　このように、まず事業を抽象的に捉えた上で、構造的に理解し、どの要素かを勘案してマーケティング戦略を検討する（深める／整理する）。

　加えて、マクロの状況を見立てた上で、どのセグメントから狙っていくか、事業ロードマップ全体の中で、このマーケティング施策の位置付けを考えないと迷子になってしまう。そこで広げる視点（「鳥の眼」）が大事になる。

　その上で、有効な手段について考えていく（浅める／発散する）。

　また有効な手段について発散した後に、それぞれの費用対効果につい

---

1）SaaS（サース）：SaaS とは「Software as a Service」の略称で、「サービスとしてのソフトウェア」を意味するクラウドサービスの一種

て検討し、施策としての優先順位をつける必要がある（狭める／整理する）。

　このように、発散と整理を行き来することによって、潜在的な有効な手段を幅出しした上で、実行する前に整理／優先順位づけし、最も有効な手法を講じていくのだ。

図2-06 思考を活性化する4つの方法

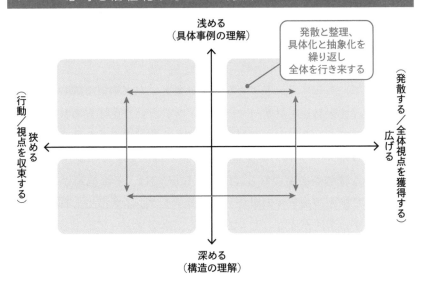

図2-06の通り、起業参謀には「深める」「浅める」「広げる」「狭める」を意識しながら、その4象限を行き来することが求められる。

　起業家の発想が狭まっていたら広げてあげる。むやみやたらに行動して結果が出ていない場合には選択肢を狭めてみる。施策の数が出ていない場合には発散させる。このように「深める」「浅める」「広げる」「狭める」全体を行き来しながら、壁打ちの相手になるということを意識しよう。

発散と整理のバランスを取るためのケイパビリティ
● 本質を捉えるための傾聴力

- 整理するためのロジカルシンキング力
- 整理／発散するためのフレームワークの豊富さ

## ＞ ポイント5：思考瞬発力と背景知識

5つ目のポイントを解説しよう。図2-07を見てほしい。良いメンタリングを行うために、思考瞬発力（いわゆる地頭の良さ）と背景知識／準備の両方が必要になる。頭の回転の速い人は、大した準備もせずに、起業家とのセッションに臨む場合がある。それで乗り切れてしまうケースもあるが、起業家の状況を踏まえた上で、準備をすることが望ましい。

たとえば、事前に資料をもらっておけば、どこに抜け漏れがあるかを検証でき、起業家とセッションする時間の効率性を高めることができる。

図2-07 思考瞬発力と背景知識の両方が必要

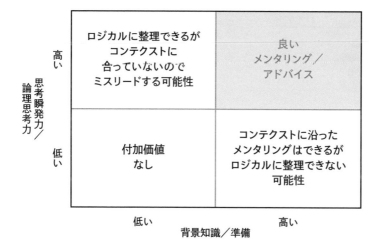

最大成果を上げる要諦とプロセス

section
2

# 起業参謀が メンタリングを行う プロセス

ここまで起業参謀が成果を上げるための5つのポイントについて解説してきた。それを踏まえ、具体的なプロセスについて解説する。図2-08では、起業参謀のアドバイスをどのようなプロセスで実行するのかを示した。

## 図2-08 起業参謀のアドバイスのフロー

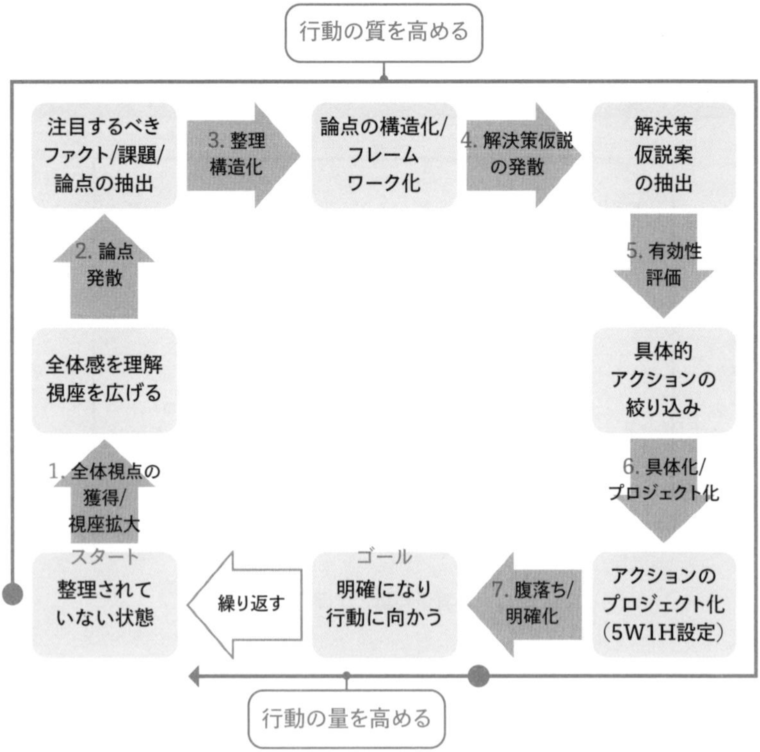

行動の質を高める

注目するべき
ファクト/課題/
論点の抽出

3. 整理
構造化

論点の構造化/
フレーム
ワーク化

4. 解決策仮説
の発散

解決策
仮説案
の抽出

2. 論点
発散

5. 有効性
評価

全体感を理解
視座を広げる

具体的
アクションの
絞り込み

1. 全体視点の
獲得/
視座拡大

6. 具体化/
プロジェクト化

スタート
整理されて
いない状態

繰り返す

ゴール
明確になり
行動に向かう

7. 腹落ち/
明確化

アクションの
プロジェクト化
（5W1H設定）

行動の量を高める

起業家を取り巻く環境は、刻一刻と変化する。様々な外部環境の変化や顧客心理の変化が起こる。混沌状態や不測の事態が常時、発生する。そんな中、起業家は「何がわかっていないか、わかっていない状態」（無知の無知）である場合も少なくない。

## ＞ 1.全体視点の獲得／視座拡大

　起業参謀は、前述の「起業家が知らないが知るべきこと」を見極めて、示唆を与えたり、整理をしていく。示唆出しや整理のためのフレームワークの詳細については、第7章で解説する「医者の眼」をフル活用して、起業家の話に耳を傾けることを基本的なスタンスとする。
　現状のフェーズにおける状態を見極め、指摘するべきクリティカルなポイントは何かを考えていく。

## ＞ 2.論点発散、3.整理構造化

　起業家と対話を進めていく中で、注目すべきファクトや課題を見極め、論点を抽出する。その際に、全体を見据えつつ構造化して整理するという「鳥の眼」と「虫の眼」を活用する。いきなり、集約／集中して、対応するのではなく、「一旦視野を広げ（発散）、どこから解くべきか（Where）」を検討することが重要だ。場合によって、さらなる構造化を「魚の眼」を駆使して、それぞれの要素をさらに構造化して、仮説の解像度をさらに高めていく。

## ＞ 4.解決策仮説の発散、5.有効性評価

　最終的には、実際に成果を上げるために行動につなげる必要がある。そのために解決策の施策の幅を広げ、その中から優先順位をつけ、何か

ら実行するのかを話していく（整理）。また「過去のスタートアップ事例から、このフェーズにおいてこういった解決策がある」ということを示すのも有効だ。そうしていく中で、どのような施策が最も有効か費用対効果が高いかの優先順位をつけていく。

## ＞6.具体化／プロジェクト化、7.腹落ち／明確化

やるべきことが決まったらSMARTのフレームワークに基づいてやるべきことを決めていく。

### 図2-09 起業参謀のアドバイスのステップ

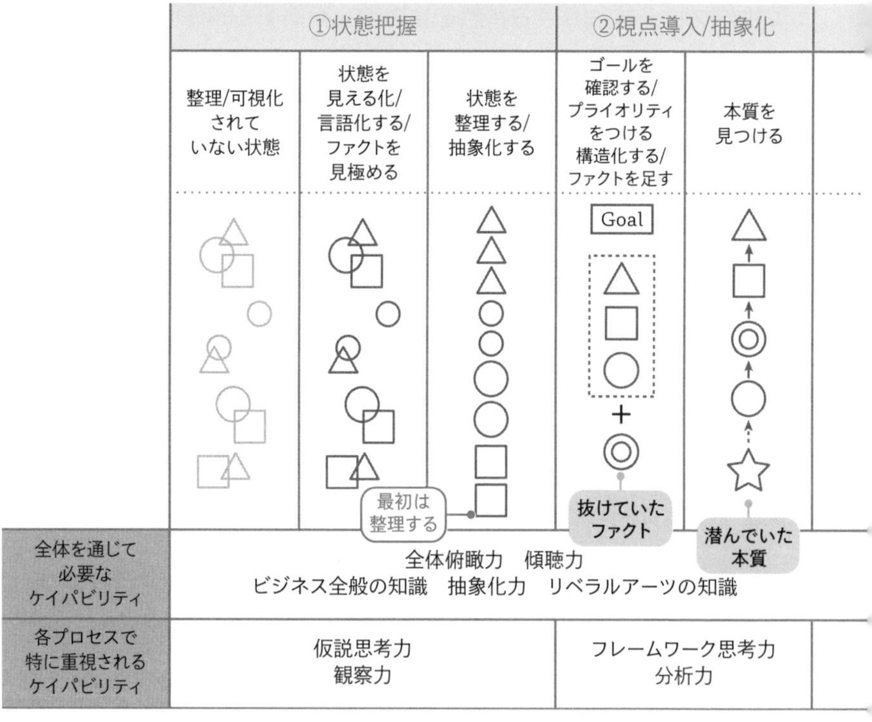

| | ①状態把握 | | | ②視点導入/抽象化 | |
|---|---|---|---|---|---|
| | 整理/可視化されていない状態 | 状態を見える化/言語化する/ファクトを見極める | 状態を整理する/抽象化する | ゴールを確認する/プライオリティをつける構造化する/ファクトを足す | 本質を見つける |
| | | | 最初は整理する | 抜けていたファクト | 潜んでいた本質 |
| 全体を通じて必要なケイパビリティ | 全体俯瞰力　傾聴力<br>ビジネス全般の知識　抽象化力　リベラルアーツの知識 | | | | |
| 各プロセスで特に重視されるケイパビリティ | 仮説思考力<br>観察力 | | | フレームワーク思考力<br>分析力 | |

特に、誰がどの施策に対してオーナーシップと説明責任を持つのかを明確にすることが求められる。ただ、当事者意識を持ち、プロジェクトのモメンタムを高めるためには、高い腹落ち感を醸成する必要がある。そのために、シンプルでアクション可能なKPIの設定や、アクションがわかりやすい資料作成などを行う。

図2-09の見方については、次ページの起業参謀の視点を参照して欲しい。

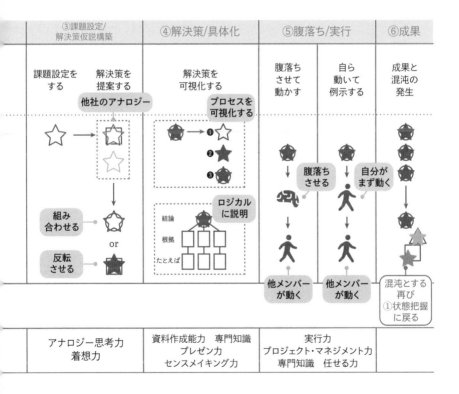

図2-09は、起業参謀のアドバイスのプロセスを視覚化したイメージになるのでご覧いただきたい。

「①状態把握」では、混沌とした状態をまずは可視化した上で整理する。「②視点導入／抽象化」では、現時点でのゴールを設定し、そこに向けたアクションを実施していく。この視点導入というのは起業家が見えていないが、見るべき視点になり非常に重要だ。

「③課題設定／解決策仮説構築」では、他で成功しているスタートアップや事業の事例を参照したり掛け合わせたりして、「④解決策／具体化」を可視化していく。それに対して、起業家が「⑤腹落ち」し、行動に移す。その結果、最終的には、「⑥成果」につながっていく。

なお、しばらくするとまた、外部環境が変わるので、①の状態に戻り、再度ステップを踏んでいくこととなる。

# コミュニケーションの際に避けたい7つのポイント

　コミュニケーションする際の避けるべき7つのポイントについて、一つひとつ紹介していこう。以下のポイントを意識しないと、メンタリングやアドバイスの意味をなさず、モヤモヤしたままになってしまうので注意しよう（図2-10）。

## 図2-10 コミュニケーションの悪いパターン

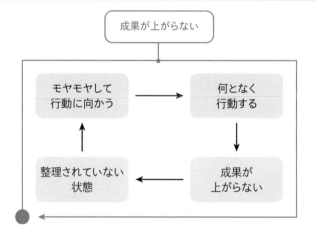

### ＞1.部分最適なメンタリング／アドバイスをしてしまう

　起業参謀自身が見えている範囲が狭いと、部分的な示唆出しに終始してしまうことがある。比喩的な表現をすれば、金槌しか叩けない人は釘しか打てないし、ナイフしか持っていない人は切ることしかできない、

という状態が生まれる。つまり、起業参謀には全体を見る力が欠かせない。高い好奇心と向上心を持って、学習し続けるマインドが起業参謀には求められる。そのマインドがないと自身の知見を偏りなくアップデートしていくことができない。スタートアップには創業期からイグジット（出口）までのステージに加えて、ヒト・プロダクト・ファイナンス・戦略・オペレーションなどの要素もある。これらを網羅的に身につけることが良い起業参謀になるポイントだ。

## ＞ 2. 抽象論に終始してしまう

抽象化して構造化することは、本質的な事業の理解につながる。

一方で、抽象論のみでは、起業家の理解が進まないケースも多い。そのため、事例などをアップデートし、具体例を提示できるようにする必要がある。日頃から日本経済新聞やNewsPicks、動画、書籍などから参考になる事例を吸収して、ストックしておこう。

普段からストックして武器となる資料を作成しておくと、インプットからアウトプットのスピードを速めることができる。具体と抽象の両軸を持つことが大切だ。

## ＞ 3. 具体論のみを用いてしまう

抽象論と逆の話になるが、具体的な現象だけをつらつら並べても起業家は本質的な理解にはたどり着けない。これは具体的な事象を構造や理論などの抽象レイヤーで捉えられていないことに起因する。経営理論など思考の軸になるフレームワークを身につけることで、本質的で構造的な理解をしていくことができる。

## ＞ 4 . 傾 聴 で き な い 、 信 頼 構 築 で き な い

傾聴にはスキルが必要である。そのスキルがないと、起業家の話をきちんと聞き切ることができない。メンティの中で話の内容がまとまっていないことも少なくないので、傾聴とロジカルリスニングのスキルを習得し、示唆を与えたり、欠けている論点を指摘できるようになる必要がある。

傾聴することによって、価値、感情、経験など、なぜそこにバイアスがかかっているのかをきちんと捉えて、起業家側の自己認知を高めていくことが重要である。また傾聴してラポール（調和した関係）を形成することによって、相手との信頼関係が生まれてくる。傾聴ができないと、起業家との信頼関係を構築するのが難しくなる。

## ＞ 5 . 着 想 ・ 構 想 の 触 媒 に な れ て い な い

リベラルアーツやビジネス事例の知見のストックが少ないと、起業家の着想や構想の触媒にはなれない。イノベーションは有効な問いを与えることによって生まれてくる。広い知見と教養があると、文脈の理解が深くなり、より本質的な問いができるようになる。起業参謀は常に新しい情報を仕入れて、アップデートしていくことで、起業家にとっての良い触媒になっていくことができる。

## ＞ 6 . 前 提 条 件 を 確 認 せ ず 、
##    手 段 や フ レ ー ム の 話 か ら 入 っ て し ま う

前提条件を確認したりディスカッションしたりせずに、いきなり手段やフレームワークの話から入ってしまうと、起業家のレベルやフェーズ

に合わないことを伝えてしまう可能性がある。そうなれば、かえってミスリードにつながる。

「医者の眼」を持って、相手のフェーズやどこがボトルネックなのか、全体像を把握していくことが求められる。どこに課題があるのかを診断し、着実に歩みを進められるメンタリング／アドバイスをすることが重要だ。

---

## 〉7.コミュニケーションの
### 状態ゴールを設定できていない

---

メンタリング／アドバイスをスタートする際には、「3ヶ月後、どのようなフェーズになっていたいのか」という状態ゴールを設定していくことが求められる。そこで起業家の期待値を確認して、すり合わせを行うのだ。各セッションの期待値も聞いておく必要がある。拡散する話を求めているのか、意思決定までたどり着きたいのかでは、メンタリングの内容も変わってくる。

また、過去にどのようなメンタリングを行ってきたかを振り返ることで、現在の状態ゴールを把握し、次にどのようなフェーズに進めばいいかの目線合わせをしていくことができる。

# 良いコミュニケーション のための5つのポイント

　良いコミュニケーション（メンタリング／アドバイス）を行うための5つのポイントについて解説していく。私は年間で500〜600本ほどのメンタリング／アドバイスを行っている。長年、数多く実施する中で、良いパターンがあると感じるようになった。そのポイントを整理してお伝えする。

## ＞ ポイント1：時間の有効な使い方

　セッションの時間をきちんと使えているかは、重要事項だ。「セッションの時間を把握した上で、インプットとアウトプットのバランスが取れた時間の有効活用ができているか」だ。

　セッションは、トライアル30分で行う場合もあるが、理想は60分である。90分取れるとなおよい。

　もし30分しか時間が取れないと、起業家が20分ほどプレゼンテーションをしたら、メンターが話をするのは5分ほどになってしまう。そのため、全体の時間配分を示した上で、インプットとアウトプットをバランスよく行えるようになっていく必要がある。

　もう1つのチェックポイントは、「セッションの最後にかけて、ラップアップ（まとめ）と、起業家の行動につながるCTA（Call-to-Action：行動喚起）の示唆出しをする時間を取れているか」である。時間をギリギリまで使うと、ついラップアップやCTAの時間を取れず、尻切れとんぼ

になってしまうことがある。

　しかし、それでは次にアクションをつなげていくことができない。今回のまとめと、「次回に向けてどういうアクションをしていくのか」を起業家に確認する時間は必須だ。起業参謀は、起業家にとってのペースメーカーとなる必要があるので、CTAにつながる示唆出しは、意識的に行う必要がある。

### セッションの際の時間配分

　具体的な時間の使い方について解説しよう。

　60分の場合、時間配分は最初の2分ほどでゴール設定とアジェンダの確認をする。ここで、今回の目標に同意する。連続的なセッションであれば、前回との差分や振り返りもここで行う。

　2分〜10分で事業の説明を行う。事業の説明を求めると30分くらいかけて話をする起業家も少なくないため、「端的に10分ぐらいで要点をまとめて話してください」と事前に伝える必要がある。

　とはいえ、多くの場合、まとめることができておらず、冗長になっているので、途中で区切って「ここは端的に」などアドバイスを挟んでいく。

　10分〜50分にかけては、アイデアの発散、整理、構造化などのアウトプットを行っていくことで、行動の質を高めることにフォーカスしていく。本書でも紹介するフレームワークを用いて整理をして、起業家が見えていない部分を見せてあげたり、足りない部分の示唆出しをしてあげたり、アクションを促したりしていく。

　最後の10分のうちの5分ほどで、セッションでの疑問点を聞き、戦略や戦術の整理されている段階においては次回までのアクションを明確化する。

　残りの5分はラップアップで、今後のセッションのスケジュールを確認したり、次回までのアジェンダやToDoを確認する。

> セッションのアジェンダ例（60分の場合）：
>
> 開始〜2分：ゴール設定／アジェンダの確認・同意
>
> 2分〜10分：事業の説明、進捗説明、課題の共有などのインプット
>
> 10分〜50分：アイデア幅出し、整理、構造化などのアウトプット
>
> 50分〜55分：疑問点の解消、アクションの整理
>
> 55分〜終了：（次回セッションがある場合）セッションスケジュールの確認

## ＞ ポイント2：目標設定とアジェンダ

　目標設定とアジェンダの確認がうまくできていると、時間配分もスムーズにいく。セッションのゴール設定の例として、「投資家・ベンチャーキャピタル（VC）にプレゼンする前に抜け漏れがないかを確認して、プレゼン資料をブラッシュアップする」などの明確な到達点を示す。「アイデアのブレストをしたい」ということであれば、アイデアをどんどん幅出ししていくことが目標となる。

　そして、ゴールをセットした上で、それを実現するアジェンダを整理する。継続的セッションの際には、前回のサマリーや積み残したアクションがないかの振り返りもアジェンダに盛り込む。

　時には、起業家が示してきたゴールとアジェンダがずれている場合がある。たとえば、「資金調達を実現する」ことが目標で、調達の理由が人材採用だったとする。しかし、どんな人を採用するのか決まっていない状態であれば、先に採用要件を決めなければいけないし、採用をするには自社の魅力を打ち出さなければいけないが、それが焦点化できてい

ないケースも多い。

　あるいは、採用した人をどこに配置するかを検討するために必要な組織内の整理も果たせていないかもしれない。スタートアップにおいては往々にしてありうることなので、企業・事業の全体像を踏まえて、アジェンダをチューニングする必要がある。その場合には、全体を俯瞰した上で、当初設定したアジェンダを柔軟に変更していくことも必要になる。

　アジェンダなしでは、単なる「雑談」になってしまう危険性があるので、たとえセッション中に変更が発生したとしても、アジェンダの作成は必須である（図2-11）。セッションがスタートするまでに、起業家には事前に前回の議事録を送り、アジェンダの確認をしておくといい。

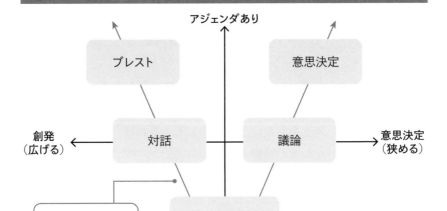

図2-11 セッションにおけるアジェンダの必要性

　起業参謀には傾聴をしながら、コンテンツだけでなく、共有されるコンテンツごとの起業家の自信の強弱を汲み取って、深掘りするポイントを絞ることが必要だ。起業家がファクトもなく、根拠もバラバラで、ひたすら話し続けるといったことは少なくない。傾聴やロジカルリスニングを活用し、考えをまとめて、抜けている論点を提供したり、「ここにはこういう価値観がありますね」とバイアスに気づかせたりしながら聞いていくことが有効だ。傾聴力があれば、起業家が持つ背景まで深掘りできる。

　きちんと傾聴するには、文脈の理解力や全体俯瞰力が欠かせない。起業参謀の前提として、事業に関する網羅的な理解は重要である。たとえば、自分はマーケティングの知見がないので、そこの部分は飛ばすといったことがあれば、部分最適な示唆出しになってしまう。

### メモを取る技術

　起業家との共有を一度で全て記憶することは不可能なので、効率的にメモを取る技術が求められる。テクニック的なことでいえば、メモパッドにスクリーンショットを貼り付けて、コメントを残していくなど効率化することで、セッション時間をより有効活用することができる。

　最近ではZoomやMicrosoft Teamsでミーティングすることが増え、簡単にスクリーンショットを撮り、記録に残しやすくなった。私の場合には、スクリーンショットをEvernoteに貼って、コメントを書き加えることで、整理しながらインプットをしている。こうすることによって、いちいち内容を覚える必要がなくなり、分析や示唆を出すことに集中できるようになる。

　ちなみに、私は対面のメンタリングの場合にも、メモを取りたいので、

Zoomで入ってもらい、遠隔のサイト同様にメンタリングを行うことが多い。起業参謀にとって、最適化されたメモを取る習慣をつけることはとても重要である。

## ＞ ポイント4：アナロジー活用による示唆出し力

具体的な事例を紹介することにより腹落ち感を醸成できる。豊富な事例を持ち、事業のフェーズやビジネスモデル、領域に合わせた事例を示せる力は起業参謀にとって大きな価値だ。

アナロジーとは表面レベルでは異なっているが、関係や構造レベルまで掘り下げると類似性があるということだ。

起業家の事業についての説明をきちんと傾聴した上で、構造を理解して、類似性のある事例を引っ張ってきて提示することが示唆につながる。

図2-12 類似性を見出すアナロジー思考

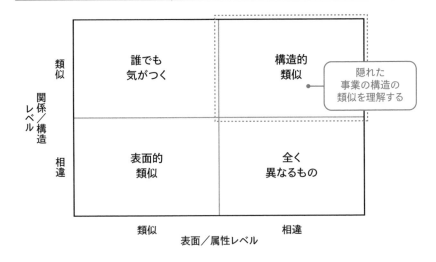

その際、単に現象面を並べるのではなく、構造的な類似点を伝えていくことが起業家にとっての学びにつながる（図2-12）。

## ＞ ポイント5：戦略・戦術の示唆出し力

セッションでは、豊富な戦略・戦術のフレームワークを身につけて、その上で、事業のフェーズやビジネスモデル、領域に合わせた事例を示すことができるかが重要となる。武器を多く持つということが大事だが、フェーズによって使える武器も少しずつ変わる。

また、具体と抽象の行き来により、起業家が腹落ちできるような示唆を出していくことが求められる。戦略と戦術の説明はどうしても抽象的になりがちである。抽象的な説明が悪いわけではなく、きちんと構造を理解させた上で（抽象化）、その中でもこんな事例がある（具体化）と、具体と抽象のバランスを取ったアドバイスをすることで、納得感のある示唆出しができる。

さらに、PowerPointやKeynoteなどでメンタリングに用いるプレゼンテンプレートを用意しておき、そこに起業家がすぐに使える資料を格納しておいて、セッション中に共有することでメンタリングの質が劇的に向上する。資料は起業家に具体的なアクションを促すツールとなる。

### CTA（Call-to-Action）の提示

メンタリング後に、SMARTなアクションとなっているかは、メンタリングが奏功しているかの指標といえる。

行動の質を高めるためには、先述したようにSMARTを意識することが重要だ。戦略や戦術の質を高めることはもちろん大事だが、ペースメーカーとして行動の量が上がるよう背中を押してあげる役割も担う（図2-13）。

私は、現在100件近くの起業家や新規事業を同時に支援しているが、

毎日起業家と話すわけではなく、2週間や1ヶ月に1回のペースで話をしている。まさにペースメーカーの役割だ。

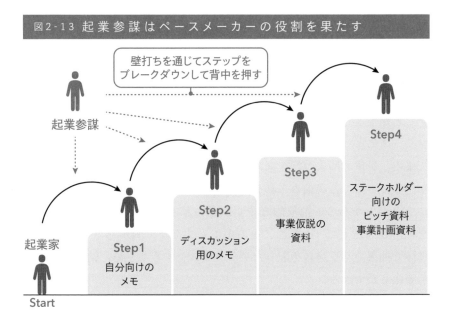

図2-13 起業参謀はペースメーカーの役割を果たす

# 起業参謀に必要な
# 5つのケイパビリティ

# 起業参謀に
# 必要な能力とは

第3章では起業参謀に求められるケイパビリティ（Capability：能力）やその高め方について解説していく。図3-01のプロセスの通り、起業参謀は起業家に伴走する。そして、その場面ごとに必要とされるケイパビリティが存在する。本章ではその一つひとつを解説していきたい。

## 図3-01 起業家に伴走するプロセスとケイパビリティの関係

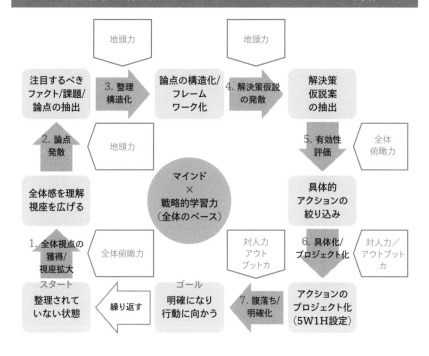

次ページ図3-02は、起業参謀に求められるケイパビリティの全体像である。次節以降で詳しく解説していくが、まずは図3-02の左端にある5つの項目についてざっと説明しよう。

## ＞ ① マインド

　起業参謀は起業家が実行しようとする事業に対して支援やアドバイスをする立場だ。他者に対するエンパワーメントや他者貢献意識が非常に重要になる。事業やプロジェクトのオーナーシップを持っているのは、あくまで起業家自身である。それと互角の当事者意識を持つことが起業参謀には問われる。

　加えて、知的好奇心と学習意欲も非常に重要な素養だ。私は年間数百という事業を見させてもらっているが、なぜこうした日々を続けられるのかというと、元々の知的好奇心の強さや学習意欲の高さに起因するところが大きい。

　特に好奇心が強い人には、起業参謀を目指すことをおすすめする。年間で何百人の起業家に対峙しても毎回毎回置かれている状況やビジネスモデルがユニークで、飽きることはない。事業フェーズも違えば、起業家のタイプも違い、事業領域も異なる。常に自己研鑽や学習が必要だが、そういったことが好きな人には、天職になるだろう。

　以前、顧問をしている事業会社が運営するアクセラレータにて24社のスタートアップのメンタリングを半日で行ったが、見事にビジネスモデルもフェーズもバラバラだった。こういった状況を「大変で辞めたい」と考えるか「チャレンジングでやりがいがある」と考えるかによって大きくパフォーマンスは変わってくる。

　起業参謀には、起業家以上に常に学習意欲と知的好奇心を持って、自分の知見や経験の幅を広げたり、深めたりする姿勢は欠かせない。

図3-02 起業参謀に求められるケイパビリティの全体像

|  | 必要な要素 | なぜ必要か |
|---|---|---|
| マインド | エンパワーメント/他者貢献 | 他者に対して、価値提供すること/エンパワーメントすることに対して強いこだわりがデリバリーの土台になる |
| | 知的好奇心/学習意欲 | 新たな知の探索や、事業創造を通じた知のフロンティア開拓に対する強い思いが、メンターとして成長する土台になる |
| 全体俯瞰力<br>(知識体系/<br>知見の深さ) | PMFまでの導き方を理解<br>している(『起業の科学』の知識) | 全体最適なメンタリング/アドバイスをするため |
| | PMF後のスケールの導き方を<br>理解している(『起業大全』の知識) | 全体最適なメンタリング/アドバイスをするため |
| | スタートアップ/テクノロジーの<br>最新情報を押さえている | 事業にとってのWhy nowや技術上のノックアウトファクターを押さえられるから |
| | スタートアップ/事業事例を<br>豊富に持っている | 構造の提示やアナロジーの提示により事業構造の本質を捉えることができるから |
| | ビジネス全般の知識体系 | アイデアの発散や整理の際に活用できる知見/事例/フレームワークが多くなり、より最適なアドバイスができる |
| | リベラルアーツ/一般教養 | アイデアの発散や整理の際に活用できる知見/事例/フレームワークが多くなり、より最適なアドバイスができる |
| 地頭力 | 仮説構築力/アナロジー思考力 | 限られた時間の中で、断片的な情報をベースに確からしい答え(仮説)を出す必要があるため |
| | 抽象化力/フレームワーク活用力<br>ロジカルシンキング力 | 現象や事象の構造や本質を捉えることで、より多くの示唆を与えることができる。アクション可能な粒度に因数分解できることにより、推進力を高める |
| 対人力/<br>アウトプット力 | 資料作成力 | メンティを動かすためには、ビジュアル化したりプロセスで整理するのが有効になる |
| | プレゼンテーション力/<br>センスメイキング力 | メンティを動かすためには、腹落ち感を醸成する必要がある。「伝え方」で腹落ち感は大きく変わる |
| | 傾聴力/<br>ファシリテーション力 | 表層的な言動ではなく、メンタルモデルやバイアスまで深掘りすることで、本質を見抜くことができる |
| 戦略的学習力 | 戦略的学習力 | 戦略的学習力とは何か新しいものを学ぶ時に、最適な学習方法を選択し、効率よく学んだり、教えたりする力 |

## ＞ ② 全体俯瞰力（知識体系／知見の深さ）

前章で紹介した比喩だが、「金槌」しか持っていない人は釘しか打てない。起業参謀は特定の知識や専門性に終始するのではなく、全体俯瞰力（ツール）を身につけ、最適化を図るための体系的な知識や深い知見が必要となる。

## ＞ ③ 地頭力（仮説構築力・アナロジー思考力・抽象化力・フレームワーク活用力・ロジカルシンキング）

良いアドバイス／メンタリングには、地頭力と思考瞬発力を掛け合わせていくことが、重要になる。この2つがあると高い仮説構築力を発揮することができる。たとえば、豊富な事例をストックしていると、参照できるアナロジーを提示して、示唆を出すことができる。

スタートアップや新規事業は、リソースや時間が限られる。そのために部分的な情報をインプットし、残りの部分は、フレームワークや経験を用いながら、仮説を立て、その上で意思決定を行わなければならない。起業家や新規事業担当者自身も、自分たちの状況を十全に理解していることが少ない。言ってみれば、1つか2つのモニターで飛行機を操縦しているような状況だ。そういった、ともすれば心細い状況に置かれている起業家に対して、知見の深さや視座の広さ、豊富なフレームワークを駆使して、様々な仮説を立てていく。そのベースになるのが地頭力でありロジカルに考える力だ。

## ＞ ④ 対人力／アウトプット力（資料作成力・プレゼン力・傾聴力）

人が一番信頼するのは人である。最終的に行動を起こす起業家や事業

家の背中を押すためには、起業参謀は起業家からの信頼に基づき、提供する示唆を腹落ちさせていく必要がある。腹落ちとは、英語でセンスメイキングと訳される。それがないと、人をなかなか動かすことはできない。そのため、起業参謀には伝える力、プレゼンテーション力、分かりやすくするための資料作成力も求められる。

加えて、相手の話を聞き切る傾聴力も欠かせない。これはアクティブリスニングともいうが、起業家の心に潜むメンタルモデルや構造を理解した上で、示唆を出すことが求められる。

---

> ⑤ 戦略的学習力

---

戦略的学習力とは何か新しいものを学ぶ時に、最適な学習方法を選択し、効率よく学んだり、教えたりする力だ。起業参謀は高い意識を持ちながら、常に自己研鑽していかなければならない。それだけでなく、高い戦略性を持って知見を高めていくことが求められる。

# ① マインド

section
2

マインドは、エンパワーメント・他者貢献、知的好奇心・学習意欲から成る。具体的にそれぞれがどのような能力か説明していこう。

## ＞ エンパワーメント・他者貢献

起業参謀に必要なマインドとは、必要な能力の根底の土台になる。どんな知見を蓄えていても、どんな経験があったとしても、そもそも人をエンパワーしたいというマインドや意志がなければ良き起業参謀となるのは難しい。知見やフレークワークをマスターし、活用して「価値提供をすること」を常に念頭に置く必要がある。

自分の知見を誇示したり、承認欲求を求めるような指向性が強くなると、「起業家が成果を上げること」よりも、「自分の提示した意見や示唆を受け入れてもらい感謝や承認されること」にフォーカスが当たってしまう。そうなると、前述の「賢者の沼地」に起業家をハマらせてしまい、アドバイスが逆に、混乱を招いてしまうリスクもあるので要注意だ。

そういった意味で、「自分の影響力を誇示したい」と考える人は、起業参謀よりも、ゼロイチで事業を創造していく起業家のほうが向いているかもしれない。

・GRIT（やり抜く力）

起業参謀だけではなく、すべてのビジネスパーソンに言えることだが、GRIT[1]（やり抜く力）が行動の土台になると考えている。

起業参謀に必要な5つのケイパビリティ

特に、1勝9敗と言われるようなスタートアップや新規事業の世界では、「粘り強さ」は非常に重要だといえる。失敗しても諦めずに、そこから謙虚に学び続ける粘り強さが求められる。GRITに含まれるTenacity（テナシティ）は、日本語ではあまり聞き慣れないが、心折れず最後までやり遂げる執念と訳される。ビジネスパーソンの中では、褒め言葉として用いられる。

スタートアップは、ランウェイ（会社の資金がなくなるまでの猶予）が尽きそうになったり、事業のピボット（方向転換）を余儀なくされたり、人の出入りが激しかったりなど、環境が目まぐるしく変わっていく。こうした様々な環境変化の中で、起業家は迅速な意思決定を求められる。それに伴走する起業参謀も同様の緊張感や切迫感を持って臨んでいくことが求められる。起業家は自分の事業で社会を変えることに命をかけている。支援する側も、同じくらいのテンションや思い、こだわりを持って臨む必要がある。そうでなければ、起業家に向き合う誠実さや真摯さが欠けてしまう危険性がある。

・思考整理へのこだわり

思考整理とは、混沌とした思考に対して補助線提供や対話を通じて、整理につなげていくことである。起業家は行動量が多かったり、思いが強かったりするあまり、発散はするけれど整理ができていないという状態に陥ることが少なくない。ともすれば、整理されない状態でどんどん進んでしまうようなことも起こりうる。起業家の言葉を受け止め、実現性を高めるために整理するこだわりが人一倍強いことが求められる。

---

1）GRIT：Guts（ガッツ）；困難に立ち向かう"闘志"、Resilience（レジリエンス）；失敗しても諦めずに続ける"粘り強さ"、Initiative（イニシアチブ）；自らが目標を定め取り組む"自発"、Tenacity（テナシティ）；最後までやり遂げる"執念"の４つの頭文字から取った造語

・着想へのこだわり

　着想とは、新たなアイデアやコンセプトを思いつくことである。起業参謀は整理するだけでなく、アイデアの発案や幅出しも求められる。そのため、起業家とブレストしながら、様々な新しいアイデアを考えていくことに面白さを感じられることは重要な素養だ。発想の幅広さがあるからこそ、構造的に整理され、腹落ち度が増していく。着想を得て、発想の幅広さを出していく力は、起業参謀の重要な能力といえる。

## ＞ 知的好奇心・学習意欲

　起業参謀は、起業家へメンタリングをするにあたって知識の広さや深さが求められる。なぜなら、起業家から自ら知見を持ち合わせていない領域に対する質問があった時に答えられないと、付加価値を提供するのが難しくなる。

　たとえば、マーケティングの知見しかない参謀であれば、マーケティングに対する戦術の視座を与えることしかできない。あるいは、人事の知見しかない場合には、人事に対する示唆しか与えられない。つまり、自分の武器や知見が少ないと、起業家の抱える様々な課題に対して部分的にしか示唆を提供できない。部分的は、時として部分最適につながり、ミスリードしてしまうことにもなる。

　起業参謀として必要な武器を取り揃えていく一番有効な手段は、多様な経験を積むことだが、なかなか時間の制約があり、すぐに到達できるものではない。そのため、過去のケースや先人のまとめた知見から、理論／フレームワーク／事例を理解していくことがとても大事になる（図3-03）。

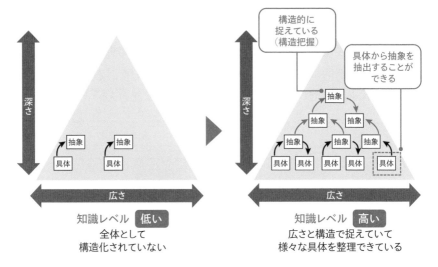

**図3-03 具体と抽象で知識レベルを高める**

構造的に
捉えている
（構造把握）

具体から抽象を
抽出することが
できる

深さ

抽象

抽象

具体

具体

広さ

知識レベル　**低い**

全体として
構造化されていない

深さ

抽象

抽象　抽象

抽象　抽象　抽象

具体　具体　具体　具体　具体

広さ

知識レベル　**高い**

広さと構造で捉えていて
様々な具体を整理できている

出典：『「具体⇄抽象」トレーニング』細谷 功著、PHPビジネス新書を参考に著者が作図

---

## > 知 識 と は 何 か ？

---

### 「知識とは広さと深さだ」

―――**細谷 功**

出典：『**具体と抽象**』細谷 功著、dZEROより

　知識の広さと深さがあることで、具体と抽象を行き来できる。この具体と抽象を行き来して解説がなされることで、人は深く腹落ちすることができる。また複数の知見を掛け合わせて、それらを横断的に理解することも知識の深掘りとアイデア創出につながる。

　こうした広く深い知識がなければ、自分が理解できるところだけを切り取って示唆を与える先入観にとらわれた状態になりかねない。本書でも、様々な抽象と具体を行き来することによって、読者のみなさんの知

見を高めることを試みている。

 起業参謀の視点

起業参謀が図3-03のフレームワークを習得することで、戦術の発散と優先順位づけを行えるようになる。本書では、実践で活用できる様々なフレームワークを紹介する。こうしたフレームワークを備えていくことで、具体的施策につながる示唆を起業家に与えていくことができる。

## ＞ 高い知的好奇心を持つ

　起業参謀にとって知的好奇心は非常に重要である。知的好奇心とは、「そもそもなぜ、その現象や常識がそうなっているか」を問う姿勢のことである。その原因や背景を抽象化して整理することで膨大な情報を構造化し、本質を見抜くことができるようになる。それを繰り返すことで、スピード感を持って仮説構築する力を身につけることができる。

　また、図3-04のように、たくさんの具体から抽象へ、抽象から具体へも行き来しながら話をすることができるようになる。

　事例と解決策をつらつらと並べているだけでは、本質的な課題にまでたどり着くことはできない。あるいは、具体と抽象を紐付けてはいるものの、全体として構造化されていなければ、部分最適に陥ってしまう。そうならないためにも、全体像を捉えつつ、その中身も構造的に理解していることが求められる。

　それには、知的好奇心・学習意欲を軸に知見の「広さ」と「深さ」を獲得していくことが必要だ。

図3-04 思考とは具体と抽象の往復運動

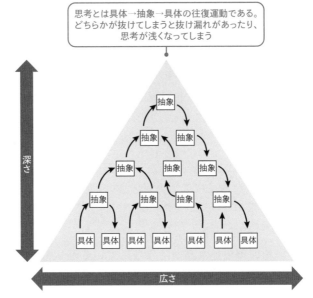

思考とは具体→抽象→具体の往復運動である。
どちらかが抜けてしまうと抜け漏れがあったり、
思考が浅くなってしまう

深さ

抽象

抽象　抽象

抽象　抽象　抽象

抽象　抽象　抽象　抽象

具体　具体　具体　具体　具体　具体　具体

広さ

出典:『「具体⇄抽象」トレーニング』細谷 功著、PHPビジネス新書を参考に著者が作図

・ボキャブラリー

　抽象化する能力とは、細かな違いを表現できるボキャブラリー数と相関していると考えている。そのためには、何よりもボキャブラリーを増やすことが重要である。私は年間で数百冊以上の書籍を読むが、日に日に新しい知見が生まれてきていることを実感している。

　たとえば、2022年では「Web3.0」、2023年では「生成AI」といったことが大きな話題になっているが、外部環境から様々な新たな概念が生まれてくる中で、強い好奇心を持ちながら、日々「使える言葉の数」を増やしていくことが重要だ。

・インプットする力

　また、「教えること（アウトプット）」を前提に知識をインプットするとロジカルかつ体系的に知見を深めることができる。アウトプットが決まっていると、精度高くインプットすることができる。反対に、だらだらとしたインプットは、無駄とはいわないが時間がもったいない。

　インプットをする際には、概念を丸暗記しようとせず自分の言葉で「翻訳」し、整理することが有効である。そうすると、自分の他の知見と結びつき、関係性が見えてきたりする。つまり、新しい知見（未知）を自分の既知と結びつける。未知と既知を結びつけられる習慣が身につくと、新たな事象や概念（未知）に直面した時に、すぐに整理ができるようになる。それを積み重ねていくと、多様な場面で応用が利くようになる。

起業参謀に必要な5つのケイパビリティ

# ② 全体俯瞰力
## （知識体系／知見の深さ）

　マインドを土台としながら、続いて起業参謀に求められる能力とは「全体俯瞰力（知識体系／知見の深さ）」である。起業参謀は複数の視点を駆使しながら、全体を見渡す地図を提供する必要がある。図3-05を見てほしい。アイデア創発からスケール／イグジット（出口）に至るまでのリスクを表したものである。プロダクト、人、お金（ファイナンス）など多岐にわたる。

　PMFの達成を境にして、スタートアップに求められるものは大きく変わる。PMF前のフェーズの最大の注力ポイントは「PMFを達成すること」だ。顧客と向き合いながら、プロダクトを磨いていくことにほとんどのリソースを使うことになる。

　一方で、PMF達成を実感できたら、「勝ち続ける仕組み作り」が重要になってくる。そのために、様々なステークホルダーを巻き込みながら、事業と組織を作り上げていく。このフェーズを境に猪突猛進に、0→1を目指す「起業家」から、1→100を目指す「経営者」に脱皮する必要がある。

図3-05 起業からイグジットまでのリスク

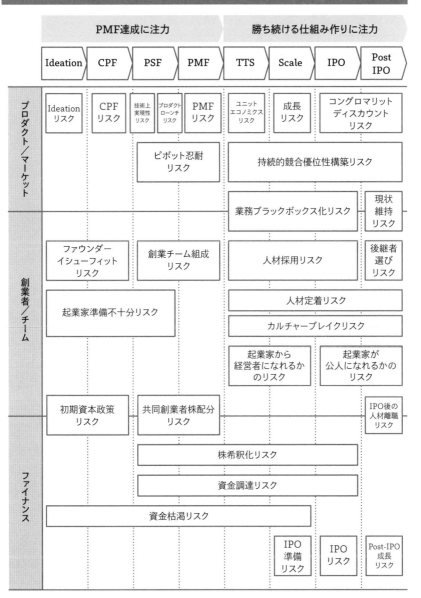

Chapter3

起業参謀に必要な5つのケイパビリティ

## ＞ スタートアップの成長に起業家の 成長が追いつかない問題

「スタートアップの成長に起業家の成長が追いつかない」という構造的な問題がある。たとえば、組織や売上規模が１年で５倍に増えたとしても、起業家としてのキャパシティを５倍に増やすのは並大抵ではない。多くの場合が、迷子になってしまう。そこで起業参謀は、急成長するスタートアップに全体俯瞰できる地図を与え、迷子になることを減らしていく。では、それぞれのフェーズで、どのような地図を提供するのかを解説していこう。

## ＞ ＰＭＦまでの導き方

スタートアップの多くが、PMFまでたどり着く前に燃え尽きてしまう。したがって、PMF達成に関する知見は起業参謀にとって大きな武器となる。ステップ・バイ・ステップのPMFへの導き方は、詳しくは拙著『起業の科学』を参照してほしいが、ここではポイントを伝えていく。PMF達成のための要諦となるのが、徹頭徹尾「顧客起点」で考えることだ。起業参謀として知見を深めるのにおすすめなのが、一度でもいいから、自らプロダクトを作り、PMF達成のプロセスの当事者になってみることだ。自転車に乗ったことがない人が自転車の乗り方を教えることはできない。簡単でいいので、何か新規ビジネスを着想して、リーンキャンバスに書き込んでみるとよい（リーンキャンバスについては第8章で解説する）。

課題を検証するためにインタビューするといった経験をしてみると、起業家に対して「手触り感」があるアドバイスができるようになる。「具体的な経験」を後で紹介するようなフレームワークで抽象化し、理

解していくと、どんどん知見が広がっていく。

　また、起業の追体験の方法として、起業家の自伝や動画を見ることも大いに参考になる。マネーフォワードやメルカリなどのメガスタートアップは、上場した後に、それを振り返るような書籍が出ている。

　また、上場に成功したスタートアップ創業者のインタビュー動画などもYouTubeで見つけることができる。マクアケの中山亮太郎氏やBASEの鶴岡裕太氏、ベースフードの橋本舜氏、Sansanの寺田親弘氏など上場して、成功している起業家の方々が、初期にどんなことを考えていたのかを学ぶことは、起業参謀にとって重要な知見になる[2]。

　PMFに向かうまでの、それぞれのフェーズにおいて用いるフレームワークは変わっていく。106ページ図3-06には実践で活用できるフレームワークやノウハウをまとめた。こうした具体的な武器を持って、PMFまで起業家を導いていくことが起業参謀には求められる。

　起業参謀自身にPMFの知見があるかどうかの評価で最も望ましい状態は、「あらゆるスタートアップのPMFまでの勝ち筋を見つけられるだけでなく、自ら新しいフレームを構築して価値提供することができる」ことである。

　逆に、「PMFに至るまでの道筋の型が掴めていない」場合は、起業参謀として役割を果たしていることにはならないので、より研鑽が必要という評価になる。

---

2）YouTube URL：
　https://www.youtube.com/watch?v=VJzYzjOn8tc
　https://www.youtube.com/watch?v=iRRJo3msw6c
　https://www.youtube.com/watch?v=FUCcoitCYrc&t=2091s
　https://www.youtube.com/watch?v=J82IVHYrz7I

起業参謀に必要な5つのケイパビリティ

図3-06　それぞれの実践で活用できるフレームワーク

| スタートアップのステージ | Ideation（アイデア検証） | CPF（課題検証） | PSF（ソリューション検証） | PMF（プロダクト検証） | ユニットエコノミクス健全化 | Scale（成長） |
|---|---|---|---|---|---|---|
| ステージチェックポイント | ・スタートアップのメタ原則を理解できたか？<br>・狙うべき市場の検証をしPlan Aを作成できたか？ | ・エバンジェリストカスタマーとの対話を通じて、質の高い課題仮説を言語化できたか？ | ・エバンジェリストカスタマーとの対話を通じて、適切なソリューションを提供できるプロトタイプを作れたか？ | ・カスタマーが欲しがるものを作れたか？（高い定着率） | ・ビジネスをスケールするためにユニットエコノミクス（顧客1人当たりの採算性）を健全化（LTV＞CPA）できたか？ | |
| 各ステージのToーDo | ・スタートアップの原則理解<br>・市場の理解<br>・アイデア検証<br>・Plan Aの作成 | ・課題仮説の構築<br>・課題の前提条件／真因の洗い出し<br>・顧客と話をする<br>・創業メンバーと課題がフィットするか見極める | ・顧客のUX仮説を立てる<br>・プロトタイプを作る<br>・顧客にインタビュー<br>・プロトタイプをイテレーションする<br>・創業メンバーを固める | ・MVPを作る<br>・エバンジェリストにプロダクトを届ける<br>・定量／定性検証する<br>・顧客と対話しUX改善<br>・プロダクトをイテレーション<br>・必要に応じてピボット<br>・学習するチームを作る | ・LTV（顧客生涯価値）を最大化するための施策<br>・CPA（顧客獲得単価）を下げる（ファネルの最適化、コンテンツマーケティング、グロースハック）<br>・ビジネスプロセスの最適化 | |
| 活用するフレームワーク／ノウハウ／ツール | ・課題ドリブン<br>・避けるべきことリスト<br>・PEST分析<br>・イノベーション理論<br>・ビジネスアイデアの型<br>・リーンキャンバス<br>・リーンスタートアップ | ・ペルソナ<br>・カスタマーストーリー<br>・ジャベリンボード<br>・エバンジェリストカスタマー<br>・課題インタビュー<br>・KJ法<br>・ジョブシャドーイング | ・プロトタイプカンバン<br>・ソリューションインタビュー<br>・エレベーターピッチ<br>・ペーパープロトタイプ<br>・ツールプロトタイプ<br>・カードソート<br>・包括的UX<br>・プロダクトインタビュー<br>・デザインスクリプト<br>・共同創業者のメンバー構成 | ・イテレーションキャンバス<br>・ストーリーカンバンボード<br>・AARRR<br>・MVPタイプ<br>・メトリクス設定<br>・MVPインタビュー<br>・PMFフローチャート<br>・コホート分析<br>・タスクカンバンボード<br>・Hookedモデル<br>・ピボットタイプ | ・ユニットエコノミクス<br>・ファネル最適化<br>・コンテンツマーケティング<br>・グロースハック<br>・マジックモーメント | |

　ＰＭＦは重要なマイルストーンだが、起業家にとって最終目標ではない。起業家にとっての最終目標は、「勝ち続けることができる仕組みを作ること」になる。そのためにチームを作り、オペレーションを磨き上げ、プロダクトがユーザーに刺さり続けるための仕組みと仕掛けを実装する。結果として、市場や産業を創造することができるようになる。その達成への道のりは長い。その道のりで躓かないように支援し、伴走して知見を身につける必要がある。

　私は、スタートアップはＰＭＦしてから本当の勝負が始まると考えている。自社が他社に先んじて積極的な投資を行って事業を作った先行者利益（ファーストムーバー・アドバンテージ：First Mover Advantage）の状態に甘んじていたら、後発のプレーヤーにすぐ足をすくわれてしまう。

　第1章の「魚の眼」のところで少し触れたが、スタートアップは中長期的に見て「勝ち続けるための仕組み作りを検証／実装する」必要がある。たとえば、Amazonは初期段階でAmazonレビューの実装を行い強力なネットワーク効果の構築をした。それ以外にも、アフィリエイトやレコメンデーションエンジンなどの持続的競合優位性を作り上げていったのは、まさに好手だった。

　では、ＰＭＦ後に事業をスケールさせるための知見をどう得ていくとよいのだろうか。拙著『起業大全』にそのポイントをまとめているので、ぜひ参照してほしい。

　実は、ＰＭＦ後は知見の再現性が高い。書籍や専門家から得た知見を活かしやすい部分もある。たとえば、優秀な人物の採用方法などは、事業によって多少の違いはあれど、そのプロセスやエッセンスに大きな違いはない。この点は、再現性がなく死屍累々の状況に陥りやすいＰＭＦ

前とは大きな違いといえる。起業参謀として、様々な事業に関する知見を身につけることは、より大きな付加価値を提供できるようになることを忘れないでほしい。

## ＞ スタートアップやテクノロジーの 最新情報を押さえている

　起業参謀には、スタートアップやテクノロジーに関する最新の知見にキャッチアップし、自らの言葉で解説できる能力が求められる。スタートアップやテクノロジーは常に前進／進化し続けている。2022年末から生成AIが異常な盛り上がりを見せている。同様の市場全体にインパクトを与えるテクノロジーが、今後も次々と現れ市場はまた大きく変わっていくだろう。

　起業家にメンタリングを行う際、最新の情報を把握しておくことは適切な意思決定をサポートするために必要である。「市場の魅力度評価」や「STEEP分析」のようなフレームワークで詳しく紹介するが、今後変化していく市場の変化を見立てていくことが重要だ。現在、市場を席巻しているスタートアップは技術的な流れを読んで、数年前から仕込んでいる。技術の成熟度がまだ低い段階から、その原理や、潜在的に市場にもたらすインパクトに注目することがポイントだ。

　また、ガートナーのハイプサイクル（Gartner Hype Cycle for Emerging Technologies）には、この3 〜 5年後に起こる技術革新が示されている（図3-07）。2023年の図だが、毎年5月頃にアップデートされるので、キャッチアップできるとよいだろう。

図3-07 ガートナーのハイプサイクル

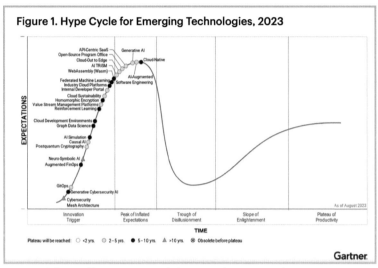

出典：https://www.gartner.co.jp/ja/newsroom/press-releases/pr-20230817

## ＞ 得た知見は定期的にアウトプットする

　2023年現在黎明期であるXR（AppleのSpatial Computing）やWeb3.0にかかわるテクノロジーも今後、大きな動きがあるだろう（2006年のAWSの登場や2007年のiPhoneの登場や2009年のBitcoin ／ Blockchainの登場で世界がその後大きく変わったように）。

　起業参謀が、最新の情報やテクノロジー動向を提供することで、起業家への具体的な戦略・戦術の設計・構築の示唆へとつなげていくことができる。テクノロジーの最新情報や知見は常にキャッチアップしていくことが重要だ。

　テクノロジーの知見を身につけるコツとしては、いきなり専門書を読むのは難しいので、解説動画や「マンガでわかるシリーズ」の入門書

からスタートするのがおすすめだ。その領域の入門書籍を5冊ほど読み、基礎固めができてから、専門書を5冊程度読んでみるのだ。

　加えて、得た知見は定期的にアウトプットしていくことが肝心だ。ちなみに、私は2022年に「Web3.0のスタートアップの立ち上げ方」に際して、1200枚のスライドを作成した。その前段階には、Web3.0に関する論文や書籍に徹底的に目を通してインプットを行った。そして、最終的なアウトプットとし300名の前で有料セミナーを行った。そのアウトプットを意識しているからこそ、整理しながらインプットしていくことができた。

　テクノロジーの最新情報の知見を得ておくことで、メンタリングの際に、DXやAIなどの「バズワード」で起業家が思考停止になっている場合、指摘できるようになる。

## ＞スタートアップの事業事例を豊富に持っている

　国内外のスタートアップや事業事例の蓄積があると、市場変化や市場機会の兆しがあった時に、事業仮説を構築して迅速に対応することができる。後ほど、アナロジー思考のところでも解説するが、事例の豊富さは非常に役立つ。たとえば、トヨタ生産方式は、そのコンセプトの創始者である大野耐一がアメリカのスーパーマーケットを視察した時に、生産ラインにも応用できないか、と着想したところから始まったものだ。

「車輪を再発明しない」
　イノベーションの多くは、新しい車輪を発明することではなく既存知識と既存知識をユニークに掛け合わせることで生まれる。つまり、組み合わせる元の要素をいかに多く持っているかがキーとなる。そのためにスタートアップの資金調達情報を確認できるメディア『BRIDGE』、

NewsPicks、日本経済新聞、TechCrunch、Crunchbaseなどで、日頃から気になるスタートアップをチェックしておこう。

また、メディアで情報を得るだけでなく、気になる新プロダクトは実際に使ってみて分析してみるのが有効だ。加えて、その背景にある技術や市況を分析し、「なぜこのスタートアップが資金調達できたのか」などを考えてみることで、さらに知見を深めることができる。

前述したように、アウトプットの質はフロー（思考瞬発力）×ストック（事例や知見の豊富さ）の掛け合わせになる。事例の蓄積はこれから紹介する様々なフレームワーク（リーンキャンバス→522ページ、フライホイール→415ページなど）を活用して整理をすることによって、自分の武器とすることができる。

## ＞ ビジネス全般の知識体系

ビジネス全般に関する広くて深い知見を持っているかどうかも、起業参謀にとって重要なポイントになる。既存事業を成長させる方法と、スタートアップ／新規事業の成長方法は、異なる。

ただ、共通するポイントも多い。特にPMF達成後スケールの局面においては、再現性の高い既存事業の方法論を活かすことができる（マーケティング／人材採用／オペレーション構築／セールス／データ活用／ガバナンス構築など）。

基礎的なビジネス知見の獲得は役に立つ。ただし、スタートアップ特有の「フェーズ感」を理解していないと、「時期尚早の拡大」につながってしまうので、注意が必要だ。

習得方法は多様にあるが、少なくとも基本書は読破しておくべきだろう。たとえば、入山章栄氏の『世界標準の経営理論』（ダイヤモンド社）や『両利きの経営』（チャールズ・A・オライリー、マイケル・L・タッシュマン著、入山章栄監修、冨山和彦解説、渡部典子訳、東洋経済新報社）など、ベスト

ビジネス書と呼ばれてきたような書籍は網羅しておきたい。基礎を固めることで、様々な応用が利くようになっていく（図3-08）。

## 図3-08 ビジネスの知見全般を把握する

| | | | | | | |
|---|---|---|---|---|---|---|
| 経営戦略 | リテラシー全くなし | 多少の知見がある | 知見があり実務経験もある | 深い知見と実務経験あり／実績あり他人に教えることができる | プロとして仕事の依頼がくるレベルの知見と実務経験がある | 業界でもトップレベルの実績と経験を持っている |
| ファイナンス | リテラシー全くなし | 多少の知見がある | 知見があり実務経験もある | 深い知見と実務経験／実績あり他人に教えることができる | プロとして仕事の依頼がくるレベルの知見と実務経験がある | 業界でもトップレベルの実績と経験を持っている |
| 会計 | リテラシー全くなし | 多少の知見がある | 知見があり実務経験もある | 深い知見と実務経験／実績あり他人に教えることができる | プロとして仕事の依頼がくるレベルの知見と実務経験がある | 業界でもトップレベルの実績と経験を持っている |
| ロジカルシンキング | リテラシー全くなし | 多少の知見がある | 知見があり実務経験もある | 深い知見と実務経験／実績あり他人に教えることができる | プロとして仕事の依頼がくるレベルの知見と実務経験がある | 業界でもトップレベルの実績と経験を持っている |
| マーケティング | リテラシー全くなし | 多少の知見がある | 知見があり実務経験もある | 深い知見と実務経験／実績あり他人に教えることができる | プロとして仕事の依頼がくるレベルの知見と実務経験がある | 業界でもトップレベルの実績と経験を持っている |
| 組織論 | リテラシー全くなし | 多少の知見がある | 知見があり実務経験もある | 深い知見と実務経験／実績あり他人に教えることができる | プロとして仕事の依頼がくるレベルの知見と実務経験がある | 業界でもトップレベルの実績と経験を持っている |
| ビジネスモデル | リテラシー全くなし | 多少の知見がある | 知見があり実務経験もある | 深い知見と実務経験／実績あり他人に教えることができる | プロとして仕事の依頼がくるレベルの知見と実務経験がある | 業界でもトップレベルの実績と経験を持っている |
| IT／テクノロジー | リテラシー全くなし | 多少の知見がある | 知見があり実務経験もある | 深い知見と実務経験／実績あり他人に教えることができる | プロとして仕事の依頼がくるレベルの知見と実務経験がある | 業界でもトップレベルの実績と経験を持っている |

　自然科学や社会科学、一般教養などをカバーする幅広い知識体系を持つことは、専門領域を超えて示唆を出す力につながる。専門性を深めながら、全体俯瞰して思考できる能力を提供するのがリベラルアーツだ。リベラルアーツは、私たちが当たり前だと感じていることを相対化し、思考の枠組みを変えたり、多様化するのに役に立つ。

　課題設定能力には、目の前の慣れ親しんだ「常識を相対化すること」が不可欠である。たとえば、歴史や科学史などを学ぶと、いかに「常識」と言われるものがダイナミックに変遷してきているかがわかる。ある時代に「絶対的」と言われていた思想や思考法が、時が経つと陳腐化／風化することも少なくない。

　スタートアップは「常識」や「通説」を覆していく試みでもある。逆説的だが、そのためには「常識」が何かを知る必要がある。イノベーションは既知のものを新しい視点でつなげたり、目の前の現象を抽象化／相対化して、つなげたりすることで生まれてくる。教養／既知の幅があれば、遠くのものをより多くつなげることができる。

　また、**教養**とは「長期間にわたって、知的戦闘能力に寄与する知識」である。長い歳月価値を失うことのない教養を身につけることも、起業参謀が日々意識してほしいことの1つだ。

# ③ 地頭力
（仮説構築力・アナロジー思考力・
抽象化力・フレームワーク活用力・
ロジカルシンキング力）

　以前、『地頭力を鍛える　問題解決に活かす「フェルミ推定」』（細谷功、東洋経済新報社）がベストセラーになったが、起業参謀にとって「地頭力」も非常に重要な資質だと考えている。

　地頭力というと先天的な印象を受けるかもしれないが、意識することによって後天的に身につけることができる。地頭力とは、「仮説構築力・アナロジー思考力」と「抽象化力・フレームワーク活用力・ロジカルシンキング力」で構成される。わかりやすさを考慮して、ここでは先に「抽象化力・フレームワーク活用力・ロジカルシンキング力」から解説しよう。

> 抽象化力・フレームワーク活用力・
> 　ロジカルシンキング力

　抽象化とは、限られたインプットを元に、ロジカルにストーリーを組み立てて、納得感のあるアウトプットを構築する能力である。抽象化能力に必要なポイントは、①モデル化、②そのための枝葉の切り捨て、③アナロジー思考で考えられることである。

　抽象化思考を持つことで、応用力を飛躍的に向上させることができる。単なるインプットは、物知りにはなれるが、得た学びを応用することはできない。インプットと同時に抽象化力を高めることによって、複数の問題を同時に考えることができたり、一見すると遠いもの同士をつなげ

て新しい着想を得ることができたりするようになる。

　抽象化力とロジカルシンキング力は、具体と抽象を行き来することによって身につけられる。ただ単に具体をつらつら眺めるのではなく、その中から共通項を見つけて、構造を理解していくのである。この姿勢を身につけられると、新しい現象が起きた時に、そこから抽象化のレベルを上げて、構造的に捉えることができるようになる。

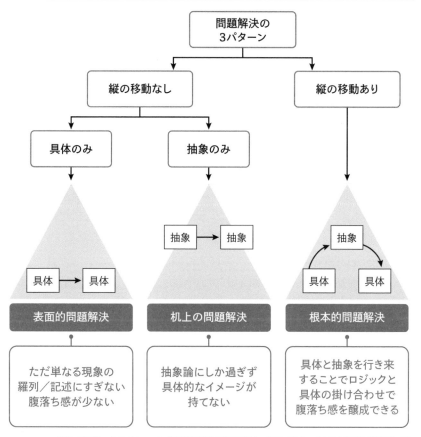

図3-09 抽象論だけでは机上の空論となってしまう

出典:『「具体⇄抽象」トレーニング』細谷 功著、PHPビジネス新書、33ページの図を参考に著者が加筆

起業参謀に必要な5つのケイパビリティ

先述したが、具体と抽象の関係性を振り返っておこう。具体と抽象を集めているが構造的になっていない状態では、それぞれが結びついていないので起業家に対して示唆が出せない。単なる情報共有で終わってしまう。広さと深さと構造で捉えることによって、抽象度の高いレベルで理解をし、起業家への示唆につなげていくことができる（図3-09）。

「具体と抽象もどちらも大切。良い模倣に典型的に見られるように抽象化の思考がなければ、具体について深い理解や具体的なアクションは生まれない。抽象と具体の往復運動を繰り返すこの思考方式が最も『実践的』で『役に立つ』」

――楠木 建　一橋ビジネススクール教授
出典：https://dhbr.diamond.jp/articles/-/1420

　抽象化の思考がなければ応用はできないし、具体について理解がなければアクションは生まれない。具体と抽象の行き来をどんどん繰り返していくことで、新たな具体な事象に直面した際に、直感的に本質を捉えることができるようになる。

　起業参謀に求められる思考は、具体と抽象の往復運動である必要がある。どちらか一方では、抜け漏れがあったり思考が浅くなってしまったりする。

　表面的な問題解決は、具体から具体の抽出をこなしているだけだ。あるいは、抽象論だけでは、机上の空論で終わってしまう（具体的にどう行動したらいいのかわからない）。繰り返しになるが、具体と抽象の行き来が重要なのである。

---

## 〉 モバイルバッテリーの市場規模はいくらか、にすぐに答えられるか

---

　モバイルバッテリー市場がどの程度かと問われてもすぐにはわからな

いだろう。フェルミ推定を用いると、直感と単純な計算を用いて、ある問題のおおよその解を得ることができる。ここでは、日本におけるモバイルバッテリー市場の規模を、フェルミ推定で解析するプロセスを簡単に説明する。

### 前提確認

　日本では多くの人々がスマートフォンを持っている。ここでは、日本の人口を1億2000万人とし、そのうちの3分の2が1人1台スマートフォンを持っていると仮定する。バッテリーを買う人は40%とする。

　バッテリーの平均寿命を1年とし、平均価格を3000円と仮定する。

### アプローチ方法

　以下のステップで問題を解決する。

a. 1人当たりのバッテリーの購入頻度を計算

b. 年間のバッテリーの総販売数を求める

c. 市場規模を算出

### モデル化と要素分解

a. 1人当たりの購入頻度＝寿命／年数＝2年/1人

b. 年間販売数＝人口×2/3×40%×購入頻度＝8000万人×1台/人年

c. 市場規模＝年間販売数×平均価格＝（8000万人×0.4台/人年）× 3000円/台

### 数値計算

a. 年間販売数＝（8000万人×0.4台/人年）＝3200万台

b. 市場規模＝（3200万台×3000円/台）＝960億円

### 評価

　計算により、日本のモバイルバッテリー市場規模は約960億円と推定

できる。

　この推定値の妥当性を評価するために、インターネット上の市場調査報告書や業界データを参照し、実際の市場規模と比較する。

https://www.inter-tec.net/post/portablepowerstation

　実際にデータをみると、2022年で1100億円以上の市場があると言われており、この推定は正しかったと言える。

---

## ＞ 仮説構築力の必要性

---

　スタートアップや新規事業を進めていくにあたって、100%の情報が集まっているということはまずない。情報が断片的である中で、積み上げたり組み合わせたりしながら仮説を導いていくことが求められる。もし仮説が外れた場合には、速やかにフィードバックを受けて、修正をしていく。

　仮説構築とは、現在ある限られた情報をもとに、以下を実行する。

（ア）最も蓋然性の高い結論を目指す

（イ）ロジカルにストーリーを組み立てる

（ウ）情報の精度を上げながら検証を繰り返す

（エ）納得感のあるアウトプットを構築する

　その結果、少ない情報からでも仮説を構築する姿勢を持ちながら、とにかく結論を出す力を発揮することが可能となるのだ。

### 「無知の知」の状態

　改めて、なぜこうした力が求められるのかというと、不確実性の高いVUCA（ブーカ）[3]の時代において、網羅的に情報を集めて判断をするような非仮説思考では、周りの変化のスピードについていけないからで

---

3) VUCA の時代：予測不能の時代。Volatility（変動性）、Uncertainty（不確実性）、Complexity（複雑性）、Ambiguity（曖昧性）の頭文字を取ったもの

ある。

　一方で仮説構築力を持っていれば、不確実性の高い状況においても対応できるようになっていく。

　仮説を立てることによって、自分が何がわかっていないのかがわからない状態（Unknown of Unknowns）から、何がわかっていないかがわかる状態（Known of Unknowns）になっていく。いわば「無知の無知」の段階から、仮説を構築して、「顧客の課題についてわかっていない」「市場規模についてわかっていない」ということが見えてきて、その時にはじめて、「無知の知」となっていく。新規事業において、この「無知の知」の状態は様々なアクションにつなげていく非常に重要なタイミングである。

　その一方で、完全に「知の知」になってから、実行に移していく、いわゆる計画思考や網羅思考は、スタートアップにとっては最適とは言えない。既存事業であれば、「これくらいの人流があれば、この値段の弁当はこれくらい売れる」「この観光地ではこれくらいの旅行者が来るので、ホテルの部屋の稼働率はこれくらいになる」といったことが過去から類推できる。ただ、世の中にまだないような新たなサービスを打ち出す時には、どれくらい売れるか、顧客がいくら払うかを把握しきることは難しい。

　その時に、求められるのが仮説を立てて、スピーディに事業を打ち出し、検証するサイクルを回すことである。スタートアップは「計画思考×網羅思考」ではなく、「仮説思考×スピード」で勝負すべきである。

「Done is better than perfect. （完璧にするよりもまず終わらせろ）」
　　　　　　　　　　　　　　　　——マーク・ザッカーバーグ
　　　　　　　　　　　　　　　　　Meta（旧Facebook）のスローガン

　メンタリングのポイントで話したように、どれくらい行動に移せたのか、がカギを握る。起業参謀として「行動の質」を高めることの重要性

を説明してきたが、行動をしてみて、そこからフィードバックをどんどん得ていくことも重要だ。

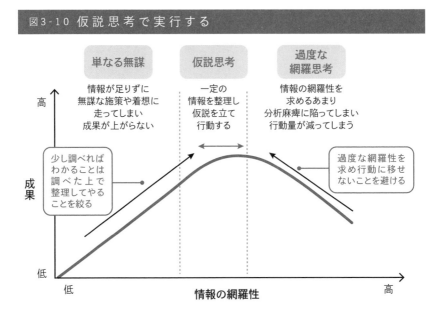

図3-10 仮説思考で実行する

図3-10の左サイドのように、何も考えずにただ行動量だけを上げようとする起業家を時折、目にすることがある。すでに誰かが解決していて十全な代替ソリューションがあるにもかかわらず、プロダクトを打ち出してしまうケースや、狙うべきセグメントの仮説を立てずに、全方位的にプロダクトをローンチしたりするケースは「単なる無謀」だといえる。

以下のような計算になるイメージだ。

「行動の質1」×「行動の量10」＝「事業の成果10」

一方で、図3-10の右サイドのように過度な網羅思考や計画思考に陥るケースも散見される。特に、大手企業で新規事業をする際や、大手企業出身者がスタートアップを立ち上げる際には、失敗を恐れるあまり過度

な準備と計画にリソースと時間を費やすケースが多い。行動の量が上がらず、成果も伸び悩む。このような状態を、分析麻痺（アナリシス・パラリシス）ともいう。情報にがんじがらめになって動けなくなってしまうようなケースがこれに当たる。以下の計算のようなイメージだ。

「行動の質10」×「行動の量1」＝「事業の成果10」

　理想は、「適度に情報を収集・整理した状態」。つまり仮説を立てた状態で行動をすることである。それぞれ7と置いて、積算すると成果は49と前のケースに比べて5倍近くなる。

「行動の質7」×「行動の量7」＝「事業の成果の質49」

## ＞アナロジー思考力とは何か

　アナロジーとは類推という日本語に訳される。アナロジー思考とは、物事や現状を構造化・抽象化し、その上で他の領域から事例を借りてきて組み合わせることができる思考法である。こうしたアナロジー思考を活用することによって、大胆な仮説を構築することができるので起業参謀にとって非常に重要な能力だ。

　アナロジーには、「偶然性を戦略に取り入れることができるか」といったひらめきの要素が多分にある。「ひらめき」という表現を使うと、持って生まれた潜在的な能力だと捉えられるかもしれないが、そんなことはない。スタートアップや新規事業領域であれば、それに伴う知識を自分なりに「整理」して、データベースを構築できていることで、そのひらめきを引き出すことができるようになる。

### トヨタ生産方式の源はアメリカのスーパーマーケット

　たとえば、トヨタ生産方式の「かんばん方式」は、大野耐一が、アメ

リカのスーパーマーケットに行った時に牛乳を手前から取って、奥から
どんどん補充されていく方式（プル型）から、「製造業もこのようにでき
ないか」という発想からたどり着いたのが原点だ。スーパーマーケット
から類推して、製造業に発想を飛ばしたのだ。

　それまでの製造業は、前工程から後工程に流れていき、後工程では、
必要以上に前工程から加工済みのパーツが流れてくるという課題が生ま
れていた。それを、プル型の仕組みを実際に生産の現場で活用する、す
なわち顧客と接点がある後工程から引っ張ることに転換させることで、
後工程の情報から、常に在庫の量を最適に保てるデマンド型になり、無
駄を著しく減らすことに成功した。


　また、ボーダレス・ジャパンという社会起業向けの起業家集団の田口
一成氏は、NSCという吉本興業が運営する芸人養成所を参考に社会起
業家養成所を創設した。起業家集団は、兄弟子と弟弟子がいるような、
芸人の関係性に似ているとひらめいたのだという。

　ボーダレス・ジャパンは、いろいろな起案があった際には、兄弟子た
る先輩起業家が評価する仕組みを作った。さらに先輩が後輩を指導して
いくことも重視した。そうすることで、お互い切磋琢磨することができ、
メンバー全体のエンゲージメントが高まり、結果として、事業の成功確
率も高まったという。起業家のコミュニティを芸人養成所から類推して、
その仕組みを設計したのだ。

出典：『9割の社会問題はビジネスで解決できる』田口一成著、PHP研究所より

**「創造性とは物事を繋げることに他なりません。アイデアとは、古い要
素を新しい形で組み合わせることであり、その組み合わせを生み出す力
は、要素間の関係性をどれだけ見出せるかに大きく依存しています。」**

────スティーブ・ジョブズ

出典：『I,Steve：Steve Jobs In His Own Words』George Beahm編集、Agate B2より

一見すると遠く見えるものをつなぎ合わせる

　これはアナロジー思考が創造性のベースになることを説いている。つまり、多くのビジネスモデルを知ることはアナロジーにつながる材料を増やし、イノベーションの確度を高めることができるのだ。

　前述の抽象化力のところで説明したように、ビジネスを所与の現象として捉えるのではなく、抽象化して本質を見抜いてモデル（ビジネスモデル）として整理していくことが重要である。

図3-11 アナロジー思考とは

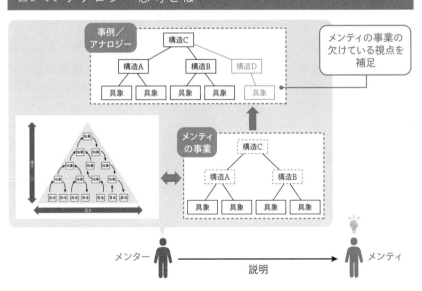

　表面だけでなく、裏側にある構造を理解し蓄積し「一見すると遠く見えるものをつなぎ合わせること」によって、アナロジー思考が可能となる。表面的な類似性であれば誰でも気づくことができる。

　一方で、スーパーマーケットと製造業の類似性や芸人養成所と起業家集団との類似性は、本質に目を向けなければ見出すことはできない。そ

のために、アナロジー思考につながる自分の事例をストックできるかは、非常に重要なポイントだといえる（図3-11）。

## ＞フレームワーク活用力

本書では多くのフレームワークを紹介する。フレームワークを活用する目的は、「思考の癖を取り払う（バイアスをなくす）」「思考の漏れをできるだけなくす」「コミュニケーションを効率的に進める」ためだ。フレームワークを駆使すれば、仮説構築や仮説検証の効率性が高まり、短期間で成果を上げることができる。

さらには、フレームワークを活用することにより、「自分たちの行動や判断を無意識のうちにしている暗黙の前提」を可視化／抽出することができるようになり、建設的批判や仮説の磨き込みが可能となる。

人間は、どうしても経験に基づく思考の癖に囚われて、恣意的に（自分の都合の良いように）事実を解釈し、抜け漏れやダブりが生じてしまうことがある。繰り返しお伝えしているが、新たな事業を行う領域において全ての情報が漏れなく集まっているようなことはない。こうした曖昧模糊とした新規事業領域においては、フレームワーク活用力があることで、要素を整理して考えることができ、アウトプットの質が高められるのだ（図3-12）。

とはいえ、フレームワークには、デメリットもある。還元的に枝葉を落として、本質を見抜くことができる点が良い点だが、一方で、仔細な部分を削ぎ落とすので、細部に宿った重要な要素を捉え損ねる場合もある。そうしたメリット・デメリットを理解した上で活用していく必要がある。

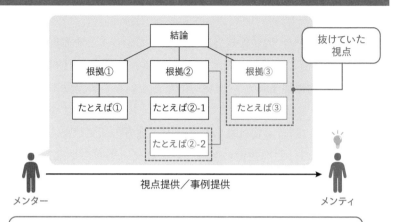

図3-12 フレームワークを活用することで抜け漏れに気づく

結論

根拠① 根拠② 根拠③ 抜けていた視点

たとえば① たとえば②-1 たとえば③

たとえば②-2

視点提供／事例提供

メンター メンティ

フレームワークがあると基本の確認やアイデア抽出の助けになる
また、基本のフォームに立ち返ることができる
フレームワークがあると死角を見つけることができる

## ＞ 起業参謀が身につけたい「問いの技術」

　フレームワークと合わせて、起業参謀には「問いの技術」を身につけることも大いに役立つ。メンタリングの要諦は、「問いを立てること」だ。ここでは5つの問いの種類を紹介しよう。

### 1. そもそも質問

「そもそも」の質問とは、「そもそも業務効率化した企業の社員は、そうではない社員に比べてハッピーなのだろうか?」「そもそもなぜスマホによって、我々の生活の質は向上したのだろうか?」「そもそもVR空間にいることでユーザーの生活の質は向上するのだろうか?」といった問いのことだ。こうした素朴な質問により、起業家は客観的な捉え直しを

することができる。

## 2. 天邪鬼質問

　目の前の事象や、現在仮説として検証していることを徹底的に批判的な視点で問い直してみることだ。いわゆる、天邪鬼な質問といえよう。たとえば、「別に従業員がハッピーにならないなら業務効率化など必要ないのでは?」「VR空間にいることがウェルビーイングにつながらないならば、そこに誘う必要はないのでは?」「地方の活気がなくなって、消滅してしまうのは弱肉強食の原理でいえば真っ当なのでは?」などがそれに当たる。こうした質問をすることで、必要性を問い直したり、実現性の低さに気づいたりする。批判的な視点を入れることによって、より広い視野で考えられるという効果が期待できる。

## 3. 因数分解質問

　これは現象の本質を見抜くために、背後にある要因や構成要素について質問をすることを指す。これにより目の前の事象や、一見すると複雑に見える問題を、解決可能なレベルまで因数分解していくことができる。たとえば、「インバウンド旅行者が減っている要因を因数分解すると、何が重要な構成要素ですか?」「地方から人がどんどん減っているという現象の要因を因数分解すると、何が重要な構成要素ですか?」などの質問が挙げられる。

　近年では、「ウェルビーイング」といったビッグワードが事業にも多く使われているが、そこがきちんと因数分解されていないことが少なくない。分解していくことで、「どこに躓いているのか」「何が足りないのか」といった具体的なポイントが見えてくる。

## 4. 再定義質問

　これは、現状を所与のものとして定義しているコンセプトについて、

改めて再定義を促す質問である。軸を変えることにより、既存のコンセプトをアップデートし、新たな着想やイノベーションにつなげていくことができる。たとえば、「インバウンド旅行者におけるカスタマーサクセスを定義すると、どうなりますか?」「公的な教育機関におけるDXを定義すると、どうなりますか?」など、自分たちがいわゆる通例や慣習に囚われてきた方法やコンセプトとどう違うのかを問う。

## 5. 深掘り質問

　なぜ、所与の現象や問題が起きているのか、質問を通じてその真因を深掘りしていく。この質問には、問題や現象についての理解の度合いを推し量る効果がある。起業家は、質問に答えながら自らの見えていなかった範囲や要因について、知ることになる。すなわち、「無知の知」の状態になっていくことができる問いだといえる。

　たとえば、「なぜ、そうなっているんですか?（Why)」「つまり、どういうことですか?（So what)」といった質問だ。Whyを通じてどんどん深掘っていったり、つまりどういうことか（So what）と展開していくことによって強制的に言語化され、何がわかっていないのかがわかっていったりする。

　上記に関しては、第5章260ページの「課題の構造化」でさらに詳しく解説する。問いそのものをさらに磨き込みたい人は、『問いのデザイン』（安斎勇樹・塩瀬隆之著、学芸出版社）という書籍が参考になるのでおすすめだ。

# ④ 対人力／アウトプット力
## （資料作成力・プレゼン力・傾聴力）

「重要なのは、やらなければならないことをやらせるのではなく、やりたいと思わせること」

——— ジム・コリンズ

出典：『ビジョナリー・カンパニー ZERO』ジム・コリンズ、ビル・ラジアー、土方奈美訳、日経BPより

本節では、「対人力／アウトプット力」の重要性を解説する。

これまでお伝えをしてきたマインドや全体俯瞰する力などをいくら身につけたとしても、それを起業家の行動に還元できなければ、起業参謀としては価値を提供できない。起業参謀の最終的な成果とは、起業家に動いてもらうことである。そのためには、わかりやすく伝えていく力が必要だ。

難しいことを難しく伝えることは、誰にでもできる。難しいことをできるだけわかりやすく、構造化して伝えていくことが非常に重要なのだ。

そのために必要な「資料作成力・プレゼン力」を紐解いていく。

私はメンタリングや壁打ちをした後に、起業家に対して、話した内容や参考となるものをフレームワークや資料へ落とし込んで渡すようにしている。資料が手元にないと、結局、どう動いていいのかわからずに、行動量が高まらないからだ（図3-13）。

 起業参謀の視点

限られた時間の中で、起業家や新規事業担当者に対して、整理された具体的な施策が示された資料を提示できるかは非常に重要だ。前提として、前に解説した仮説構築力やフレームワーク活用力が

なければ、わかりやすい資料の骨子は作成できない。

図3-13 参考となる資料を渡して行動を促す

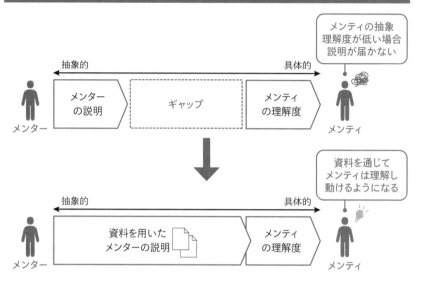

> 資料提供の事例

　私がある起業家向けに共有した資料の一部を紹介しよう。図3-14は「フラワーデリバリーサービス事業」の起業家に対して、メンタリングをした際の資料をNDA（秘密保持契約）に反しないようアレンジしたものである。

　まず、一番上に「LP（ランディングページ）」「入力フォーム」「パーソナライズ」「決済」「デリバリー」「満足度調査」とユーザー目線でのフローやUI（ユーザーインターフェース）を示した。続いて、各ステークホルダーに対応するプロセスを書いた。本サービスが駅ロッカーを使うモデルだったので、上段には「リース」と書く。さらに、自社の行動は「LP作成」「入力コンテンツ検証」「振り込み対応」「ピッキング／デリバリー」

「ヒアリング／インタビュー」と具体化する。下段には、関係者である生花店や卸に対してのアクションとして「パーソナライズのアドバイス」「在庫確保」と整理した。

資料作成ポイント
- ステークホルダーごとのプロセス／フローについて、網羅的に書いてみる（鳥の眼／虫の眼）

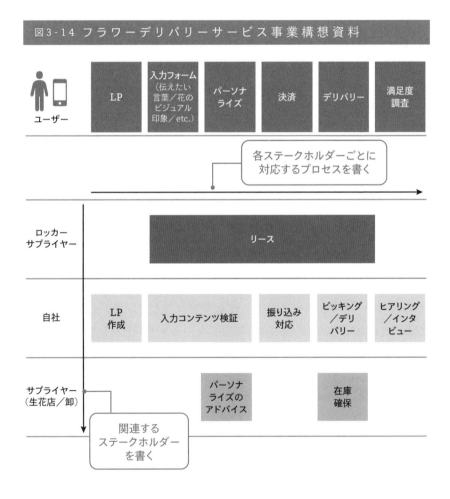

図3-14 フラワーデリバリーサービス事業構想資料

- 各プロセスは、他のサービスを参考に仮説を書き出してみる（アナロジー思考）

　次に、それぞれのUIに対するKPIや自社オペレーションの詳細化を書き出してみた。そうすることで、今後のアクションを進めるにあたってどのプロセスに注力するべきかが明らかになる（図3-15）。

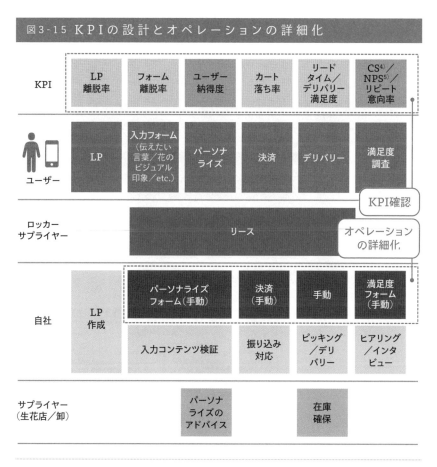

図3-15 KPIの設計とオペレーションの詳細化

4）CS：Customer Satisfaction の略。顧客満足
5）NPS：Net Promoter Score の略。顧客ロイヤリティを測る指標

資料作成ポイント

- 各プロセスで想定される KPI を書き出してみる（虫の眼／医者の眼）
- 実際のプロセスを想定し、オペレーションの詳細化を試みる（虫の眼）

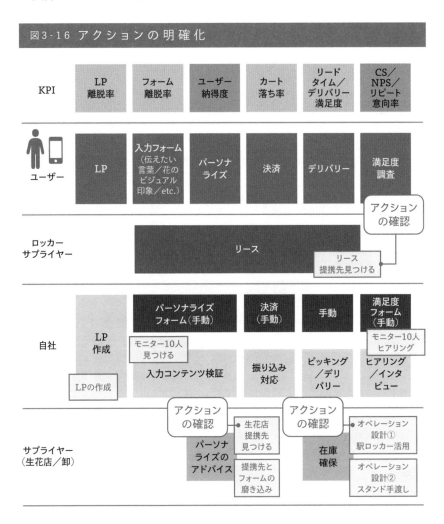

図3-16 アクションの明確化

そこから、さらに踏み込んでアクションの確認を行う。そうすることで、プロジェクトを推進していく際に、適切なアクションの粒度に落と

し込むことができる。

資料作成のポイント
- それぞれに必要なアクションを発散して、必要なものを抽出して書き出していく

最終的に、どのアクションから手をつけていくのかを明確にする。「プロジェクトインパクト」「工数」「具体的なタスク」「タスクオーナー」「優先順位」を書き出してみる。その中で、「優先順位」が高いアクションから手をつけていくイメージだ（図3-17）。

## 図3-17 アクションに優先順位をつける

| | プロジェクトインパクト | 工数 | 具体的なタスク | タスクオーナー | 優先順位 |
|---|---|---|---|---|---|
| LPの作成 | 中 | 高 | モニターユーザーの検証後顧客の声（VoC）を聞き出しLPをデザイン | 田中さん | 中 |
| モニター10人見つける | 高 | 中 | 当事業のモニターをユニーリサーチで見つける | 山田さん | 高 |
| モニター10人ヒアリング | 高 | 中 | 検証後にヒアリングを実行する | 山田さん | 高 |
| リース提携先見つける | 低 | 中 | ロッカーをリースできる事業者に見積もりを取る | 佐藤さん | 中 |
| 生花店提携先見つける | 高 | 中 | 検証に協力してくれる生花店を見つける | 佐藤さん | 高 |
| 提携先とフォームの磨き込み | 中 | 中 | パーソナライズするためのフォームを作成する | 佐藤さん | 中 |
| オペレーション設計①駅ロッカー活用 | 中 | 高 | 駅に置くために鉄道会社に交渉する | 山田さん | 低 |
| オペレーション設計②スタンド手渡し | 高 | 高 | フラワースタンドを置く場所を確保する | 山田さん | 中 |

いかがだっただろうか？　資料があることで、組織を動かしやすくなるという効果がおわかりいただけただろうか。発散と整理を繰り返しな

がら、実行に移す具体的なアクションまで落とし込んでいく。アクションは、複数のメンバーが担う場合が多いので、そのオーナーを決めることで、プロジェクトのモメンタムを高めることができるのだ。

資料を作るポイントはコンセプト→戦略→戦術→行動の順番で磨き込んでいくことだ。

私は年間で何千枚という資料を作る。資料作成のアウトプットを繰り返すことによって、手元に様々な資料をストックすることができるようになり、それに伴い、どんどんアウトプットの質と仮説構築のスピードが向上していくことを実感している。

## ＞ プレゼンテーション力

資料作成能力と表裏一体だが、プレゼンテーション力も起業参謀として重要な要素だ。プレゼンテーションの目的も、相手の行動にまでつなげていくことである。アイデアや施策を提案する際に、効果的なプレゼンテーションをして聞き手を動かす能力は、起業参謀だけでなく、多くのビジネスパーソンにとって非常に重要なスキルである。

「プレゼンは相手を動かしてなんぼ」

―― **伊藤羊一**（プレゼン資料より）

プレゼンの極意はAIDMA（アイドマ）[6]で行うということだ。

プレゼンテーションの目的は、伊藤氏が説くように最終的に「相手を動かしてなんぼ」だ。起業家が動かなければ、成果は上がらない。図3-18の通り、腹落ちして行動してもらうには、論理と感情の両方のバラ

---

6）AIDMA：Attention、Interest、Desire、Memory、Action の頭文字を取った造語で、相手の
　注意を引いて（Attention）、興味を持たせ（Interest）、やりたいと思わせ（Desire）、相手の記
　憶にすり込ませて（Memory）、行動（Action）につなげるということを指す

ンスが重要である。

　論理性だけで、共感性がない説明であればAIで十分だ。これは第2章でも解説したが、論理と感情をバランスよく掛け合わせることは今のところ、人間にしかできない。

　一方で感情だけで訴えられても、納得感が得られず、行動に移すことができない。

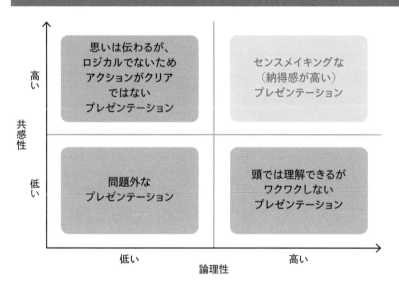

図3-18 プレゼンの論理と共感のバランス

論理は「この仮説が確からしい」と考え、具体的な行動に移すために欠かせない要素となる。世の中に絶対的な正解など存在しない。行動に移す場面においては、自分が下した意思決定の「確からしさ」に腹落ちして、実行に移すことが必要だ。

　環境変化が激しい時代では、腹落ちしてその行動に「意味」を与えることが「エネルギー」に変換され行動量につながる。最終的な成果は、

行動量がカギを握っていることを忘れてはならない（図3-19）。

図3-19 センスメイキングとは腹落ちのこと

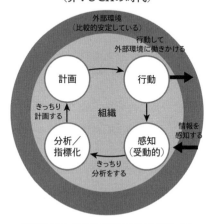

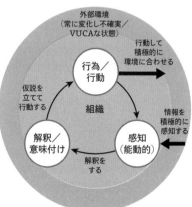

環境変化が少ない状況
（非VUCAの時代）

環境変化が激しい状況
（VUCAの時代）

外部環境が安定している時には
プランニングとKPI設計と
アカウンタビリティが大事になる

環境変化が激しい時には
センスメイキング（意味付け）が
大事になる
目標を与えKPIを設計する以上に
意味を与えることが重要になる

出典:『世界標準の経営理論』入山章栄著、ダイヤモンド社、421ページの図を参考に著者が作成

## ＞傾聴力とは何か？

「ジョハリの窓」というフレームワークをご存じだろうか。誰もが自分
自身のことをわかっているようで、「部分的にしか理解していない」と
いうことを示している。家の窓のように、部分的にしか光が差しこまな
い様子から「ジョハリの窓」と言われる。

　起業家は、様々なバイアスがかかった状態で物事を見ている可能性が

高い（起業家が陥りやすいバイアスは第1章23ページを参照）。起業家との対話／メンタリングを通じて、起業家本人も気づいていないような「自分の見方」（＝バイアス）に気づかせて、視座を広げたり、固定観念を矯正することができる。

それを実行するためには、傾聴力がキーになる。傾聴は英語でアクティブリスニングとも訳されるコミュニケーション技法の1つだ。精神カウンセリングで使われていたコミュニケーション技法だったが、ビジネスシーンにおいても有効であると考えられ、近年は積極的に用いられるようになった。

傾聴の特徴は、会話をする際に相手の話をただひたすら聞き続けるのではなく、相手が伝えたい本質的なことや感情を汲み取り、主体的にその内容を把握していくことにある。

メンタリングというと、「問いかける」「アドバイスをする」というイメージが強いかもしれない。最初に心がけることは、相手の文脈を知るために全身の感覚を研ぎ澄ませることだ（耳だけでなく、目から入ってくる情報や、肌で感じる空気感など）。

私もメンタリングの最初の5分〜10分は、注意深く傾聴することに集中している。またラポール形成も有効なコンセプトだ。以下に4つのテクニックを紹介するので、ぜひ身につけていただきたい。

①ラポール形成

ラポールの語源はフランス語で、もともとはカウンセリングの文脈でカウンセラーと患者の信頼関係を示す言葉であった。だが、現在ではビジネスや日常生活での人間関係の構築にも使われるようになっている。ラポールは、「お互いの心に架け橋をかける」という意味であり、共感に基づく信頼関係を指す。この関係が築かれると、コミュニケーションは心地よくなり、相手の言葉を素直に受け入れることができるようになる。

起業参謀に必要な5つのケイパビリティ

ラポールを築く方法として、以下の5つが挙げられる。

キャリブレーション：

相手の非言語的なサインを感じ取り、その心理状態を理解する技術

ペーシング：

相手の動作や言葉を取り入れながら会話を進める方法であり、相手が理解してくれていると感じさせる技術

ミラーリング：

相手の動作や表情を鏡のように模倣することで、共感や好意を伝える技術

マッチング：

相手の声のトーンやリズムに合わせることで、会話のテンポを調整する技術

バックトラッキング：

相手の言葉を繰り返すことで、しっかりと聞いていることを示す技術

　これらの方法は、相手との信頼関係を築くための有効な手段として知られている。適切に使用することで、相手との関係はより深化する。

②アクティブリスニング

　アクティブリスニングとは、元々臨床心理学の用語で、「積極的傾聴」とも呼ばれ、近年、ビジネスの世界でもアクティブリスニングが注目されている。マネジメントにおいて、「傾聴力」「質問する能力」などが重要とされ、アクティブリスニングはこれらの能力と関連が深い。

　アクティブリスニングを実践するためには、心構えとして、「自己一致」「共感的理解」「無条件の肯定的配慮」の3つが重要になる。

自己一致：

自分の考えや価値観を飾らずに誠実に話し手に接することで、信頼関係を築く概念

共感的理解：

話し手の視点で物事を理解することで、安心感を生む姿勢

無条件の肯定的配慮：

話し手の言動や思考を評価せず、受け入れることで、安心感を提供する概念

③ノンバーバルコミュニケーションとバーバルコミュニケーション

ノンバーバルコミュニケーションは、視線の使い方や声のトーンなど、言葉以外のコミュニケーションが大切。

視線：

心理的距離を縮める効果があり、信頼関係を築くためには「そらし過ぎず、合わせすぎない」のがポイントになる。特に女性は視線が合わないと不信感を持ちやすいが、男性は視線が合いすぎると緊張しやすいとされる

トーン：

相槌のトーンは、話し手の感情やトーンに合わせることが重要で、過度な抑揚は避けるべきだ。相槌は、話し手の感情に応じて適切に調整することで、共感が伝わりやすくなる

　バーバルコミュニケーションは、共感や繰り返しなど、言葉を使ったコミュニケーション技術が必要。共感と繰り返しは、相手の感情や話の内容を理解し、それを言葉に反映させることで、相手の感情や状況を共有する技術。たとえば、Aが初受注の喜びを表現すると、Bはそれに共感し、自身の経験を共有して応答する。

④オープンエンドクエスチョン

　オープンエンドクエスチョンは、「Yes」「No」だけの答えで終わらないような質問のことである。これにより、対話がスムーズに進行し、相

手が深く考える機会を提供する。特に相手が疑問や悩みを持っている時、解決策を押し付けるのではなく、質問を通じて自ら答えを見つける手助けをするのがポイントになる。

　傾聴をより有効に行うために、起業家の置かれた状態を把握する必要がある。そのための重要な要素が全体を俯瞰できる知識ストックである。
　たとえば、自分が、全くマーケティングに関して知見がない場合、起業家からマーケティングに関する状況や課題を共有されたとしても、表面的にしか理解できず、示唆出しは難しいだろう。

## ＞ロジカルリスニング

　傾聴をより効果的に行うための技術を紹介しよう。ロジカルリスニングといって、情報を整理して聞くことである。ロジックツリーはご存じだろうか。ロジックツリーとは、ある事柄に対して問題や原因など、その事柄を構成している要素をツリー状に書き出すことで、解決法を導き出すフレームワークだ。ロジカルシンキングの手法の1つであり、問題を可視化して分解することで、複雑な事柄を捉えやすくなる。
　まさに、頭の中でロジックツリーを描くように傾聴していくことをロジカルリスニングという（図3-20）。

　傾聴／ロジカルリスニングを通じて、背後にある「どのように世界を見ているのか」「どのような価値観を持っているのか」も明らかにしていく。

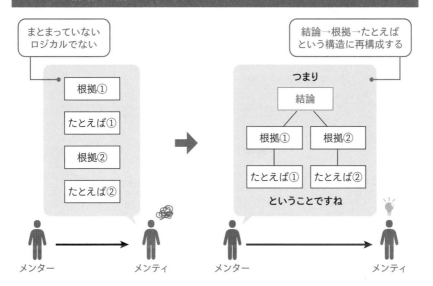

**図3-20 情報を整理して聞くロジカルリスニング**

まとまっていない
ロジカルでない

根拠①

たとえば①

根拠②

たとえば②

結論→根拠→たとえば
という構造に再構成する

つまり

結論

根拠① 根拠②

たとえば① たとえば②

ということですね

メンター メンティ メンター メンティ

　142ページ図3-21を見てほしい。コロナ禍で東京2020オリンピック・パラリンピックを開催するか否かについて議論があったことはご記憶だろう。東京2020オリンピック・パラリンピックの開催が「正しい」と主張する人もいたし、「正しくない」と主張する人もいた。「正しい」と言っている人は、根拠として「アスリートの活躍の場を提供するべきだ」「オリンピック・パラリンピックで国民の気持ちが盛り上がりポジティブな効果が見込める」「これまで費やしてきた予算が無駄になる」といったことを挙げていた。その背後にある価値観・感情・経験／認識も、図3-21のように想定できる。

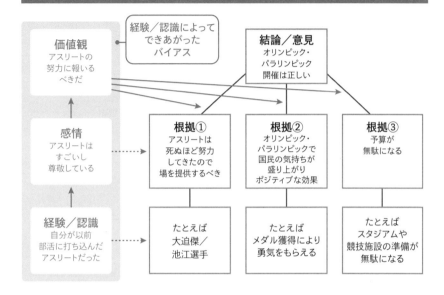

図3-21 東京2020オリンピック・パラリンピック開催は
正しいという主張をロジカルリスニングで分析

　一方で、正しくないと主張する人たちは、根拠として「海外から人が来たら感染爆発する」「オリンピック・パラリンピックが開催されると医療従事者のリソースが逼迫してしまう」「スポーツはエッセンシャルなものではない」といったことを挙げていた。その背後にある価値観・感情・経験／認識も図3-22のように想定できる。

　このように傾聴したり、ロジックツリーを作ってみると、話者の裏側にある経験／認識→感情→価値観（バイアス）の構造が見えてくる。

　結論に至るまでに、どのような意味付けをして、そこにはどんなバイアスがあるのかを傾聴して見出す。つまり、表層的な発言だけではなく、結論に至った背景こそが重要なのだ。相手の文脈を理解することにより深い理解につながるだけではなく、客観的にメタ認知を促すことで、コミュニケーションを通じて信頼も得られるようになる。

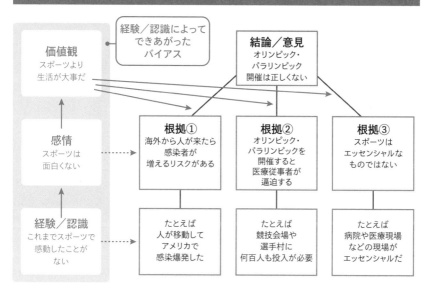

図3-22 東京2020オリンピック・パラリンピック開催は
正しくないという主張をロジカルリスニングで分析

経験／認識によって
できあがった
バイアス

結論／意見
オリンピック・
パラリンピック
開催は正しくない

価値観
スポーツより
生活が大事だ

感情
スポーツは
面白くない

経験／認識
これまでスポーツで
感動したことが
ない

根拠①
海外から人が来たら
感染者が
増えるリスクがある

根拠②
オリンピック・
パラリンピックを
開催すると
医療従事者が
逼迫する

根拠③
スポーツは
エッセンシャルな
ものではない

たとえば
人が移動して
アメリカで
感染爆発した

たとえば
競技会場や
選手村に
何百人も投入が必要

たとえば
病院や医療現場
などの現場が
エッセンシャルだ

　起業家にとって、極めて大事な能力の1つは、「自分自身を客観的に見ること」である。中には、起業家自身が高いメタ認知能力を持っている人もいるが、そうでない人も多い。起業参謀として「医者の眼」を持って、バイアスに気づき客観視できるように促していく役割は、非常に重要だ。

　特に、第1章28ページでお伝えをした「Why型」が多い起業家は、目的に「猪突猛進」しがちであるが、自分の状態を客観視できないケースが多い。結果として、固定観念に固執して動けなくなっていることがある。その際には、なぜそのような思考に至ったのかを咀嚼して、思考を柔軟に解きほぐし、意思決定の幅を出して、判断しやすいようにサポートする。

　傾聴することで起業家が持つバイアスが、ファクトベースのバイアス

なのか、固定観念によって引き起こされているバイアスなのかが見えて
くる。図3-23のように水面上に見えている「発言」ではなく、水面下の
「行動パターン」や「構造」へと深めていくことで、「無意識の前提／バ
イアス」に気づくことができる。

図3-23 バイアスの正体に気づく

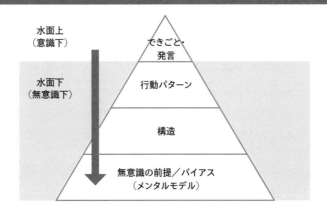

# ⑤ 戦 略 的 学 習 力

　最後に「⑤戦略的学習力」を説明しよう。戦略的学習力とは何か新しいものを学ぶ時に、最適な学習方法を選択し、効率よく学んだり、教えたりする力だ。オックスフォード大学のマイケル・オズボーン教授によると2030年に最も必要な能力は学習戦略スキル[7]だという。

1位：Learning Strategies（学習戦略【スキル】）
2位：Psychology（心理学【知識】）
3位：Instructing（指導力【スキル】）
4位：Social Perceptiveness（社会的洞察力【スキル】）
5位：Sociology and Anthropology（社会学と人類学【知識】）
6位：Education and Training（教育訓練【知識】）
7位：Coordination（調整力【スキル】）
8位：Originality（独創性【能力】）
9位：Fluency of Idea（思考の流暢さ【能力】）
10位：Active Learning（能動的学習【スキル】）

　AIは現在凄まじいスピードで進化している。その状況の中で、我々人間は、AIは何が得意で、一方で何が苦手かを見極める必要がある。その上で、自らが学習し練達していく領域や範囲を、戦略的に設定する必要がある（図3-24）。

7）https://www.oxfordmartin.ox.ac.uk/publications/the-future-of-skills-employment-in-2030/

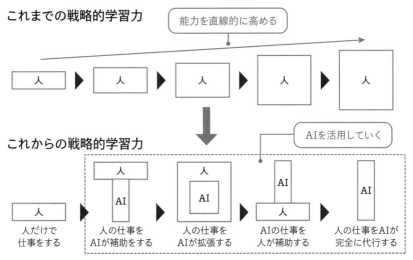

図3-24 これからの時代に身につけたい戦略的学習力とは

これまでの戦略的学習力

能力を直線的に高める

これからの戦略的学習力

AIを活用していく

人だけで
仕事をする

人の仕事を
AIが補助をする

人の仕事を
AIが拡張する

AIの仕事を
人が補助する

人の仕事をAIが
完全に代行する

出典：『文系AI人材になる』野口竜司著、東洋経済新報社、31ページの図を参考に著者が作成

　どのように戦略的に学習していくか、プロセスを書き出してみたので図3-25を参照してほしい。

---

> 戦略的な学習プロセス

---

目的の壁

　まず、学習する目的を明確にする必要がある。その際に、AIが得意で人がどんどん置き換えられるものは避けるのが好ましい。

　また、自分の意志や嗜好を見つめ直し、どういったコンテンツならば、学習継続できるかを見極める。

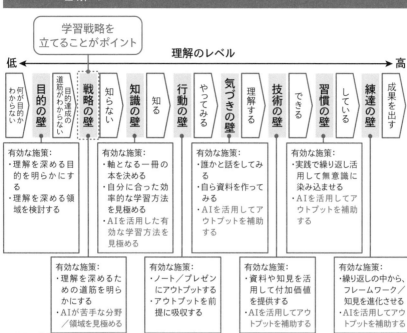

図3-25 理解のレベル

戦略の壁

　自分が得意で、自分の嗜好に合っており、AIに置き換えにくく、他の人に対して価値提供できるような分野を見極める。

　また、分野を掛け合わせていくのも有効だ。

「『100万人に1人の存在』は経験とスキルの組み合わせによって成立するからです。100人に1人の“異なる”スキルを3つ持っていれば、100万人に1人の存在になることは可能です」

——— 藤原和博

出典：『100万人に1人の存在になる方法』藤原和博著、ダイヤモンド社より

### 知識の壁

戦略が決まったら、基本となる知識をまず身につける。いきなり専門的な本や論文に飛びつくのではなく、基礎を固めるのだ。知識というのは既知と未知を掛け合わせることによって増えていく。いきなり高度な分野に飛び込むのは得策ではない（未知から未知を学ぼうとする行為）。

### 行動の壁

インプットを繰り返すだけでは、自分の言葉や知見に昇華することができない。インプットに合わせて、アウトプットをすることがポイントになる。

### 気づきの壁

アウトプットを繰り返していくと、自分のわからないところに気がついていく（「無知の知」になる）。そうなると、次にインプットする箇所や知見が特定できるようになり、知見獲得の生産性が向上する。

### 技術の壁

知識がある程度身についたら、次は実践で試してみる。どんなに自転車の知識が身についたとしても自転車に乗ることはできない。実際に、現場で身をもって試してみることで技術を獲得できる。

### 習慣の壁

現場でアウトプットを繰り返していくと、習慣になり、無意識でも成

果を上げられるようになってくる。自分にその知見が染み付くために、繰り返してアウトプットすることが大事だ。

練達の壁

「1万時間の法則」というのがある。物事を極めたエキスパートは練習や努力に約1万時間を費やしていたという事例から導き出されたといわれている。練達したプロとして、認められるには、ぜひ1万時間を目指してほしい。

column
## プロレベルとは

プロレベル①
　特定の領域における包括的な知見を体系的に習得した人
プロレベル②
　特定の領域において想定しうる全ての失敗を経験した人
プロレベル③
　失敗経験を基にして、どうすれば失敗を避けることができるか、勝ち筋を見つけることができるかを、あらゆる状況において見立てることができる人
プロレベル④
　正確な見立てに基づき、継続的に実際に成果を上げられる人
プロレベル⑤
　継続的な成果の上げ方を形式知化でき、他の人が同等の成果を上げられる指導ができる人

　プロレベル①は、知識レベルである知見を習得した人である。いわば、座学を終えた医学生といった感じだろう。そこから実際

に多くの患者と向き合い、時に、非常に逼迫した状況や意思決定が難しい状況を潜り抜け「ホンモノの医師」になっていく。

　起業参謀も同様である。本書の位置付けはあくまで、起業参謀にとって包括的な知見の提供を試みるが、あくまで、その後の実践を積んでいくのは、あなた自身になる。

　ただ「実践知」を積むには、多くの失敗やミスを経験し、反芻（はんすう）していく必要がある。ミスや失敗をしても立ち直り、やり抜いていくために、先述した「GRIT」が非常に重要になる。

# 第二部

起業参謀として
活躍するために必要な
「5つの眼」の
フレームワーク編

Chapter

4

PFMFを
目指すための
「鳥の眼」を
身につける
フレームワーク

# 汎用的に活用できる フレームワーク

本章から第8章までは、第二部として「起業参謀として活用できる『5つの眼』のフレームワーク」について解説する。フレームワークを活用するということは、これまでのベストプラクティスや先人の知恵に、自身の事業をはめていくことを意味する。そうすることで抜けている視点や修正すべき点を洗い出す。

まず、PFMF[1]（プロダクトフューチャーマーケットフィット）を目指すための「鳥の眼」を身につけるフレームワークについて解説する。本章から解説していくフレームワークについては、図4-01にまとめた。

## 図4-01 「5つの眼」のフレームワーク

**事業のフェーズ**

初期 → スケール

| | | 初期 | | | | スケール |
|---|---|---|---|---|---|---|
| 鳥の眼 | 事業の筋の良さ診断 | STEEP／トレンド分析 | ターゲット市場の魅力度検証 | TAM／SAM／SOM分析 | Go-to-Market | ロードマップ策定 |
| 虫の眼 | | 真の課題理解／課題の構造化 | モチベーショングラフ | UXエンゲージメントマップ | マーケティングファネルと5つの不 | 真のPMF |
| 魚の眼 | | MOAT構築 | ネットワーク効果 | コールドスタート問題解消 | フライホイール構築 | |
| 医者の眼 | | ライフジャーニー | 起業家OSアップデート | KPIの設計と運用 | スタートアップバランススコアカード | スタートアップの目利き |
| 人の眼 | | リーンキャンバス | MSP／MVP／Prototype | CPF／PSFテンプレート | 自社の魅力化ドキュメント | |

## ＞「事業の筋の良さチェックシート」を使い 事業の全体像を掴む

　個別の「鳥の眼」のフレームワークの解説を開始する前に、汎用的に活用できるフレームワークを紹介したい。私はこれまで数多くの事業の支援／メンタリングを行ってきた。これまでの経験を踏まえ、重要な論点となるポイントをまとめたものになっている。いわば、医師が精密検査を行う前の「簡易診断」のイメージだ。これをベースにして、何が全体的な課題かの仮説を大まかに立てることができる。

　一つひとつの項目や対応するフレームワークに関しては、後の節／章で解説するが、まずはざっくりと説明したい。起業家から話を聞いた上で（できれば、何らかの資料を作って共有してもらい）、チェックリストを埋めていけると良い。156ページ図4-02左端の各要素について、上から順番に説明していく。

## ＞１.顧客解像度が高いか

　何よりもまず見るべきポイントは、"顧客の解像度が高いかどうか"である。起業家は顧客以上に顧客の課題や、その課題が起きている構造に対する理解が深いかどうかが非常に重要だ。表層的な現象や行為で顧客を捉えるのではなく、なぜ、顧客がその状況に陥っているのかを記述できているかがポイントだ。

「行動の質」のところでも解説したが、これが全ての土台となる。課題の構造化／モチベーショングラフなどのフレームワークを駆使するのが有効だ。

---

1) PFMF：Product Future Market Fit の頭文字を取った著者の造語。少し先の未来（Future Market）や外部環境変化を見据えて、プロダクトが適合するようにすること

## 図4-02 事業の筋の良さや全体を評価するチェックリスト

| 要素 | どの眼か | 要素の説明 |
|---|---|---|
| 1. 顧客解像度が高いか | 虫の眼 | 顧客の理解度や解像度の高さが、本質的な課題の発見や、より高い課題の質につながる |
| 2. 定量情報を捉えているか | 鳥の眼 虫の眼 | 顧客情報は市場情報のファクトを定量的に捉えているか? 起業家は自分にとって都合の良い情報を集めがちになってしまう |
| 3. バイアスを除いているか | 医者の眼 | 自分にとって都合の良い情報や顧客の状態を、でっち上げていないか? 正確な顧客情報や徹底的な市場リサーチを通じて、バイアスを解くことができる |
| 4. 思考停止「課題」への対応 | 鳥の眼 虫の眼 | 事業の説明やスライドで出てくる「課題」が、よくありがちなもの、インサイトが欠けた記述になっていないか、顧客を深く知ることにより、独自の視座に基づいた課題を言語化できることが重要 |
| 5. 思考停止「キーワード」への対応 | 鳥の眼 虫の眼 | 事業の説明やスライドに「DX」「ウェルビーイング」などのビッグワードが使われている場合、その言葉が所与のものとして捉えられており、練り込まれていない場合がある。ビッグワードを使うことで思考停止になっていないかを確認する |
| 6. 思考停止「ソリューション」への対応 | 鳥の眼 虫の眼 | 提案されているソリューションが、どこかで聞いたことがある凡庸なもので、「ヒトヒネリ」「フタヒネリ」が利いていないものになっていないか |
| 7. 説明の冗長さをなくす | 医者の眼 | 事業の説明やスライドが冗長になっており、伝えるべき内容がぼやけてしまっている。起業家自身の領域への理解不足や、顧客課題への理解不足に起因している場合が多い |
| 8. 「Why me」の欠如への対応 | 医者の眼 | 自分が当該事業をやる必然性が欠如していると、事業そのもののモメンタムを失いやすくなるだけでなく、様々なステークホルダー(仲間、顧客、取引先、投資家)を引きつけるのに障壁が生まれてしまう |
| 9. 「Why now」の欠如への対応 | 鳥の眼 | スタートアップ/新規事業の最も大きな成功要因は「なぜ今やるのか」の必然性である。市場を捉えた上で、「今やる必然性」を定量化/言語化する |

| 要素 | どの眼か | 要素の説明 |
|---|---|---|
| 10. 二次情報の欠如への対応 | 鳥の眼 | 競合情報や、市場情報のリサーチが十分でないと、不必要な投資や、車輪の再発明を行ってしまい、多くの無駄が生じてしまう |
| 11. 市場規模仮説の高解像度 | 鳥の眼 | TAM/SAM/SOMの記述が、練り込まれておらず、ただ単なる数字の羅列になっている。顧客視点のインサイトだけでなく、マクロ視点でのインサイトを捉えることが非常に重要 |
| 12. 初期セグメンテーションの磨き込み | 鳥の眼<br>虫の眼 | プロダクトをローンチする時にどのセグメントから狙うべきか、磨き込まれている必要がある。ほとんどのプロダクトには狙うべき初期ユーザーがおり、そこを外してしまうとPMFを達成できない |
| 13. 動的に事業を捉えた上での競合優位性やロードマップの設定 | 魚の眼 | 事業をスナップショットではなく、動的なストーリーで捉えることにより、中長期的な競合優位性を担保できる視点が重要になる |
| 14. 分析麻痺に陥っていないか | 人の眼 | 分析や調査ばかりに注力しており、顧客との対話や対応のような、実行に基づいた事業進捗が滞っていないかをチェックするのが重要 |
| 15. プレマチュアスケーリングへの対応 | 医者の眼 | 「ラーメンを売る前に、うまいラーメンを作る」ことが重要。スタートアップが死んでしまう理由の一番が、時期尚早の拡大によるバーンアウトである。それを防ぐためのメタ認識ができているかが重要 |
| 16. 恣意的な競合優位性の記述への対応 | 鳥の眼<br>虫の眼 | 事業の記述において、顧客のマインドシェア軸でなく、自分にとって有利な軸で競合優位性を書いている場合がある。競争軸を練り込んだ上で、戦略を策定することが非常に重要 |
| 17. 事業モデルとフェーズに合ったKPI設計 | 医者の眼<br>虫の眼 | 事業モデルとフェーズによって捉えるべきKPIは変わってくる。KPIは組織を一枚岩にして、モメンタムを高めるボトルネックを検証し、排除していくために重要な視点となる |

また顧客の課題を定量的に計測し捉えているかも重要になる。たとえば、現状のオペレーションを実行するには、平均1.5時間かかかる時、作業者の時給が2500円の場合、3750円の費用がかかる、など。

✅ **チェックポイント**

- 表層的な現象ではなく、構造的に顧客課題が理解できているか
- 抽象論ではなく、具体的な手触り感のある顧客像で語れているか
- 顧客課題を定量的に捉えることができているか

---

## ＞ 2 . 定 量 情 報 を 捉 え て い る か

　立ち上げている事業や事業仮説が定量的なファクトに基づいているか、十分な定量データを集めているか、定量データを集める際にバイアスが入っていないか、起業家に抜けがちな視点や陥りがちなバイアスを検証する。

　たとえば、顧客インサイトを取得していると言いつつ、2～3人にしか話を聞いていない場合もある。これだと事業仮説の根拠としては弱すぎる。

　また、顧客インタビューをする時に、誘導的な質問をしたり、アンケートをとる時も、確証バイアスを肯定するような問いの設定をしてしまう場合もある。起業家は事業にかける思いが強い傾向があるため、ファクトを歪めて自分の仮説にとって都合の良い解釈をしてしまう場合が多い。「起業家の解釈がどうであろうが、顧客には関係ない」ということだ。顧客理解を妨げるような不要な確証バイアスを払拭するために、定量データをきちんと捉えているかが重要なチェックポイントになる。

✅ **チェックポイント**

- 顧客の課題を捉える時に、定性的な情報だけでなく定量情報を捉えているか
- 外部環境や市場の変化に関する記述がある時に、ファクト情報を押さえているか

## ＞ 3 . バイアスを除いているか

　バイアスを除いていることは重要な論点だ。したがってチェックポイントとして独立した項目で設けている。起業家が陥りがちな6つのバイアスについては、第1章の23ページで再確認してほしい。

☑ **チェックポイント**

- 起業家が自らのバイアス（専門性／類似性）を取り除くことを、意識して行動できているか
- バイアスを取り除くために、常にバイアスのかからない顧客の一次情報を集めようとしているか（たとえば、ユーザーヒアリング／アンケートの項目が誘導的になっていないか）

## ＞ 4 . 思考停止「課題」への対応

　課題を深掘りできていないのは、課題の構造化の知見やノウハウがなかったり、顧客から一次情報を集めていなかったり、少し調べれば出てくるような代替案を調べきれていないケースが多い。

☑ **チェックポイント**

- 現象や状況をそのまま「課題」と捉えていないか
- 課題を深掘り／構造化しているか（表層的な課題に囚われず、根本的な原因を突き止めているか）
- 課題が因数分解できてアクションやソリューションの示唆が出ているか
- すでに誰かが解決した課題に対応しようとしていないか

## ＞ 5. 思 考 停 止 「 キ ー ワ ー ド 」 へ の 対 応

「4.思考停止『課題』への対応」とも関連するが、思考停止キーワードに囚われていないかにも注目する。DX、ウェルビーイング、Web3.0、生成AIなど、その時のトレンド／時流がある。それらのキーワードを多用して注意を引こうとするスタートアップも少なくない。実際に「ウェルビーイングをどんな意味で使っているか」と尋ねると、そこにはインサイトや独自の視点がなく、表層的に捉えて言葉を使っている場合が多い。そういったビッグワードを額面通りに捉えるのではなく、自らユニークな切り口で捉えていくインサイトが重要になる。

☑ **チェックポイント**
- キーワードに対する自らのユニークな視座やインサイトを持っているか
- ビッグワードのただ単なる羅列になっていないか
- インサイトを獲得するための、専門性を持っているか（もしくは専門性を獲得しようとしているか）

## ＞ 6. 思 考 停 止 「 ソ リ ュ ー シ ョ ン 」 へ の 対 応

「コインの裏返し」という表現があるように、表層的な現象や深掘りしていない課題に対して、対症療法的なソリューションを提供するケースには要注意だ。それを避けるために課題を構造化した上で、「何が根幹治療につながるのか」を熟考し、実ユーザーを通したソリューション検証が必要である。また、1つのソリューション仮説に固執するのではなく、幅出しをした上で、有効可能なソリューションを検証していく。

☑ **チェックポイント**
- ソリューションが「コインの裏返し」になっていないか
- ソリューションを考える過程において、様々なソリューションの幅出

しをした上で、整理／絞り込みをしているか

- ソリューションに対してユーザーのエンゲージメントが高まるかの仮説を立てた上で検証ができているか（スケールして広げる前）
- 最初からソリューションの自動化やシステム化に固執して、ユーザーとの対話が疎かになっていないか

## > 7.説明の冗長さをなくす

　優れた起業家の1つの特徴として「優れたストーリーテラー」であることが挙げられる。自社の事業の説明をする際に、冗長な場合、歯切れが悪い場合がある。その理由として、自社の事業の本質的な部分を捉えきれてなかったり、顧客の解像度が低いので臨場感や手触り感がないことがある。私は、どんなに複雑な事業でも3分で説明できないものはないと考えている（ピッチコンテストで活用されるフォーマットで3分から5分の時間で区切る場合が多いのもそのためだ）。

☑ **チェックポイント**
- 使う言葉が磨き込まれているか
- 説明の中で同じことを繰り返していないか
- 具体と抽象を行き来できているか
- 「結論」>「根拠」>「たとえば」のフォーマットで歯切れ良く話せているか
- SDS（Summery-Detail-Summery：要点・詳細・要点）で話せているか

## > 8.「Why me」の欠如への対応

「なぜ自分たちがこの事業を行うのか」を言語化できているか。特に初期の頃は、自分たちのwill（意志）や、自分たちのストーリーが事業の最大の強みの1つになる。実際にシード期のスタートアップに対して投資

家は、事業／プロダクトそのものというよりは、起業家自身を見ている場合が多い。

☑ **チェックポイント**

- なぜ自分たちがその事業をやるのか、will（意志）を言語化できているか
- なぜ自分たちがその事業をやるのか、ケイパビリティを言語化できているか

---

## ＞ 9.「Ｗｈｙ　ｎｏｗ」の欠如への対応

「なぜ今やるのか」という視点である。スタートアップが成功する最大の要因の1つはタイミングである。そのために、その市場の大きな流れやトレンドを捉える必要がある。

☑ **チェックポイント**

- 2年前でも2年後でもなく、なぜ今この事業を立ち上げるのか、を明確にしているか
- 大きな潮流であるメガトレンドを押さえ、今後、対応する市場が伸びていくという根拠を示しているか

---

## ＞ 10.二次情報の欠如への対応

「9.『Why now』の欠如への対応」と重なる部分も多いが、顧客からの生の一次情報だけでなく、インターネットの情報なども含めて、二次情報もきちんと捉えられているかが非常に重要だ。

☑ **チェックポイント**

- 関連する情報（規制動向、顧客心理の変化、技術動向、経済動向）を調べることができているか
- それらの情報のソースは確かか。情報が古くないか（5年以上経つと陳

腐化している可能性が高い）。

## ＞１１.市場規模仮説の高解像度

　市場規模仮説の高解像度とは、最初に狙うセグメントから最後にたどり着く市場を精緻に捉えることを意味する。Section5で詳しくそのフレームワークを紹介するが、TAM[2] ／ SAM[3] ／ SOM[4] の捉え方が磨き込まれているか、対応する最大市場であるTAMをベースに自分たちが対応するSAM、最初に取りにいくべきSOMを明確にできているか。Section7で紹介するロードマップのフレームワークを活用し、TAMに至るまでの道筋や勝ち筋を検討できているかが、高い解像度につながる。

### ☑ チェックポイント

- TAM ／ SAM ／ SOM の根拠が明確か
- 顧客数×顧客単価×顧客の購入頻度で捉えることができているか
- TAM ／ SAM ／ SOM を裏付けるファクトや顧客の声（どれくらいそのプロダクト／サービスにお金を払って良いか）を捉えているか

## ＞１２.初期セグメンテーションの磨き込み

　最初に狙うべき市場セグメンテーションの解像度の高さは、とても重要である。場合によってはTAM ／ SAM ／ SOMのSOMをさらに細かくセグメント分けし、最初に狙うセンターピンを明確にするのが重要だ。Section6で解説するGo-to-Marketというフレームワークを駆使することによって、解像度を高めることが可能になる。

---

2) TAM（Total Addressable Market）：ある事業が獲得できる可能性のある全体の市場規模
3) SAM（Serviceable Available Market）：ある事業が獲得しうる最大の市場規模
4) SOM（Serviceable Obtainable Market）：ある事業が実際にアプローチできる顧客の市場規模

- 最初に狙うべきセグメンテーションが明確になっているか
- そのセグメンテーションを狙うファクトや根拠が十分にあるか

---

## ＞１３.動的に事業を捉えた上での
## 競合優位性やロードマップの設定

---

12.で初期セグメンテーションの磨き込みの重要性を説いた。ただ、初期セグメントはあくまで事業全体のフックであり、その後の展開が重要である。初期セグメントを押さえた後に、どのように事業を成長させ、どうビジネスを展開していくのか、その仮説は初期フェーズであっても捉えておく。なぜなら、その仮説をベースにしてどのような人材や技術リソースを集めていくかが明確になり、資金用途の解像度が高まるからだ（資金調達を行う場合には有利になる）。

☑ **チェックポイント**

- 最初に狙うべきセグメンテーションからどのように市場を攻略するのかが明らかになっているか
- その攻略ストーリーの根拠がしっかりしているか

---

## ＞１４.分析麻痺に陥っていないか

---

「事業仮説の解像度」を高めることは重要だ。一方で、頭でっかちになって動けなくなるのは本末転倒だ。失敗やミスを恐れるあまり、分析やリサーチばかりやって、事業を進めることができないスタートアップも少なくない。「Done is better than perfect（完璧を目指すよりもまずやれ）」とFacebook（現Meta）の創業者のマーク・ザッカーバーグが言うように、無謀な行動は意味をなさないが、ある程度、解像度が高まってきたら実際にプロダクトを打ち出してみて、検証するのが非常に重要だ。第8章

のリーンキャンバスを活用した事業仮説構築などのフレームワークを用いることで、行動の質を下げることなく、行動の量を高めることができる。

☑ **チェックポイント**

- 起業家の行動量は十分か
- 顧客開発（顧客とのインタビュー、対話）を通じてインサイトを獲得し、プロダクトに反映できているか
- 完璧や網羅性を志向して、行動量が落ちていないか

## > 15. プレマチュアスケーリング（時期尚早の拡大）への対応

スタートアップが死んでしまう最も大きな要因の1つが、時期尚早の拡大（プレマチュアスケーリング）である。何度か比喩的に表現したが、うまいラーメンができる前にラーメンを売ってしまうような事態になっていないか、確認していくことが重要だ。

☑ **チェックポイント**

- トラクション／売上に対して、人件費などが増えすぎていないか
- 自社の状態を過大評価していないか
- 再現性を意識しながら事業を進めているか（顧客獲得の再現性、顧客エンゲージメントの再現性）

## > 16. 恣意的な競合優位性の記述への対応

起業家は自社の競合優位性をよく表現することがある。その際の軸の設定が、ユーザーから見た視点ではなく、自分たちが伝えたい強みやリソースのみがベースになっている場合がある。自社のリソースに強みがあるのは重要だが、競合優位性を決めるのは顧客であることを忘れては

ならない。恣意的な軸を設定してしまうと、その後の方針を決める際、頑なにそれを信じて、進んでしまう傾向があるので要注意だ。

## ＞ 17. 事業モデルとフェーズに合ったＫＰＩ設計

事業フェーズが進むにつれ、注目するKPIも変わってくる。たとえば、初期の段階において、MRR（Monthly Recurring Revenue：月次経常収益）などを測るケースがあるが、これは、ミスリードになりかねない。初期においては売上よりも、その根拠や先行要素になっている顧客満足度やNPS（Net Promoter Score：顧客ロイヤリティを測る指標）のほうが重要になってくる。

「スケールしないことをしろ」とY Combinatorの創業者であるポール・グレアムも言っている。これは、PMF手前の初期段階においては、スケール時に計測するMRRのような指標を、最初に捉えてはいけないということだ。

以上、汎用的に活用できるフレームワークである「事業の筋の良さや全体を評価するチェックリスト」の17項目を紹介した。ぜひ、このチェックリストを活用し、起業家が語る事業のプレゼンテーションを評価して欲しい。

# STEEP分析・
# トレンド分析

## 事業の未来を捉えるフレームワーク

　新たな事業をスタートするには、外部環境の変化を捉えていく必要がある。環境分析の際には、今後どう市場が成長しそうなのか、顧客心理はどう変化するのか、人口動態はどう変化するのか、テクノロジーの変遷など多様な背景がからみ合う。そして一口に変化といっても、一時的な変動なのか、2〜3年の周期で訪れるトレンドなのか、もしくは本当に中長期的なメガトレンドなのかを見極めていくことが欠かせない。「鳥の眼」の視座を獲得し、全体を見渡せるようにしたい。

　そこで必要となるのがSTEEP分析[5]とCTM分析だ。

　STEEP分析については176ページで解説する。CTMとは私が作ったフレームワークで、サイクル（Cycle）、トレンド（Trend）、メガトレンド（Mega trend）の頭文字を取っている。この2つを駆使することでマクロの解像度を格段に高めることができる。

### ＞ バックキャスティング×フォアキャスティングの
### 　 視点の重要性

　こうした未来に対する分析を行っていくことを、私は「未来志向を身につける」と表現している。STEEP分析×CTM分析のフレームワークを用いることで、現在の起点だけではなく、5年後、10年後などの未来からバックキャスティング（あるべき未来の姿から逆算して解決策を考えるこ

---

5) STEEP分析：マクロ環境を分析する方法。Society ＝社会的要因、Technology ＝技術的要因、Economics ＝経済的要因、Environment ＝環境的要因、Politics ＝政治的要因の頭文字の略。

と）ができる。

　一方で、積み上げのフォアキャスティング（データや実績に基づいて実現可能な未来に近づけること）で見ていかなければいけない点もあるので、両者の重ね合わせが重要になる。

　なぜ、フォアキャスティングとバックキャスティングを組み合わせていくことが大事かというと、どんなに流行っているプロダクトも未来永劫続くわけではないからである。

　たとえば、2023年現在、ChatGPTが流行っているが、これにより一番焦っているのはGoogleだと言われている。Googleの検索エンジンはこれまで世界最強と言われてきたが、MicrosoftがChatGPTを展開するOpen AIに出資して、Microsoftが持っている「Bing」という検索エンジンにChatGPTの機能を実装しようとしている。Bingの検索市場におけるシェアが2023年に急激に伸びてきており、もしこの勢いが続けば、検索エンジンのシェアを大きくBingに奪われてしまう可能性すらある。Googleの検索エンジンが世界最強でなくなる可能性がある。

　現時点で、いくらそのプロダクトの地位が盤石に見えていても、いつかは、陳腐化の運命にある。すべてのプロダクト／サービスにはライフサイクルがあるのだ。

　図4-03にまとめたが、たとえば、2023年現在トヨタは非常に業績が良い。ただ、2023年1月〜6月のトヨタのEV出荷台数は5万台程度である（テスラが78万台、中国のBYDが55万台と大きく差をつけられている）[6]。

　2030年に向けてガソリン車のシェアはどんどん落ちていくことは、容易に予測できる。ガソリン車だけを販売していけば、徐々に市場シェアが落ちていくだろう。このように7年後、8年後くらいの時間軸で見ると、使われているプロダクトの様相も大きく変わる。こういった変化を、「向かい風」ではなく、「追い風」にできるかどうかは、未来志向を持て

---

6）https://www3.nhk.or.jp/news/html/20230728/k10014145281000.html

図4-03 トヨタの2023年と2030年比較

### トヨタのプロダクトポートフォリオ（2023年）

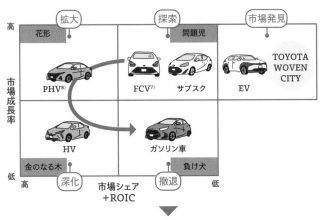

### トヨタのプロダクトポートフォリオ（2030年）予測

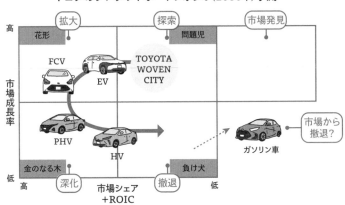

るかどうかによるところが大きい。未来に対する解像度を高めていかなければ、トレンドを掴み、企業を成長させていくことは難しい。

　自動車の例は現在進行形の例だが、すでに勝負がついてしまった例は

---

7）FCV：燃料電池自動車
8）PHV：プラグインハイブリッド自動車

枚挙にいとまがない。たとえば、ガラケーなどだ。新たなテクノロジーやイノベーションが生まれたら、市場は生まれ変わってしまう。これを前提として、いかにメガトレンドを押さえて、事業を構築していくことができるかが重要なのである。

## ＞ Product Future Market Fitを目指す

スタートアップは、今の市場に最適化するのではなく、2〜3年のスパンや5年のスパンなど少し先の市場を見据えてPMFする必要がある。未来に向けてどう最適化していくのかが重要といえる。

図4-04 Uberの2008年PitchDeck資料

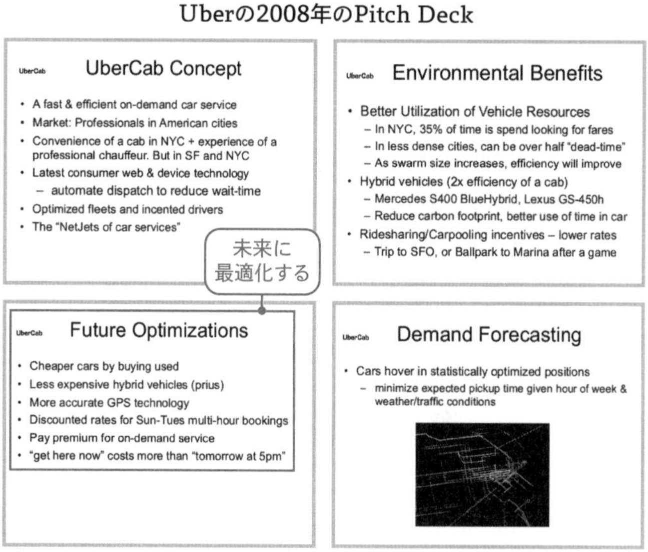

Uberの2008年のPitch Deck

UberCab Concept

- A fast & efficient on-demand car service
- Market: Professionals in American cities
- Convenience of a cab in NYC + experience of a professional chauffeur. But in SF and NYC
- Latest consumer web & device technology
  - automate dispatch to reduce wait-time
- Optimized fleets and incented drivers
- The "NetJets of car services"

未来に
最適化する

Environmental Benefits

- Better Utilization of Vehicle Resources
  - In NYC, 35% of time is spend looking for fares
  - In less dense cities, can be over half "dead-time"
  - As swarm size increases, efficiency will improve
- Hybrid vehicles (2x efficiency of a cab)
  - Mercedes S400 BlueHybrid, Lexus GS-450h
  - Reduce carbon footprint, better use of time in car
- Ridesharing/Carpooling incentives – lower rates
  - Trip to SFO, or Ballpark to Marina after a game

Future Optimizations

- Cheaper cars by buying used
- Less expensive hybrid vehicles (prius)
- More accurate GPS technology
- Discounted rates for Sun-Tues multi-hour bookings
- Pay premium for on-demand service
- "get here now" costs more than "tomorrow at 5pm"

Demand Forecasting

- Cars hover in statistically optimized positions
  - minimize expected pickup time given hour of week & weather/traffic conditions

出典：https://www.slideshare.net/kambosu/uber-pitch-deck

Uber（ウーバー）の事例を紹介しよう。Uberは2008年に創業したが、その当時は、まだスマートフォンのGPSがそこまで高性能ではなかっ

た。そのため、GPSを使って人の位置情報を特定することが困難だった。しかし、Uberは2008年のPitchDeck資料において、「今後2〜3年で出荷されるスマホのGPSはもっと進化する」と発表している（図4-04）。つまり、「我々は未来に対して最適化する」と宣言していたのだ。まさにUberは「プロダクトフューチャーマーケットフィット」の視点を持っていたといえる。

## ＞ サイクル、トレンド、メガトレンドを捉える

　PMFを達成するために、どのように未来に対する解像度を高めていくのか？　活用できるフレームワークとして、まずCTM分析を解説しよう。

　図4-05を見てほしい。縦軸に熱量（市場の熱量）と横軸に時間軸があった場合、「メガトレンド」とは、数十年単位の流れで続く傾向や指向性のことだ。中長期的に見て最も影響力がある不可逆的なトレンドのことである。たとえば、人口減少、AIの進化によるシンギュラリティ、エシカル消費、分散化社会などが該当する。

　一方で「サイクル」は、短期で上下するような流行だ。たとえば、2019年に日本でタピオカが流行った。多くのタピオカの店が街にあふれたが、ブームが収まり、店は激減した。サイクルとは1年以内に盛り上がって冷めるような流行りを意味する。一気に盛り上がるが、すぐに熱が冷めるファッションのようなイメージだ。

「トレンド」は、サイクルとメガトレンドの中間にある時間軸で起きる波だ。トレンドは3〜5年くらい続くものと考えていい。比較的長期にわたって続くが、未来永劫続くわけではない。一度、潮目が変わるとすぐに元の勢いには戻らない流れだ。たとえば、流行りのSNSやガジェット、ウクライナ戦争による経済のブロックによる影響などがそれに当たる。

最近では、環境問題（Environment）がメガトレンドの1つとして非常に大きな注目を浴びている。世界的にESGやSDGsを強く意識する必要が出てきており、事業を作っていくには必ず押さえる必要があるトレンドとなっている。たとえば、前に説明したEV化の流れとは、まさにこのメガトレンドに沿ったものだといえるだろう。

図4-05 サイクル、トレンド、メガトレンドの推移

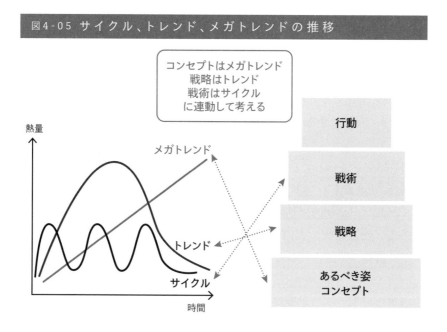

　基本はコンセプトレベルでは「メガトレンド」を押さえ考えつつ、戦略レベルでは「トレンド」に乗り、施策レベルの戦術では「サイクル」に乗ることが有効だ。

　たとえば、食品領域で事業を立ち上げるとする。その時のコンセプトとして、大きなメガトレンドを押さえ（たとえば、ビーガン専門や、代替ミートを使うなど）、次にトレンドを見て戦略を立てる（たとえば、2023年にインバウンド需要が戻ってきたので、イスラム圏の旅行者向けに、ビーガン／ハラルフードを展開する）。

また、サイクル／流行の対応として、イスラム圏の人々がよく視聴するインフルエンサーを見つけて、その人にプロモーションを依頼するなどが挙げられる。

　重要なことは、メガトレンド→トレンド→サイクルという流れで時流を捉えていくことだ。

## ＞「サイクル」や「トレンド」を 「メガトレンド」と勘違いするのは危険

　ただ単なるサイクルやトレンドを、「これが世界の不可逆的な変化＝メガトレンド」と捉える事業資料を見る時があるが、これは危険だ。確かに、1〜2年のスパンで見たら、多くの人に興味を持たせられるかもしれないが、ある一定期間を過ぎるとその勢いは減速していく。

　たとえば、昨今の韓流ドラマやK-POPブームで、それに対する需要は確かに高まっている。

　では、それに全張りして、「韓国コンテンツ専門の動画サービス」を作ったとする。その市場におけるここ3年のCAGR（Compound Annual Growth Rate：毎年の市場規模の伸び）が30%だったとして、それが未来永劫続くかは疑わしい。遅かれ早かれ勢いは減速し、毎年30%伸びる前提に合わせて投資していたら、「過剰投資」になってしまう。

　図4-06に私が考える過去から少し先の未来までを時間軸に置いたメガトレンドをまとめたので、参考にしていただきたい。

　時代が変遷していく中で注目するべきは、真ん中にあるスマイルカーブである。日本経済が強かった1960〜90年代までは、少品種大量生産×ハードウェアの時代だった。1990年代に入りパソコンやITが浸透してきてから付加価値の源泉は、製造よりもサービスや企画に移っていく。

　2000年代に入り、モバイルインターネット×クラウド×ソーシャルが

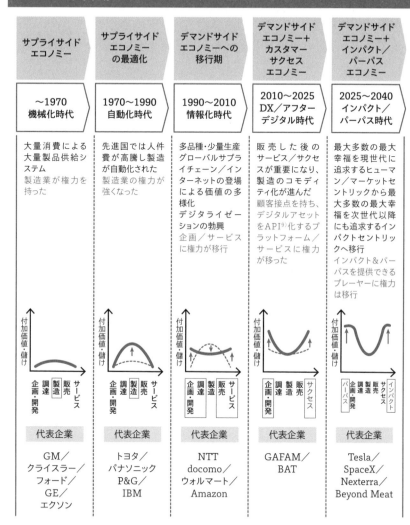

図4-06 中長期のメガトレンド

| サプライサイド<br>エコノミー | サプライサイド<br>エコノミー<br>の最適化 | デマンドサイド<br>エコノミーへの<br>移行期 | デマンドサイド<br>エコノミー＋<br>カスタマー<br>サクセス<br>エコノミー | デマンドサイド<br>エコノミー＋<br>インパクト／<br>パーパス<br>エコノミー |
|---|---|---|---|---|
| 〜1970<br>機械化時代 | 1970〜1990<br>自動化時代 | 1990〜2010<br>情報化時代 | 2010〜2025<br>DX／アフター<br>デジタル時代 | 2025〜2040<br>インパクト／<br>パーパス時代 |
| 大量消費による大量製品供給システム<br>製造業が権力を持った | 先進国では人件費が高騰し製造が自動化された<br>製造業の権力が強くなった | 多品種・少量生産<br>グローバルサプライチェーン／インターネットの登場による価値の多様化<br>デジタライゼーションの勃興<br>企画／サービスに権力が移行 | 販売した後のサービス／サクセスが重要になり、製造のコモディティ化が進んだ<br>顧客接点を持ち、デジタルアセットをAPI[9]化するプラットフォーム／サービスに権力が移った | 最大多数の最大幸福を現世代に追求するヒューマン／マーケットセントリックから最大多数の最大幸福を次世代以降にも追求するインパクトセントリックへ移行<br>インパクト＆パーパスを提供できるプレーヤーに権力は移行 |
| 代表企業 | 代表企業 | 代表企業 | 代表企業 | 代表企業 |
| GM／<br>クライスラー／<br>フォード／<br>GE／<br>エクソン | トヨタ／<br>パナソニック<br>P&G／<br>IBM | NTT<br>docomo／<br>ウォルマート／<br>Amazon | GAFAM／<br>BAT | Tesla／<br>SpaceX／<br>Nexterra／<br>Beyond Meat |

9) API：Application Programming Interface の略。ソフトウェアやプログラムの間をつなぐインターフェースのこと。

台頭してくると、付加価値は、パーソナライゼーションによる企画や
ユーザーのサクセスにシフトしてきた。今後は2030年のSDGs達成も視
野に置きつつも、インパクトやパーパスに付加価値が移っていくと予想
される。

 起業参謀の問い

- 自分たちがターゲットとしている市場／領域における、「サイ
  クル」「トレンド」「メガトレンド」の切り分けができている
  か?
- 一時的なハイプやサイクルに惑わされて事業を立ち上げようと
  していないか?
- 事業の着想が、中長期的な「メガトレンド」と同調している
  か?

PFMFを目指すための「鳥の眼」を
身につけるフレームワーク

# マクロの解像度をさらに高めるSTEEP分析×CTM分析

さらに解像度を高めるためSTEEP分析×CTM分析のフレームワークを紹介しよう。

## ＞STEEP分析

先述した通り、STEEPとはSociety＝社会的要因、Technology＝技術的要因、Economics＝経済的要因、Environment＝環境的要因、Politics＝政治的要因の頭文字を取っている。

ぜひ、3年や5年でどのようにこのSTEEPが変化するかを、一緒に考えながら読み進めていただきたい。

ポイントはCTM分析でお伝えした通り、それぞれの要因のメガトレンド、トレンド、サイクルを見極めることである。

ここでは改めて、STEEP分析の項目について一つひとつ解説をしていこう。例として、観光産業におけるSTEEP分析×CTM分析の事例を書いてみる（図4-07）。

### Society（社会）

人口動態や人の嗜好性が、今後どのように変化するかを分析する領域である。特に人口動態は、事業に大きな影響を与える。今後、日本は少子高齢化で、高齢者がどんどん増えていく。あるいは、富の二極化が進行しているため、富裕層向けの商品を作るというところにチャンスがあるかもしれない。興味深い点としては、公的なデータなどを紐解いてい

## 図4-07 STEEP分析×CTM分析

| | メガトレンド | トレンド | サイクル | 得られる示唆 |
|---|---|---|---|---|
| Society | 日本国内では、人口減少・少子高齢化や、趣味の多様化により、スノースポーツ人口が減少傾向にある | スポーツ庁では「スポーツツーリズム」の推進を図っており、「スポーツツーリズム需要拡大戦略」では、新規重点テーマの1つにスノースポーツ | コロナ禍の影響により減少した観光需要を回復させるための施策が各省庁から出されている。国土交通省では、まずは国内の観光需要から回復させていく戦略 | スノースポーツ経験者のみをターゲットとすると尻すぼみとなるため、初心者向けレッスンの充実など、新たな層を掘り起こすような施策が必要と考えられる |
| Technology | VR・AR技術による新たな体験手法、共同利用するシェアリングサービスが台頭するなど、先進技術によるサービスの創出 | デジタル化やモバイルテクノロジーの普及により、オンライン予約や情報提供の需要が増加している | GoToクーポンのアプリ化 | 技術を活用し既存サービスの顧客満足度を高められる可能性がある。逆にいえば、活用しない場合には他の観光地に遅れをとる可能性もある。先進技術をマーケティングや新たな体験サービス提供に活用することで集客可能な客層を広げられる可能性がある |
| Economics | 新興国における経済成長と中間層の増大が顕著な傾向で、長期的にはインバウンド需要は拡大 | 新型コロナウイルス関連倒産数の業種別上位は、観光業で重要な飲食店、ホテル・旅館、旅行業。コロナ禍の経済活動停滞は特に観光関連事業への影響が大きい | GoToによる観光特需の期待 | テレワークが進展すると、勤務地や居住地の制限が弱くなるため、都市部の人を、地方に呼び込みやすくなる可能性がある。当面は国内観光客をターゲットとしつつ、将来的にはインバウンドの取り込みも視野に入れておくことで持続的発展につながる |
| Environment | EVや再生エネルギーを活用した移動手段が増える | エコ意識の高まりにより、観光客が持続可能な観光に関心を持つ可能性がある | 山火事による被害でハワイ観光が減少 | 国内・近隣旅行や自然の魅力を発信することで、国内・近隣需要を獲得できる好機と考えられる。2023年の夏はハワイ観光が減ると予想され、他の場所の探索が必要 |
| Politics | 観光庁は訪日外国人旅行者数を2030年に6000万人に増加させる目標設定をし、インバウンドを積極的に誘引 | 入国制度の改革に伴い、観光客の訪日数が増加する可能性がある。環境省や長野県は、「ワーケーション」に着目した観光振興施策を打ち出す | 2023年の段階的なビザ緩和 | 特定の国をメインターゲットにするような観光戦略はリスクが高い。ターゲットを分散することが持続的な経営には必要と考えられる。国や長野県の施策動向から、国内観光需要やワーケーション需要を呼び込む取り組みが野沢温泉への集客増につながる可能性 |

Chapter4

PFMFを目指すための「鳥の眼」を身につけるフレームワーク

177

くとSociety（社会）はある程度、予測可能であるということだ。

こうした社会変化をいち早く察知して対応したのが、京都の抹茶の老舗・中村藤吉本店である。カフェブームが到来することを予測して、抹茶パフェを考案し、大流行。87％をカフェの売上が占めるようになり、総売上を10倍に伸ばした。

## Technology（技術）

最近では、ChatGPTの盛り上がりが記憶に新しいが、これからは自動運転やVR（仮想現実）・AR（拡張現実）・MR（複合現実）・SR（代替現実）といったXR（クロスリアリティ）などが勃興していく。

こうしたテクノロジーの進化の中で、どのように新たな価値を提供していくかが問われる。

たとえば自動運転の進化により、車の中で生じた可処分時間をどうするか。現段階では、その市場がぽっかり空いているので、そこに対して何かサービスを作るという発想が思い浮かぶかもしれない。テクノロジーをトレンドとして注目して、日々情報をアップデートし、そこにどんな可能性があるかを考えることで事業アイデアが生まれていく。

建設機器で知られるコマツは、インターネットの技術が発達する以前の2000年頃に、建機をネットワークシステムにつなぐことによって、顧客へ安心という価値を一層提供できるということに気づき、いち早く導入を図った。具体的には、重機などの部品が摩耗する前に、センサーで感知してアラートを立てて交換を促す仕組みである。

これにより、UX（顧客体験）を一気に高めていくことに成功した。まだIoT（モノのインターネット）という言葉もなかった時代に、今後のテクノロジーの進化に注目してうまくいった事例といえる。

テクノロジーの進化は、図4-08のようにまとめられる。現在、多様なテクノロジーが登場しているが、どの段階にあるのかということを参考までに確認しておこう。

## 図4-08 テクノロジーの進化の状況

| レベル | 基礎研究 | | 応用研究/開発 | | | 実証 | | 事業化 | |
|---|---|---|---|---|---|---|---|---|---|
| | レベル1 科学的な基本原理・現象の発見 | レベル2 応用研究／原理・現象の定式化 | レベル3 技術コンセプトの確認 | レベル4 研究室レベルでのテスト | レベル5 想定使用環境でのテスト | レベル6 実証・デモ（システムレベル） | レベル7 ベータユーザーテスト（システムレベル） | レベル8 アーリーアダプター導入 | レベル9 大量生産マスアダプション |
| ハイプサイクル相関 | イノベーション黎明期 | | | 過度な期待／幻滅期 | | | | 啓蒙期 | 安定期 |
| 課題発見 | ◎ | ○ | ○ | | | | | | |
| 基礎研究 | ◎ | ○ | ○ | ○ | | | | | |
| 事業コンセプト創造 | | ○ | ○ | ○ | ○ | ○ | ○ | | |
| 技術コンセプト検証 | | | ◎ | ◎ | ○ | ○ | | | |
| 事業モデル検証 | | ○ | ○ | ○ | ○ | | | | |
| 事業実現性検証 | | | | | | ◎ | ○ | ○ | |
| 事業プラン構築 | | | | | | | ○ | ◎ | ◎ |
| マーケティング | | | | | | | ○ | ◎ | ◎ |
| UI/UX検証 | | | | | | ◎ | | ◎ | ◎ |
| 事業アライアンス | | | | ○ | ○ | ○ | | ◎ | ◎ |
| オープンイノベーション | | ○ | ○ | ○ | ○ | ○ | ○ | | |

PFMFを目指すための「鳥の眼」を身につけるフレームワーク

また、109ページでガートナーのハイプサイクル（Gartner Hype Cycle for Emerging Technologies）を紹介した。ここでは3～5年後に起こる技術革新が示されている。

　これをベースにして、事業としてどのあたりにチャンスがありそうかをプロットしたのが図4-09だ。例として、再利用可能ロケットという着想で創業したSpaceX（スペースエックス）の事例を挙げている。SpaceXが2002年から提供するStarlink（スターリンク：高速・低遅延ブロードバンドインターネット）のユーザーが100万人を超えた2022年までをマッピングしてみた。

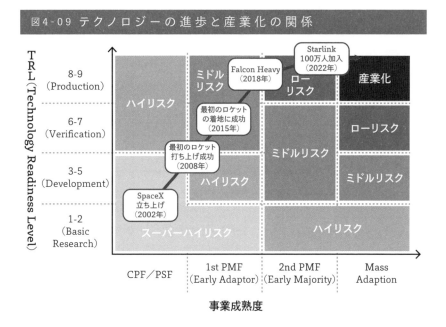

図4-09 テクノロジーの進歩と産業化の関係

　テクノロジーが他の要素と異なるポイントは、一度進化したテクノロジーは後戻りをしないということだ。一度速くなったCPUは遅くなることはないし、バッテリーの容量や太陽光発電の効率性なども、年を経るごとにどんどん向上している。一方で、社会や政治は未来に向けて

進歩しているとは言い難い場合がある（2022年のウクライナ侵攻や、ミャンマーにおける軍事政権の台頭などは、歴史の針が20世紀に戻ったような感覚を受ける）。

## Economics（経済）

　顧客を取り巻く経済状況がどう変わるかという視点である。顧客が何にお金をかけるのかは、外部環境に応じて刻一刻と変わっていく。そこに着目して、どのような価格設定をするのかは非常に重要な観点だ。

　たとえば、コロナ禍の巣ごもり消費が伸び、サブスクサービス（書籍／動画コンテンツ／オンラインサロンなど）を利用する人が増えたが、2021年初頭をピークに下がってきているのも注目だ。

　顧客の経済状況に注目してうまくいった事例を紹介しよう。メガネスーパーは老舗の眼鏡店として知られているが、一時期、JINSやZoffなどの低価格帯の企業に押されて、経営が傾いたと言われている。しかし、2016年に再び黒字に転じた。持ち直した理由としては、平均顧客単価を3万6000円と富裕層に特化した事業を展開したことが挙げられる。Economics（経済）を的確に捉えた結果と言えるだろう。

## Environment（環境）

　環境については、近年かなり注目されている。今後、環境にいいものを意識的に選んで購入する人がどんどん増えていくだろう。これからは一層、消費行動はその会社や事業に賛同しているということを意味するようになっていく。

　こうしたトレンドを捉えて、マザーハウス（「途上国から世界に通用するブランドをつくる」が理念）は「RINNE」という「輪廻転生」からネーミングしたブランドを立ち上げた。RINNEは使われなくなったレザーのカバンや生産過程で出るレザーの端材を再利用して、リメイクバッグを製作している。また、Apple（アップル）も「Environmental Progress

Report」を出しており、ここにはAppleの製品がカーボンニュートラルの目標を達成していることが記されている。

　こうした環境変化を捉えた事例を多く把握しておくことが、今後、起業参謀として新規事業の支援をする際に有効となっていくだろう。

### Politics（政治）

　PはPolitics（政治）だ。これは、規制緩和や条例変更のことを指す。法改正などで規制緩和がなされれば、規制産業は大きなチャンスを摑むこととなる。規制産業の場合は、エンドユーザーが不便を強いられることが少なくない。そこで、テクノロジーを駆使し、カスタマーファーストを実現するような企業が登場すれば、一気にオセロの四隅を取るように、市場を席巻できる。

　こうした規制緩和の波に乗った事例として、セブン銀行が挙げられる。セブン銀行は、初めてコンビニにATMを置いた銀行だ。1999年の金融ビッグバンと呼ばれる規制緩和により、銀行ライセンスが取れるようになったのを契機にシェアを伸ばした。言うまでもないが、コンビニにATMを置く利便性はユーザーに広く認められ、一気に規模を拡大した。

　STEEP分析とCTM分析を掛け合わせることで、事業の確度を正確に捉えることができる。いっときバズっているだけのものなのか、大きなメガトレンドに乗るものなのかでは大きな違いだ。

　たとえば、タピオカブームがあったが、あれを長期に続くトレンドだと思って仕掛けると痛い目にあってしまう。ファッションや飲食は、何年かに1回は流行っては廃れるというサイクルがある。このあたりを読み間違えないことが新規事業においては大切だ。

起業参謀の問い

- 自分たちがターゲットとしている市場／領域における、規制／法律の動きを押さえているか?

- 規制／法律の動きがある予兆（政府主導のワーキンググループの立ち上げなど）を押さえて、準備ができているか?

- 消費者や起業の指向性や嗜好の変化を捉えて、先回りして「刺さりそうなUX／プロダクトアイデア」を実装できているか?

- 経済の動きを読んで、然るべきターゲットセグメントのポケット（予算・可処分所得）の獲得を画策できているか?

- テクノロジーの大きな潮流を読み解いて、「ハイプ期」「幻滅期」「成熟期」を見極め、それに合わせた投資ができているか?

PFMFを目指すための「鳥の眼」を身につけるフレームワーク

# ターゲット市場の
# 魅力度検証

　前節では、市場全体を俯瞰するフレームワークを紹介した。ただし、特定領域に絞っていくためには俯瞰できる視点だけでは物足りない。本節では、より具体的に、ターゲットとする市場を多角的に検証するフレームワークを紹介したい。

　スタートアップの事業資料では、対応しようとしている市場の「現在の市場規模」と「市場の伸び率」について触れられているケースが多いが、それだけでは、市場全体の魅力を捉えているとは言い難い。バリューチェーン全体を見渡した視点で、魅力度を評価するフレームワークを紹介する。

　186ページ図4-10の通り、ターゲット市場の評価を11軸に分けて勘案する「市場評価のフレームワーク」をお伝えする。

　左側の列から順に見ていくと、「現在の市場規模」と「今後の3〜5年の市場成長の見立て（CAGR：年平均成長率）」が並ぶ。これらが重要であることはわかりやすいだろう。続いて、「変化するテクノロジープラットフォームとの親和性」が続く。

　たとえば、メルカリがユニコーンになり、上場時に7000億円[10]という時価総額がついたのは、テクノロジーがPCからスマホにシフトしたことによる市場の高揚の要因が大きかった。図4-10の評価軸の左から4番目「変化する外部環境との親和性（テクノロジー以外）」においては、コロナ禍でBASEという誰でもeコマースを始められるサービスが伸びたが、これも外部環境の変化に合わせた事例であった。

---

10）https://www.ipokiso.com/column/mercari_ipo.html

そして、「支配的なプレーヤーの存在感の低さ」「現状の顧客が活用している代替案の未充足度」「サプライサイドのリソースの分散度」「顧客側がサプライヤーを探索する難易度／コスト」「知識ギャップ（顧客の非本業度）」が続き、「業界の不透明さ」がある。

リクルートが展開するカーセンサーやゼクシィは、中古車や結婚式場を探すことができるサービスだが、これなどは「知識ギャップ」という情報の非対称性があるから成り立つ事業モデルである。初めて購入／利用する人にはよくわからないので、仲介プラットフォームやメディアとして価値を提供することができる。

さらに、「サプライサイドのローカル度」という項目が続く（これも後ほど、解説する）。

このフレームワークで総合的に評価した上で、その市場が実際にどれぐらいの魅力があるのかを定量化、言語化していく。これこそが、起業参謀が提供すべき「鳥の眼」である。

以降では、図4-10のそれぞれの評価軸の項目について、詳細にお伝えをしていく。

## ＞ 1.現在の市場規模

現在の市場規模が大きいほど魅力的な市場になる。詳しくは後述するTAM ／ SAM ／ SOMでも解説するが、「市場規模」といった時に、顧客の数×顧客1人当たりの単価だけではなく、「利用頻度」も重要な変数となる（利用頻度が今後高まるかどうかが、市場の潜在的な大きさを決めていく）。

つまり、

〈市場のサイズ＝顧客1人当たり1回利用当たりの売上 × 顧客数 × 利用頻度〉

という公式が成り立つ。

たとえば、Uberは大きく成長したスタートアップだが、もともとは

リムジンバスやリムジンドライブのイメージが強い事業ドメインで始まった。アメリカではリムジンは、パーティーの際やお金持ちしか活用しないので、「市場は小さいのではないか」と見立てられていた。しかし、蓋を開けてみると、Uberは人の移動手段（モビリティサービス）として、広いターゲットに向けたモデルになった。アメリカの人口は3億3000万人程度だが、その大多数が毎日のように移動をする。そしてその

## 図4-10 市場評価のフレームワーク

| 評価軸 | 現在の市場規模 | 今後3~5年の市場成長の見立て | 変化するテクノロジープラットフォームとの親和性 | 変化する外部環境との親和性（テクノロジー以外） | 支配的なプレーヤーの存在感の低さ |
|---|---|---|---|---|---|
| 説明 | 市場規模が大きいほうが魅力的（市場規模が大きすぎるとすでに競合がいる可能性が高い） | 今後市場が伸びるほうが魅力的（規制緩和や行動変容など） | スマホシフトや仮想シフトなど新たなテクノロジーとの親和性 | 人口動態 / 規制緩和 / 社会情勢の変化との親和性 | 支配的なプレーヤーがいると市場の魅力は減る |
| 重要性 | ◎ | ◎ | | | |
| 高評価（魅力が高い）5 | 1000億超 | 10倍超 CAGR 60%超 | 80%超がシフト | 外部環境変化と親和性非常に高い | 支配的なプレーヤーなし |
| 4 | 500億~1000億 | 5~10倍 CAGR 40-60% | 50-80%がシフト | 外部環境変化と親和性高い | 10社以上がひしめきあっている |
| 3 | 300億~500億 | 3~5倍 CAGR 25-40% | 30-50%がシフト | 外部環境変化と親和性ある程度ある | 5~10社がシェア争い |
| 2 | 100億~300億 | 2~3倍 CAGR 15-25% | 15-30%がシフト | 外部環境変化と親和性あまりない | 2~3社で寡占 |
| 低評価（魅力が低い）1 | 100億未満 | 2倍以下 CAGR 15%未満 | 15%未満がシフト | 外部環境変化と親和性ない | 1社が独占 |

ほとんどが車移動だ。1日10回ほど移動する人も少なくない。Uberはそうした人々に向けて、パーキングが見つからなかったり、スピーディに移動できなかったりする「移動の不」を解消するサービスになった。

　結果として、非常に大きな市場に対応することになった。ただ、Uberがローンチした時には、誰もそんな市場には注目していなかった。このように市場の捉え方（ターゲットとなるドメインの再定義）の独自性に

| 現状の顧客が活用している代替案の未充足度 | サプライサイドのリソースの分散度 | 顧客側がサプライヤーを探索する難易度/コスト | 知識ギャップ（顧客の非本業度） | 業界の不透明さ | サプライサイドのローカル度 |
|---|---|---|---|---|---|
| 現状の顧客が活用している代替案の未充足度が高いと新ソリューションに対するニーズが高くなる | サプライサイドのリソースが分散しているほうがエージェント（仲介）ニーズが高くなる | 顧客の探索コストが高いほうが仲介の価値が高まる | 顧客が持っている知識が低いとニーズが高まる | 業界の不透明さ（怪しさ、胡散臭さ）が高いと公平第三者の存在価値が高まる | サプライヤーのローカル度が高いほどローカルで完結してしまうのでプラットフォームの価値が高まる |
| ◎ | | | | | |
| 代替案の未充足が非常に大きい | 完全分散している | 顧客の探索コストが非常に高い（自分で見つけるのは不可能） | 顧客が持っている知識はほとんどない（完全に非本業） | 業界は全く不透明 | 調達はかなり狭いエリアに絞られる |
| 代替案が未充足 | 分散している多少力を持つプレーヤーがいる | スキルやコネがあれば見つけられる | 顧客が持っている知識は乏しい（非本業） | 業界は不透明 | 調達は狭いエリアから絞られる |
| 代替案が何とか使える | 数社強いサプライヤーがいる | ある程度の時間とコストで見つけられる | 顧客はある程度知識を持っている（多少の本業） | 業界はある程度透明 | 調達はある程度広いエリアから行われる |
| 代替案で十分 | 数社が寡占している | 比較的見つけるのは容易 | 顧客は知識を持っている（本業） | 業界はかなり透明 | 調達は広いエリアから行われる |
| 代替案で満たされている | 2〜3社が寡占/独占している | 見つけるのは容易 | 顧客は十分な知識を持っている（メイン本業） | 業界は非常に透明 | 調達はあらゆる場所から行われる |

も大きな勝ち筋への要素が宿っているのだ。

## ＞ 2. 今 後 の 市 場 成 長 率 (今後３〜５年の市場成長の見立て)

### 「未来に生き、欠けているものを作れ」

——— ポール・ブッフハイト　Gmailの開発者

出典：https://www.ycombinator.com/library/8z-how-to-get-startup-ideas

　今後の市場成長率を考えることは、非常に重要な視点だ。現状の市場規模は小さいかもしれないが、今後伸びる市場に目をつけることだ。これは何度か解説しているようにPFMF（プロダクトフューチャーマーケットフィット）という、今の市場ではなく、今後伸びていく市場に対して最適化していく視点である。

　たとえば、現在はXR[11]やSpatial Computing[12]や自動運転が注目されている。それぞれ、2030年頃に非常に市場が大きくなると期待されている。さらに新しい技術であるために、現状、支配的なプレーヤーがいない市場でもある（MetaのMetaQuestがVRヘッドセット市場のシェアを握っているが、まだ支配的とは言い難い）。今のところ、市場はそこまで大きくないが、これから伸びてくると見込める。

　起業参謀としては、どのあたりの市場が今後伸びるのかという目利きができ、示唆が出せることは非常に大事な能力である。そのためには前節で解説したSTEEP分析が役立つ。

　たとえば、私は現在MaaS（マース：Mobility as a Service）というあらゆる公共交通機関をITを用いて結びつけて移動の効率化を図る事業の支援をしている。このMaaSは、2030年に現在の市場規模の10倍になると言われ

---

11）XR：Extended Reality／Cross Reality の略で、現実の物理空間と仮想空間を融合させて、現実では知覚できない新たな体験を創造する技術
12）Spatial Computing：スペーシャル・コンピューティング＝空間コンピューティング。機械、人、モノの動きと、その環境をデジタル化し、様々な作用と相互作用を実現して最適化する技術

ている（図4-11）。いろいろな統計資料に裏打ちされているが、少なくとも非常に大きな規模になることは確実だ。現在は黎明期でまだまだ小さいが、今後伸びていく市場を見越して賭けていくような発想が大事である。

## 図4-11 ＭａａＳの市場予測（国内）

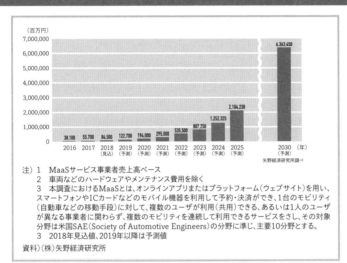

注）1　MaaSサービス事業者売上高ベース
　　2　車両などのハードウェアやメンテナンス費用を除く
　　3　本調査におけるMaaSとは、オンラインアプリまたはプラットフォーム（ウェブサイト）を用い、スマートフォンやICカードなどのモバイル機器を利用して予約・決済ができ、1台のモビリティ（自動車などの移動手段）に対して、複数のユーザが利用（共用）できる、あるいは1人のユーザが異なる事業者に関わらず、複数のモビリティを連続して利用できるサービスをさし、その対象分野は米国SAE（Society of Automotive Engineers）の分野に準じ、主要10分野とする。
　　3　2018年見込値、2019年以降は予測値
資料）（株）矢野経済研究所

**MaaSは2030年には10倍以上になる**

出典：https://www.mlit.go.jp/hakusyo/mlit/r01/hakusho/r02/html/n1213000.html

## ＞3.変化するテクノロジープラットフォームとの親和性

　2000年代の後半から2010年代の前半にかけて、ガラケーからスマホに多くの利用者が移行していき、新しいテクノロジープラットフォームが席巻し市場が大きく動いた。

「ガラケー」→「スマホ」、「FAX」→「e-mail」のようにテクノロジープラットフォームが変化すると、これまでの競争環境がゼロベースでリセットされる、いわゆる「ガラガラポン」が起きる。STEEP分析のTechnologyのところで解説したが、3〜5年の時間軸で、どのテクノロ

ジーが今後成熟期に入っていくのかを見立てて、その前から準備をしておくことが大事だ。

　先述したメルカリはこれに上手に乗った企業だ。メルカリ登場以前から、フリマサイトとして「ヤフオク!」というサービスがあったが、こちらはパソコンに最適化されたサービスだった。図4-12に、メルカリとヤフオク!の比較を整理したが、パソコンのデスクトップでは、その場で写真が撮れないなどの使いにくさがある。メルカリの勝因は、スマホに最適化させたことである。簡単に写真をスマホで撮って、すぐに出品できる。この最適化によって、メルカリが一気に市場を席巻した。

### 図4-12 「ヤフオク!」と「メルカリ」の比較

| | ヤフオク! | メルカリ |
|---|---|---|
| サービス内容 | オークション<br>2017年に「フリマ出品」を追加 | フリマ |
| ターゲット | 性別問わず幅広い年齢層 | 女性中心<br>現在は幅広い層に拡大 |
| 出品手数料 | 月額498円<br>2018年に無料化 | 無料 |
| 成約手数料 | 落札価格の8.8%<br>(Yahoo!プレミアム会員8%、<br>Yahoo!プレミアム会員登録なし10%) | 落札価格<br>の10% |
| 使用デバイス | PC中心 | スマホ中心 |
| 出品者 | 個人、販売業者 | 個人<br>2021年10月スタートのメルカリShops<br>では業者が出品 |
| 価格決定 | 落札者が最終決定 | 売り手が決定 |
| 特徴 | 競わせることで高く売れる | 誰でも手軽に売買できる |

> メルカリはスマホシフトに乗っかり勝ち切った

※2023年10月現在

『ネットワーク・エフェクト』(アンドリュー・チェン著、大熊希美訳、日経BP)には、「テクノロジープラットフォームがシフトした時は、全てのスタートアップが『コールドスタート問題』からやり直さなければならない」と解説している。コールドスタート問題について、詳しくは第6

章の「ネットワーク効果」のところで説明するが、いわゆる「ニワトリとタマゴのジレンマ」に陥り、初期段階におけるプロダクトの利用が増えず、成長が滞ってしまうという課題がある。

　一方で、先に一定の閾値（いきち）を超えたプレーヤーはポジティブなネットワーク効果が働き出すので、市場を席巻するチャンスを摑める。

　現在、この本を書いているのは2023年10月だが、Appleが2023年6月に発表したApple Vision Pro（複合現実ヘッドセット型PC）は、もしかしたら、iPhone並みの変化を今後10年くらいでもたらすのでは、と考えている。空間コンピューティング（Spatial Computing）という新しいコンセプトで、これまでとは異なる没入感とUXを提供している。Apple Vision Proは、ユーザーのメタバースシフト（空間コンピューティングシフト）を加速させる試金石になるかもしれない。まだ、現時点では、開発キットも提供されていないし、発売される2024年から数十万台単位で出荷される予定だ（iPhoneは2億台出荷[13]されているので、それに比べたら非常に少ない）。いずれにしろ、このデバイスが起爆剤となり、新たな市場が生まれることを期待している。

　国内に目を向けてみると2022年に上場したANYCOLORというスタートアップは、VTuber向けのプラットフォームを提供し大きく伸びている。ちなみに、2017年に立ち上げた時点では、VTuberというのは全く市民権を得ていなかった（2016年にキズナアイが登場して、その黎明期が始まったタイミングだった）。

　2010年代後半にかけて、仮想化技術が勃興し、またそれを支えるテクノロジーが広がり、VTuberの市場は一気に拡大した。これによりANYCOLORの売上も加速度的に伸びた。ただこういった大局的な変化は創業当初からの見立てだったのだろう（図4-13）。

　1つ、追記しておくと、108ページで紹介した「Gartner Hype Cycle

13）出典：https://www.idc.com/getdoc.jsp?containerId=prUS50146623

for Emerging Technologies」（ガートナーのハイプサイクル）では、いわゆる過剰な過熱期があり、その後落ちこむ幻滅期があり、また揺り戻すサイクルが示されている。大切なことは過熱期のいわゆる「バブル」に踊らされずに、また幻滅期で失望せずに、様々な事例の出現を追いかけることによって、上手に「2回目の波」に乗っていくということである。「変化するテクノロジープラットフォームとの親和性」の読みが難しい点は、時代にぴったりハマるものばかりではなく「早すぎる」というケースがあることだ。

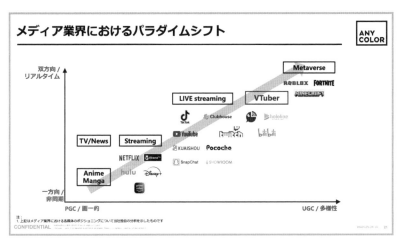

図4-13 テクノロジーの変化で起こる
メディア業界のパラダイムシフト

テクノロジーと新しい消費文化がもたらすメディアのパラダイムシフト

出典：ANYCOLOR 2023年4月期第1四半期決算説明資料より

　たとえば、没入感の高いメタバース（仮想空間）を提供する「Second Life」が登場したのは2003年だった。まだまだ3Gでネットワークが弱かったため、画期的な事業であったものの広がることはなかった[14]。現在メタバースが盛り上がっているタイミングなので、今であれば人気を

博したかもしれない。このようにテクノロジーの変化を読み解くことは難しさもあるが、非常に面白く、重要なポイントだと言える。

## ＞4.変化する外部環境との親和性
（テクノロジー以外の要因）

テクノロジーの変化以外にも、嗜好の変化、人口動態、規制緩和／規制強化などの変化によって市場は大きく動いていく。コロナ禍でBASEという誰でも簡単にeコマースが作れるプラットフォームが非常に伸びた。つまり、新型コロナウイルス感染症の蔓延により、店舗に人が行かなくなり、すべての商品が一気にeコマース化しなければならない状況が生まれて、あらゆる店がBASEを一気に活用し始めたのだ。

繰り返すが、目の前に広がっている変化がメガトレンド（大局的な変化）か、トレンド（3〜5年でアップダウンするブーム）か、サイクル（短期間の流行）かを見極める必要がある。

メガトレンドとしては、小売のEC化は進んでいた。ただ、コロナ禍でのような急成長が持続することは考えにくい。つまり、BASEの2020年上半期の急激な成長はメガトレンドに加えて、一時的なトレンドであるコロナ特需が加わったものと見ることができる。ただ気をつけないといけないのは、トレンドやサイクルの波に乗じすぎてしまうと、幻滅期やブームが去った時に、一気に、ハイプ期に投資したものが過剰になり「負債化」してしまうリスクがあるということだ。

図4-14の通り、実際にBASEはコロナ禍で一気に伸びたが、その後は緩やかな上昇傾向となっている。2020〜2022年を振り返っても、コロナ禍による特需が起きていたという分析ができる。こうした変化をきちんと捉えていくことが重要である。

---

14）Second life には20万人のアクティブユーザーがいるので、そこまで衰退したわけではない。
https://www.soumu.go.jp/johotsusintokei/whitepaper/ja/r05/image/nb100001.png

PFMFを目指すための「鳥の眼」を身につけるフレームワーク

図4-14 BASEの成長（コロナ禍とアフターコロナ）

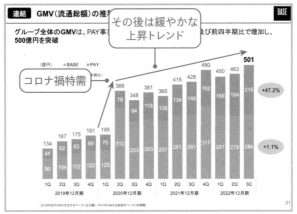

ただしコロナ禍によるブームは落ち着き
売上の伸びは鈍化した

出典：BASE株式会社2022年12月期第三四半期決算説明会資料より

## ＞5.支配的なプレーヤーの存在
### （支配的なプレーヤーの存在感の低さ）

　その市場に支配的なプレーヤーがいるかどうかは、その市場の魅力度を決める重要なポイントである。当然ながら、支配的なプレーヤーの存在は参入障壁になるからだ。第6章で解説するネットワーク効果が利いてくるようなビジネスモデルなら、支配的なプレーヤーはすでに、市場を「面」で押さえている可能性が高く、参入は難しくなる。たとえば、今から、中古車販売のマーケットプレイスを始めようとしても、カーセンサーやグーネットなどが多くの出品者や、カーディーラーを押さえており、ユーザーの第一想起も取られてしまっている。結果、参入するのは厳しい市場だろう。

　とはいえ、たとえ支配的なプレーヤーがいたとしてもチャンスがないわ

けではない。前述のメルカリvs.ヤフオク！のケースのように、新しいプラットフォーム上でのUXが良くなかった場合には、入り込むチャンスがある。

　また、支配的なプレーヤーの影響で、寡占市場となり、値段／手数料が不用意に高かったり、進化が止まっていたりするケースもある。その場合にも、入り込み、新たな価値を提供して一気に市場を独占できる可能性もある。たとえば、車などモビリティを所有できないため仕事に就けない世界の低所得層14億人を対象にフィンテックサービスをグローバルに提供するGlobal Mobility Service（GMS）という日本のスタートアップがある。この市場には、UberやGrabがすでに入り込んでいたが、同社は既存のプレーヤーよりも安い手数料を提供することで、結果として利用者（ドライバー）の還元率を高め市場シェアを獲得した。

　先ほど、セブン銀行の例を紹介したが、2010年代半ばには、様々なフィンテック企業が登場した。それまでは銀行が規制に守られており、さらにUXは非常に悪かった。当然、既存の銀行は、多くの顧客を抱えていたが、スマホやデジタルを活用したUXを提供するフィンテックスタートアップが市場に参入し、業界を活性化したのだ。

　たとえば、マネーフォワードは、銀行の資産管理サービスのUXが非常に悪かったところに便利な家計簿アプリを提供することで、サービスを一気に伸ばした好例だろう。

　目の前にいる支配的なプレーヤーは確かに屈強かもしれない。しかし、このプレーヤーは現在の市場に最適化しているため、未来においては顧客ニーズとのズレが生じるかもしれない。こうしたところにチャンスの芽はあるといえる。

---

> ６.代替案の未充足度

（現状の顧客が活用している代替案の未充足度）

---

　あらゆる課題には、ソリューションや代替案が存在する。ただし、そ

のソリューションや代替案に対するユーザーの充足度や有効性には濃淡がある。未充足度が高い場合は、顧客に圧倒的に高いUXや価値を提供できれば、そのソリューションに乗り換える可能性が高い。

　また、「痛み」といえるほどの課題は顕在化して代替案がたくさん出ているが、ちょっとした「痒み」はまだニーズとして顕在化しておらず市場として未充足の場合もある。そこにも大きなビジネスチャンスが存在する。

　たとえば、2013年に創業したシェアリングエコノミーを進めるスペイシーというスタートアップがある。同社は、余っているオフィススペースをシェアするサービスを展開している。こういったサービスが出る前は、会議室を探すのにとても手間がかかった。貸し会議室のホームページは確かにあったが、点在しており、片っ端から調べて値段を比較したり、電話やメールを送って予約を取る必要があった。見つけることはできるものの、非常に未充足が大きかった。その不に対して、スペイシーは会議室の確保の面倒臭さという未充足の部分を解決したのだ。

## ＞ 7.サプライサイドのリソースの分散度

　サプライサイド（役務を提供する側）のリソースが分散していると、探索や比較するコストが高くなる。それを集約して提供することで価値を高めることができる。メルカリやクラウドワークス、先ほど紹介したスペイシーもそうだが、これらは分散しているリソースをプラットフォームに集約し、利便性を高めたサービスである（メルカリの場合は中古品、クラウドワークスの場合はスキルを持っているフリーランサー、スペイシーの場合はオフィススペース）。

　たとえば、データ入力やホームページデザインなどフリーランスの働き手を探す時に自ら探すのは非常に面倒だ。国内には約300万〜400万人のフリーランサーの方がいるが、最適なスキルを持った個人を適正な単価で見つけることは困難である。また、SNSで「こんな仕事を探して

います」と投稿があっても、果たして、その人がきちんと仕事をしてくれるのかはわからない。まさにサプライサイド（供給者）のリソースが分散している事例だろう。

　そこでクラウドワークスやランサーズは、それこそ何十万人というフリーランサーを集約するだけでなく、過去に行った成果物に対する評価がなされており、依頼する際に参考にすることができる。分散していた個人の働き手はクラウドワークスやランサーズの登場によって、集約されて、探すのが簡単になった。

　これからも、いろいろなテクノロジーの変化や外部環境の変化によって、サプライサイドのリソースが分散化し、非効率化することも起きる。

　たとえば、生成AIが席巻した2022年末に、ChatGPTやMidjourney（ミッドジャーニー：テキストの説明文から画像を作成する人工知能プログラム）などで活用できるプロンプト（文章や画像を生成する際にAIに指示する言葉）を集めたサービスPromptBase（プロンプトを売買できるマーケットプレイス）が流行した。

> ## 8. 顧客の探索コスト
（顧客側がサプライヤーを探索する難易度／コスト）

　顧客のサービス／プロダクト／サプライヤーの探索コストが高いと、仲介者（プラットフォーマー）としての価値が高まる。たとえば、リクルートの事業であるゼクシィは、結婚式という一生に経験する回数が限られているイベントを行う時、探すのが難しい結婚式場やハウスウェディングを仲介するプラットフォームだ。中古車販売のカーセンサーも同様のビジネスモデルといえる。顧客の探索コストが高いが、「絶対に失敗したくないもの」を扱うことで、そのプラットフォームの価値が高まった事例である。

　顧客とサプライヤーの情報の非対称性が高いと、その情報を集約したエージェント／プラットフォームは、価値を提供できる。「フランチャ

イズ比較ネット」というサービスがあるが、脱サラしてフランチャイズを初めて探すような方は、フランチャイズについて何も知らない方がほとんどだろう。そのため、これまでは比較のしようもなかったが、「フランチャイズ比較ネット」は予算や自分のライフスタイルとのマッチング、どんな顧客がいるかなどを集約した。

このように、情報の非対称性が高く、顧客の探索コストが高止まりしている市場には、ビジネスチャンスがある。

## ＞ 9.知識ギャップ

顧客側と供給側の知識ギャップが高いほうが、仲介者としての価値が高まる。「レモン市場」という言葉を聞いたことはあるだろうか。レモンは切ってみないと腐っているかどうかわからないということから、顧客との知識ギャップが生まれる市場のことを指す言葉である。こうした知識ギャップが生まれている市場には可能性がある。

たとえば、中古車などもそうである。「エンジンが実は経年劣化していて1ヶ月乗ると故障する状態だった」といったことは、実際に乗ってみないとわからない。供給者側と需要者側の知識にギャップがあるところに仲介が入ることで、レビューや情報でそのギャップを埋め、価値を高めている（たとえば、買い手を惑わすような情報を掲載している出品者に、ペナルティが科せられるなど）。

弁護士ドットコムも知識ギャップを埋める事業で成長したサービスである。ほとんどの方は、普段生活をしている中で弁護士との接点はないだろう。弁護士としてはよく扱う離婚問題や債権未回収問題、相続問題なども、一般の方にとっては一生に1回関わることがあるかどうか。つまり、顧客には知識がない状態（非日常／非本業）である。そこに対してどんな弁護士がいるのかを記事で紹介することによって、知識ギャップを埋めて、価値を生んでいった。

新しい市場が生まれると、そこに知識ギャップが生まれる。たとえば、BeAというスタートアップは、コロナ禍になり、ワーケーションや地方に移住者が増えたことに目をつけ、移住先のマッチングプラットフォーム「たびすむ」を作成した。地方移住を考えた際には、各自治体のホームページで移住情報を調べたりするのに手間がかかるし、知識ギャップも高かった。

## > 10. 業界の不透明さ

第三者（業界以外の人）から見た時に業界が不透明ならば、その分、仲介プラットフォームとしての価値は高まっていく。表面的に見るとうかがい知ることができない業界も、情報を集約することで理解しやすくなり価値が高まる。

たとえば、クラッソーネというスタートアップでは、解体業者を集約して一斉見積もりを出せるプラットフォームを展開している。一般的に解体業者と接点がある方はそう多くはないと思うが、実のところ解体業の市場はとても大きい。当然、建物は、建てて人が住んだりテナントが入ったりして、最終的には解体される。そういう意味で、動脈に対する静脈のように、解体業もずっと存在し続ける業界である。しかし、不透明な業界であり、なんとなく「怖い」というイメージがあり、とっつきにくかった。こうした状況に対して、クラッソーネは簡単に解体の見積もりが取れるサービスを提供したのだ。

## > 11. サプライサイドのローカル度

供給側が提供しているサービスが物理的に限られていたり、あるプラットフォームに限られており、他のプラットフォームとの互換性がない場合などは、市場が非効率な状態なのでビジネスチャンスがある。た

とえば、SUUMO（スーモ）やLIFULL HOME'S（ライフルホームズ）などの賃貸検索ができるポータルサイトが世の中に登場する前は、引っ越しを考えている人たちは、その街に行き、不動産業者を一軒一軒回る必要があったのだ。それぞれの街で売買の仲介をしている不動産業者の守備範囲は、それぞれの街の範囲でしかなかったので、非常に非効率だった。このように、物理的な場所の制約があり、分散を余儀なくされてい

## 図4-15 Memoriaの対応する市場

| 評価軸 | 現在の市場規模 | 今後3~5年の市場成長の見立て | 変化するテクノロジープラットフォームとの親和性 | 変化する外部環境との親和性（テクノロジー以外） | 支配的なプレーヤーの存在感の低さ |
|---|---|---|---|---|---|
| 説明 | 市場規模が大きいほうが魅力的（市場規模が大きすぎるとすでに競合がいる可能性が高い） | 今後市場が伸びるほうが魅力的（規制緩和や行動変容など） | スマホシフトや仮想シフトなど新たなテクノロジーとの親和性 | 人口動態 / 規制緩和 / 社会情勢の変化との親和性 | 支配的なプレーヤーがいると市場の魅力は減る |
| 重要性 | ◎ | ◎ | | | |
| 高評価（魅力が高い）5 | 1000億超 | 10倍超 CAGR 60%超 | 80%超がシフト | 外部環境変化と親和性非常に高い | 支配的なプレーヤーなし |
| 4 | 500億~1000億 | 5-10倍 CAGR 40-60% | 50-80%がシフト | 外部環境変化と親和性高い | 10社以上がひしめきあっている |
| 3 | 300億~500億 | 3-5倍 CAGR 25-40% | 30-50%がシフト | 外部環境変化と親和性ある程度ある | 5~10社がシェア争い |
| 2 | 100億~300億 | 2-3倍 CAGR 15-25% | 15-30%がシフト | 外部環境変化と親和性あまりない | 2~3社で寡占 |
| 低評価（魅力が低い）1 | 100億未満 | 2倍以下 CAGR 15%未満 | 15%未満がシフト | 外部環境変化と親和性ない | 1社が独占 |

る市場を見つけることも大きなビジネスチャンスにつながる。

## ＞ 誰も見つけていない魅力的な市場を見つけよ

　未来に対する感度を高め、今後5年、10年でどう世界が変わっていくかを予測していくことである。たとえば、メタバース上の恋愛プラット

| 現状の顧客が活用している代替案の未充足度 | サプライサイドのリソースの分散度 | 顧客側がサプライヤーを探索する難易度/コスト | 知識ギャップ（顧客の非本業度） | 業界の不透明さ | サプライサイドのローカル度 |
|---|---|---|---|---|---|
| 現状の顧客が活用している代替案の未充足度が高いと新ソリューションに対するニーズが高くなる | サプライサイドのリソースが分散しているほうがエージェント（仲介）ニーズが高くなる | 顧客の探索コストが高いほうが仲介の価値が高まる | 顧客が持っている知識が低いとニーズが高まる | 業界の不透明さ（怪しさ、胡散臭さ）が高いと公平な第三者の存在価値が高まる | サプライヤーのローカル度が高いほどローカルで完結してしまうのでプラットフォームの価値が高まる |
| ◎ | | | | | |
| 代替案の未充足度が非常に大きい | 完全分散している | 顧客の探索コストが非常に高い（自分で見つけるのは不可能） | 顧客が持っている知識はほとんどない（完全に非本業） | 業界は全く不透明 | 調達はかなり狭いエリアに絞られる |
| 代替案が未充足 | 分散している多少力を持つプレーヤーがいる | スキルやコネがあれば見つけられる | 顧客が持っている知識は乏しい（非本業） | 業界は不透明 | 調達は狭いエリアに絞られる |
| 代替案が何とか使える | 数社強いサプライヤーがいる | ある程度の時間とコストで見つけられる | 顧客はある程度知識を持っている（多少の本業） | 業界はある程度透明 | 調達はある程度広いエリアから行われる |
| 代替案で十分 | 数社が寡占している | 比較的見つけるのは容易 | 顧客は知識を持っている（本業） | 業界はかなり透明 | 調達は広いエリアから行われる |
| 代替案で満たされている | 2〜3社が寡占/独占している | 見つけるのは容易 | 顧客は十分な知識を持っている（メイン本業） | 業界は非常に透明 | 調達はあらゆる場所から行われる |

フォームとして登場したMemoria（メモリア）は、少し前には想像もできなかった事業だろう。それが今や1億円を調達するまでに成長している[15]。

　今後メタバースの市場はどんどん拡大していくだろう。その際に、おそらく「どういう人と出会っていいのかわからない」「IDが共通化されていないので使いにくい」といった課題が浮上する。また、当然リソースも分散化しているため、「選び方がわからない」という問題も出てくるだろう。これから規模が大きくなるものの、市場として未熟なため、こうしたマッチングを提供する新規事業は高い可能性を持っているように思う。「市場評価のフレームワーク」に沿って、プロットしてみると図4-15の青い部分のようになる。

　一方で、市場を鑑みた時に、あまり魅力的ではないと思うケースもある。たとえば、テニスコートのシェアサービスだ。よく考えつくモデルではあるが、大きくなるかというと、微妙なところである。なぜならば、テニス人口が減っており、それに付随してテニスコートも増えてはいないだろうからだ。定期的にテニススクールに通っている人以外の一般の方が年間に何回テニスをやるのかと考えると、そこまで需要はないだろうという予想がつく。そのため、市場規模はあまり大きくないだろうし、伸びていないのではないかと見越すことができる。

　ただ、現段階で支配的なプレーヤーがおらず、空きテニスコートを探すのが大変であるという未充足はある。今後テニスが急に流行りだすという可能性もゼロではない。その可能性に賭けてみるという判断も否定はできない。

　以上の通り、単に市場規模や市場の伸びだけでなく、広い視点で、まさに「鳥の眼」を持って市場を評価していくことが求められるのだ。

---

15）https://prtimes.jp/main/html/rd/p/000000010.000053336.html

起業参謀の問い

- 現状、狙おうとしている市場の魅力の評価を広い視点でできているか?
- 現在の市場規模はどの程度か?
- 今後の3〜5年でターゲットにしている市場はどの程度伸びそうか?（その根拠はあるか？ リサーチはしたか?）
- 変化するテクノロジーやテクノロジープラットフォームとの親和性はあるか?
- 変化する外部環境との親和性があるか?
- 現状において支配的なプレーヤーはいるか?（マーケットシェアを持っているプレーヤーの支配力はどの程度か？ シェアを奪いにくる新規参入に対してどの程度圧力をかけてくるか?）
- 現状、活用されている代替案の未充足度はどの程度か?
- 役務提供するサプライサイドのリソースはどの程度分散しているか?（リソースの難易度はどの程度か？）
- サプライサイドと顧客の間にある知識ギャップはどの程度か?
- 業界の不透明さはどの程度か?
- サプライサイドのローカル度はどの程度か？ 地理的な意味のローカル度／プラットフォームのローカル度はどの程度か?（プラットフォームのローカル度とは、プラットフォーム間に互換性があるかどうかによって決まる）

# TAM、SAM、SOMの分析

TAM、SAM、SOMについては163ページで説明したが、今一度復習しよう。TAMは、Total Addressable Marketの略称で、「ある事業が獲得できる可能性のある全体の市場規模」を意味している。「当該対応可能市場」「対応最大可能性市場」とも言い換えられる。

介護事業を例に挙げると、その全市場規模は10兆円を超えている（2022年度市場動向について、前年度比4.7%増の11兆8000億円、2023年度は同じく前年度比5.0%増の12兆4000億円）。非常に大きな市場である[16]。

SAMは、Serviceable Available Marketの略称で、「ある事業が獲得しうる最大の市場規模」を指す。介護事業の中でも、たとえば、介護IoTだけに特化した事業を行うのであれば、SAMは介護IoT市場になる。TAMとして介護事業を見た時には12兆円であったとして、介護IoT事業では260億円になり[17]、当然TAMよりは小さい規模となる。

SOMは、Serviceable Obtainable Marketの頭文字であり、「ある事業が実際にアプローチできる顧客の市場規模」の意味である。介護IoT事業の中でも、首都圏の高齢者住宅向けに絞った場合、それがSOMにあたる。介護事業の全体の4分の1が首都圏で、その中の高齢者住宅は3分の1であるとすると、260億円の12分の1となり、およそ20億円の市場規模があると見込める。

このように、TAM、SAM、SOMで整理していくことによって、自社の事業の市場規模を算定していくことができる。

---

16）https://www.mizuhobank.co.jp/corporate/bizinfo/industry/sangyou/m1072.html
17）https://space-core.jp/media/11492/

## ＞TAM、SAM、SOMの算出方法

具体的にどのようにTAM、SAM、SOMを算出していくかを解説していこう。介護市場というTAMの大きな枠組みの中、SAMがあり、最終的に自分たちの事業の市場のSOMがある。このようにトップダウンで見ていくことで、市場のマクロ的な把握はできる。

ただ、これを整理したところでなかなかアクションが見えてこない。そこで重要なのがボトムアップの考え方で、それはつまり「顧客の需要側」から始めるということである。

TAM、SAM、SOMを求める際に、供給側から考えないようにする。Amazonの事業を例にとると、供給側視点では、「本の在庫が1億冊ある。平均1000円で売れるので、1000億円の売上になる」と考えてしまう。しかし、ユーザーからしてみたら、別に1000億円分の在庫があろうが関係ない。買いたいものがそのうちの2割であれば、ユーザー側としては200億の在庫で十分だといえる。このように、サプライサイド（供給側）ではなくてデマンドサイド（需要側）から算出することで、ユーザー視点に立って事業規模を把握することができる。

TAMは自社の事業を取り巻く大きな市場である。すなわち、具体的に関連するのはSAMとSOMである。たとえば、介護市場全体（TAM）が12兆円だとしても、その12兆円をいきなり全方位的に取りにいくプランを立てるのはあまりにも無理がある。市場全体の中からどのセグメントを優先的に狙っていくかを考える（こちらを整理するフレームワークは後ほど紹介するGo-to-Market／ロードマップを活用いただきたい）。

実際にアクションしていく際には、「ニーズが最も顕在化している最初に狙う市場」まで具体化する。まずは図4-16の通り、SAM、SOMを計算していくことが重要である。

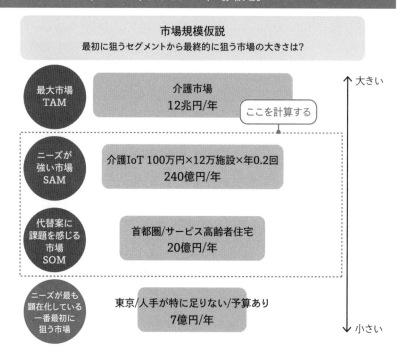

**図4-16 TAM、SAM、SOMの市場仮説**

**市場規模仮説**
最初に狙うセグメントから最終的に狙う市場の大きさは?

| | | |
|---|---|---|
| 最大市場 TAM | 介護市場 12兆円/年 | 大きい ↑ |

ここを計算する

| | |
|---|---|
| ニーズが強い市場 SAM | 介護IoT 100万円×12万施設×年0.2回 240億円/年 |
| 代替案に課題を感じる市場 SOM | 首都圏/サービス高齢者住宅 20億円/年 |
| ニーズが最も顕在化している一番最初に狙う市場 | 東京/人手が特に足りない/予算あり 7億円/年 |

小さい ↓

では、どのように計算していくのか、因数分解をしながら解説する。SAMは図4-17の通り、「ユーザー数×1回あたりの費用・売上×ユーザーが年間で利用する頻度（もしくは買い換える頻度）」で計算をしていく。

先ほどの介護の事例で引き続き考えていくと、必要とする施設が12万施設あり、1回あたり介護IoTが100万円かかると仮定する。そう考えると、大体1200億円規模であることがわかる。さらに、毎年買い換えるわけではなく、5年に1回買い替えが必要だとすると、0.2を掛けて240億円になる。ユーザーが年間で利用する頻度やどれぐらい買い換えるかという割合も踏まえていくことで、SAMが見えてくる（図4-16）。

〈100万円×12万施設×0.2（5年に1回買い換え）＝240億円〉

図4-17 SAMの要素を因数分解する

3つの大要素に分解

> スニーカーメンテナンスの市場規模を分析する

　ここでは具体的な例で考えてみよう。コレクター向けスニーカーを
メンテナンスしているスタートアップを取り上げてみる（以下の数字は架
空の数字であることを留意いただきたい）。彼らは靴をコレクションしている
ハイコレクター（20足以上持っている人）とミドルコレクター（10〜20足
持っている人）の方々向けにサービスを展開しようと決めた。このように、
ユーザーサイドで、どれくらいデマンド（需要）があるのかをリサーチ
して数字を置くのが重要になる。

　図4-18の通り提供するメニューは、スニーカーラップ（ラップで包むこ
と）、ソールの張り替え、ウォッシュ、名前やロゴを入れるDIYがある。
ここで頻度に目を向けると、スニーカーラップも毎年行うわけではない
だろう。調べたところ平均して5〜6年に一度の頻度なのではないかと
考えられる。ソールも頻繁に履けば、張り替えは必要になるがこれも毎
年替えるわけではない。また、コレクターでたくさんスニーカーを持っ
ていれば、1足をそこまで履き潰すことはないかもしれない。このよう
にユーザー数がどれくらいなのか検討をつけていく。

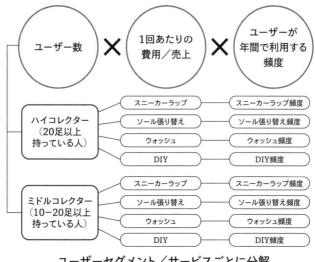

**図4-18 スニーカーメンテナンス事業のユーザー数の分解**

ユーザーセグメント／サービスごとに分解

　ここで改めて、市場の全体図を考えてみたい。初期のターゲットは、ハイコレクターとして、彼らに対するメンテナンスサービスをSOMとして設定した。

　続いて、スニーカーのミドルコレクターも含めた愛好家全体へアプローチし、さらにメンテナンスだけでなくDIYもしていくSAMへと広げていくこととした。とはいえ、国内の一般ユーザーも含めたらスニーカー市場は広大となる。その広大な規模の市場に対しても、もしかしたらマーケットプレイスを展開できると考えTAMと置いた（図4-19）。

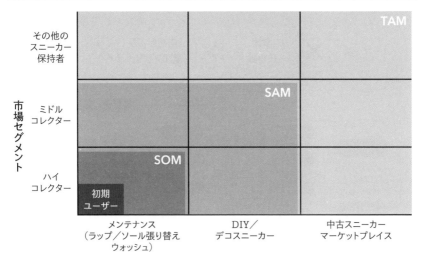

図4-19　スニーカーメンテナンス事業のTAM、SAM、SOMの整理

TAM

SAM

SOM

初期ユーザー

市場セグメント
- その他のスニーカー保持者
- ミドルコレクター
- ハイコレクター

ビジネスモデル
- メンテナンス（ラップ／ソール張り替え　ウォッシュ）
- DIY／デコスニーカー
- 中古スニーカーマーケットプレイス

　これを改めて具体的な数字で整理して計算してみよう。210ページ図4-20を見ていただきたい。SOMは濃い青の項目に当たる。SAMには薄い青の項目が含まれる。ここで計算していくと、数字は仮置きだがたとえば、ハイコレクターの方が8万人近く（7万8300人）いて、ミドルコレクターの方が、約23万人いるとする。それに対して、ラップは6足に1足行うとして0.165回／年の実施となる。これを計算していくと、ハイコレクターの方のスニーカーラップでは78300人×25足×2700円×0.165回となり、大体8.7億円の市場規模となることが見えてくる。

　続いて、ソール張替えが9.4億円、ウォッシュが2.3億円になる。これを足すとSOMとなり20.4億だと計算できる。続いて、DIYとミドルコレクターを含めた市場で合計すると、SAMは約32億円になる。

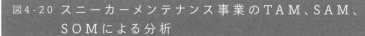

図4-20 スニーカーメンテナンス事業のTAM、SAM、SOMによる分析

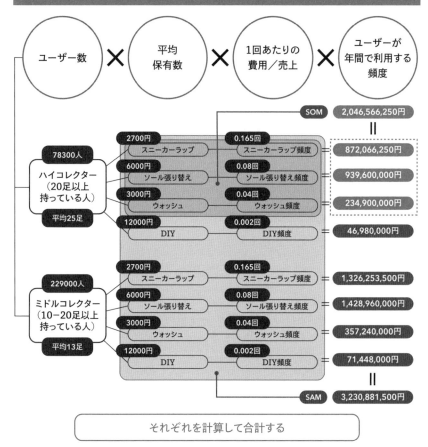

それぞれを計算して合計する

　このように、TAM、SAM、SOMで算出していくと、自分たちがどのように顧客を積み上げていけば、どの程度の市場規模になるのかの解像度を高めていくことができる。

　さらに、ハイコレクター約8万人にはインフルエンサーマーケティングを行い、そのインフルエンサーをフォローしているユーザー2000人

をターゲットにするという戦略を立てた。ハイコレクターの40分の1がターゲットとなり5100万円が見込めるという算段となった。

大きなマーケットを狙う際にも、初期の段階ではどこを狙いどう展開していくのか仮説を立てるのに有効である。

以上が「鳥の眼」でのTAM、SAM、SOMの分析である。このようにトップダウンではなく、顧客の行動、数、不の大きさ、頻度を積み上げて算出していくことで市場を把握できる。これを身につけることによってマクロ市場における解像度が高まり、戦略的にどのリソースをどの順番で投入していくべきかを判断する力をつけていくことができる。加えて、その先にある大きな市場（TAM）を見据えることも可能となるのだ。

では、ここで練習問題にチャレンジしてみよう。

【練習問題】
サウナハット（頭部を熱から保護するための帽子）の市場規模について計算してみよう。考慮すべき数字は図4-21の通りだ。
ポイントは、
・サウナ人口
・サウナハットの平均価格
・サウナ人口の中でサウナハットを買う購入割合
・買い換え頻度
である。

## 図4-21 サウナ人口、サウナハットの平均価格、購入割合、買い換え頻度

### サウナ愛好家人口推移

図1.①A:サウナ愛好家推計(人口)
(2016〜2022)

| 頻度 | （詳細） | 調査年度（調査時期の翌年リリースとした年もございます） | | | | | | |
|---|---|---|---|---|---|---|---|---|
| | | 2016 | 2017 | 2018 | 2019 | 2020 | 2021 | 2022 |
| ヘビー | 月に15回以上 | 335,607 | 331,234 | 241,599 | 273,886 | 330,245 | 206,153 | 222,139 |
| | 月に9〜14回程度 | 1,023,861 | 1,313,938 | 1,030,251 | 980,199 | 1,070,564 | 824,756 | 907,618 |
| | 月に4〜8回 | 2,259,094 | 2,231,793 | 2,115,955 | 2,099,386 | 1,990,306 | 1,526,605 | 1,748,919 |
| | ヘビー小計 | 3,618,562 | 3,876,966 | 3,387,804 | 3,353,471 | 3,391,115 | 2,557,514 | 2,878,676 |
| ミドル | 月に3回以下 | 2,622.476 | 3,210,086 | 2,742.581 | 2,499,785 | 2,416,852 | 2,138,038 | 2,276,158 |
| | 月に1回程度 | 4,085,519 | 4,492,789 | 4,017,765 | 4,163,305 | 3,510,887 | 3,075,090 | 3,202,774 |
| | ミドル小計 | 6,707,995 | 7,702,876 | 6,760,346 | 6,663,090 | 5,927,739 | 5,213,127 | 5,478,932 |
| ライト | 2〜3ヵ月に1回程度 | 5,570.640 | 5,604,977 | 5,671,362 | 5,456,381 | 4,697,138 | 2,736,900 | 3,235,853 |
| | 半年に1回程度 | 6,310,379 | 5,842,989 | 6,317.070 | 6,878,204 | 6,403,533 | 2,897,834 | 2,995,830 |
| | 1年に1回程度 | 6,579,091 | 5,538,005 | 5,333,334 | 5,892,537 | 5,417,905 | 2,331,846 | 2,226,030 |
| | ライト小計 | 18,460,111 | 16,985,972 | 17,321,766 | 18,227,122 | 16,518,576 | 7,966,580 | 8,457,713 |
| | 全体合計 | 28,786,667 | 28,565,813 | 27,469,917 | 28,243,683 | 25,837,430 | 15,737,221 | 16,815,321 |

出典：一般社団法人日本サウナ・温冷浴総合研究所「日本サウナ実態調査2023」より
https://kyodonewsprwire.jp/author/H104337

| サウナハット | 購入割合 | 買い替え頻度 |
|---|---|---|
| 平均価格：3000円 | ヘビーユーザー ：30% | ヘビーユーザー ：年2回 |
| | ミドルユーザー ：10% | ミドルユーザー ：年1回 |
| | ライトユーザー ：3% | ライトユーザー ：年0.3回 |

## 【答え】

ヘビー、ミドル、ライトのそれぞれのユーザーで下記の計算をすると、

〈ユーザー数×サウナハットの平均単価×買い換える頻度〉

年間を通して70.5億円となる。

起業参謀の問い

- 現状狙おうとしている市場のTAM、SAM、SOMはどの程度か?
- ユーザー数×単価×頻度で因数分解して算出できているか?
- サプライサイドではなくデマンドサイドで計算ができているか?

PFMFを目指すための「鳥の眼」を身につけるフレームワーク

# Go-to-Market

　第1章で戦略の要諦として「ムリ」「ムダ」「ムラ」を減らしていく
ことが重要であると解説した。本節で紹介するフレームワーク「Go-to-
Market」を活用して、スタートアップが「ムリ（＝無謀）な戦い」を避け
るための示唆を出していく。

「パレートの法則」をご存じだろうか?　パレートの法則とは「全体の
数値の8割は、全体を構成する要素のうちの2割の要素が生み出してい
る」という経験則のことだ。これは、プロダクト／サービスの利用にも
当てはまる。

　たとえば、iPhoneは2022年で約2.5億台出荷されている。凄まじい数
だ。世界中で15億人が使っているとされている。ただ、別の見方をする
と、2022年に世界の人口が80億人を突破したが、iPhoneユーザーは80
億人分の15億なので、65億人は使っていない計算になる。つまり、世界
で一番売れているデバイスであっても、全世界の人口の20%弱しか使っ
ていない（iPhoneは高価格帯10万〜20万円なので、相対的に所得が高くない地域
では使われていないのだろう）。

　スタートアップが最初にプロダクトをローンチする初期段階において
は、私は、「全体の20%の20%の20%のユーザー」（計算すると0.8%、つま
り1%未満）の「アーリーアダプター／イノベーター」をターゲットに絞
り込むべきであると考えている。

　実は、うまくいっている事業／スタートアップは最初にこうしたアー
リーアダプターといわれるような初期ユーザーを見つけている。1%以
下からスタートして、徐々に横展開や縦展開をして広げていく。こうし

たターゲティングをせずに、「目隠しをしたままダーツを投げるように市場を選定する」ようなスタートアップをたまに見かける。しかし、多くの場合はうまくはいかない。

本節ではGo-to-Marketというフレームワークを紹介したい。「鳥の眼」を持って市場全体を見渡し、ユーザーインサイトをベースに、軸を区切り、どこのセグメントから狙っていくのが最適であるかを判断するフレームワークである。

初期に狙うターゲットは、「ムリ」をしてはいけない。第1章でも解説したが今では世界一のeコマースカンパニーとなったAmazonは、1994年にわずか30万ドルの資本金でスタートした。「エブリシングストアを作りたい」という創業者ジェフ・ベゾスのビジョンはあったものの、リソースはかなり限られていた。「どの商品を扱うべきか」という分析の結果、「書籍」を扱うことにたどり着いた。その結果、創業25年で世界一の小売企業となった。

プロダクトマーケットフィットの「マーケット」という言葉から広範囲なマーケットを狙うというイメージを持つかもしれない。初期のスタートアップは、プロダクト「セグメント」フィットくらいに狭めて考えていくとよい。自分たちにとっての「Amazonの書籍」が何かを見つけることである。

---

> リソースを集中投下せよ

「リソースを集中投下せよ。局地戦であればスタートアップでも大企業と十分に戦える。ただし、その市場が今後どれだけ広がっていくのかを見立てる必要がある」

───川邊健太郎氏　Yahoo! LINEヤフー代表取締役会長
出典：https://logmi.jp/business/articles/254868

PFMFを目指すための「鳥の眼」を身につけるフレームワーク

2023年LINEヤフー（旧Zホールディングス）は売上1兆円を超える大企業になった。その企業を代表する川邊氏が以前、「どう大企業を殺すか」という話をしていた。

どこにリソースを投下すれば良いのか、それを見極めるフレームワークを解説していく。Go-to-Marketは自分たちが最初に「注力するべき」セグメントの仮説を立てるためのフレームワークである。端的にいうとこのフレームワークを用いて、どの顧客セグメントを狙うのかを検証するのだ。図4-22の通り、Go-to-Marketはセグメントを考えつつ軸を整理する役割を担う。

時々、最初に攻めるセグメントを恣意的に選んでいるスタートアップを見かける。もしAmazonの創業者のジェフ・ベゾスが、書籍ではなく、「株や債券などの金融商品」を最初に扱っていたら、今ほどの成功が達成できたかは疑わしい（ベゾスは、Amazon立ち上げの前はヘッジファンドで働いていた金融の専門家だった）。

市場全体を見渡した時に、ニーズがどの程度顕在化しているか、現状の代替案の未充足がどの程度あるか、潜在的な市場の大きさなどの軸を用いて、「セグメントとしての魅力度」を考えていく。

上記の「株や債券などの金融商品」のような「攻めるべきでないセグメント」を最初に選んでしまうと、どんなにリソースが豊富だったとしても、PMFを達成するのが難しい「ムリな戦い」になってしまう。

では、このフレームワークの活用法をステップで見ていこう。

## ＞ ステップ① 市場セグメントとバリューチェーン（プロセス）の発散と整理（因数分解）

ステップを具体的に説明するために、私が以前支援した接骨などを行う施術所向けにCRM（顧客管理ツール）を提供したスタートアップを例にとる。国内に施術所は非常に多い。マッサージ、鍼灸、整骨、接骨な

どの施設は全国に計14万以上ある。

　まずは、全体の把握が必要だ。図4-22のように、まず大セグメントとして「自費施術」と「保険施術」に分けられる。続いて、中セグメントでそれぞれ「個人経営」と「チェーン」に分けられ、小セグメントで「拡大志向」「現状維持」と分類できる。このようにセグメントだけでも8つに分類できる。このように分けて考えることで、たとえば、「保険施術で、個人経営で、現状維持思考の場合にはおそらくCRM導入には積極的でないだろう」といった攻めるべきでないセグメントも見える。

　このように軸を整理することによって、「市場がない」と思い込んでいたセグメントを発見することもある。セグメントを丁寧に分類することで、最初にターゲットとすべき対象はどこかを浮き彫りにすることができるのだ。

## 図4-22 施術所の市場セグメントとバリューチェーンの因数分解

| セグメント | 大セグメント | 中セグメント | 小セグメント | 集客 | 予約管理 | ドタキャン対応 | 患者管理 | 患者定着化 | 事務処理 | 人事労務 |
|---|---|---|---|---|---|---|---|---|---|---|
| | 自費施術 | 個人経営 | 拡大志向 | | | | | | | |
| | | | 現状維持 | | | | | | | |
| | | チェーン | 拡大志向 | | | | | | | |
| | | | 現状維持 | | | | | | | |
| | 保険施術 | 個人経営 | 拡大志向 | | | | | | | |
| | | | 現状維持 | | | | | | | |
| | | チェーン | 拡大志向 | | | | | | | |
| | | | 現状維持 | | | | | | | |

バリューチェーン

セグメント

PFMFを目指すための「鳥の眼」を身につけるフレームワーク

## ＞ ステップ ② ニーズ（Pain）が 強 い セグメントや プロセスはどこかをプロット

　全体像を捉えることができたら、ターゲットとなりうるユーザーにインタビューやアンケートを実施するのが有効だ。初期仮説を構築する際には、どのセグメントにアンケート／インタビューをすればいいのか当たりがつかない場合が多い。なので、最初はある程度広めにヒアリングやアンケート調査をしていくのがよい。その結果を受け、図4-23のように「ニーズの強さ」を◎〜×でプロットし濃淡をつける。

　×△のようなニーズが弱いセグメントがあることも見えてくる。こういった市場はまずは、一旦置いておいて、◎や○がついたセグメントの攻略を考えるのが有効になる。

図4-23 ニーズのプロット

◎ニーズ高　○ニーズ中
△ニーズ低　×ニーズなし

ニーズの強さ
をプロット

| セグメント | 大セグメント | 中セグメント | 小セグメント | 集客 | 予約管理 | ドタキャン対応 | 患者管理 | 患者定着化 | 事務処理 | 人事労務 |
|---|---|---|---|---|---|---|---|---|---|---|
| | 自費施術 | 個人経営 | 拡大志向 | ◎ | ○ | ◎ | ○ | ◎ | ○ | × |
| | | | 現状維持 | ○ | △ | ○ | ○ | ○ | ○ | × |
| | | チェーン | 拡大志向 | ○ | △ | ◎ | ○ | ◎ | △ | △ |
| | | | 現状維持 | ○ | △ | ○ | △ | ○ | △ | △ |
| | 保険施術 | 個人経営 | 拡大志向 | ◎ | △ | × | △ | △ | ◎ | ○ |
| | | | 現状維持 | ◎ | △ | × | △ | △ | ◎ | ○ |
| | | チェーン | 拡大志向 | ○ | △ | △ | △ | △ | △ | × |
| | | | 現状維持 | ○ | △ | × | △ | △ | △ | × |

バリューチェーン

前述のAppleのiPhoneの場合であっても、2023年の現在でも絶対に売れない国／地域／所得層の特徴があるだろう。

Appleは世界一の時価総額を誇る大企業で非常に多くのチャネルパートナー／販売網を持っている。だが、高価なiPhoneを購入できるのは、実は世界的に見たら限られたセグメントになるのだ。

## ＞ステップ③ 市場サイズを明確にする

セグメントの濃淡を見極めたら、117ページでお伝えをした「フェルミ推定」などを用いながら、市場サイズを明らかにしていく。その示唆を出すために、前に紹介したSTEEP分析やTAM ／ SAM ／ SOMの算出を参考にする。

図4-24のように、現在の市場規模や市場成長率（売上成長率）がどのくらいになるのかをリサーチして整理していく。

### 図4-24 施術所の市場サイズの明確化

◎ニーズ高　○ニーズ中
△ニーズ低　×ニーズなし

> 自分たちが市場を席巻する時期に市場環境がどうなるかの解像度を高める

| 大セグメント | 中セグメント | 小セグメント | | | | | | | 事務 |
|---|---|---|---|---|---|---|---|---|---|
| 自費施術 | 個人経営（60000件） | 拡大志向 15000件 成長率10% | ◎ | ○ | ◎ | ○ | ◎ | ○ | × |
| | | 現状維持 45000件 成長率1% | ○ | △ | ○ | ○ | ○ | ○ | × |
| | チェーン（40000件） | 拡大志向 30000件 成長率15% | ○ | △ | ◎ | ○ | ◎ | △ | △ |
| | | 現状維持 10000件 成長率3% | ○ | △ | ○ | ○ | ○ | △ | △ |
| 保険施術 | 個人経営（10000件） | 拡大志向 1000件 成長率5% | ○ | △ | ○ | △ | ◎ | △ | ○ |
| | | 現状維持 9000件 成長率3% | ◎ | △ | × | △ | ○ | ◎ | ○ |
| | チェーン（30000件） | 拡大志向 15000件 成長率5% | ○ | △ | × | △ | △ | △ | × |
| | | 現状維持 15000件 成長率3% | ○ | △ | × | △ | △ | △ | × |

前述の「市場の魅力度検証」で解説したが、現段階で市場として大きいところを狙うだけでなく、現状の市場規模は小さいが、今後伸びるセグメントにリソースを投下するのも有効だろう。

## ＞ ステップ④カスタマーは現状、どのような 代替ソリューションを活用しているか(強いられているか)?

ここまで、ニーズの仮説を見てきたがニーズが強い場合、多くの場合カスタマーは何らかの形で、代替案を用いていることが多い。その場合にどのような代替ソリューションを活用しているかを確認する。果たして、満足しているのか、はたまた、不満に思っているのかをチェックする。

図4-25 代替ソリューションの充足度

◎ニーズ高　〇ニーズ中
△ニーズ低　×ニーズなし

| 大セグメント | 中セグメント | 小セグメント | 集客 | 予約管理 | ドタキャン対応 | 管理 | 定着化 | 務処理 | 人事労務 |
|---|---|---|---|---|---|---|---|---|---|
| 自費施術 | 個人経営(60000件) | 拡大志向 15000件 成長率10% | ◎ | 〇 | ◎ | 〇 | 〇 | ◎ | × |
| | | 現状維持 45000件 成長率1% | 代替XYZ △ | 〇 | 〇 | 〇 | 〇 | 代替XYZ | |
| | チェーン(40000件) | 拡大志向 30000件 成長率15% | 〇 | △ | ◎ | 〇 | ◎ | △ | △ |
| | | 現状維持 10000件 成長率3% | 〇 | △ | 代替XYZ 〇 | 〇 | 代替XYZ △ | | |
| 保険施術 | 個人経営(10000件) | 拡大志向 1000件 成長率5% | ◎ 代替EFG | △ | × | △ | △ | 代替ABC ◎ | |
| | | 現状維持 9000件 成長率3% | 〇 | △ | × | △ | △ | | |
| | チェーン(30000件) | 拡大志向 15000件 成長率5% | 〇 | △ | × | △ | △ | △ | × |
| | | 現状維持 15000件 成長率3% | 〇 | △ | × | △ | △ | △ | × |

起業家はポジティブバイアスにかかりやすい傾向がある。つまり自分の考えや着想をポジティブに過大評価し、代替ソリューションを過小評価してしまう傾向がある。しかし、ユーザーをよく観察すると、現状において代替ソリューションが充足しているというケースもしばしばありうる。その場合には、最初に攻めるセグメントからは外しておくのが無難だ。図4-25のように代替案がなく、市場のニーズが強く、今後市場サイズが大きくなりそうなセグメントをプロットしていくと、最初に狙うべきセグメントの解像度が高まっていく。

☞ 起業参謀の視点：二股戦略の提案

ここで1つのテクニックを紹介しよう。これを私は二股戦略と呼んでいる。上記のようにセグメントを絞り込むのは有効であるが、実際にそのセグメントが有効なのかどうかは、実は相対的に検証するのが難しい。そこでニーズが強く、未充足もある「魅力的に見えるセグメント」を2つ選んでいく戦略だ（余裕があれば3つ選んでもよいだろう）。

- 2つのセグメントのパフォーマンスを比較できるので、客観視できる（バイアスの除去ができる）
- 2つのセグメントのうち、明らかにパフォーマンスが良くないほうを撤退することができる（サンクコストを回避できる）

これは拙著『起業の科学』でも書いたが初期のスタートアップは、できるだけスピードを高めて実験／検証を繰り返していく必要がある。222ページ図4-26のようにリソースに余裕があれば、複数のセグメントで検証してもよいが、どうしてもスピードが落ちてしまうので注意が必要だ。

PFMFを目指すための「鳥の眼」を身につけるフレームワーク

## 図4-26 セグメントの実験／検証

| ターゲットとする<br>セグメントの数 | 検証の工数 | 検証の質 | おすすめ度 |
|---|---|---|---|
| 1 | 低 | 低 | 低 |
| 2～3 | 中 | 中～高 | 高 |
| 4以上 | 高 | 高 | 中 |
| セグメントしない | 高 | 低 | 低 |

 起業参謀の問い

- 市場全体をどのように捉えているか？ セグメントの切り方に
  インサイトはあるか？
- 全体を見据えた上で、自分たちが狙うべき最初のセグメントの
  仮説があるか？
- 初期セグメントを2つ設定するような二股戦略を考えているか？

# ロードマップ策定

　前節のGo-to-Marketでは、最初に狙う市場セグメントを絞り込む重要性について解説した。ただ、最初のフックとなる市場から、さらに大きな市場を目がけて、どう展開していくかが重要な論点となる。

　最初に狙う市場は重要であることは述べたが、それがニッチで、横展開できないものだったら、そこにリソースを投下する意味は薄れてしまう。そこで、ロードマップを描くことにより、市場軸・ビジネスモデル軸で、スタートアップや新規事業の「スケールの方向性」を見極めていくことができる。

　こういった方向性を勘案しない「リソースの逐次投入」は、戦略上最も避けるべきやり方である。「逐次投入」とは、目の前の課題に対して、小出しにリソースを投入していくことだが、場当たり的な対応が積み重なって大きな失敗につながることを肝に銘じたい。

## ＞ ロードマップの書き方

**ステップ1 軸の整理**

　ロードマップの作り方は、まず、縦軸（ターゲットセグメント）と横軸（ビジネスモデル／プロダクト）で整理してみる。

　図4-27は、Section5で取り上げたスニーカーメンテナンスの事例だ。

　スニーカーの場合の初期ユーザーはハイコレクターに絞り、それがある程度対応できたら、ミドルコレクターも取り込んでいくという戦略をとる。またビジネスモデルは、まずニーズの高い「メンテナンス」か

ら始め、次にDIYやデコスニーカーなど高単価なソリューションを扱う。そして最後は、最も市場が大きい、スニーカーのマーケットプレイス（ネット販売）まで参入するという仮説を立てている。

ステップ2 TAM／SAM／SOMのプロット

　仮説が立ったら、TAM、SAM、SOMの数字を算出し、それぞれをプロットしてみる（以下の数字は架空の数字なので悪しからず）。

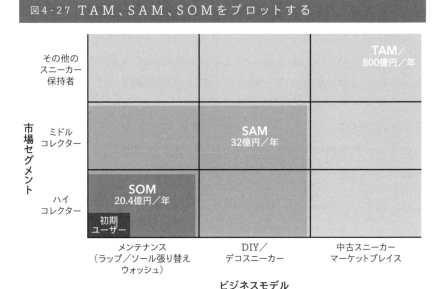

図4-27 TAM、SAM、SOMをプロットする

ステップ3 どのような順番で攻めるかを書き出す

　軸が決まり、TAM／SAM／SOMがプロットできたら、どの順番で、市場を攻略していくのかを想定していく。

　図4-28のように、資金調達のフェーズに合わせて、どのセグメントに入り込んでいくのかをプロットする。こうすることによって、ロードマップに時間軸や必要なリソースを明確にすることができる。

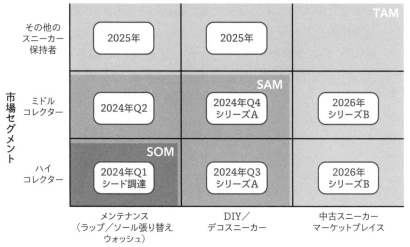

図4-28 どのような順番で攻めるかを書き出す

TAM

| 市場セグメント | | メンテナンス（ラップ／ソール張り替えウォッシュ） | DIY／デコスニーカー | 中古スニーカーマーケットプレイス |
|---|---|---|---|---|
| その他のスニーカー保持者 | | 2025年 | 2025年 | |
| ミドルコレクター | | 2024年Q2 | 2024年Q4シリーズA | 2026年シリーズB |
| ハイコレクター | | 2024年Q1シード調達 | 2024年Q3シリーズA | 2026年シリーズB |

ビジネスモデル

ロードマップの書き方のステップ1〜3では、起業参謀は起業家に対して下記のような問いを投げかけることで、作成を進めることができる。
「一番最初に攻める市場とビジネスモデルは決まっていますか？（SOMは決まっていますか？）」
「その後、どのように展開していくのか、ロードマップはありますか？」
「TAM、SAM、SOMの見立てはありますか？」
「どういうタイミングで入っていくか想定していますか？」

こうした質問にうまく答えられない場合には、市場の解像度を高めるためにリサーチを行う必要がある。また、市場に向けてどのような独自の価値提供ができるかを改めて考察する必要がある。その際には、415ページで紹介するフライホイールを構築して、それぞれのフェーズにおけるシナジーを検証することが有効だ。

- 全体を見据えた上で、自分たちが狙うべき最初のセグメントの仮説があるか?
- 初期セグメントからサービスとして最終的に狙うべき全体（TAM／SAM）を獲得していく見立てはあるか?

まとめ

いかがだっただろうか？ 「鳥の眼」の視点を獲得するために有効なフレームワークを紹介した。起業家は、目の前の事業に集中するあまり、時として、近視眼的になりがちである。そこに対して、広い視野や少し未来に向かった遠い視点を提供することにより、短期の成果と長期の成果のバランスを取れるようにすることが重要だ。留意点として、本章で紹介したフレームワークは「一度作ったら終わり」ではなく、外部環境の変化に対応するために定期的にチェックしていくことが必要になる。そうすることにより、常に少し先の未来を見据えて、事業戦略を最適化することができる。それは、スタートアップにとって大きな競合優位性につながっていくのだ。

変化し続ける
顧客心理を
捉えるための
「虫の眼」を
身につける
フレームワーク

# 真 の 課 題 と は 何 か

「虫の眼」は、虫のように地に足をつけて細かく物事を見る視点で、顧客一人ひとりの心理やインサイトに迫り、その解像度を上げることだ。そのためには、顧客のことを常に手触り感／臨場感のある1人の人物（ペルソナ）として捉えることが非常に大事だ。

また、ターゲットとなる顧客の心境や状況は刻一刻と変化していく。それを受け止め、常にプロダクトにフィードバックしていくことが勝ち続けるために必須になる。

## 〉持続的イノベーションと破壊的イノベーション

「まだ誰も解決できていない重要な課題を解決すること」がスタートアップの使命である。この章では、真の課題を見つけ、課題の質を高めていくフレームワークを解説していく。

前提として理解しておきたいコンセプトを紹介する。「破壊的イノベーション」と「持続的イノベーション」だ。

持続的イノベーションとは、既存の顧客満足のために、現在すでに存在している製品に起こす改善のことだ。

たとえば、石油／ガソリンをベースにした乗用車は、100年前にヘンリー・フォードがT型フォードで量産に成功して、それ以降デザインや機能が様々な変遷をたどった。「内燃エンジンで動く」「4つの車輪がある」など基本的なフォームは変わっていない。現在は、自動車は成熟した非常に大きな市場になっている。多様な車種、好みに合ったスタイル

やカラーなどをユーザーは自分の好みに合わせて購入していく。商品に関する情報はすでに多くあり、スタイリッシュで、燃費が良くて、安全など、どういう車が価値があるのかはすでに定義されている。そこに対して、各社がしのぎを削ってきた。

　図5-01は、従来の車をユーザーに届けていくバリューチェーンだ。ここでの焦点は、それぞれのプロセスの効率性を高めていき、利益率を最大限にすることだ。

## 図5-01 従来の車のバリューチェーン

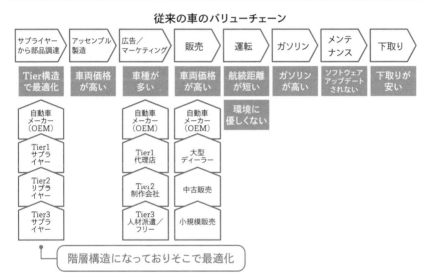

　こういった確立されたバリューチェーンがあり、車の場合は、そこにパーツや原材料を提供する階層構造（ティア：Tier）を構成して、すり合わせをしながらプロダクトを作っていくことが重視された。

　ただ、自動車業界を巡る外部環境やパラダイムは大きく変化している。「CASE」と呼ばれる新しいコンセプトが自動車業界に生まれ、自動車の概念が大きく変わろうとしている。CASEは、Connected（コネク

テッド）、Autonomous（自動運転）、Shared&Services（カーシェアリングと
サービス／シェアリングのみを指す場合もある）、Electric（電気自動車）の頭文
字を取った造語だ。変革の時代を迎えている自動車産業の動向を象徴す
るキーワードであり、ハード面における自動車の物理的変化とともに異
業種を交えたモビリティサービスの重要性を示唆するものとなっている。

　新しい局面を迎えた自動車業界において、破壊的イノベーションを起
こしているのがTeslaだ。従来の車の開発において重視されたのは、す
でに定義された価値の軸に基づき「機能を足すこと」だった。従来のガ
ソリン車は系列を形成するバリューチェーンの中で、機能の付加とコス
トの削減に腐心してきた。

　かたや、Teslaの起こしているイノベーションは「引き算」だ。従来
の車にあったがTeslaが「引き算」したものの一部を挙げると、エンジン、
ガソリンタンク、オイルタンク、ギアシフト、パーキングブレーキ、ラ
イトのOn／Offスイッチ、電源のOn／Offスイッチ、鍵と鍵穴、各種ボ
タン（タッチパネルに集約されている）、ガソリンスタンドで並ぶこと、な
どがある。

　つまり、これまで車に対して行ってきた様々なタスクが簡略化された
のだ。車に近づけば自動的にドアが開き、降りて離れれば自動的に鍵が
かかる。駐車した時もパーキングブレーキを引く必要もないし、出発す
るのもアクセルを踏むだけでシンプルだ。ライトを消し忘れても後から
消せる。こういった引き算の結果、Teslaの車を構成するパーツも従来
の自動車に比べてかなり少なくなった。

　Teslaの場合は、まさにiPhoneのアプリアップデートのように車を購
入してから車載のソフトウェアがどんどん自動的にアップデートされて
いくので、車の機能や価値が高まっていく。従来の車の目的は快適な運
転をすることがメインだった。

　一方でTeslaの場合は、スマホ操作のように、負荷とストレスのない
移動体験を提供している。図で表すと図5-02のようになる。まさに新し

い独自価値を提供し、破壊的イノベーションを体現している事例だろう。

図5-02 Teslaのバリュージャーニー

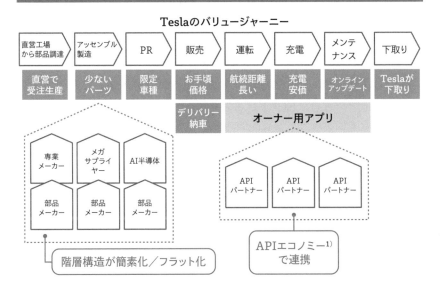

Teslaが起こしているイノベーションは、自動車そのものの再定義だ。バリューチェーン／階層構造で擦り合わせながら、どんどん機能を付加するという従来の車から、従来の機能をなくし、スマホのようにアップデートされる移動手段というように再定義したのだ。

## ＞ 真の課題を見つけるために「優秀な医師」になる

真の課題を見つけ、コンセプトを刷新するために、起業家は「優秀な医師」になる必要がある、と考える。医師は患者を診断し、的確な処方をすることが仕事である。「頭が痛い」という患者が来た時、何も考え

---

1) API エコノミー：API（Application Programing Interface）公開によって自社と他社のサービスを活用して広がっていく経済圏のこと

ずに、頭痛薬を処方する医者は、果たして良い医者だろうか。

「頭が痛い」と患者は訴えているが、本当に自分が必要とするものをわかっていないかもしれない。頭痛薬を服用してスッキリする場合もあるだろうが、また翌日には同じように頭痛が発生してしまい、根本治療になっていないこともあるだろう。

そこで「なぜ頭が痛いのか?」という点を掘り下げると、「寝不足」ということが明らかになり、それに対する処方は「睡眠薬」となる。さらに「寝不足」をさらに掘り下げると「ストレス」という原因が見えてくる。そうなると、ストレスを解消することが解決策となる。お酒が好きな人であれば、その時間を確保することになるだろうし、スポーツが好きな人であれば、体を動かすことが処方となる。

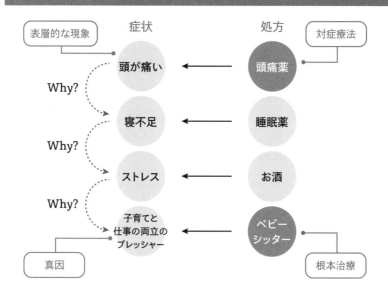

図5-03 「頭が痛い」という症状に対する適切な処方とは?

さらに、なぜ「ストレス」を抱えているのかというところまで掘り下げると、「子育てと仕事の両立の苦労」が見えてきたりする。そうなる

と、この問題に対する処方は「ベビーシッターを提供すること」だとたどり着ける（図5-03）。

　ただ、頭痛の患者に対して、頭痛薬を出すことが当たり前になっていると、深い原因まで考えないことが習慣化される。真の課題を発見し、コンセプトを検証していく際には、この「当たり前」に対してメスを入れていく必要がある。図5-03の通り、問題と原因は何層にもなっていて、表面に見えている症状が真の課題とは限らない。
　所与のものを疑うことで深掘っていき、真の課題を発見して、根本治療につなげていくことが、新たな価値を生み出すことにつながっていく。

---

## ＞ ユーザーすら言語化できていない課題を 見つけた事例

---

　トリプル・ダブリュー・ジャパンというスタートアップを例にとって具体的に説明をしていこう。同社は排泄の悩みや負担を軽減するソリューションであるDFreeの企画・開発を行っている。
　大人用のおむつは、副交感神経や自律神経がうまく作用しなくなり、粗相（尿／便失禁）をしてしまうことから着用するものである。しかし、いくつになっても、人間としてトイレに行って用を済ませられなかったことはプライドが傷つくことでもある。これまでは、この「人間の尊厳」という根本的な課題に対するアプローチはなされないままに、「さらに多く！　6回分吸収できる」など、大人用のおむつ市場はひたすら高性能化競争が続いていた（図5-04）。

図5-04 大人用おむつの問題の課題はどこにあるか？

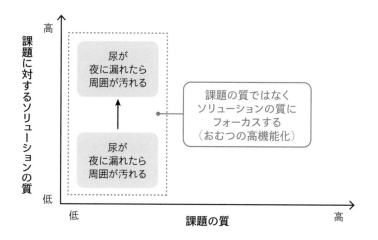

しかし、実際にユーザーに聞いてみると、やはりおむつに用を足してしまうこと自体に嫌悪感を持っていた。そうした思いから、排泄しなくていいように、どんどん食事をしなくなるという高齢者が増えていることもわかった。図5-05の通り、排泄と食事を諦めることで、コミュニケーションが少なくなり、結果として認知症が進むという負のスパイラルに陥ってしまっていたのだ。

こうした課題に対して、根本的なソリューションは何かを突き詰めていくと、「自力で、自分のタイミングで排泄する」ということに辿り着いた。そして、DFreeは「排泄するタイミングが自分でわからない」という問題に対し、センサーで察知できるようにするという解決策（ソリューション）を見出した。

図5-05 おむつへの排泄による負のスパイラル

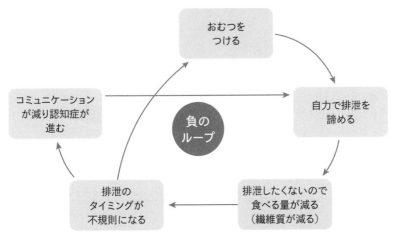

出典:『10分後にうんこが出ます』中西敦士著、新潮社より

下腹部にデバイスをつけることによって、排泄の数分前にナースステーションに通知がいき、介護士の方などが高齢者に対して「トイレに行きましょう」と促すことができる。その結果、高齢者の尊厳が守られるだけでなく、おむつ費用を年間数万円削減でき、おむつ替えなどの労働時間の削減につながった。これはおむつの性能競争が続いている中で、「課題の質」の見直しという軸を変えて成功した事例である。

図5-06の通り、真の課題は、「おむつへ排泄し尊厳を失っていると感じること」を防げるかどうかだったのだ。その後、DFreeはセンサーを小型化し、つけ心地のよいデザインを追求。現在、多くの人に使われるまでに広がった（図5-07）。

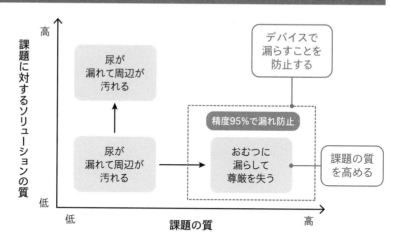

図5-06 課題の質を高める

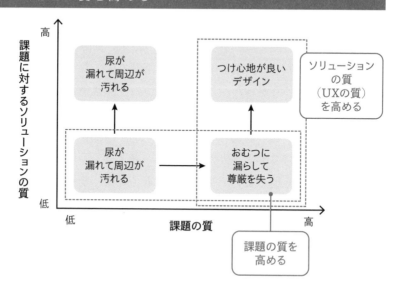

図5-07 UXの質を高める

DFreeが世の中に出る前は、より高機能の大人用おむつを買い求めていたように、既存ソリューションの中から、所与の機能を比較してユーザーは生活をしている。この事例のように、そもそも本質的な課題にはユーザーすらも気づいていないことが少なくない。一見すると非常識に見えるアイデアが、根本的な課題解決につながっていることが往々にしてある。

　極端なことを言えば、起業家が行おうとしていることが、既存の延長線上であれば、あえてリスクを取ったり、資金調達に挑んだりするよりも、既にその問題に着手している会社に入社して行ったほうが早いだろう（リソースも潤沢で効率的だ）。たとえば、「高機能の大人用おむつを作りたい」という思いならば、それに携わる大企業に従事したほうが目的が叶う可能性が高い。

　一見すると突飛な発想だが、そもそも失禁を防ぐようなデバイスを作りたいという発想は、課題を違う次元で設定することでしか解決できない。既存のものの焼き直しではなく、何がまだ解決されていない課題なのかを探すことが重要だ。

　DFreeは、図5-08のように「常識的な」課題設定とソリューションの視点から、「非常識な」課題設定とソリューションの視点に変えることによって達成できた事例である。

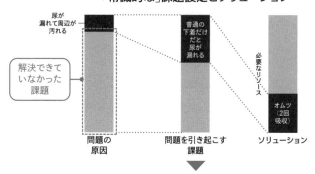

図5-08「常識的な」課題ソリューションから
「非常識な」課題ソリューションへ

「常識的な」課題設定とソリューション

「非常識な」課題設定とソリューション

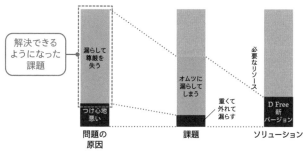

 起業参謀の問い

- 自分たちが解こうとしている課題は、従来の軸か、新しい軸か?

- 従来の軸で、持続的イノベーション型の価値提案になっているか?

- 新しい軸を設定し、破壊的イノベーション型の価値提案になっているか?

# 顧客理解と
# モチベーショングラフ

　新しい事業を作るためには、顧客理解が欠かせない。そのために、活用できる「モチベーショングラフ」というフレームワークを解説していく。顧客理解は、思考と行動の定量的、定性的な理解からなされる。そのための王道的な手段としては、インタビューやアンケート、オブザーブ（顧客の行動観察）、ジョブシャドーイング（一日同行して共に体感するなどして理解すること）が有効だ。定量的な理解でいえば、実際にプロダクトやサービスを使っている際のログをとってみるということも有効な手法である。モチベーショングラフは、生活やオペレーションの1シーンを切り取って、そこに対して、顧客理解を深めていくフレームワークである。

> 「顧客の思考」と「顧客の行動」をクロスで理解する

　よりユーザーのことを深く理解するには、顧客の思考と行動をクロスで理解することが重要になる。図5-09の通り、それを可能としたのがモチベーショングラフである。思考と行動の理解を深めるフレームワークの1つに「カスタマージャーニー」がある。

　ただ、カスタマージャーニーには大きな制約がある。通常インタビュー／アンケート／オブザーブなどを集約する形で、カスタマージャーニーを描いていく。ただ、これを描くのは事業を立ち上げる起業家本人だったり、自社のメンバーだったりするので、どうしても、「自分たちに都合のいいよう」に書いてしまうケースが散見される。

変化し続ける顧客心理を捉えるための
「虫の眼」を身につけるフレームワーク

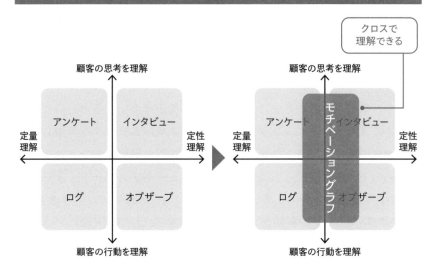

図5-09 顧客理解の手法：モチベーショングラフ

私は、これでは顧客インサイトを捉えられないと考えており、そこを解消するために、エンドユーザーに書いてもらうモチベーショングラフというフレームワークを開発した。モチベーショングラフはエンドユーザーに書いてもらうためのものだ。書き方は非常にシンプルだ。詳細に関しては、後ほど解説するが、ざっくりいうと以下の手順になる。

1. シーンを切り出す
2. そのシーンで、ユーザーが感じるネガティブとポジティブを線とその傾きで表現してもらう
3. なぜ、その傾きになったのか、要因（ドライバー）を書いてもらう

たとえば、前節で紹介したDFreeの事例を考えてみよう。おむつをつけて漏らして汚してしまうのを防ぐためのモチベーショングラフを書いてみた。図5-10をご覧いただきたい（本来ならインタビューを実行してユー

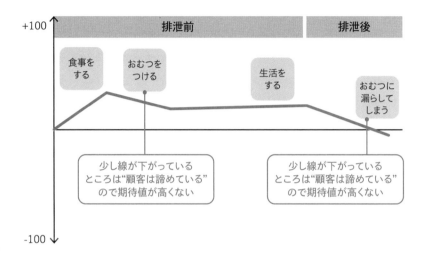

**図5-10 モチベーショングラフの記入例**

+100

排泄前　　　　　　　　　排泄後

食事を
する

おむつを
つける

生活を
する

おむつに
漏らして
しまう

少し線が下がっている
ところは"顧客は諦めている"
ので期待値が高くない

少し線が下がっている
ところは"顧客は諦めている"
ので期待値が高くない

-100

ザーに書いてもらうのが良いが、説明の目的で想像して書いたものである）。

　モチベーショングラフを通じて、ユーザーはアップダウンを表現する。強い痛みを感じるようなダウンや、強い喜びを感じるようなアップを表現する場合もあるだろう。そこに対して、もし有効な代替案が存在しないのならば、大きなビジネスチャンスがある。

　ただ、経験上言えるのが、そういった大きなダウン（明らかな痛み）に対しては、すでに何らかの十分な手当（既存ソリューション）がされている場合がほとんどである。

　一方で、なだらかなダウンについても見逃さないことである。上記のおむつをつけるシーンを考えてみよう。おむつをつけないと、漏らして周辺を汚してしまうという非常に大きな痛みがあるので、「仕方なくつけている」という状況だ。

「イノベーションの種は『ユーザーが諦めていること』に存在する」

——高岡浩三

出典：『イノベーション道場』高岡浩三著、幻冬舎より

　もし急激にグラフが落ち込んでいれば、ユーザーも慌てて対処法を探すだろう。しかし、多くの場合、顧客の商品・サービスに対する充足感への下がり方はなだらかなものである。これが、まさに「ユーザーが諦めている状況」だ。

　こういった、普段はなかなか言語化しにくい（もしくは、言語化したくない場合も多いだろう）ユーザーの心の機微に、イノベーションの種が眠っているのだ。

　たとえば、Zoomが他のオンライン通話サービスに比べて何が優れているかというと、発行したURLをワンクリックで開始できる「簡便さ」である。これまでのSkype、Google Meet、Webexの場合は、アプリのダウンロードが必要だったり、特定のメールアカウントが必要だったり、パスワードを入れる必要があった。つまり「一手間」が必要だった。ただ、この手間は痛みになるほどのものではないだろう。これも「ユーザーが諦めているポイント」だった。

　このようにモチベーショングラフでは、顧客の行動に沿って、それぞれのシーンや状態における、思考や心の機微を明らかにしていく。

## 〉モチベーショングラフの実施時期

　モチベーショングラフは、ターゲットユーザーのインサイトを獲得するために現状のユーザーの心理状態を時間軸／行動軸に沿って可視化（グラフの傾き）や言語化（グラフが傾いている要因）を行うものである。前に述べたが、顧客が実際に感じる心の機微については、顧客自身も言語化することは難しい。たとえば、ユーザーインタビューは有効な手法だが、対象となるインタビュイーの言語化能力や記憶に依拠してしまう。

そこでモチベーショングラフを活用することにより、行動に沿った具体的な記憶を呼び起こしながら、深掘りすることができる。

ここは重要なポイントなので追記しておくと、モチベーショングラフはプロダクトをローンチして、実際にトラクション（売上）が出てきたタイミングで実施するのが有効である。それにより、実ユーザーからのインサイトを得ることができ、よりよいUXを提供するために活用できる。

## 〉モチベーショングラフを書くステップ

モチベーショングラフの作成方法は下記のステップで行う。

1. ターゲットユーザー（アーリーアダプター）の条件を設定する
2. ターゲットユーザーとミーティングを設定する
3. シーンとバックグラウンドを書き出す（一部分は書いてもらう）
4. ユーザーに、モチベーショングラフを書いてもらう
5. インタビューを実施（場面でのユーザー感情を深掘りする）
6. インタビューを通じて深掘り（ユーザーの感情の要因になっているドライバーについて）
7. そのドライバーを改善するための「魔法の杖質問（これを解消するためにはどんなものが必要でしょうか）」を行う

ユーザーの状態をシーン情報と背景情報できちんと測るのが大事である。まず、背景情報の部分として、ペルソナの情報がある。図5-11にある通り、ここでは名前や性別、業種、業態、役職をきちんと書くというのがポイントだ。BtoCの場合は、生活に根差したものであることが多いので、生活パターンや経済的特徴、興味・関心なども記入する。このあたりの項目は、プロダクトやBtoBのパターンなどで臨機応変に変えていく。

変化し続ける顧客心理を捉えるための「虫の眼」を身につけるフレームワーク

## 図5-11 ユーザーの基本情報を把握する

| プロセス | インタビュー相手の背景情報を書き出す<br>全部網羅する必要なし。重要な項目はハイライト |
|---|---|

| | 詳細カテゴリー | | | | |
|---|---|---|---|---|---|
| 基本情報 | 氏名 | 年齢 | 性別 | 居住地 | 結婚歴 |
| 経歴／職業 | 最終学歴 | 最終経歴 | 業種 | 職種 | 役職 |
| 人間関係 | どういう<br>友人 | どういう<br>恋人 | 配偶者<br>子供 | 家族構成 | コミュニティ |
| 生活パターン | 平日の<br>過ごし方 | 就業時間<br>残業時間 | 夜の<br>過ごし方 | 休日(オフ)の<br>過ごし方 | 趣味 |
| 経済的特徴 | 年収 | 貯蓄 | 金銭感覚 | お金の使い方<br>ポリシー | 欲しいもの |
| 性格／価値観 | 性格タイプ | 重視している<br>こと | 悩み事 | 長所 | 短所 |
| 興味／関心事 | 将来の夢 | 憧れる人 | 推している人 | 好きな音楽<br>ブランド | よく検索する<br>キーワード |
| メディア<br>ITリテラシー | 通信手段 | よく使う<br>SNS | よく見る<br>メディア | ITリテラシー | 所有<br>デバイス |

　次に、どのようなシーンかという点では、図5-12のように「日時」
「時間帯」「プロセスの長さ」「プロセスの頻度」などを書き出す。

　クレイトン・M・クリステンセンが書いた『ジョブ理論』（ハーパーコ
リンズ・ジャパン）には、「顧客が、進歩したり未充足を満たしたりする
ために、ある特定の商品を生活やオペレーションに引き入れる。この
『進歩』のことを、顧客が片づけるべき『ジョブ』と呼んでいる」とあ
る。

　つまり、私たちは普段の生活や仕事をしている中で、未充足を満たす
ために、自然と何らかのプロダクト／代替案を採用している。ここでは、
そのシーンを具体的に書き出していくのだ。クリステンセンも言ってい
るが、ジョブには機能的な側面もあるが、感情的な側面もある。シーン
が変われば、人がそれに感じる未充足の部分は変わる。そうした感覚的
な点もすくい上げていく必要がある。

## 図5-12 ユーザーのシーン情報

プロセス ターゲットとするオペレーション/プロセス
のシーンを書き出す

| | 詳細カテゴリー | | | |
|---|---|---|---|---|
| 基本情報 | 日時 | 時間帯 | プロセスの長さは | プロセスの頻度は |
| 環境情報 | 場所 | エリア | どんな環境か | オンラインかオフラインか |
| 人間関係情報 | どういう人が関わるか | 一緒にいる人は | 一緒に作業する人は | 誰かに報告する必要はあるか |
| 機会情報 | どのような機会か | プロセス/オペレーションの目的は（何を成し遂げようとしているか） | 目的は明確かKPIはあるか | 自ら進んでやっていることか誰かからお願いされていることか |
| 前後の情報 | 直前に何をしたか | 直後に何をするか | — | — |

なぜシーンが大事かというと、コンテクストが変わればユーザーの行為が変容するからである。たとえば、同じ「アイスクリーム」であっても、昼ならばカロリーをそこまで気にしなくてもいいので喜んで食べるが、夜はカロリーが高いものは避けたいという感情が働くかもしれない。すなわち、シーンが変わると、人の商品やサービスに対する認識が変わるのだ。

シーンについては、図5-13の通り、「美容・ファッション」「健康・医療」「遊び・エンタメ」「買い物・買い方」など14に分類できる。新たな事業を作るシーンや背景もここからカテゴライズできる。たとえば、新しい出会いのアプリを作ろうと考えると、「遊び・エンタメ」というシーンに当てはめられる。あるいは、フードテックとして新たな飲料を作ろうと考えているならば、「飲食」に該当する。このようにきちんと分類して考えていくことが重要である。

変化し続ける顧客心理を捉えるための「虫の眼」を身につけるフレームワーク

## 図5-13 シーンの14分類

| カテゴリー | 具体的行為 |
|---|---|
| 美容・ファッション | スキンケア、ヘアメイク、メイクアップ、おしゃれ、身だしなみ |
| 健康・医療 | 健康管理、運動、フィットネス、トレーニング、通院、健康診断 |
| 遊び・エンタメ | 余暇、趣味、ショッピング、音楽、旅行、観光、節目イベント、ゲーム |
| 買い物・買い方 | オンラインショッピング/店頭ショッピング、オークション、フリマ |
| メディア・情報収集・IT | スマホ、PC、SNS、家電 |
| 家事・家族ケア | 炊事、洗濯、子育て、送迎、介護、ペットの世話、家計管理 |
| 恋愛・友人 | 出会い、コミュニケーション、部活、サークル、コミュニティ |
| 飲食 | 食事、自炊、間食、外食、喫茶、カフェ、バー |
| 学び・教育 | 勉強、習い事、資格獲得、受験、リスキリング、留学 |
| 住まい | インテリア、賃貸、住宅購入、リノベーション、引越し、移住 |
| 仕事 | ワークスタイル、転職、就職、キャリアアップ |
| マネー | 金融、将来設計、資産運用、保険、節税 |
| 移動 | 車、電車、自転車、通学、通勤、お出かけ |
| 社会活動 | 地域活動、エコ活動、文化活動、NPO、ボランティア |

### 行動ドライバーを明確にする

　では、具体的にどのようにモチベーショングラフ書いていくのかを説明しよう。図5-14の通り、縦軸にモチベーションを示し、+100が一番良い状態で、－100が一番悪い状態である。横軸は時間軸でシーンを書く。ポイントとしては、インタビュー相手となるエンドユーザーに書き方を説明した後に記入してもらう。エンドユーザーに書いてもらうことにより、リアルな心の機微を摑み取ることができる。

　また、一見すると満たされているようなシーンであっても、深掘っていくと、実は未充足のものがあるというインサイトが得られることがある。

　ジョブ理論が特に重点を置くのは、「なぜ、その行動を起こしたのか」という行動ドライバーを明確にすることである。ドライバーは大きく2つ挙げられる。1つ目はノンエコノミックドライバー（非経済的／感情的

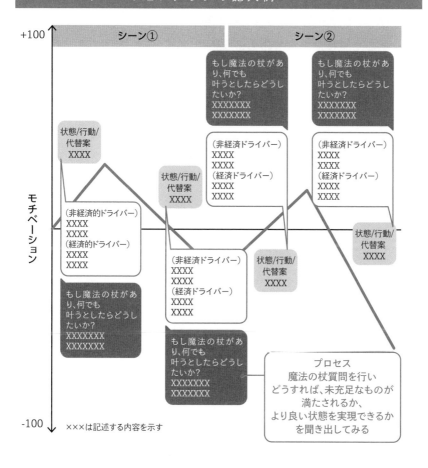

図5-14 モチベーショングラフの記入例

シーン①　シーン②

+100

モチベーション

もし魔法の杖があり、何でも叶うとしたらどうしたいか？
XXXXXXX
XXXXXXX

もし魔法の杖があり、何でも叶うとしたらどうしたいか？
XXXXXXX
XXXXXXX

状態/行動/代替案
XXXX

（非経済ドライバー）
XXXX
XXXX
（経済ドライバー）
XXXX
XXXX

（非経済ドライバー）
XXXX
XXXX
（経済ドライバー）
XXXX
XXXX

状態/行動/代替案
XXXX

状態/行動/代替案
XXXX

（非経済的ドライバー）
XXXX
XXXX
（経済的ドライバー）
XXXX
XXXX

（非経済ドライバー）
XXXX
XXXX
（経済ドライバー）
XXXX
XXXX

状態/行動/代替案
XXXX

もし魔法の杖があり、何でも叶うとしたらどうしたいか？
XXXXXXX
XXXXXXX

もし魔法の杖があり、何でも叶うとしたらどうしたいか？
XXXXXXX
XXXXXXX

プロセス
魔法の杖質問を行い
どうすれば、未充足なものが満たされるか、より良い状態を実現できるかを聞き出してみる

-100

×××は記述する内容を示す

なドライバー）、2つ目はエコノミックドライバー（経済的なドライバー）である。

　ノンエコノミックドライバーは、人の感情や情緒的効果で、次の項目が該当する。

- 物性／素材／成分がもたらす効果
- 機能／性能がもたらす感覚的効果
- そこで感じた感覚そのもの（視覚、聴覚、味覚、触覚、運動覚、抵抗覚、重量覚など）
- ポジティブな心理作用
- ネガティブな心理作用
- 未充足な心理（求められているがまだ、充足されていないもの）
- パーセプションの情報（ネーミング、パッケージ、広告、キャッチフレーズ、キャラクターなど）
- その行動を強いられている心理的圧迫

続いて、エコノミックドライバーとしては下記の項目が挙げられる。

- 経済的効果（コスト削減／プロフィット増幅などのベネフィット）
- 時間的な効果（無駄な時間の節約／余剰時間の獲得）
- 機能・性能がもたらす経済的効果（定量可能）

　私たちは「これは良さそう」「かっこいいから欲しい」など感覚的に判断して購買をしているケースも多い。一方で、「高価すぎる」「ここが使いにくい」といった指標をもとに意思決定していることもあるだろう。つまり、ノンエコノミックドライバーとエコノミックドライバーの両側面から、人のモチベーションを推し測っていく必要があるのだ。それを図5-14のようにモチベーショングラフに記入していく。
　モチベーショングラフの浮き沈みと具体的なドライバーを示した後に、「魔法の杖質問」からソリューション仮説の示唆出しを行っていく。「魔法の杖質問」とは、「もし魔法の杖があるとしたら、何を変えたいですか（どう未充足を満たしたいですか）？」や「その未充足を満たすことがで

きたり、ポジティブに変化することができたら、どれくらいの予算確保が可能ですか?」「現状の代替案にかけているコストにどれくらい追加支払いができますか?」といった問いのことである。

図5-14のようにこうした質問をモチベーショングラフに記入し、市場性を検証する。

こうした質問により、「現状の未充足な状態」を明らかにする。

また、このインタビューを重ねていくことで、加えて、その「課題」に対する「ユーザーの不の大きさ × 頻度 × ユーザー数」を定量化する。この定量化が、今後のソリューション仮説を立てる時に役に立つ。

## 〉 モチベーショングラフ具体例（車検証変更）

モチベーショングラフの具体的な事例を解説したい。以前、都内に私が引っ越した際に、車検証の住所を変更したことがある。そのシーンについて当事者としてモチベーショングラフを書いてみた。申請書類も多く、役所に行く時間を取るのも大変で、未充足の部分が多いことが浮き彫りになった。

図5-15／16を見ていただくとわかる通り、シーンの順番でいうと、「警察署に行く（1回目）」「陸運局に電話する」「警察署に行く（2回目）」「陸運局に行く（1回目）」「法務局に行く」「陸運局に行く（2回目）」となる。警察署と陸運局に2回ずつ行くという大変な目にあった。その結果、1回目に警察署に行った時点からずっと落ち続けて、最後に少しだけ上がるというモチベーショングラフになった。

最初から説明すると、1回目の警察署への書類提出は簡単だった。これはいけると思い、やや気分が上がった。その日は予定があったので、陸運局には1ヶ月半くらい経ってから行こうとしたら、実は警察署で取った書類が期限切れだったことが判明。陸運局に電話をしたもののやはり取り直さなければならず、再度警察署へ。混雑している警察署で、

変化し続ける顧客心理を捉えるための「虫の眼」を身につけるフレームワーク

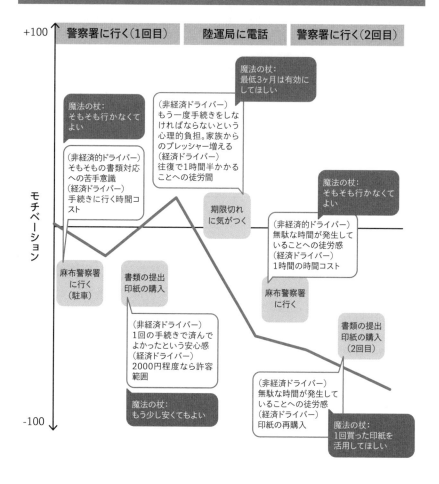

図5-15 車検証変更の際のモチベーショングラフ①
（ドライバー／魔法の杖記入）

+100

警察署に行く（1回目）　　陸運局に電話　　警察署に行く（2回目）

モチベーション

魔法の杖：
最低3ヶ月は有効に
してほしい

魔法の杖：
そもそも行かなくて
よい

（非経済ドライバー）
もう一度手続きをしな
ければならないという
心理的負担。家族から
のプレッシャー増える
（経済ドライバー）
往復で1時間半かかる
ことへの徒労感

（非経済的ドライバー）
そもそもの書類対応
への苦手意識
（経済ドライバー）
手続きに行く時間コスト

魔法の杖：
そもそも行かなくて
よい

期限切れ
に気がつく

（非経済的ドライバー）
無駄な時間が発生して
いることへの徒労感
（経済ドライバー）
1時間の時間コスト

麻布警察署
に行く
（駐車）

書類の提出
印紙の購入

麻布警察署
に行く

書類の提出
印紙の購入
（2回目）

（非経済ドライバー）
1回の手続きで済んで
よかったという安心感
（経済ドライバー）
2000円程度なら許容
範囲

（非経済ドライバー）
無駄な時間が発生して
いることへの徒労感
（経済ドライバー）
印紙の再購入

魔法の杖：
もう少し安くてもよい

魔法の杖：
1回買った印紙を
活用してほしい

-100

再び2000円を支払って書類を申請せねばならず、非常に気分が落ちた。

　ようやく書類が取れたので、一気に済まそうと思い、陸運局へ。陸運局には初めて行ったのだが、看板が多すぎてどこに申請を出せばよいのかわからず、迷ってしまった。なんとか見つかったものの、また混んでいて整理券をもらうと19人待ち。忙しいのに19番目と言われて、さらに気分が落ちた。さらに、30分ほど待って、窓口にようやく呼ばれたら、車を会社名義にしていたので、謄本が必要だと言われる。そこでまたガクンと落ちる。

　そこから港区の法務局に行って、謄本を取得。謄本はすんなりと交付してもらえた。その足で、陸運局に戻ると3人待ち。19人待ちに比べたらマシかと思ったが、色々なところにたらい回しにされ、手続きに30分かかり、ようやくナンバーを変更できた。

　半日以上を要したし、移動に時間も労力もかかった。もう二度とやりたくない、と思った。図5-15／16の通りドライバーには、コストがかかったことや周りから「早くしろ」と言われたことなどを書いた。

　この件で痛感したのは、「誰か代行をしてほしい」ということである。「車を渡したら、プレートを取ってきてくれて、翌日には運転できるという魔法の杖が欲しい!」と思った。そして、そうなるならば、1万円でも2万円でも払っても惜しくないと感じた。

　余談だが、実はこうした私と同様の思いの人が多いのか、後からこの車検証変更についての代行サービスがあることが判明した。代行で全て任せるならば3万8000円。やや悩ましい値段設定だが、全く時間が取れない人もいるのでそのくらいでも需要はあるのだろう。

　今回の件にはソリューションが存在したが、企業側はこのようなユーザーの未充足に対して、ソリューションが存在していないところへ価値提案をしていくことが必要である。モチベーショングラフは、それを発見／検証ができるフレームワークである。

変化し続ける顧客心理を捉えるための「虫の眼」を身につけるフレームワーク

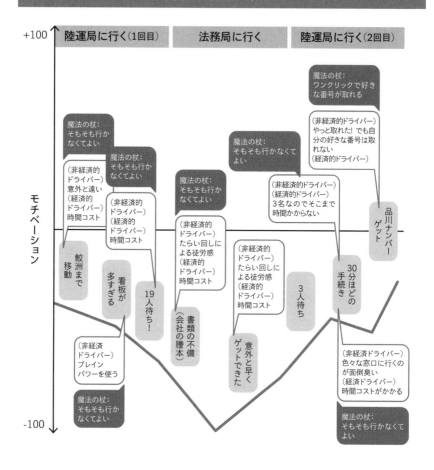

図5-16 車検証変更の際のモチベーショングラフ②
（ドライバー／魔法の杖記入）

+100

モチベーション

陸運局に行く（1回目）　　法務局に行く　　陸運局に行く（2回目）

魔法の杖：
そもそも行か
なくてよい

（非経済的
ドライバー）
意外と遠い
（経済的
ドライバー）
時間コスト

魔法の杖：
そもそも行か
なくてよい

（非経済的
ドライバー）
（経済的
ドライバー）
時間コスト

魔法の杖：
そもそも行か
なくてよい

魔法の杖：
そもそも行か
なくてよい

（非経済的
ドライバー）
たらい回しに
よる徒労感
（経済的
ドライバー）
時間コスト

魔法の杖：
そもそも行かなくて
よい

（非経済的
ドライバー）
（経済的ドライバー）
3名なのでそこまで
時間かからない

魔法の杖：
ワンクリックで好き
な番号が取れる

（非経済的ドライバー）
やっと取れた！ でも自
分の好きな番号は取
れない
（経済的ドライバー）

鮫洲
まで
移動

看板が
多すぎる

19分
待ち！

（非経済的
ドライバー）
たらい回しに
よる徒労感
（経済的
ドライバー）
時間コスト

3人
待ち

30分
ほどの
手続き

品川
ナンバー
ゲット

（非経済
ドライバー）
ブレイン
パワーを使う

書類の不備
《会社の謄本》

意外と早く
ゲットできた

（非経済ドライバー）
色々な窓口に行くの
が面倒臭い
（経済ドライバー）
時間コストがかかる

魔法の杖：
そもそも行か
なくてよい

魔法の杖：
そもそも行かなくて
よい

-100

## ＞ 究極の顧客理解の事例
## 〜5年間で発行部数を3倍に伸ばした『ハルメク』

　顧客理解に必要な要件として「定性的な顧客理解」「定量的な顧客理解」があると説明したが、それに加えて「顧客愛」を加えたい。図5-17からわかる通り、「顧客を理解」するだけでなく、「顧客愛」が非常に重要だということである。顧客に価値提供をしたいと思う強いこだわりや共感をする「カスタマーファウンダーフィット」が重要になる。

図5-17 顧客の解像度を高めるための3つの要件

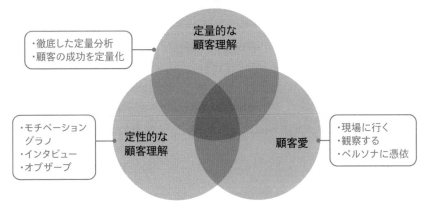

　「定性的な顧客理解」「定量的な顧客理解」「顧客愛」を駆使してうまくいっている事例として、2023年に一時50万部を超えて話題となったシニア女性向け雑誌『ハルメク』を紹介しよう。雑誌業界は衰退の一途を辿っているにもかかわらず、山岡朝子氏が編集長になって以来5年間で売上部数16万部から49万部[2]と3倍にまでに伸ばした実績を誇る。廃刊・

2）日本ABC協会発行社レポート（2022年7月〜12月）

休刊に追い込まれる雑誌も多い中で、『ハルメク』はダントツに売上を伸ばしている。読者分析に際してモチベーショングラフは使っていないと思うが、モチベーショングラフを使ったかのように、顧客の定量・定性の解像度が非常に高いので紹介したい。

　顧客理解に際して、『ハルメク』はペルソナの設計はもちろんのこと、一次情報として毎月2000通ほどのお客様の声（彼らはこれを手紙と呼んでいる）が届くが、これを徹底的に読み込んでいるという（図5-18）。

図5-18 『ハルメク』の定性的な顧客理解

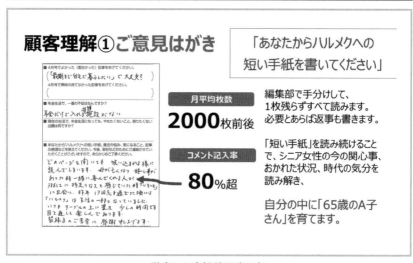

徹底した定性的顧客理解

提供：株式会社ハルメクホールディングス

　図5-18に資料を載せたが、何か悩むポイントがあると「自分の中の65歳のA子さん」と対話して、お客様の声を自分事として理解していくそうだ。この「A子さん」は自分たちにとって都合の良い読者像ではなく、毎月2000枚もの「手紙」からリアルなペルソナ像を紡いでいっているのだ。加えて、シンクタンクによる定量分析も実施。記事ごとの評価など

も取って、次の企画に生かしている。

　こうした徹底した顧客分析に加えて、注目すべきなのが顧客愛である。編集長も含めて、顧客の声を聞きに現場へ行く。『ハルメク』は少人数のグループヒアリングやイベントで、実際に顧客と対話し、気づきを得ているのだ（図5-19）。これは定性的な理解につながることはもちろん、リアルな読者に会うことで顧客愛の醸成につながっている。

図5-19『ハルメク』の顧客愛醸成の場づくり

**顧客理解④ 直接お会いする**

少人数でのグループインタビュー、数十人での試食会やセミナー、大人数でのイベントや講演会などなど。ハルメクには年に数百回、「顧客に直接会う」機会があります。

ほとんど毎日、誰かが顧客にお会いして、意見を聞いたり、好みを探ったり、一緒に過ごしたりしています。

そこで聞いたこと、感じたこと、希望されたこと、予想外だったことなどが蓄積され、顧客理解が磨かれていきます。

※写真はコロナ前

顧客愛を現場で磨き続ける

提供：株式会社ハルメクホールディングス

　顧客の解像度を上げてヒットした『ハルメク』の企画内容を紹介しよう。読者と弁当を食べながらの花見会をしたという。その時に、フィギュアスケートの羽生結弦選手がNHK杯に出場するタイミングで、参加者がその結果が気になっているようであることに気がついた。
　若い人であればさっさとネットニュースで調べればいい。しかし、シ

ニア世代はスマートフォンの使い方に明るくなく、情報に行き着くのが難しい。そこで、シニア世代のニーズをとことん掘ったスマートフォンの使い方特集が未充足を満たせるのではないか、ということで企画したらそれが大ヒットした。

## ＞ 顧客インサイトを獲得するジョブシャドーイング

　上記の『ハルメク』の事例は、まさに現場に行き、顧客を観察することによってインサイトを得た事例だ。このインサイトを獲得するためのフレームであるジョブシャドーイングについてお伝えをしていく。ジョブシャドーイングとは、調査者がユーザーの特定の活動を観察して、ユーザーの行動と経験を記録する方法のことである。その目的は、既存のある活動や既存のサービスを利用する時、何らかの問題や課題に直面した時にすぐに横で観察しているので、それまで認識や言語化できていなかった問題を捉えることができることにある。

　商品もサービスも、実際にサービスが提供されている現場を見なければ摑めない課題もある。サービス／プロダクトと顧客のタッチポイントをリアルタイムで詳細に把握できるのは現場だけなのだ。

　ジョブシャドーイングの中では、顧客を観察しながら下記のような問いかけをしてみることもポイントだ。

問い：
「その作業をしている時に時間を取られている特定の作業はあるか?」
「同じことを繰り返していないか?」
「問題や、面倒な事態を避けようとして、最適でない策をとってしまっていないか?」
「何かに対してうんざりしたり、フラストレーションがたまっていないか?」

「不必要に作業者が覚えなければならない手順や身につけるスキルはないか？　コンピュータが代替できるものはないか？」

「紙のリスト、エクセル、メモなど別の道具を一緒に使っていないか？」

　『ハルメク』の編集長が行ってきたのは、上記のような問いを頭の中で巡らせながら、ユーザーを観察していったことだ。実際に、顧客はネットニュースを見ればすぐに情報が得られるものの、それができていなかった。これにより、未充足が生じていることを発見したのだ。図5-20をご覧いただきたい。これは情報やインサイトを獲得する方法をまとめたものになっている。右側の二次情報は、ネットやメディア情報からインサイトを獲得する方法をまとめたものだ。コストも安く、大量の情報を獲得できる一方で、製作者側の解釈やバイアスが入っている場合も多い。また、すでに知れ渡っている情報でもあるので、価値はそこまでないだろう。

　そこで、インタビューやアンケートを通じて、ユーザーから直接情報を得て獲得する一次情報がある。前述のモチベーショングラフやインタビューを通じて、ファクトをベースに何が現場で未充足なのかを明らかにしていく。今回紹介した、ジョブシャドーイングを、私は「超一次情報」と呼んでいる。実際に、その現場を観察することによって、ユーザーが言語化できていない部分を捉えていくのだ。

　このように現場に行って顧客を観察するということも非常に重要なポイントである。この後で紹介する「ポケットドルツ」の事例などは、まさに顧客の観察をベースにしてヒット商品を生み出したケースになる。

　顧客の心理状態や期待するものは、ダイナミックに変わっていく。そうした早い変化は、いちいち言語化されないケースも多い。そこの観察を通じて、誰よりも迅速にインサイトを見つけ、より深い課題の発見だったり、より良いプロダクトを提供するために活用していくのが大事だ。

変化し続ける顧客心理を捉えるための「虫の眼」を身につけるフレームワーク

## 図5-20 情報やインサイトを獲得する方法

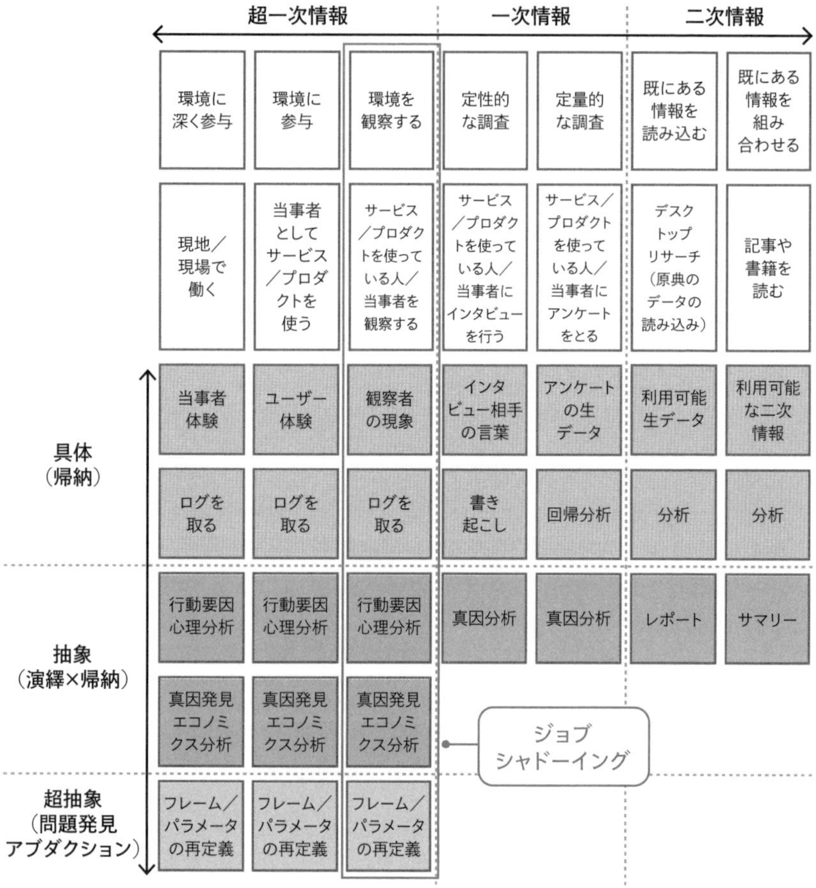

|  | 超一次情報 | | | 一次情報 | | 二次情報 | |
|---|---|---|---|---|---|---|---|
|  | 環境に深く参与 | 環境に参与 | 環境を観察する | 定性的な調査 | 定量的な調査 | 既にある情報を読み込む | 既にある情報を組み合わせる |
|  | 現地/現場で働く | 当事者としてサービス/プロダクトを使う | サービス/プロダクトを使っている人/当事者を観察する | サービス/プロダクトを使っている人/当事者にインタビューを行う | サービス/プロダクトを使っている人/当事者にアンケートをとる | デスクトップリサーチ（原典のデータの読み込み） | 記事や書籍を読む |
| 具体（帰納） | 当事者体験 | ユーザー体験 | 観察者の現象 | インタビュー相手の言葉 | アンケートの生データ | 利用可能生データ | 利用可能な二次情報 |
|  | ログを取る | ログを取る | ログを取る | 書き起こし | 回帰分析 | 分析 | 分析 |
| 抽象（演繹×帰納） | 行動要因心理分析 | 行動要因心理分析 | 行動要因心理分析 | 真因分析 | 真因分析 | レポート | サマリー |
|  | 真因発見エコノミクス分析 | 真因発見エコノミクス分析 | 真因発見エコノミクス分析 | ジョブシャドーイング | | | |
| 超抽象（問題発見アブダクション） | フレーム/パラメータの再定義 | フレーム/パラメータの再定義 | フレーム/パラメータの再定義 | | | | |

起業参謀の問い

- 顧客の思考と行動をクロスで理解できているか?
- 顧客が「諦めていること」を発見できたか?
- 顧客インサイトを見つけるために現場に行き、顧客の観察をしているか?

変化し続ける顧客心理を捉えるための
「虫の眼」を身につけるフレームワーク

# 万能フレームワーク

## 課題の構造化

Section1で、真の課題とは何かについて解説した。目の前にある表面的な現象だけでなく、その裏側にある原因を探索し突き止めていく重要性について、「優秀な医師」のアナロジーを使って解説した。ここでは、具体的にそれをどのように行うのかを解説したい。

「構造化」とは、物事の全体を定義した上で「構成要素」と「構成要素間の関係」を整理する取り組みだ。現在はモノや情報が氾濫し、複雑性が増している。また世の中に現れる多くの物事や現象は、様々な要素が複雑に絡み合っており、ただ漠然と全体を捉えただけでは有益な示唆は得られない。そこで構造化を行うことにより、物事の本質的な理解を進めることができる。なぜ、課題の構造化を行うのかその理由について解説しよう。

1.「無知の無知」から「無知の知」になる

全体の構成要素と関係性を明確にすることにより、何がわかっていないかがわかっていないモヤモヤした状況から、何がわかっていないかがわかっている状況になる。そうすることにより、次に何を知るべきかのアクションがより明確になる。

2.全体の中から解くべき課題を見つけることができる

課題解決で重要なのは、HowやWhyの手前に"Where"（どこから始めるか）を考えることである。構造化により全体像を客観的に捉えることにより、どこが全体のボトルネックになっているのかが明確になる。またバリューチェーン分析やウォーターフォール分析などのフレームワーク

を活用することにより、定量的／定性的に課題を深掘りできる。

## 3.事実と解釈が混沌としている状態を見極める

　仮説を裏付けるものを紐解いた時に、それが事実である場合と、事実に基づかない単なる意見／解釈なのかを見極める必要がある。解釈の場合は、その解釈の確からしさを裏付けるためのファクトの抽出／獲得を行う。前述のように起業家はバイアスがかかりやすい。バイアスのかかった解釈と事実を切り分けることで、意思決定の質やコミュニケーションの質を高める（誤解を減らす）ことができる。

## 4.イシューの新たな構造を発見する

　構造化を進めることにより、それまで誰も目をつけていなかった新たな構造を発見することができる場合がある。新たな構造をベースに課題解決を進めると、より深遠な要因／真因に対応できる可能性がある。

## 5.「ソリューションありきの課題でっち上げ」を防ぐ

　何かソリューションを閃いたら、どうしてもそれを肯定してしまうロジック／ストーリーを"でっち上げるバイアス"が働いてしまう。構造化することにより、どこにバイアスがかかっているのかを客観的かつ俯瞰的に捉えることができる。結果として"誰も使いたくないドリル"を作る罠にハマらなくなる。

---

## ＞ 課題の構造化の進め方

---

　課題の構造化の進め方について解説しよう。まず、現状の手元の情報をベースにして、課題の構造に関して仮説を構築する。

1 Visualize：物事の全体を可視化する（ここはざっくりでもよい）
2 Where：問題解決を考える前に、「どの問題」を解決するべきかを考

変化し続ける顧客心理を捉えるための「虫の眼」を身につけるフレームワーク

える

3 Why：その問題（現象／症状）がなぜ起きているのか原因を深掘りする

4 How：問題の原因に対応するための解決策を探索する

5 Do：施策を実行する

6 Check：実行結果の計測

7 Action：計測結果に基づいてアクションをする

　1〜4は行ったり来たりする（実際に疑問に思ったところは二次情報を収集するだけでなく、インタビューやオブザーブなどの一次情報を取りにいくことが大事だ。前節の図5-20を思い出していただきたい）。そうすることで、物事の全体がより明確になってくる。

　課題の構造化を進めていく際に、陥りがちな失敗パターンについて以下にまとめたので、図5-21と併せてご覧いただきたい。

How思考

　How思考とは課題の検証をせずに、ソリューション（How）からいきなり検討してしまうことだ。多くの起業家が、「生成AI」「Web3.0」などのバズワードに囚われて、「とりあえず生成AIで何かやりたい」とソリューションありきで事業を始めてしまうケースがある。たまたまソリューションがラッキーパンチで当たる場合があるが、なぜそれがユーザーに刺さったのかを構造的に理解していない場合が多いので、環境変化（ユーザーの期待が変化する、競合製品が現れるなど）があったら対応できないケースが多い。

コインの裏返し[3]

　問題は一応特定するが、なぜそれが起きたのか原因の深掘りをせずに

---

[3]「コインの裏返し」について詳しくは、『問題解決　あらゆる課題を突破する ビジネスパーソン必須の仕事術』（高田貴久、岩澤智之著、英治出版）を参照

## 図5-21 課題の構造化の進め方

行ったり来たりする →

| | Visualize 全体を可視化する | Where 問題の特定 セグメントの特定 | Why 原因の深掘り | How 解決策の探索 | Do 実行 | Check 実行結果の計測 | Action 計測結果に基づきアクション |
|---|---|---|---|---|---|---|---|
| | 現状の未充足な状態の全体像を書き出してみる | どこの問題にフォーカスするかを特定する | Whyを通じた構造化分析を行う | ・ソリューション仮説を立ててみる ・ソリューション仮説の優先順位づけをする | ・施策を実行してみる ・顧客に構造化した課題の全体を見せて確認するのも有効 | ・定性的に検証する(インタビュー/オブザーブ) ・定量的に検証する(ログ/AARRR/CHS4)など) | ・アクション仮説を立てる ・アクション仮説の優先順位づけを行う |
| | ・構造展開質問を通じて発散と整理を行う(ステークホルダー両者を行う) ・それぞれの要素の関係をつなげてみる ・構造化しつつ俯瞰してみる ・全貌が明らかになったタイミングで視点を変える質問を行うのも有効 | | | | | | |
| How思考 | × | × | × | ◎ | ◎ | × | × |
| コインの裏返し | × | ◎ | × | ◎ | ◎ | ◎ | × |
| 恣意的な深掘り | × | × | ◎ | ◎ | ◎ | ◎ | × |
| 分析麻痺 | ◎ | ◎ | ◎ | ◎ | × | × | × |
| ぶつ切り／単なる無謀 | △ | △ | △ | △ | △ | △ | △ |
| 仮説ベースの問題解決思考 | ◎ | ◎ | ◎ | ◎ | ◎ | ◎ | ◎ |

◎良くできている　○できている　△中途半端　×できていない

対症療法的なソリューションを考えて、打ち出してしまう。たとえば、太っているので、見た目をどうにかしたいと思い、加圧式の腹巻をつけ

---

4) AARRR／CHS：海賊指標／カスタマーヘルススコア

Chapter 5

変化し続ける顧客心理を捉えるための「虫の眼」を身につけるフレームワーク

263

るような感じだ（圧がかかって腹が凹んでいるように見えるが、根本的に何も解決していない）。前に紹介した頭が痛いので対症療法として、頭痛薬を処方するのは、コインの裏返しの事例だ（図5-22）。

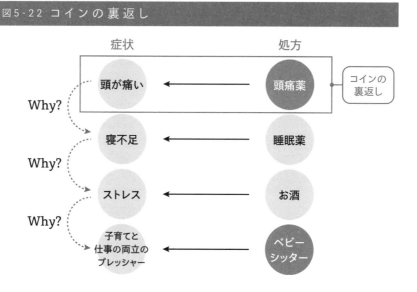

図5-22 コインの裏返し

恣意的な深掘り

全体像を捉えないで、ある特定の原因の探索から始めてしまうケースだ。たとえば、ある組織で「離職率が高まっている」という現象があった時に、「満足度が低い」なぜなら「成果が正当に評価されない」という側面だけを深掘って検証してしまうケース（図5-23の左側）。「他に理由はないか?」という質問をすることによって、全体を捉え様々な原因を検証する必要がある。

分析麻痺

過度な分析に陥ってしまい結果行動量が減ってしまう状態。深さにこだわりすぎると実際の現象を還元しすぎて、手触り感がなくなってしま

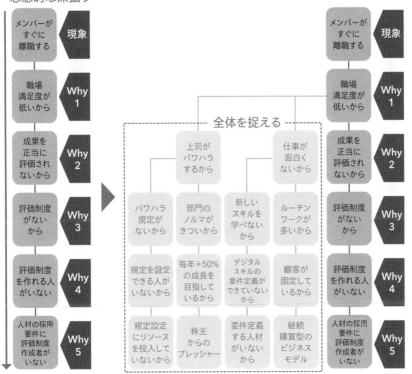

## 図5-23 恣意的な深掘り

**恣意的な深掘り**

**全体を捉える**

う分析をした上で、代替案を網羅的に出そうとする。結果として、完璧な計画を立てることが目的化してしまい、行動量が落ちてしまう。広さにこだわりすぎると、現象面や関連のない事例の収集に走ってしまう。網羅思考に陥ってしまい具体的なアクションが取れなくなる。

### ぶつ切り／単なる無謀

　一応、全体像を捉えたり原因の深掘りをしているが、それぞれの詰めが甘く、成果が上がらない状態。図5-24でいうと左側の状態だ。こうな

Chapter 5

変化し続ける顧客心理を捉えるための「虫の眼」を身につけるフレームワーク

265

る要因として、情報のインプットが足りなかったり、またインプットする情報の質が低い場合や、構造化スキルが欠落していることが挙げられる。この症状がある人はぜひ、本節のフレームワークを参照いただきたい。

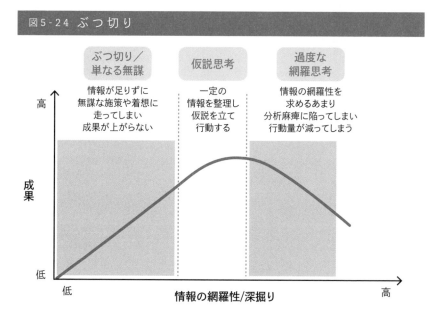

図5-24　ぶつ切り

では、具体的にどのように課題の構造化を進めていけばいいのか、事例を交えながら解説していこう。その前に「良い課題の条件」を掲載しておく。

良い課題の条件

1.大きな問題からアクション可能な課題レベルにブレークダウン
できている（課題の深さがある × 課題が因数分解されている）
2.因果関係が事実ベースで検証されている（問題の原因や根拠が信

頼性のあるソースや一次情報をベースに明確になっている。確証バイアス／認知バイアスの除去）

3.既存の代替案（常識的な案）の未充足が明らかになっており、それに対して有効なソリューション仮説がある（地球がひっくり返っても解決できないようなソリューションではなく、実現可能なソリューション仮説が立っている）

4.問題の要因が、おおよそ漏れなく言語化できている（考えうる要因が考えられている）

↓

新しい構造（因果関係・ルール・関係性）が発見されている。インサイトがある状態

## ＞「新しい構造」を発見した事例

「新しい構造」を発見して成功した事例を紹介しよう。あなたは、電動歯ブラシを使っているだろうか。電動歯ブラシが世の中に普及し始めたのは1990年代で、現在は一般家庭にも広く浸透しているが、シェアの拡大が足踏みした時期があった。

当初、顧客のニーズ／課題は、「歯と歯茎を健康にすること」と考えられていた。これは決して間違いではなく、顧客が期待する顕在化されたニーズはまさにそこにあった。

しかし、実際のところ「歯と歯茎を健康にする」というコンセプトだけを打ち出しても、思うほど広がってはいかなかった。

ここで「空」「雨」「傘」のフレームを紹介したい。「空」が原因、「雨」が課題／ニーズ、「傘」が課題／ニーズに対する具体策（ソリューション）である。

この時点で、電動歯ブラシにおける「空」とは、「歯と歯茎の健康ト

ラブル」である。これに対して、「雨」では歯の磨き方があまいことが挙げられる。手で磨くと磨き残しが発生するため、口腔内のトラブルという問題が生じる。そこで必要なのが、「傘」として電動歯ブラシを使うという提案にたどり着く。

　問題を「歯と歯茎の健康トラブル」と設定している以上、口腔内の健康を保つための機能がどんどん付加価値としてつけられていくことは、ある種当然のことだと言えるだろう（図5-25）。

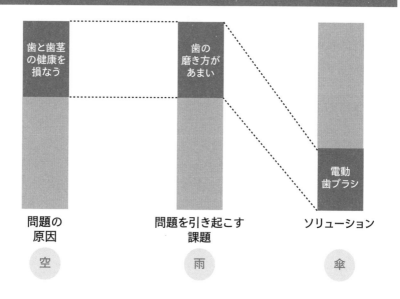

図5-25　電動歯ブラシの「空」「雨」「傘」

　ただし、図5-26の通り、ソリューションの質は高まっていったものの、課題の質は「歯と歯茎の健康トラブル」に据え置かれた状態が続いたのだ。

## 図5-26 電動歯ブラシから見る付加価値

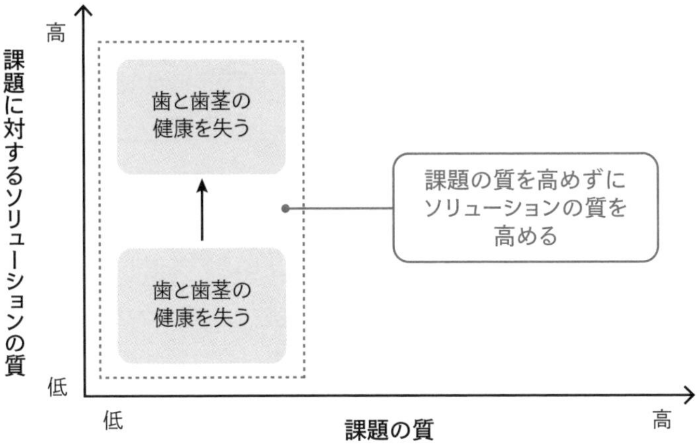

さらに、電動歯ブラシの開発にしのぎを削っていたパナソニックが調査をしたところ、若い女性の「自宅以外で電動歯ブラシを使用したくない」という意見が散見された。そこに隠れていた本音とは、「電動歯ブラシは音が大きすぎて、オヤジ臭くて恥ずかしい」というもの（図5-27）。つまり、若い女性においては、ハイスペックさよりも重要な課題があったのだ。このように「虫の眼」で分析をしていくことで、課題の深掘りをしていくことができる。

「歯と歯茎の健康」という課題を解決する目的であれば、電動歯ブラシ以外のアプローチも考えられる。その1つが、キシリトールガムだ。キシリトールガムは口腔内の健康につながるし、若い女性に「おじさんぽくてダサい」という心理を抱かせることもないだろう。

変化し続ける顧客心理を捉えるための「虫の眼」を身につけるフレームワーク

図5-27 若い女性の電動歯ブラシに対する本音

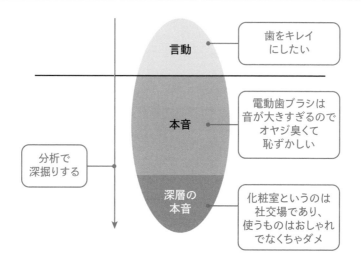

歯をキレイ
にしたい

言動

電動歯ブラシは
音が大きすぎるので
オヤジ臭くて
恥ずかしい

本音

分析で
深掘りする

深層の
本音

化粧室というのは
社交場であり、
使うものはおしゃれ
でなくちゃダメ

　しかし、ここで大事なことは、さらに「虫の眼」でユーザーの課題を深掘っていくことである。そこで見えてきたのが、図5-28である。

　消費者のPain（痛み）としては、「健康に気を使いたいけれど、オヤジ臭くてダサいのはイヤ」という本音がある。それに加えて、Gain（獲得したいもの）としては、「周りの女子の話題の中心にいたい」ということだった。

　若い女性はランチ後にオフィスの化粧室で歯磨きをしている。つまり、歯ブラシのニーズはある。ただ、歯を磨く化粧室は女性同士の社交場なので使うものの「おしゃれさ」や「かわいさ」がとても重要である。

　つまり求められているのは、ハイスペックな電動歯ブラシではなく、あるいはキシリトールガムでもなく、女子の注目を集めるような電動歯ブラシだったのだ。こうして、課題を掘り下げることにより若い女性のニーズにたどり着くことができたのだ（図5-28）。

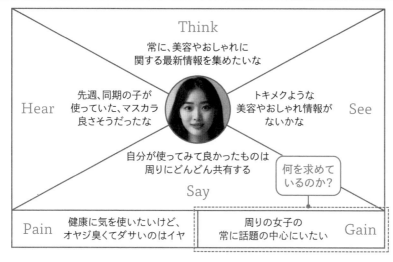

**図5-28 電動歯ブラシの問題と原因の掘り下げ**

Think
常に、美容やおしゃれに
関する最新情報を集めたいな

Hear
先週、同期の子が
使っていた、マスカラ
良さそうだったな

See
トキメクような
美容やおしゃれ情報が
ないかな

自分が使ってみて良かったものは
周りにどんどん共有する

Say

何を求めて
いるのか？

Pain
健康に気を使いたいけど、
オヤジ臭くてダサいのはイヤ

Gain
周りの女子の
常に話題の中心にいたい

Photo：Adobe Stock

　さらに、彼女たちの観察を続けていると、「マスカラサイズでなければ化粧ポーチには入らないので、持ち運ぼうと思わない」といったニーズまで発見することができた。一方で、歯をきれいに磨きたいという思いはあるものの振動数といった性能にはそこまでこだわりを持っていなかった。

　つまり、ソリューションを磨き上げる際には「ターゲットは何を付加価値に感じるか」を正確に捉えていくことこそが重要である。オフィスで働く女性たちは、ゴツゴツとしたムダにハイスペックな電動歯ブラシにはむしろマイナス印象を抱き、付加価値とは感じていなかったのだ。

　このようにユーザーをとことん掘り下げた結果、パナソニックビューティは新商品「ポケットドルツ」を開発した。それまでの電動歯ブラシが「性能」の一軸だったのに対して、新たな軸として、見た目のおしゃれ度を加えた（図5-29）。このポケットドルツの開発ストーリーは『戦略インサイト　新しい市場を切り拓く最強のマーケティング』（桶谷功、ダ

イヤモンド社）につぶさに描かれているので参考にしてほしい。

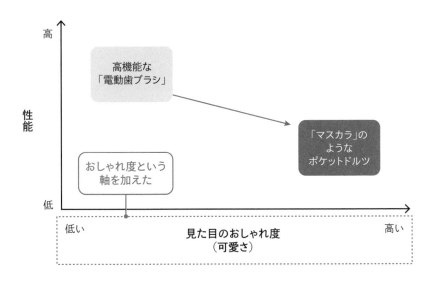

図5-29 おしゃれ度という軸を加えた

性能

高

高機能な
「電動歯ブラシ」

おしゃれ度という
軸を加えた

「マスカラ」の
ような
ポケットドルツ

低

低い　　　　　　見た目のおしゃれ度　　　　　高い
（可愛さ）

　図5-30の通り、ポケットドルツの開発とは、課題の質を変えたということである。「性能」から「おしゃれ度」に課題の質が転換した。そのため振動数などの面で見ると、ポケットドルツのスペックはそれほど高くない。そのため、原価は下げるが、その一方で「おしゃれ度」という付加価値は加えて、値段を高めに設定することができた。
　図5-31のように、「従来の電動歯ブラシの課題構造」からユーザーインタビュー／オブザーブによるインサイト発見により、新しい課題構造を発見した「良い課題設定」の事例になっている。
　さらに、ポケットドルツはカラーバリエーションを展開することによって、「本当に可愛い！」と話題となって一気に広がった。「周囲の女性の注目の的になりたい」というGainにフォーカスして、カラーバリエーションを増やすというソリューションの磨き込みを行った（図5-32）。

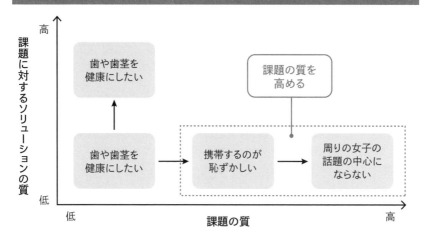

図5-30 顧客の課題の質を高める

図5-31 ポケットドルツが発見した課題構造

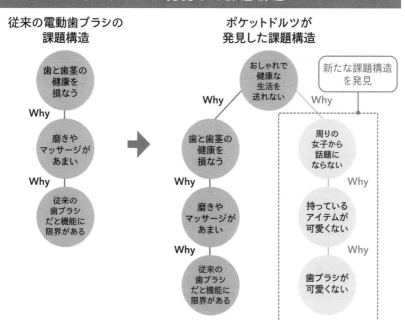

変化し続ける顧客心理を捉えるための「虫の眼」を身につけるフレームワーク

図5-32の通り、カラーバリエーションをパーソナライズできるということは、つまり「マイカラー」を選ぶことができるようにするという「より深い付加価値」の付与につながった。これは、顧客も気づいていないようなニーズの深掘りをしてソリューションを展開した成果であると言えるだろう。

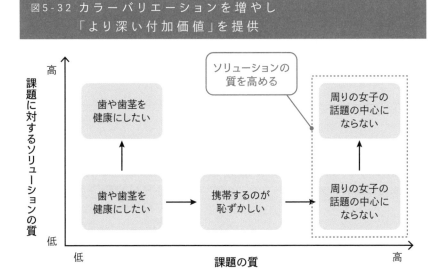

図5-32 カラーバリエーションを増やし
　　　　「より深い付加価値」を提供

　そして、図5-33のように付加価値ベースで価格を決定していったのだ。いくら付加価値を設定したとしても、それが価格に反映されなければ商売としては意味がない。ポケットドルツは価格への反映も成功した。

　この事例の大事なポイントは、働く女性のランチ後のオフィスシーンに目をつけたことと、現状の電動歯ブラシに対しては、「オヤジ臭くてダサくて使えない」という未充足の情緒的課題を発見したことだ。この課題を発見したことにより、化粧ポーチに入れることができるマスカラサイズの電動歯ブラシの開発やカラーバリエーションの展開につながっ

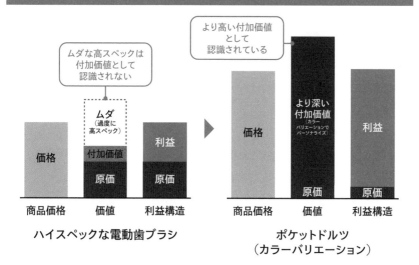

図5-33 付加価値ベースでの比較

ハイスペックな電動歯ブラシ

ポケットドルツ
（カラーバリエーション）

たのだ。

　では起業参謀として、どのように、課題の構造化（課題の質の向上）を
していくのか具体的なプロセスを解説しよう。

　課題を構造化していく質問リストを紹介する。

- Why?（何でそうなっている?）
- Cause and effect?（因果関係って本当にある?）
- So what?（つまりどういうこと?　抽象化すると?）
- What else?（他に理由／代替案がある?）
- Factorized?（因数分解できている?）
- Visualize with Value Chain?（バリューチェーンで表現できる?）
- Quantified?（課題や効果を定量化できている?）

- MECE?[5]（MECE感はあるか?）
- Facts?（事実ベースになっているか?　ただ単なる解釈か?）
- Use cases?（事例はある?）
- Solution or Action?（ソリューション／アクション仮説は?）
- Magic Stick？（魔法の杖があればどうしたい?）
- Bias free？（自分の確証バイアスを除外している?）

　トヨタの5Whyのように、「なぜそうなっているの?」というのは、真っ先に思いつくが、逆にWhyだけでは、前述の「恣意的な深掘り」で解説したように、実は複数ある原因を恣意的に消却してしまっている可能性があるのだ。

　では、具体的な事例で解説しよう。起業家Aさんと起業参謀Bさんのディスカッションをイメージしてみる。起業家Aさんは、塾の先生向けのビジネスを始めようとしているが、それについてのメンタリングである。

**起業家A**：塾の先生は小テストを作るのが大変なので、それを生成AIで簡単に作ることができるソリューションを作りたいと思います。
**起業参謀B**：なるほど、面白いですね。図で表すとこんな感じになりますね（図5-34）。
**起業家A**：はい、その通りです。
**起業参謀B**：では、いくつか質問させてください。塾の先生の生産性が低い原因の1つが小テスト作成ということですが、実際に何人かヒアリングされて、どれくらいの時間がかかっているのか、根拠はありますか？（解説：ファクトをどれくらい押さえているのか、定量情報をどの程度押さえているのかを聞き出している）。
**起業家A**：はい、3人ほどヒアリングして、1人が該当しました。どれ

---

5）MECE：Mutually Exclusive and Collectively Exhaustive「漏れなく、ダブりなく」という意味

図5-34 課題の構造化

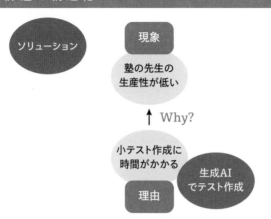

くらい時間がかかったのかは聞いていません。

起業参謀B：なるほど、まず、3人だと少なすぎるので、最低でも10人にヒアリングしましょう（解説：たまたま話を聞いた3人の先生がその課題を持っていた場合、早まった一般化をしてしまい課題の重要性を過大評価してしまう。マジックナンバー5[6]を意識する定量的なアンケート調査を行う。誤差を減らすために一定数のアンケートを行う）。あと、生産性が低くなってしまう要因として、小テスト作成に時間がかかる以外に考えることはできますか？（解説：構造化する際のポイントとして、1つの要因だけでなく他の要因があるかもしれないので、聞き出している）。

起業家A：それ以外には、授業の準備に時間がかかったり、入塾説明会に時間がかかってしまうと思います。

起業参謀B：なるほど、そうなると、他にも要因があるということですね。塾の先生は、当然小テスト作成だけでなく、他の業務もあると思うので、他にも何か要因がないかを、インタビューやモチベーショングラ

---

6）マジックナンバー5：インタビューは最低でも5人することが望ましい。その5人をマジックナンバー5という

フなどを用いて、検証してみてください。あと、そもそも塾の先生はスケジュール管理やプロジェクト管理のスキルが低いために、生産性が落ちてしまっている可能性もありますね。これまでのディスカッションをまとめるとこんな感じになります（図5-35）（解説：構造を整理して具体的なアクションを提示することによって、起業家が動きやすくなる）。

起業家 A：なるほど、ありがとうございます。

図5-35 ディスカッションのまとめ

起業参謀 B：課題の解像度を高めるためにそれぞれの要素をさらに深掘ってみましょう。入塾説明会や授業の準備に時間がかかるのはなぜだと思いますか？（解説：Why による深掘り）

起業家 A：そうですね。確認が必要ですが、もしかしたら入塾説明会のフォーマットが標準化されていなかったり、入塾検討者のリスト管理を手動でやっている可能性もあります。また、授業の準備に時間がかかるのも、他の講師から参考になる講義資料の共有がなされていなかったり、生徒の情報が一元化されていないので、それを集約するのに時間が

かかっているのかもしれません。ただ、こちらもあくまで想像なので調べる必要があります。

起業参謀 B：そうですね。そういったことも、実態がどうなっているのか直接ユーザーに聞いてみましょう。あと塾講師専用のプロジェクト／スケジュール管理ツールというのがあるのか、それとも Excel のようなスプレッドシートでやっているのかも聞いてみるといいですね。あとは、そもそものITスキルが低いことに起因しているかもしれません。これまでのディスカッションを図にまとめるとこんな感じになります（280ページ図 5-36）。必要なアクションも書き出してみました。色々と理由について、考えてみましたが本当に因果関係があるのかをチェックしましょう。

いかがだっただろうか？　本来ならもう少し深掘ったり、広げたりするが、紙面の都合もあるので、このあたりで、事例ベースの説明は終了したい。深掘りつつ、視点を広げることによって、全体視点を獲得していくことが上記の事例のポイントだ。どこに課題（Where）があるのかを明確にして、Whyで深掘っていく。その上でアクションやソリューション（How）を明確にしていくのだ。

「スタートアップのアイデアはthink-up（考え出す）ではなく、
　Notice（気づく）である」
　　　　　　　　　──ポール・グレアム　Y Combinator創業者
出典：プレゼン資料より

　第2章で、起業参謀の役割は、深める（構造の理解）、浅める（具体事例の理解）、広げる（全体視点を獲得する）、狭める（行動の収束）と説明した。本節で行った課題の構造化を図表にするとこのようになる（281ページ図5-37）。

　課題の構造化の際に、ロジックツリーを書くことをおすすめするが、

変化し続ける顧客心理を捉えるための「虫の眼」を身につけるフレームワーク

図5-36 ディスカッションの結果をファクト、ソリューション、アクションでまとめる

そのポイントを書いておく。

図5-37 課題の構造化

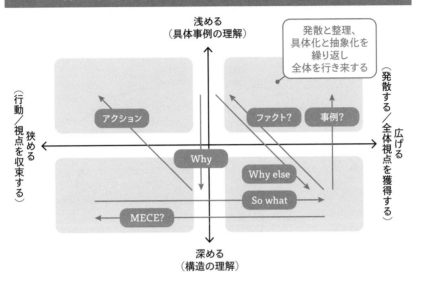

- まずは問題を特定してからやる
- なぜを繰り返す
- 他に理由がないか（Why else）を繰り返す
- 原因を事実や定量的根拠で確認する
- 論理の飛躍に気をつける
- 打ち止めになるまで掘り下げる
- 漏れなく幅広く可能性を考える（広さを出す）
- 全体感を見てみる
- 正しい日本語で掘り下げていく
- 完璧を求めない。80%くらいカバーできたと感じたら、アクション
  を洗い出す

また、ビジュアルでメリハリをつけるとわかりやすいので留意いただきたい（図5-38）。

図5-38 課題の構造化の書き方

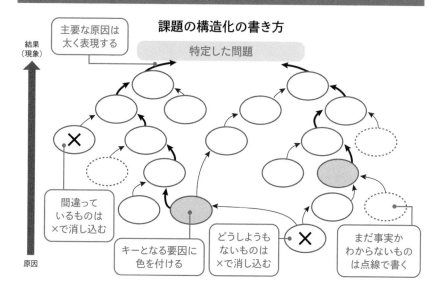

課題の構造化の書き方

主要な原因は太く表現する

特定した問題

結果（現象）

間違っているものは×で消し込む

キーとなる要因に色を付ける

どうしようもないものは×で消し込む

まだ事実かわからないものは点線で書く

原因

👆 起業参謀の問い

• 顧客の課題を構造化できているか?

• 構造化した結果、新しい軸や視点で課題を捉えられているか?

• How思考、コインの裏返し、恣意的な深掘り、分析麻痺、ぶつ切りなどに陥っていないか?

# ＵＸエンゲージメント
# マップ

「良い顧客体験を起点に考え、必要なテクノロジーを検証するんだ。
テクノロジー起点で良い顧客を検証するのではない」

―― スティーブ・ジョブズ

出典：https://www.YouTube.com/watch?v=oeqPrUmVz-oをもとに著者が翻訳

　本節では、UXエンゲージメントマップというフレームワークについて解説していく。これは、拙著『起業の科学』や『起業大全』でも紹介しているフレームワークである。UX（ユーザーエクスペリエンス：顧客体験）は非常に重要な概念だ。第1章でも解説したように起業参謀は、起業家が「顧客起点＝ユーザーエクスペリエンス起点」で考えることができるように、支援をしていくのが大きな役割だ。

　起業家がエンジニアならば、プロダクトを作る時に、まず「どういう機能を追加するか？」という視点で考えがちである。前に述べたように、ユーザーが求めているのは、「自分にとって価値のあるもの」であり、機能ではない。闇雲に機能を追加してしまうと、UXは毀損してしまう場合も少なくない（たとえば、操作を覚えるのにユーザーに負担がかかる。使われないボタンや機能が増えるたびにユーザーにはもったいないという感情が芽生えるなど）。

　上記のスティーブ・ジョブズのコメントにあるように、機能やテクノロジーではなく、まず「良い顧客体験の起点」で考えることが重要になる。モバイルインターネットに革命を起こしたiPhoneも技術ありきで始まっていない。ジョブズの「良い顧客体験」への凄まじいこだわりから始まり、そこから「逆算」してから必要となるテクノロジーを集約し

変化し続ける顧客心理を捉えるための
「虫の眼」を身につけるフレームワーク

たのだ。

2000年代の前半、欧米諸国で大ヒットとなった「スマートフォン」がブラックベリーだった。メールの送受信、ビジネス文書などをキーボードで打ち込めるデバイスだ。パソコンのキーボードを凝縮したようなパネルがデバイスの3分の1を占めるデザインだった。パソコンで仕事をばりばりこなしている人には出先でも同じように仕事がこなせるので必需品として人気を博した。

ところがスティーブ・ジョブズはキーボードとスタイラスペンをことのほか嫌った。「このUXは全然ダメだ。キーボードが占める面積が無駄だ。また矢印キーを使ったりスタイラスペンを使ったりする直感的でない操作はユーザーに情報を直接扱う感覚を与えない。しかも、スタイラスペンなんてすぐになくなる。そんなの絶対ダメだ」

ジョブズは、あくまでも情報を直接操作する「感触」にこだわったのだ。

2005年、ジョブズはチームを集めて宣言する。UXの要件として以下を挙げる。

- タブレットを作りたい。キーボードもスタイラスペンもなし
- 入力はスクリーンを直接指でタッチして行う
- 複数の入力を同時に処理できるマルチタッチ機能を持つスクリーンを実装
- デバイスを持ちやすく操作しやすい形状にする
- iPod の機能を踏襲する

（出典：『スティーブ・ジョブズII』ウォルター・アイザックソン著、井口耕二訳、講談社より）

実はその頃すでに、複数の指が同時にタッチした場所を検出する機能を備えたトラックパッドは存在した。2005年、Appleはその会社、フィンガーワークスと特許を全部買い取ると同時に、創設者の2人を雇い入れ新しい特許をAppleが取得した。

加えて、高精細画像印刷と同じレベルの液晶ディスプレイに人体が触れた時に生じる微細な静電容量の変化を感じとるセンサーフィルムを貼る必要があった（文字入力用のキーボードを従来のパソコンのキーボードのように敷き詰めたら、数ミリ角のパネルを正確にタッチしてもらわなければならないため）。

　それ以外にも、ジョブズが求めた「直感的なUX」を可能にするために、様々な技術導入や検証がされた。

　普段、私たちがストレスなく使い続けているiPhoneは、非常に優れたUXを提供しているが、それを実現するために膨大な労力とテクノロジーが投下されているのだ。

　ただ、起点にあるのは「いかにして、良いUX（直感的で使いやすいUX）を顧客に提供するか」という、執拗なこだわりだ。

　普段生活している消費者の立場では、「どこのUXが優れているのか」といったことを特に意識することはないだろう。

　しかし、作り手側に立つ起業家は、そうしたプロダクトのUXの要素を分解し、それをどう磨き上げていくのかを常に考えることが仕事になる。「PMFは動詞である」と先述したが、ダイナミックに変わりゆく顧客の心理状態や期待に対して、どのようなUXを提供すると最適なのかを継続的に解像度を高めていくことが欠かせない。

　そういった意味で、起業参謀は、起業家に向けて、単に「PMFを目指しましょう」と伝えているだけでは全く不十分だといえる。UXを、ここで解説するUXエンゲージメントの要素に分けた上で、より具体的に、どのような施策を打っていけばユーザーのエンゲージメント（顧客が積極的に関与していること）が高まっていくのか、示唆が出せるようになる必要がある。

UX（ユーザーエクスペリエンス）を細かく要素に因数分解するためのフレームワークをここでは紐解いていきたい。

利用前、利用中、利用後、利用全体の観点が必要

私はレッドブルが好きで愛飲している。レッドブルは世界で一番売れているエナジードリンクの1つである。レッドブルの味が好きで飲んでいる側面もあるが、「レッドブルを飲んでいる自分が他人に与える印象」という全体UXの観点で、愛飲している。

私は講演などにもレッドブルを持参することがある。同じ効果だったとしても、持っているものがレッドブルでなく、他の栄養ドリンクでは滋養強壮のイメージが強いので「この人疲れているのかな？　大丈夫かな?」という印象を与えかねない。

エナジードリンクとして販売されているレッドブルであれば、「疲労感のあるマイナス状態から普通の状態に引き上げるためのドリンク」ではなく、「一層パワーを上げていくドリンク」という印象を持たれると思う（実はエナジードリンクというコンセプトはレッドブルが作ったものだ[7]）。

詳細は後ほど解説するが、図5-39にある通りUXは1.から12.までの要素で構成されると、私は考えている。周囲を見渡したときに流行っているものは、全体として見て優れたUXを提供しているものが多いことに気づくだろう。起業参謀の最強のツール「UXエンゲージメントマップ」とは、次のようなものだ（図5-39）。

7）https://www.redbull.com/jp-ja/energydrink/kaisha-rekishi

図5-39 UXエンゲージメントマップの全体像

利用前
UX

利用中
UX

利用後
UX

| 1.出会い | 2.期待に応える | 3.負担を減らす | 4.目的を達成する | 5.おもてなし | 6.再利用のきっかけ |
|---|---|---|---|---|---|
| ユーザーがプロダクトと出会い期待を抱く | 第一印象でユーザーの期待に応える | ユーザーの負担を減らしてどんどん活用させる | ユーザーが目的を達成する | ユーザーをフォローアップする | ユーザーが再利用するきっかけを提供 |

7.ユーザーが熟達していく

8.ユーザーにリソースを投資させる

9.ユーザーの行動に対して報酬を与える

10.ユーザーに安心・安全を与える

11.パーソナライゼーション

12.なりたい自分になる

利用全体／累積的UX

これは、プロダクトのUXにおいてどこを改善するべきかを検証するためのフレームワークである。

このフレームワークを用いることで、抜けている視点がないかをチェックして、改善ポイントを検証することができる。

また、「UX エンゲージメントマップ」は、プロダクトをローンチし

たタイミングで活用するとよい。既存商品のUXを因数分解していくために活用してほしい。

　現在は、UXの良し悪しで、事業の命運が分かれる。アメリカトップの500社（S&P 500）に対して、「UXについてこだわりを持っているか」をヒアリングしたところ、UXを追求している企業は業績が良く、そこにこだわれていない企業は、業績が悪いという結果となった（図5-40）。

　顧客起点・UX起点に考えているからこそ、顧客に選ばれているという至極真っ当なことを再認識できる。まさにUXの観点を持っているかどうかは、企業の命運を分ける最も重要なファクターだと考えられる。

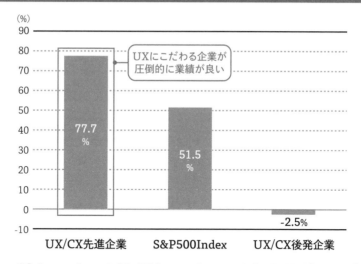

図5-40　アメリカトップの500社（S&P 500）の中での
　　　　 UX先進企業と後発企業の差

（％）

UXにこだわる企業が
圧倒的に業績が良い

77.7
％

51.5
％

-2.5%

UX/CX先進企業　　　S&P500Index　　　UX/CX後発企業

出典：Forrester Research. "The US Customer Experience Index, Q1 2015" (April 2015)

　現在、「モノ消費」から「コト消費」へ移行している時代だといわれている。さらに近年では「トキ消費」と言われるように、ユーザーにとって、有限で貴重な「トキ」の価値（時間価値）を最大限に増幅させ

ることも重要な論点となっている。Section1で紹介したTeslaも「車」というモノだけでなく「モビリティ体験」というコトを徹底的に磨き込み成功した事例だろう。

　これまでの事業の作り方は、買ってもらうまでが勝負だった。たとえば自動車であれば購入してもらってキーを渡すまでが勝負だったが、現在はそうではない。中国のEVメーカーであるNIOなどは、キーを渡し

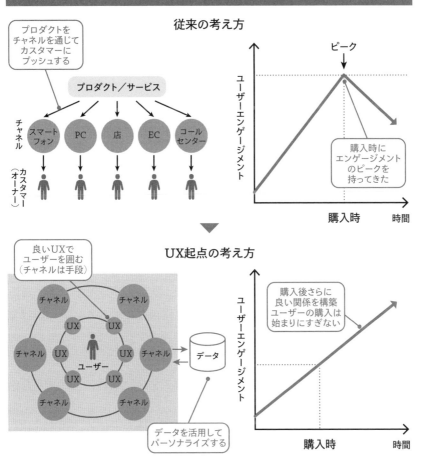

図5-41　従来の考え方とUX起点の考え方の違い

変化し続ける顧客心理を捉えるためのフレームワーク「虫の眼」を身につける

てからが勝負だと言っている。Teslaは、オートパイロット機能やナビゲーションのソフトウェアをアップデートしていくなど購入後にUXをどんどん高めている。ユーザーが買った瞬間よりも、使っていくと車の価値が上がっていくように設計しているのだ。

　購入した時点で関係性が途切れるのではなく、継続的なUXの向上により購入後のユーザーとの関係がどうなれば良くなっていくのかを考えるのが大事だ。ここ最近、サブスクリプション／定期購入型の事業が急増した。サブスクリプションのユーザーをサブスクライバーというが、図5-41のように彼らを中心に置くことが大事だ。UXではなくチャネルを中心に考えていた従来の考え方との違いに注目いただきたい。

> ＵＸエンゲージメントモデルとは

　優れたUXとは、何をどのようにすれば実現するのだろうか。商品やサービスを展開するにあたり起業家は「プロダクトをどう磨き込むのか」の意思決定をする必要がある。自らが作らない場合は、デザイナーやエンジニアに対してディレクションをしていく必要がある。そこで紹介するUXエンゲージメントモデルというフレームワークを、全体の方向性を決める時に活用することができる。

　UXエンゲージメントモデルは、プロダクトの利用中だけでなく、利用前、利用後、全体体験まで視野を広げ、要素分解したモデルである。プロダクトを利用するユーザー（人間）の欲求や心地よさに訴えかけるために、心理学／行動経済学などの知見を組み合わせて作ったものである。

　287ページで紹介した私が名付けた「UXエンゲージメントマップ」の図表をもう一度見てほしい（図5-39）。

　UXは時間軸に沿う。プロダクトへの期待を盛り上げる「利用前UX」、実際にプロダクトを使ってもらうのを促進する「利用中UX」、一旦プロ

ダクトから離れても再び使ってもらえるように盛り上げる「利用後UX」、さらに、プロダクト利用体験全体にまたがる「利用全体／累積的UX」の4つからなる。それぞれについてポイントを確認しよう。

---

## ＞利用前ＵＸ～５つの不を解消せよ

---

UXの「利用前」は、その商品やプロダクトといかに「1.出会い」、興味を持ってもらうかが勝負になる。せっかくのいいプロダクトやサービスがあっても、「出会っていない」状態では利用できない。ここで強調したいのは「良い出会い」は重要なUXの一部だということだ。素晴らしいプロダクトや利用中UXがあったとしても、出会い方が残念なプロダクトや製品が世の中には多い。「ユーザーはプロダクトとどのような出会い方をしたいと思っているか」という視点を獲得してほしい。

出会い方の演出を意識するためには「5つの不」を解消する必要があると考えている。

不認知：そのプロダクトについて認知していない（知らない）

不信：そのプロダクトについて信頼がない

不適：そのプロダクトが自分に合っていない

不要：そのプロダクトが自分に必要ない

不急：そのプロダクトを今手に入れる理由がない

図5-42のように5つの不を解消するために、様々な施策があることを留意いただきたい。

変化し続ける顧客心理を捉えるための「虫の眼」を身につけるフレームワーク

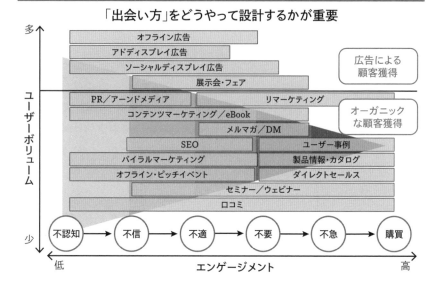

図5-42 5つの不を解消する様々な施策

**「出会い方」をどうやって設計するかが重要**

様々な出会い方があるがその中でも、「知人の推奨」や「オンライン
に投稿された消費者の意見」など口コミが非常に重視されていることが
わかる。そのため、単に「広告に出稿すればいい」という考え方は思考
停止だといわざるを得ない。

出会い方の設計（マーケティング）に関しては、重要なのでSection5
の「マーケティングファネル」のフレームワークで詳しく解説するので、
ここでは、概要の説明にとどめておく。

顧客がプロダクトやサービスと出会うきっかけは、主に以下の4つが
ある。

- 広告などをきっかけに知る「有償トリガー」
- アプリストアで特集されたりメディアで露出する「名声トリガー」
- すでに利用している誰かの話を耳にしてサービスを使う「口コミトリ
  ガー」

このうち、より重要になりつつあるのは、「名声トリガー」と「口コミトリガー」だ。人は、権威のある人や、あるいは憧れの人に裏付けされた"お墨付き"を信じる傾向があるためだ。

反対に、情報過多の今、敬遠されつつあるのが広告で出会う「有償トリガー」だ。ここ数年で、広告ブロックをかけてしまうユーザーの割合が劇的に増えている状況を鑑みても、ただ単に広告枠を購入して、一方的にメッセージを垂れ流し続ける広告の効果は薄れてきている。

行動経済学の理論に「プロスペクト理論」がある。これは、一言で言えば、「人間は損したくない欲求が非常に強い」ということだ。広告でうっかり買ってしまい、「こんなはずじゃなかった」という失敗をした経験のある人は、広告に嫌悪感を覚えたり、ネガティブな感情を持ってしまう。

重要なことは、プロダクトとサービスの出会い方を「より自然に」していくことだ。広告で出会うのではなく、ユーザーが取っつきやすいトピックや共感しやすいトピックから入り、「育成」「啓蒙」するのも有効になる。

たとえば、家計簿ツールのMint（ミント）は、いきなりアプリをすすめることはしなかった。最初は、生活の知恵や節約について述べる記事をアップし続けた。「今までお金をムダに使っていたかもしれない」「節約ってこんなに色々方法があったんだ」と潜在ユーザーに気づかせることによって、家計簿ニーズを顕在化した。つまり、ユーザー自らが「家計簿を使ってみたい」と受け入れる土壌を作ったのだ。その経緯を経て、家計簿ツールの必要性を感じさせてアプリの導入へと誘導するように促したのだ（図5-43）。

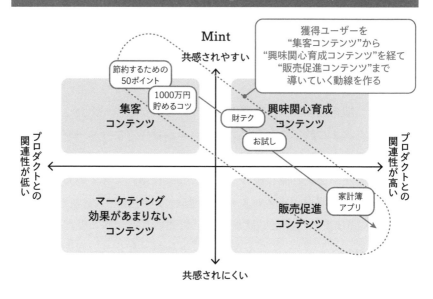

**図5-43 「家計簿を使ってみたい」という土壌を作る**

起業参謀の問い

- 顧客にとって、そのプロダクトとの「最も良い出会い方」は何か?
- 5つの不「不認知、不信、不適、不要、不急」を解消するための施策は網羅的に考えているか?

> 利用中UX～ユーザーを活性化させよ

　次に、図5-39「UXエンゲージメントマップの全体像」の「利用中UX」を見ていこう。利用中のUXを考慮しないと、作り手本位でひたすら機能を追加してしまうなど、UXを毀損してしまうことがある。考慮

すべき視点は、「2.期待に応える」「3.負担を減らす」「4.目的を達成する」の3つである。

## 2. 期待に応える

「2.期待に応える」は、第一印象でユーザーの期待に応えるUXになっているか考えることだ。マーケティング用語でいうとアクティベーション（認知度を上げ、顧客と良い関係を結ぶこと）とも表現されるが、非常に重要なUX要素になる。

　日々プロダクトに向き合っている起業家は、そのプロダクトに対して、どんどん目が肥えていく。いわゆる「オタク目線」になっていき、素人目線を失ってしまう。その結果、初めて利用するユーザーに対するUXの視点が薄くなってしまうことも少なくない。

 起業参謀の視点

起業家のこうした傾向に対して、起業参謀は「虫の眼」の中でも、「素人目線」を意識して、起業家に示唆を出していく必要がある。

「5秒ルール」をご存じだろうか。現代はアテンションエコノミー（Attention Economy）とも言われており、人の注意をいかに引きつけるかがプロダクトの活性化のキーになる。ユーザーは最初の数秒で、目の前に現れたプロダクトの良し悪しを無意識に判断してしまうのだ。なので、だらだらと冗長にメリットを訴求するのではなく、「価値を一言で表すとこれ！」と言うとわかりやすくなる。究極は、言葉で説明せずに、それを見たら伝わるようにすることだろう。クックパッドの創業者である佐野陽光氏は、「優れたものは無言語」と述べている[8]。無言語とは言わないまでも、詳しく説明せずとも伝わるレベルまで落とし込み、ユー

8) https://next.rikunabi.com/tech/docs/ct_s03600.jsp?p=001607

ザーの最初の5秒の興味を引きつけることを念頭に置きたい（図5-44）。

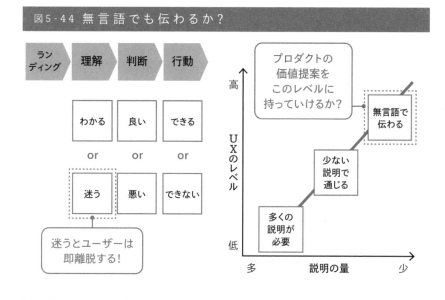

図5-44 無言語でも伝わるか？

> TTFV（Time to first Value）を意識せよ

次に、「あ！ なるほど！」という感動、「アハ体験（＝マジックモーメント）」をできるだけ早いタイミングで与える設計が重要だ。ユーザーがプロダクトを使いだしたタイミングや、プロダクトを受け取るタイミングなどでいかに「頭に電球が光る感覚」を持ってもらうかがキーになる。これは「Time to first Value」といって最初に価値を感じる、感動に到達するまでの時間をできるだけ短くするという観点だ。

Twitter（現X）は、10人以上フォローすると利用者の定着率が上がる傾向を発見した。つまり、Twitterユーザーにとって10人フォローして、自分の画面がフォローしている人たちのツイートで埋まることが、「アハ体験」だったのだ。

しかし、以前のTwitterは、サインアップした後にアカウントをフォ

ローするまでの間に、プロフィールを作る、メイン画面で流れてくるツイートを見るなど、ユーザーがやるべき工程が多く、10人以上のフォローになかなかたどり着かなかった。

　最初のサインアップ後のUXを大幅に変えたのだ。サインアップした直後に、「あなたの趣味は何ですか」と興味のある分野を選択させ、その趣味嗜好に近い人気アカウントのフォローの提案をすることで、一気に10人以上フォローさせることに成功したのだ。Twitterは広告モデルなので、当然ユーザーが活性して、日々の利用率（DAU：Daily Active User）が上がることが、広告収入につながる。このアクティベーションプロセスを改善したことが、Twitterの収益の大幅な改善につながったのだ（図5-45）。

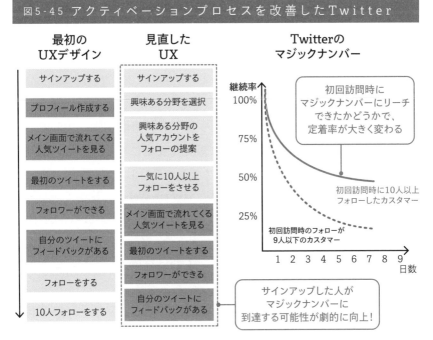

図5-45 アクティベーションプロセスを改善したTwitter

変化し続ける顧客心理を捉えるための「虫の眼」を身につけるフレームワーク

ポケモン GOなら最初にモンスターと遭遇したタイミング、出会い系のアプリのTinderならば最初にマッチしたタイミング、Instagramなら最初に投稿して、「いいね！」がついたタイミング、月額制ファッションレンタルがキャッチコピーのエアークローゼットは、商品が自宅に届いて箱を開ける瞬間、まさにオープンボックスした瞬間がマジックモーメントになる。自分たちのサービス／プロダクトにとってのマジックモーメントは何なのか。この発見が、大きなUX改善／顧客の定着率向上につながるのだ。

> 🖐 起業参謀の問い
> - 自分たちのプロダクトにとっての「マジックモーメント」は何か？
> - 「マジックモーメント」に至るまでに、無駄なステップを踏ませていないか？

## 3. 負担を減らす

　次いで、「UXエンゲージメントマップ」の利用中UXの「3.負担を減らす」を見ていこう。これは非常に重要な要素になる。プロダクトやサービスを使い続けてもらうには、ユーザーの負担を減らす視点が欠かせない（図5-46）。たとえば、Zoomは、SkypeやWebexに比べて、非常に簡単に起動できた。Skypeはデスクトップアプリが必要で、Webexは必ずパスワードを入力しなければなかなかった。Zoomの場合は、URLをクリックするだけでアクセスできる。人間は負担が減ることによって、習慣化しやすくなる。

「モノづくり好き」「エンジニア気質」の起業家は、ユーザーのことをあまり考えずに、ひたすら「機能追加」を優先してしまう傾向がある。

　繰り返しになるが、ユーザーは別に機能を使いたいわけではない。何

かの欲求を満たしたり、成果を上げたいと考えている。過度な機能追加は、ユーザーに「追加操作を覚える負担」を強いたり「複数の画面を遷移する時間の負担」をかけたり、「いっぱい機能があるのに使えない罪悪感」を感じさせたりしてしまうのだ。

　具体的に、負担を減らすポイントは8つある（図5-46）。以下に説明しよう。

## 図5-46 カスタマーの負担を減らす8つのポイント

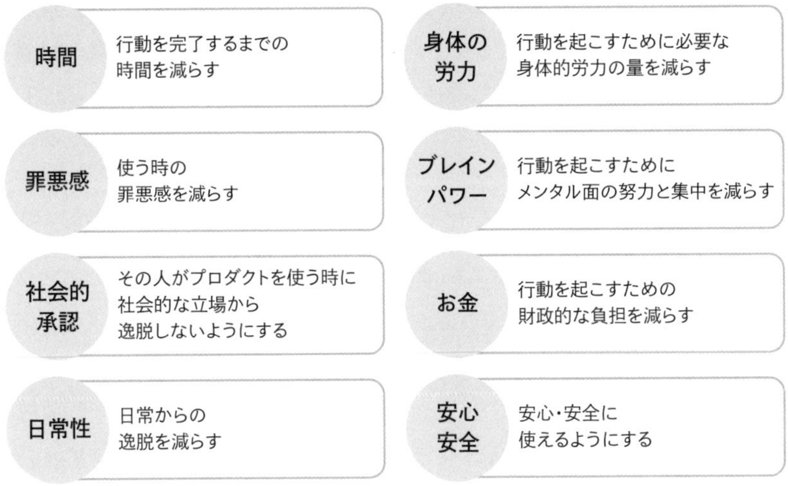

| | | | |
|---|---|---|---|
| **時間** | 行動を完了するまでの時間を減らす | **身体の労力** | 行動を起こすために必要な身体的労力の量を減らす |
| **罪悪感** | 使う時の罪悪感を減らす | **ブレインパワー** | 行動を起こすためにメンタル面の努力と集中を減らす |
| **社会的承認** | その人がプロダクトを使う時に社会的な立場から逸脱しないようにする | **お金** | 行動を起こすための財政的な負担を減らす |
| **日常性** | 日常からの逸脱を減らす | **安心安全** | 安心・安全に使えるようにする |

### ①「時間の負担」を減らす

　今述べたアプリのひと手間を減らすというのは、これに該当する。行動を完了するまでの時間は短いほど良い。

　たとえば、以前の無印良品のアプリは、立ち上げるといきなりMUJIのショッピングポイントとポイントを貯めるバーコードが表示される。他のショッピング系アプリの多くは、メニュー画面が開く。もし、ポイントを使ったり貯めたりする場合は、ユーザーはバーコード／ポイント画面を探す必要がある。僅かな手間かもしれないが、これが積み重なる

と、ユーザーにかかる負担は大きく変わってくる。

## ②「身体の労力」を減らす

商品やプロダクトを利用する際に必要な身体的な労力を減らすことは、UXの改善につながる。たとえば、Bluetoothのイヤホンなどは、それまで有線のコードが体に巻きついたり、長さの制限があったため、スマホや音楽プレーヤーを近くに置く必要があった、身体的負担を取り除いた例だと言える。また、スマホで、鍵の施錠／解錠ができるスマートロックも、「鍵をポケットから取り出して、開ける」というわずかな身体的負担を軽減するだけだ。しかし、一旦、このような身体的負担の軽減を体験し、それが習慣化してしまうとユーザーは元に戻れなくなってしまうのだ。

## ③「罪悪感」を減らす

情報が溢れている現在のユーザーは、「理想の姿」が常にインプットされている場面が多い（理想の生活、理想の体形、理想の容姿など）が、何か欲求を満たす行動をする時につきまとうのが「罪悪感」だ。これを除去することができれば、ユーザーがそのプロダクトを使う強力な動機になる。たとえば、特保商品コーラなどは、従来のコーラにつきまとう不健康で罪悪感を想起させるイメージを払拭した。他の事例としては、Oisixが提供するミールキットなどがある。Oisixで宅配される野菜は高品質なものが多く、ユーザーの満足度は高かった。しかし、どうしても全て使い切れないユーザーも一定割合いて、フードロスが発生してしまい、結果、「食べ物を捨てる罪悪感」に苛まれてしまった。それを解決したのがミールキットだった、2〜3人前を2品デリバリーしてくれるので、ユーザーは使い切ることができ、罪悪感という負担が減ったのだ。

④「ブレインパワー」を減らす

　レコメンド機能や、過去に自分が購入した購買履歴などがこれにあたる。誰もがわかる簡潔な文章にするといったことも含まれる。脳の負担（記憶することや選択すること）を減らすために何ができるか考えたい。

　当然、ユーザーはそのプロダクトの使い始めの時は、そのプロダクトの「ど素人」である。そういう状態のユーザーに対して、色々と難しい操作を要求するのではなく、簡単なハードルを用意して、それをどんどんクリアしていってもらい、知らない間に使いこなす状態が演出できないかを工夫してみる。

⑤「社会的負担」を減らす

　他人から見た自分のイメージや、自分が属しているグループを逸脱してしまうと、人間は負担を感じる。たとえば、10代の男女が使うものはクールだったり、可愛くないと、周りの友達から「見映え」が悪くなり、使われなくなる。この逸脱を避けるためには、ユーザーの心理的特徴を表した「ペルソナ」や「エンパシーマップ」を作ることをおすすめする（271ページのポケットドルツの事例で紹介）。

⑥「お金」を減らす

　キャンセル料はかからないなど、顧客の財政的な負担を減らすことも考えたい。たとえば、Expediaという旅行予約サイトなどは、前日までキャンセル費がかからない場合が多く、ユーザーは安心して予約ができる。

⑦「日常性」（日常からの逸脱を減らす）

　人間は普段の自分の行動／習慣から逸脱することに対して、負担を感じる傾向があることに留意したい。たとえば、Miroというクラウド上で作図表やブレストができるツールでは、ふせんのようなデザインを用意している。普段ユーザーが使っているデザインになっており、非常に

とっつきやすい。

## ⑧「安心・安全」（不信を減らす）

　リスクを取ることを要求するUXは、ユーザーに大きな負担になる。たとえば、信頼が置けるかどうか、未だわからないサービスの決済で自分のクレジットカードを登録するのは躊躇するだろう。ユーザーの不信を減らし、安心・安全を提供するようなUXを磨く必要がある。

 起業参謀の問い

- 顧客の負担（時間／身体の労力／罪悪感／ブレインパワー／社会的承認／お金／日常性／安心・安全）について意識しているか?
- 追加する機能が逆に、顧客の負担を増やしていないか?

### 4. 目的を達成する

　続いては、「UXエンゲージメントマップ」の利用中UXの「4.目的を達成する」だ。

　プロダクトやサービスを利用する中で、顧客が行動を完遂するためのモチベーションを高めることが重要だ。そのためには、「行動経済学」で研究されている人間の認知の癖を使うことだ。あまりやりすぎてしまうと、過度にユーザーを扇動してしまうことになるので、おすすめしないが、適度にUXに組み込んでいくとよいだろう。

　図5-47にあるように、人間の認知の癖を使ってモチベーションを高める6つの事例を紹介しよう。

希少効果：残り少ないと欲しくなる人間の心理を突いたものだ。宿泊施設の予約サイトExpediaでは"残りX室"と表示してあり、それを見たユーザーは、予約を促される。

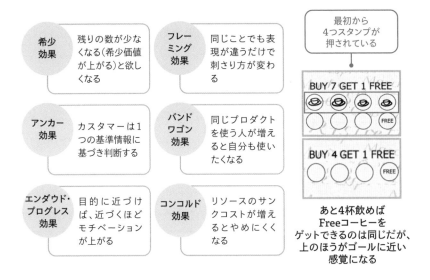

図5-47 人間の認知の癖を使いモチベーションを高めるコツ

| | | | |
|---|---|---|---|
| **希少効果** | 残りの数が少なくなる(希少価値が上がる)と欲しくなる | **フレーミング効果** | 同じことでも表現が違うだけで刺さり方が変わる |
| **アンカー効果** | カスタマーは1つの基準情報に基づき判断する | **バンドワゴン効果** | 同じプロダクトを使う人が増えると自分も使いたくなる |
| **エンダウド・プログレス効果** | 目的に近づけば、近づくほどモチベーションが上がる | **コンコルド効果** | リソースのサンクコストが増えるとやめにくくなる |

最初から4つスタンプが押されている

BUY 7 GET 1 FREE

BUY 4 GET 1 FREE

あと4杯飲めばFreeコーヒーをゲットできるのは同じだが、上のほうがゴールに近い感覚になる

フレーミング効果：ある調査によると、性能に応じて価格を変えた商品AとBを提示した場合、AとBを選ぶ人は約50%ずついた。ところが、性能と価格を上げた商品Cを用意すると、Aが25%、Bが50%、Cが25%選ばれた。選択肢が2つの場合は、「品質重視」か「価格重視」かによって判断される。しかし、選択肢が3つになると「品質重視」か「価格重視」か、という判断は相対的なものになる。そのため、相対的に見て「値段が高くはない」「品質が悪くない」と判断される真ん中の商品が売れるようになるのだ。

アンカー効果：1つの基準情報に基づき人間は判断する。たとえばECサイトなどの商品の値段を見た時に、メーカー参考価格から70%オフと表示があったらお得に感じる。元々の値段が恣意的に割高に設定されていても、比較対象になるのは、その価格なので安く感じる。

バンドワゴン効果：バンドワゴン効果とは、同じ財を消費する人が多ければ多いほど、また、他人の消費量が多ければ多いほど、自分がその財を消費することの効用が高まるという効果である。

エンダウド・プログレス効果：目的に近づくほどモチベーションが上がる。たとえば、図5-47のスタンプは、上下のどちらも4杯飲めば、Freeのコーヒーを1杯ゲットできるものだ。だが、上のほうをコンプリートする人の割合が圧倒的に高くなる。

コンコルド効果：ある対象への金銭的・精神的・時間的投資をし続けることが損失につながるとわかっているにもかかわらず、それまでの投資を惜しみ、投資をやめられない状態を指す。サイトに必要情報を記入するなどある程度のリソースをかけたら、それがサンクコストになりやめにくくなる。

☞ 起業参謀の問い
- 顧客のラストワンマイルの背中を押すための仕組みを実装できているか?
- 逆に仕組みの実装が過剰になり、ユーザーに不快を与えていないか?

> 利用後UX

5. おもてなし
　次は、「UXエンゲージメントマップ」のUXで大事になる利用後UXの「5.おもてなし」だ。たとえば、サイトにサインアップしたあとにウェ

ルカムメールを送るなどがこれに当たる。これからの関係性に期待が持てるような工夫をするということだ。特に買った直後は、顧客はたとえいいと思って納得したプロダクトやサービスであっても、買ったことそのものを後悔することは多い。それを払拭するようなリッチメールを送るなど、「やっぱり買ってよかった」と思わせる仕掛けが欲しい。購入はゴールではなく、スタートだ。このことは常に肝に銘じておきたい。

 起業参謀の問い

- 顧客に対して「おもてなし」の心を持ち「これから始まる関係に対する期待」を高め、それに対して応えることができているか？
- 初回購入後に、リッチなメールやパーソナルメッセージを送るなど、フォローできているか？

## 6. 再利用のきっかけ

　続いて、「6.再利用のきっかけ」だ。これは、ユーザーへのリマインド方法を考えることにつながる。リマインド方法は、リッチコンテンツならEメールやニュースフィード、シンプルなコンテンツならプッシュ通知やアプリ内通知などが挙げられる。ただし、アプリ内通知が多すぎると敬遠される。パーソナライズしているか、時間帯は考えているかなどを考慮し、再利用のきっかけを促進したい。

 起業参謀の問い

- プロダクトを継続的に使うことを自然に誘うような仕組みを実装できているか？
- プロダクト以外の有効なタッチポイント／ナーチャリング（顧客育成）の仕組みを持つことができているか？（メルマガ、メディ

変化し続ける顧客心理を捉えるための「虫の眼」を身につけるフレームワーク

ア、ニューズレター、定期訪問など）

---

> 全 体 U X

---

7. ユーザーが熟達していく

　次に説明するのは、「UXエンゲージメントマップ」の全体UXの「7.ユーザーが熟達していく」である。

　良いUXを提供する上で欠かせないのが、これである。

　ユーザーは、プロダクトに馴染んでいき熟達していくと、プロダクトに対するエンゲージメント（関係性）がどんどん高まっていく。図5-48にあるように人間にとって欲求の一番高い位置にあるのは「自己尊厳欲求」「自己実現欲求」であるが、この心理を応用して顧客の成長欲求を満たしてあげるよう工夫することで、「なりたい自分」にどんどん近づけるようなUXを設計すると効果的だ。プロダクトを通じて成熟や成長を感じられると、ユーザーはやめにくくなる。

　たとえば、InstagramやTikTokなどは、使えば使うほど、投稿がうまくなっていったり、フォロワーが増えていったりする。昨日より今日の自分、さらに明日の自分がどんどん成長し、熟達していくことに対して、インセンティブが働くようになる。ユーザーの熟達を促すという要素が、今後のプロダクトでは一層重要になってくる。

　たとえば、熟達することで資格がもらえたり、ユーザーの中でハイレベルユーザーとして認知されることにより、エンゲージメントを高めていくことができる。クックパッドは、レシピ投稿をするほどレシピの編集技術が上がりレビュワーとして認められる。メルカリもそうだ。メルカリに出品する人は、売れれば売れるほど熟達し、売れる単価が上がることがある。Progate（プロゲート）という初心者向けプログラミング学習サイトも学び続けるほど、自分のレベルがどんどん上がっていく。

こうした熟達を実感する仕組みは、プロダクト内で設けることもできるし、表彰したり資格を付与したりといったプロダクト外でも設計できる。ユーザーに自身の成長を可視化できるような仕組みを設けることは、非常に重要な工夫である。

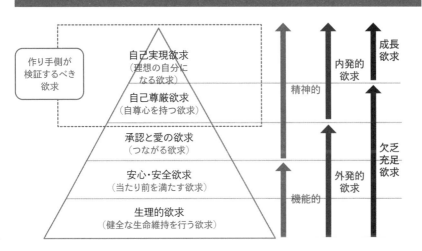

図5-48 「自己尊厳欲求」「自己実現欲求」を満たせるか

　私はこれを"RPG思考"と呼んでいるが、ロールプレイングゲームのようにやればやるほどレベルが上がっていく。そんな状態になれるUXかどうか考えたい。

　ただ1つ留意点がある。最初からプロダクトを使うハードルが高すぎると、ユーザーが途中で離脱してしまう可能性が高くなる。ロールプレイングゲームでも最初は弱い敵キャラを倒させることで、徐々にユーザーがゲームに馴染んでいくことを演出しているケースが多い。

 起業参謀の問い
● プロダクトを継続的に使うことで、ユーザーは熟達しエンゲージメントが高まるか?

変化し続ける顧客心理を捉えるための「虫の眼」を身につけるフレームワーク

- 最初のハードルを低く設定してユーザーがプロダクトに馴染めるようにしているか?

## 8. ユーザーにリソースを投資させる

「8.ユーザーにリソースを投資させる」。これは、ユーザーに関連情報を入力させたり、コンテンツを投稿してもらう、フォローさせることなどを意味する。これにより、企業と顧客のつながりが強固になりエンゲージメントが高まることにつながる。Spotifyは非常に人気のあるミュージック再生アプリである。その中でも特に人気がある機能が「マイライブラリ」だ。つまり、ユーザーは自分が気に入った音楽を「お気に入り」に登録する。自らの好みを時間をかけて「投資」する。ユーザーは「自分が自ら投資したこと」によってより大きな価値を感じ、プロダクトに対するエンゲージメントが高まるのだ。

☞ 起業参謀の問い

- ユーザーにリソースを投資させ、それがユーザーにとって価値を感じるものになる仕組みがあるか?

## 9. ユーザーの行動に対して報酬を与える

「9.ユーザーの行動に対して報酬を与える」は、8.の投資の結果、たとえば自分が撮った写真が面白いコンテンツになる「満足感」や、フィルター加工で期待以上の写真ができた「喜び」という報酬を受け取ることだ。

SNSで情報が瞬時に拡散されるソーシャル時代は、人に教えたくなる体験をして承認欲求が満たされることが報酬になることがある。これは人とつながる関係性価値とも言われる。UXを設計するときは、インス

タ映えするまでがプロダクトのすべてと考える。上海のスターバックスなどはそれを意識しつつ、実際に店舗に訪れたいと思わせるような設計になっている。

　報酬の種類は、今述べた「ソーシャルの報酬」の他、リソースを自主的に探してもらう「ハントの報酬」や、ハラハラするような未確定要素を提供する「予測不能な報酬」がある（図5-49）。

　人間は完全な予定調和では飽きてしまい、完全にランダムだと疲れてしまうという特性を持っている。ハラハラするような未確定要素をある程度、織り込んでいくことが重要である。

　メルカリはこの「ハントの報酬」や「予測不能な報酬」を設計していることが、プロダクトの魅力につながっている。安い値段からソートできると刺激が少なく、スクロールしていきハンターのように商品や中古品を見つける感覚が面白い。メディアを読むような感覚でプロダクトを使うことができるのだ（これは「エンターテインメント報酬」ともいえる）。

「ばえる」という言葉が登場している通り、2020年代はエンタメの時代ではないかと考えている。自動運転も進行していくと、車内空間において、どのような可処分時間を使うのかということが大事になってくる。そこで「モビリティ×エンターテインメント」でモビリティテインメントや、「リテイル×エンターテインメント」でリテイルテイメントという発想が重要になる。こうした「エンターテインメント報酬」を与えていくことも大事な視点となる。

## 図5-49 報酬の設定

| | |
|---|---|
| **ソーシャルの報酬** | 協力、競争、他人から認められる、他人から受け入れられる、共感に対する喜びを提供 |
| **ハントの報酬** | 人間は自主性が大事である。リソースを自主的に探させる |
| **予測不能な報酬** | ハラハラするような未確定要素を提供しているか？ |
| **自律性の報酬** | カスタマーが主導権を持っている感覚を提供 |
| **適正な素行への報酬** | ユーザーは適正な素行をしているか？ |
| **エンターテインメント報酬** | ユーザーを飽きさせずに楽しませているか？ |

 起業参謀の問い

- ユーザーに対して適切な報酬を設定できているか？
- ハントの報酬や予測不能な報酬のように、人間の認知の癖を使った報酬設計ができているか？
- プロダクトにエンターテインメント要素を付加することができているか？

## 10. ユーザーに安心・安全を与える

　UX全体を通して、「10.ユーザーに安心・安全を与える」プロダクトになっているかを考えることも大切だ。たとえば、UGC（User Generated Contents：ユーザー生成コンテンツ）のサービスを運営していて、プレビュー画面もなしに書いた文章がいきなり公開されてしまうようなサイトだったら使いたいと思わないだろう（これは前述の安心・安全を毀損

する負担につながる）。

　たとえば、Facebookが世界中で流行ったのも、自分の書いた投稿が「自分」「特定の友達」「友達」「公開」と設定できることによる「安心感」を提供できたことが大きい。

 起業参謀の問い
● ユーザーに対して安心・安全を提供する仕組みを提供できているか?

## 11. パーソナライゼーション

　ユーザーがプロダクトやサービスを使い始めてからのUXで非常に重要なのが「11.パーソナライゼーション」だ。あなたが普段使っているアプリやサービスも、パーソナルにされたものが多いのではないだろうか。Twitter（現X）のタイムラインでは、自分がフォローしている人や自分がコメントした人が優先的に表示されるようになっている。

　Google、Facebook、Instagramなどの影響も大きいが、今は、そのサービスを使えば使うほど、行動履歴やセグメントなどをもとに、機能をユーザーにどんどん寄せてくれる。これがパーソナライゼーションだ。「あなたは、こういうものが好きですよね」という予測型のハイパーパーソナライゼーションも活発になっており、同じスターバックスのアプリの画面でも、人によって表示される画面が全然違うといったことが起こりうる。

　さらに、これからはユーザーの属性をターゲティングしたパーソナライゼーションではなく、行動をベースにしたパーソナライゼーション価値が高まっていく。たとえば、Amazonはユーザーの購買履歴に基づいて、レコメンデーション（おすすめ）を提示して、そこから多くの購買に至っている。

このパーソナライゼーションは、SNSのようなBtoC向けのプロダクトだけではなく、BtoBにおいても重要な要素である。ユーザーがお気に入りリストで出す機能やアイテム、メニューをパーソナルにすることによって、エンゲージメントを高めていくことができる。

 起業参謀の問い

- ユーザーの属性や行動をベースにしたパーソナライズ機能やレコメンデーション機能を実装しているか?

### 12. なりたい自分になる

最後の「12.なりたい自分になる」も非常に重要な要素だ。『ニュータイプの時代』（ダイヤモンド社）の中で山口周氏は、機能的な商品を「役に立つ商品」という言い方をしている。世の中で売れているものは「役に立つ」か「意味がある」かどちらかが必ずあり、機能性に優れて価格も手ごろな「役に立つ」商品の価値は、なくなりはじめていると述べている。私も同感だ。ユーザーはいちいち言葉にしないが、「このプロダクトやサービスを使うことは、理想の自分に近づいているかどうか」を意識しているものだ。

「なりたい自分」を因数分解すると、「精神面」「社会面」「肉体面」「知性面」に分けられる。たとえば、「精神面」でいえば「Apple製品を身につけることで、スタイリッシュでイノベーティブな人間に近づける」という「なりたい自分」に近づける感覚を持てることが挙げられる。「なりたい自分になる」設計を組み込むには、この4つの要素を意識してプロダクトにしていくことが重要である。

 起業参謀の問い

- このプロダクトを使うこと（継続すること）によってユーザーの

## 「こういう人になりたい」という自己実現欲求は満たされるか?

　以上の通り、UXエンゲージメントマップについて解説してきた。これらの要素を一つひとつ掛け合わせていくことによって、どんどんユーザーがハマっていき、プロダクトが自動的に使われるようになっていく。

　そうなれば、継続することに対する外部トリガー（理由）は必要がなくなっていく。最終的には、ユーザーが行動変容して、習慣にまで組み込まれるためのフレームワークとして、このUXエンゲージメントマップを活用いただきたい。

 起業参謀の問い

- 利用中だけでなく利用前、利用後、利用全体のUXを高めることを検証できているか?
- UXの改善を考慮してから機能追加を考えているか?

変化し続ける顧客心理を捉えるための「虫の眼」を身につけるフレームワーク

# マーケティングとは

「マーケティングの理想は、セールスをなくすことだ」

―ピーター.F.ドラッカー

出典:『マネジメント[エッセンシャル版]』ピーター.F.ドラッカー著、上田惇生訳、ダイヤモンド社より

　世の中の8割の商品やサービスは、顧客と対面したり、電話で話したりして購買決定することなく、マーケティングを通じて「出会い」「購入」にまで至る。たとえば、我々が普段コンビニ／スーパーなどに行って、様々な商品を目にしているが、そこではセールスパーソンに売り込まれることなく、購入に至るケースがほとんどだ。これは、それぞれの商品を取り扱っている企業のマーケティング施策の賜物であろう。

　一方で、マーケティングのみでは売れない商材も、多く存在する。生命保険／自動車／不動産／大企業向けのSaaSプロダクトなど単価が高く、セールスサイクルが長いものは、セールスパーソンの提案力や、時に「人間力」などを推し量って、購入の意思決定に至っている。

　図5-50を見てほしい。縦軸はCPA[9] を、横軸はユニットプライス（一定量あたりの単位価格）／LTV（ライフ・タイム・バリュー：顧客生涯価値）を表している。ユニットプライス／LTVが低いプロダクトには、セールスではなく、マーケティングによって、その購買プロセスは完結する。

　不動産／生命保険のようなLTVが高い商品、あるいは頻繁に購入されず顧客の育成に時間を要するBtoB商品は「フィールドセールス」がモノを言う。

---

9）CPA：Cost Per Acquisition の頭文字を取ったもの。顧客獲得単価の意味

自社の顧客獲得を検討する際に、マーケティングのみで完結する商材か、それともセールスが必要な商材か、はたまたそのミックスなのかを見極める必要がある。

図5-50　ユニットプライスが低いプロダクトは
　　　　マーケティングで購買プロセスを完結させる

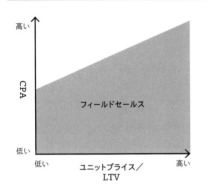

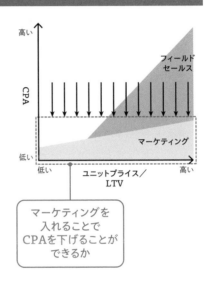

マーケティングを
入れることで
CPAを下げることが
できるか

## ＞ マーケティングの価値とは

　マーケティングの価値を一言で表現すると「顧客とプロダクトの最適な出会い方を演出すること」と考えている。

　前節でも述べたが、プロダクトの購入に至るまでに「5つの不」を解消する必要があると考えている。

不認知：そのプロダクトについて認知していない（知らない）

不信：そのプロダクトについて信頼がない

不適：そのプロダクトが自分に合っていない

不要：そのプロダクトが自分に必要ない

不急：そのプロダクトを今手に入れる理由がない

　この状況のいずれかがボトルネックになっていると、マーケティング全体のパフォーマンスが落ちてしまう。「課題の構造化」のところでも述べたが、「なんとなく売れていない」と全体をざっくりと捉えるのではなく、上記を切り分けて、どこに課題があるかを検証していく必要がある。

## ＞ マーケティングの目的を知る

「顧客とプロダクトの出会えていない問題を解決する」ことが「ユニットエコノミクスを改善」することにつながる。

　ユニットエコノミクスとは、ユーザー１人を獲得した時にどの程度利益が出ているのか（はたまた損失が出ているのか）を定量的に表す最重要指標の１つだ。ユニットエコノミクスの計算は難しくない。顧客１人当たりから得られる生涯価値（LTV）から、その顧客を獲得するためのコスト（CPA）の差を求めればよい。計算式で表すとこうなる。

$$（LTV - CPA）× 顧客数＝会社の利益$$

　補足になるが、実は、全ての事業はこの数式に当てはめて表すことができる。LTVとは顧客の生涯価値（利益）と表現できる。顧客の生涯売上から管理費を引いたものだ。直接管理と間接管理費をこれに配分すればいい。またECなどは、顧客単価×顧客購買頻度がLTVとして表現できる。

　一般的に言うと、PMF達成までは、スタートアップのCPAは非常に高い（コスト高）状態だ。PMF前のスタートアップにおける至上命題は

PMFを達成することであり、多くがトップセールスで売り込みを行ったり、勝ち筋の施策もまだ明確ではないので、顧客獲得コストは高止まりする。

たとえば、図5-51のように、PMFを達成した時点で、LTV（顧客生涯価値）が400円でCPAが800円だったとする。LTVが400円なのにCPAが800円もかかるということは、顧客1人獲得すると400円も損していることになる。たとえるなら、バケツに穴が開いていて水が漏れている状態だ。顧客を獲得すればするほど損していく状態なので、それに気づかずに営業を続けて、むやみにチームのサイズを大きくしてしまうと破綻は目に見えている。

図5-51 ユニットエコノミクスがマイナスの例

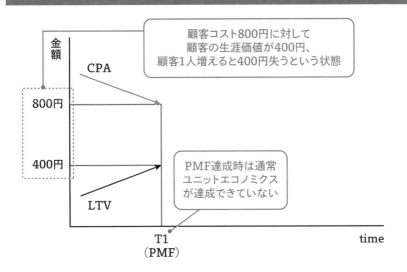

サンフランシスコで2013年に創業したWashio[10] というクリーニングサービスは、洗濯物をオンデマンドで取りに来てくれて24時間以内に

---

10）Washioの事例：参照 https://www.gizmodo.jp/2017/01/why-on-demand-service-are-flopping-like-crazy.html

洗って返してくれるというのをうたい文句にしていた。洗濯機が家にない家庭が多いアメリカでヒットし、2015年には全米6都市まで事業を拡大させた。ところが実際には、LTVに対しCPAがかかりすぎ、毎月1都市あたり50万ドル、日本円にして5800万円（当時のレート換算）の赤字を垂れ流していた。これが6都市分なので300万ドル、約3億5000万円もの赤字だった。結局、会社は潰れてしまった（まさにこれは成長に「ムラ」がある最たる例だろう）。

Washioは、拡大する時期を見誤った。これはプレマチュアスケーリング（Pre-mature Scaling：時期尚早の拡大）といって、多くのスタートアップがこのために潰れてしまう。ユニットエコノミクスを達成せずに、拡大してしまうことは、ただ単なる「膨張」にしかすぎないことにくれぐれも留意したい。

Section4で示した、顧客獲得に活用するべき施策のモデルを改めてご覧いただきたい。顧客獲得のプロセスも、いきなり広告を打ち込むのではなく、その前に事例を作ったり、オーガニックな顧客獲得を行うなどの「型」が存在するのだ。

私は、「スケールしないことをしろ」というポール・グレアムの言葉を「ユニットエコノミクスが健全化するまでスケールするな」と解釈している。逆に言えば、ユニットエコノミクスが健全化したあとでスケールすれば、当然バケツに水（キャッシュ）がたまっていくので、事業がうまくいく確率は高まるということだ。

PMF前や達成時点では、ユニットエコノミクスを達成している（利益が出ている）スタートアップはほぼない。少ない人数で始めることが多いスタートアップは、大げさに言えば100円の商品を売る場合でも、起業家／CXOをはじめトップセールスがかかわり、直接クロージングまでしているからだ。

しかしPMF後は、マーケティングの機能を入れることでCPAを下げることに注力し、ユニットエコノミクスを改善する必要がある。

## ＞ マーケティング施策オプションを理解する

具体的にどんなマーケティングの施策があるのかを理解しよう。多くの施策オプションを提示した上で、そこから有効なものを選択していくことが重要だ。起業参謀としてもマーケティング施策の知見を身につけ、スタートアップの状況に合った適切なマーケティング施策を提案できるようにすることを心がけたい。

マーケティングの目的は、顧客のほうから進んで購入するような売れる仕組みを作り、究極は「セールスを不要にすること」だ。マーケティングといっても様々な施策が存在する。認知の獲得からコンバージョンに至るまでの道筋を「ファネル（漏斗：ろうと、じょうご）」というが、ここでは、その中の有効な施策や、マネジメント方法について解説する。

図5-52は、顧客がどのチャネル経由でウェブサイト（ランディングページ）へアクセスし、最終的に販売（クロージング）に至るかまでのファネルを表している。

オウンドメディア、ペイドメディア、シェアドメディア、アーンドメディアの4つに加え、記事広告、プレマーケティング、インフルエンサーの3つ、さらに指名検索を含めた検索エンジンの主に8つのチャネルがある。それぞれのチャネルのサブカテゴリーとして、様々な施策が存在する。PMF後に重要なことは、1つでも2つでもいいので、自社にとっての「勝ち筋」となるチャネルを見つけることだ。

変化し続ける顧客心理を捉えるための「虫の眼」を身につけるフレームワーク

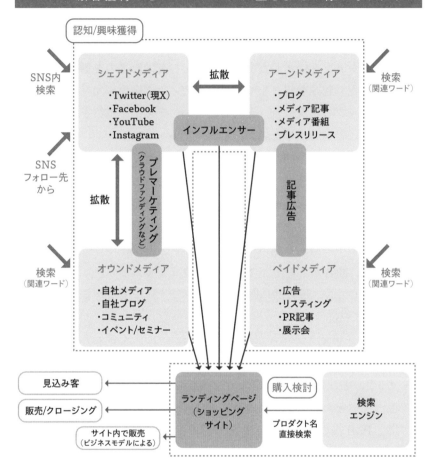

図5-52　顧客獲得からクロージングに至るまでの様々なファネル

認知/興味獲得

SNS内
検索

SNS
フォロー先
から

検索
（関連ワード）

シェアドメディア

・Twitter（現X）
・Facebook
・YouTube
・Instagram

拡散

インフルエンサー

プレマーケティング
（クラウドファンディングなど）

拡散

オウンドメディア

・自社メディア
・自社ブログ
・コミュニティ
・イベント/セミナー

アーンドメディア

・ブログ
・メディア記事
・メディア番組
・プレスリリース

検索
（関連ワード）

記事広告

ペイドメディア

・広告
・リスティング
・PR記事
・展示会

検索
（関連ワード）

見込み客

販売/クロージング

サイト内で販売
（ビジネスモデルによる）

ランディングページ
（ショッピング
サイト）

プロダクト名
直接検索

購入検討

検索
エンジン

　スケール段階になると、1つのチャネルに頼るのはリスクがあるので、最適なチャネルの組み合わせ（チャネルミックス）を検討していく必要がある。

　最近は、「インフルエンサーを活用して、多くのユーザーを獲得しています」という新しいチャネルを活用する起業家も増えてきた。

ただ、それぞれのチャネルの特徴を理解した上で、最適な方法でターゲットユーザーに届けるチャネルを採択しているかどうか、をチェックすることが重要な論点になる。

前提条件で知っておきたいこととして、オーガニックな集客のほうが、中長期的に見た時に、ペイドメディアと比べて、費用対効果が高いということだ。実際に運用してみて、実際の数字をブレークダウンして、計測してみるのが良い。

ペイドメディア

企業が費用を払って広告を出稿できるスペースを提供しているメディアのことだ。我々の普段の生活空間は、広告であふれている。

その枠は全て、広告主が直接かもしくは、代理店を通じてそのスペースに対して、対価を支払っている（なのでペイドメディアと呼ばれる）。種類は非常に多彩で、新聞、デジタル広告（ディスプレイ広告、リスティング広告、動画広告など）、テレビCM、記事広告などが挙げられる（ニューヨークのタイムズスクエアのデジタル広告は、月に2800万円かかると言われる非常にわかりやすいペイドメディアだ）。先にも述べたが、データ量は日々増えてきており、ただ単に、広告を垂れ流すだけでは、ユーザーには届かなくなってきている。

ペイドメディアを使って多額の広告費を払おうとするスタートアップもあるが、燃え尽きてしまう要因になるので、勝機がない限りは、ここに多額を投資することはおすすめできない。図5-53で示したように、初期のメルカリは40代以上を捨てて、20代30代の女子をターゲットにして、テラスハウスの出演者を活用してテレビCMを打ち出していった[11]。メルカリはCtoC型のマッチングプラットフォームなので、GMV（流通総額）やアプリのダウンロード数が最も重要な指標になる。そういった

---

11）メルカリの顧客獲得：https://note.com/caron128/n/n4339eaa3d0fb を参照

背景があったので、ユーザーの残存効果やマインドシェアを取るために、CMにリソースを費やした。

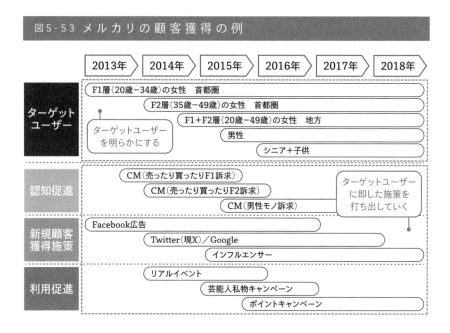

図5-53 メルカリの顧客獲得の例

| | 2013年 | 2014年 | 2015年 | 2016年 | 2017年 | 2018年 |
|---|---|---|---|---|---|---|

**ターゲットユーザー**
- ターゲットユーザーを明らかにする
- F1層(20歳－34歳)の女性 首都圏
- F2層(35歳－49歳)の女性 首都圏
- F1＋F2層(20歳－49歳)の女性 地方
- 男性
- シニア＋子供

**認知促進**
- CM(売ったり買ったりF1訴求)
- CM(売ったり買ったりF2訴求)
- CM(男性モノ訴求)
- ターゲットユーザーに即した施策を打ち出していく

**新規顧客獲得施策**
- Facebook広告
- Twitter(現X)／Google
- インフルエンサー

**利用促進**
- リアルイベント
- 芸能人私物キャンペーン
- ポイントキャンペーン

マインドシェアを取る、認知度を高めるという意味では、ペイドメディアは有効だ。世の中の商品やサービスのほとんどが、ターゲットにしている顧客の50%の認知も獲得していないという事実を鑑みると、顧客の認知度を高めるには、"接触回数"（＝フリークエンシー）を増やすことが重要になる。広告出稿自体は、「5回目までは認知度が上がる」というデータがある。何度も同じものを見ることで脳にインプットされやすいからだ。その意味ではお金を支払う効果はあるといえる。

また、商品訴求ではなく、感情にも訴えかける商品のストーリーを訴求することによって、プロダクトの認知度やブランド力も高まることにも留意したい。

一方で、情報過多の今、敬遠されつつあるのが広告でもある。実際、

広告ブロックは激増している。自分の行動履歴と自分のセグメントに合ったものが買えるようになった今、ニーズを感じていない状態で広告を目にすると「押し売り」に感じることは覚えておこう。実際、広告出稿を本格的に検討することになったら、5W1Hについて考えておきたい。

Why：何のためにプロモーションするのか
What：伝えたいメッセージは何か
Who：誰に伝えたいのか
How：WhatとWhoを考慮してどのように伝えるか
When：どれぐらいの期間、どのシーズン、どのタイミングで行うか
Where：デバイスなどのタッチポイントをどう伝えるか

　留意点として、ペイドメディア向けにクリエイティブを作る時も、顧客に対する独自の価値提案（Unique Value Proposition）をベースにする必要がある。つまり、PMFを達成して、独自の価値提案が実証できていないと、クリエイティブで伝わるメッセージを強めることができない。

オウンドメディア
　オウンドとは「自社保有」の意。オウンドメディアは企業自身が自らの情報を提供できるコンテンツのことだ。自社で構築や運用をしている企業サイト、商品ごとのサイト、運営しているYouTubeチャネルなどを指す。
　狭義のオウンドメディアは、商品情報やブランド情報の掲載されたブランドサイト、会社情報がわかるコーポレートサイト、ブログや有益情報が書かれたコンテンツサイトになる。広義のオウンドメディアは、これに加えて機能を提供するサービスサイト、ECサイトが加わる（メルカリやZOZOのようにメディアとして、眺めるだけで楽しいエンタメ要素があるとオ

ウンドメディアの様相を得る)。

　オウンドメディアは、売り切りモデルのフロー型と呼ばれるメディアではなく、コンテンツがたまっていくストック型メディアという特徴がある（図5-54）。文字通り情報がストックされていくので、時間が経過してストックがたまるほど効果が高くなる特徴がある（月1回更新の10本しか記事がないものより、毎月1回更新される1000本以上の記事があるメディアのほうがユーザーの認知や想起を取ることができる）。

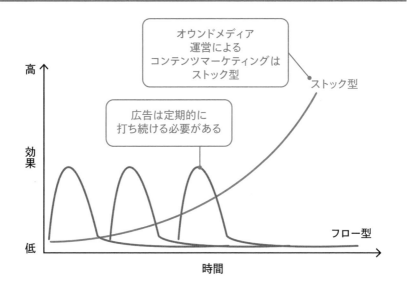

図5-54 オウンドメディアはストック型メディア

　オウンドメディア、ペイドメディア、シェアドメディア、アーンドメディアの4つのメディアのうち、真っ先に取り組みたいメディアがオウンドメディアだ。オウンドメディアそのものの成果が出るのは、多少時間がかかる。

　一方で、自分たちが何者なのか、なぜこの商品やサービスを作ろうと思ったかなど、をコンテンツとして整理しておくことは、その後のマー

ケティング活動に大いに役立つ。

　オウンドメディアを通じて、ユーザーが、自社のプロダクトとより自然に出会うような演出をするのも有効だ。特に、BtoB商材の場合は顧客のそのプロダクトに対するニーズは顕在化していなかったり、緊急性が低かったりする（図5-55）。

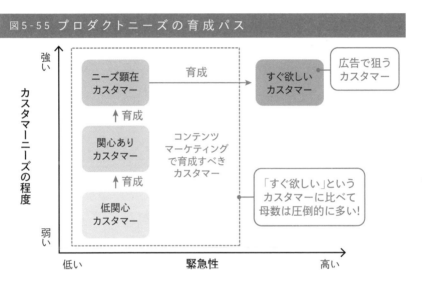

図5-55　プロダクトニーズの育成パス

　そういう状態の顧客に対して、いきなり広告を打っても仕方がない。まず「潜在ユーザーを啓蒙」「潜在ユーザーを教育」といういわゆる「ナーチャリング（顧客育成）」していくという視点が必要になる。

　また、良いオウンドメディアの要素として、EATというキーワードを覚えておこう。EATはExpertize（専門性）、Authoritativeness（権威性）、Trustworthiness（信頼性）の頭文字を取ったものだ。コンテンツを作る時に、この3つを担保できているかが重要になる。

　このポイントを無視して、ひたすらSEO対策のために、素人記事を量産して炎上し、サービス廃止に至ったWELQ（ウェルク）の二の舞にならないようにしたい。たとえば、HubSpot（ハブスポット）などは、非常

変化し続ける顧客心理を捉えるための「虫の眼」を身につけるフレームワーク

にリッチで多彩なコンテンツを扱うブログメディアを運営している[12]。

　また、ベーシックが運営するマーケティングメディアのferretなども非常に豊富なコンテンツを提供している[13]。

　リアルイベントやセミナーを運用することも、マーケティング施策として有効だ。リアルイベントは、会場費や運営費などの費用がかかるが、リアルイベントを通じて、エンゲージメントの高いユーザーの育成やリアルイベントのコンテンツをブログや動画に変換することで二次利用することも可能になる（図5-56）。

図5-56 リアルイベントは別のコンテンツに変換できる

別コンテンツに変換！

Facebook Groups

Facebook Live

Podcast

リアルイベントの内容は別のコンテンツに変換できる（レバレッジが効く）

リアルイベント

Photo：Adobe Stock

別コンテンツに変換！

You Tube

BLOG

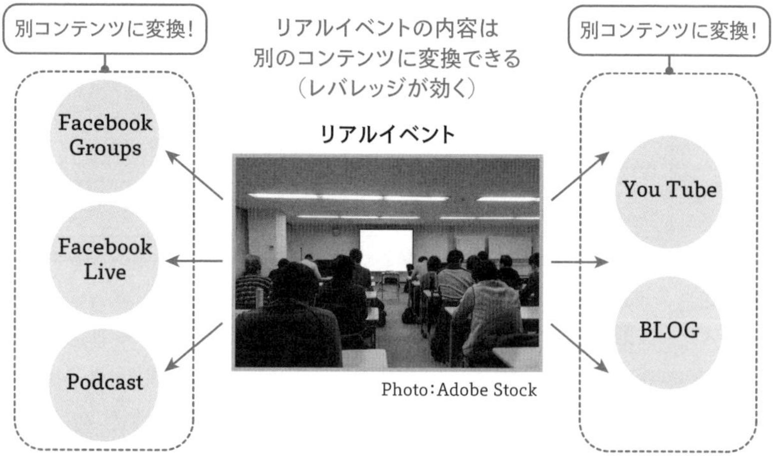

　イノベーターをつなぐプラットフォームのICCは、毎年、イベントを開催したものを記事化／動画化して、参加ユーザーのファン化や認知獲得を行っている[14]。

12）https://blog.hubspot.jp/
13）https://ferret-plus.com/
14）https://industry-co-creation.com/

オウンドメディアを立ち上げることは、認知度と好感度が向上する効果があり、採用力の向上にもつながることを留意すべきだろう。

　メルカリやDeNAなどは、採用に特化したメディアを立ち上げ、非常に強い採用力を維持している[15) 16)]。

　コミュニティマーケティングも有効なマーケティング施策の1つだ。「Sell through the community」と言われるように、プロダクトの検討ユーザーは、広告ではなく、現ユーザーの「実際の声」を重視する。これでうまくいっているのが、日本のAWSコミュニティであるJAWS-UGだ。コミュニティマーケティングでは自発性を重んじるために、コミュニティ登壇に対して「報酬」を支払ってはいけない。なぜなら、「報酬」が発生すると「仕事」になってしまうからである。

　また、コミュニティマーケティングにおいては、「初期メンバー」が非常に重要である。初期メンバーのエンゲージメントを高め、「コミュニティを引っ張ることが自らの使命」であるという認識を芽生えさせることが大事だ。

　さらに、そういうメンバーがメッセージを発信しやすくなるようにサポートしてあげることにより、続くフォロワーに熱量を伝播して、コミュニティを盛り上げていける。コミュニティが盛り上がってくると328ページ図5-57のように多対多の関係を構築できるようになる。

## アーンドメディア
　アーンドメディアとは、第三者のメディア機関が記事やブログを通じて商品に関するコンテンツを書いたものだ。いわゆる"口コミ"の力に直結するメディアだ。

---

15) メルカン：https://mercan.mercari.com/
16) フルスイング：https://fullswing.dena.com/

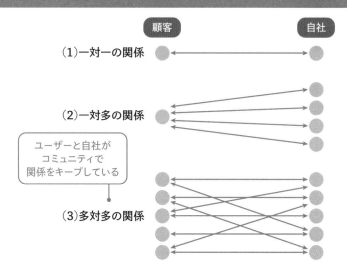

図5-57 コミュニティマーケティング

顧客　　　　　　　　自社

（1）一対一の関係

（2）一対多の関係

ユーザーと自社が
コミュニティで
関係をキープしている

（3）多対多の関係

　情報過多の今、敬遠されつつあるのが広告だ。自分たちに都合のいいことしか言っていないように感じる広告を信じなくなっている人が増えている。人間は、成功したいという欲求よりも、失敗したくないという欲求のほうが強く働く。広告を見て思わず買ってしまったものの失敗した経験のある人は多く、それはより広告への不信感に拍車をかけている。

　口コミは一方的に提供される情報ではなく第三者の中立的な視点に立って提供される検証済みの情報だ。BtoBの場合、口コミや紹介で購買に至るのが実に70%以上と言われている。

　しかも、満足度が高ければ、購入した顧客が「紹介」という形で新規顧客を連れてきてくれる。その口コミの力を最大限に活かすためにも、アーンドメディアをうまく利用したい。図5-58はアーンドメディアの全体像を示している。

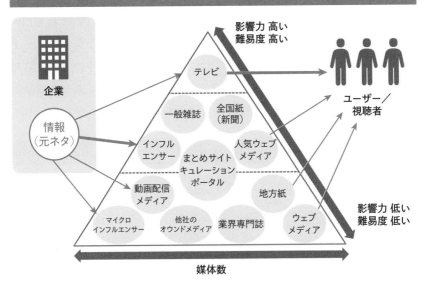

図5-58 アーンドメディアの全体像

シェアドメディア

　シェアドメディアとは、主にTwitter（現X）、Facebook、YouTube、InstagramなどのSNSを指す。情報を見つけてもらいやすくするためのプラットフォームとして活用できる。最近は、YouTubeやInstagramなどの影響力が高まってきている。

　今、人がネットで検索するとき、SNSもフル活用して検索するようになった。Twitter（現X）はGoogle同様に検索ツールとしても利用されていることがわかる。

　1位　Google（33%）
　2位　Twitter（現X）（31%）
　3位　Instagram（24%）
　4位　Yahoo!（12%）

『起業大全』図6-26参照

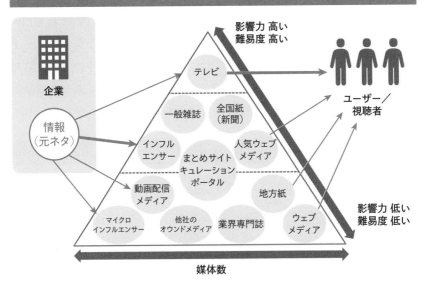

図の中のテキスト：
企業
情報（元ネタ）
影響力 高い　難易度 高い
テレビ
一般雑誌
全国紙（新聞）
インフルエンサー
人気ウェブメディア
まとめサイトキュレーションポータル
動画配信メディア
地方紙
マイクロインフルエンサー
他社のオウンドメディア
業界専門誌
ウェブメディア
影響力 低い　難易度 低い
ユーザー／視聴者
媒体数

SNS時代は、図5-59のように、「シェアされるまでが活動」という傾向にある。

　私たちは、何かしらの商品やサービスに興味を持つ。すなわちLike（L）がスタート地点になり、SNSで検索したり、あるいはウェブサイトで検索するなどして購買に至る。昔はここで終わるか、せいぜい近隣の数人に口コミで広める程度だったが、今は、購買後に気に入った商品は気軽にSNSにアップでき、それがシェアされる大きな流れがある。

### 図5-59 SNS時代の拡散／購買ファネル

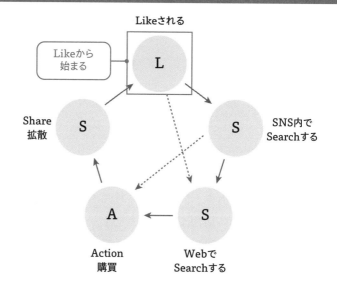

　シェアされた商品やサービスが拡散され大きな話題になったら、特別な宣伝をせずとも購買に結びつく。うまくいけば、その効果は計り知れない。

　またシェアドメディアは、商品やサービスの特性に適したものがある。たとえば、コンテンツ系や知識系ならYouTube、コンサルティングや企画系の商材ならSlide ShareやSpeaker Deck、リピート商材ならLINE@

が1つの目安になる。扱う商材によってどのシェアドメディアを使うか考えたい。

Starbucks（スターバックス）の場合、テレビ広告は1秒も流していないが、それでも非常に業績が良いのは、広報とシェアドメディアの使い方が非常にうまいからだ。

Twitter（現X）のStarbucks日本公式アカウントのフォロワーは約753万人（2023年10月現在）[17]と圧倒的に多く、商品がTwitter（現X）上で話題になると予想の売上の2 〜 3倍になることがある。的確なメディアを使えば効果は絶大だ。

今後は、コンテンツの伝え方やコンテンツそのものが細分化（ロングテール化）していってもAIの発達により、ユーザーは出会えるようになってくるだろう。1万人の薄いフォロワーよりも100人の濃いつながりのほうが、顧客獲得には利いてくる。

ただし、「とりあえず会社のアカウントを開設した」という行き当たりばったりで作るのではなく、SNSから企業サイトのオウンドメディアへ飛ばし、さらにランディングページへの導線を作るなど、全体の流れを見据えて、どのシェアドメディアが効果的かリサーチした上で始めるべきだ。ターゲットのペルソナのカスタマージャーニーを描くと「ターゲットとなるユーザー」が、普段どこから情報を得ていて、誰から影響を受けているのかを明確にすることができる。コンシューマー向けのプロダクトにおいては、SNSで認知獲得から自社コンテンツへの流入を図り、そこから、ランディングページに連れてくる導線を作ることがキーになる。

また今は、フェイクニュースなどが流行っているが、間違った情報が伝わらないようにするためにも、シェアドメディアを使う場合はオリジナル情報がユーザーに加工されないようにしたり、オリジナル情報に戻れるURLを記載するなど対策を講じておきたい。

---

17）Starbucks のフォロワー数　753万人（2023 年 10 月現在）
　　https://twitter.com/Starbucks_J

変化し続ける顧客心理を捉えるための「虫の眼」を身につけるフレームワーク

### インフルエンサーマーケティング

　アーンドメディアとシェアドメディアをつないでいるインフル
エンサーマーケティングとは、Twitter（現X）、Facebook、YouTube、
InstagramなどのSNS上で大きな影響力を持つインフルエンサー（オピニ
オンリーダー）と協力して行うマーケティングプロモーション手法のこと
で、最近、注目されている。

図5-60 インフルエンサーの分類とエンゲージメント率の関係

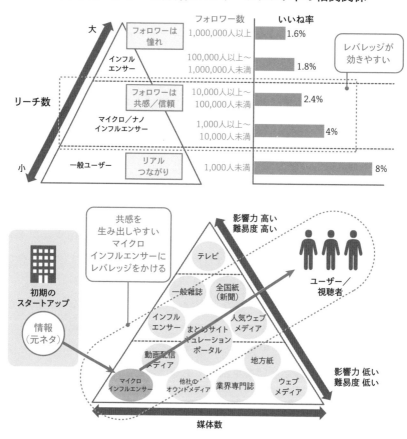

Harvard Business ReviewによるとインフルエンサーマーケティングのROI（Return on Investment：費用対効果）は、実に650%。他のマーケティングに比べても極めて高い結果が出ている。こちらは 『起業大全』240ページのPR（Public Relationship）のところで詳しく解説しているので、そちらを参照いただきたい。

お金を支払って依頼する場合もあるが、インフルエンサー自らが知って使っておすすめしてくれるというのが理想形だ。

インフルエンサーの中でも、ある特定領域において豊富な知見と情報量で影響力のあるマイクロインフルエンサーと呼ばれる人がいる。彼らにフォーカスして勝手に広めてもらうよう何ができるか考えたい。

マイクロインフルエンサーのフォロワー数は、1万からせいぜい数万程度。インフルエンサーよりもはるかに少ないが、そこがいいのだ。なぜなら、インフルエンサーは「憧れの対象」だが、マイクロインフルエンサーは「共感、信頼できる対象」になるからだ（図5-60）。

## ＞ ＬＰ（ランディングページ）の設計

次いで、LP（Landing Page：ランディングページ）の設計に移る。ランディングページとは、検索結果や広告などを経由して訪問者が最初にアクセスするページのことだ。訪問者がホームページに着地する（land）イメージからこの名前がついた。

320ページの図5-52を改めて見てもわかる通り、アーンドメディア、ペイドメディア、オウンドメディア、シェアドメディアなどで商品やサービスを認知し、ボルテージが上がった顧客がLPに来たときに、そのページがあまりにもショボく期待はずれだったら、がっかりして去ってしまう。潜在ユーザーは、知っている情報を改めて調べる特徴がある。86%のユーザーが知った情報を調べているという結果もある（アドビシステムズ「消費者行動調査2016」より）。そこでヒットしたLPが残念なもの

だと機会損失が発生してしまう。

---

## ＞ マーケティングファネルを設計する

---

　以上の要素を踏まえた上で、顧客獲得のためのストーリーを作る。こういう顧客獲得の経路はファネルと言われる。ファネルとは、「漏斗（ろうと・じょうご）」のことで、これが認知から購入に至るまでの購買行動を示す形にそっくりなことやふるいにかけられた見込み顧客が、検討し購入に至る流れの中で段々と少数になっていくことを意味している。以上の理由から「マーケティングファネル」という用語として使われる。

　ファネルでストーリーを作るとは、商品やサービスの存在を知ってもらう、必要だと感じてもらう、今すぐに欲しくなって購入するという一連のストーリーを作ることだ。

　家計簿アプリのMintは、コンテンツマーケティング（ブログ）を通じて150万人のユーザーを獲得した。今一度、294ページの図5-43を見てほしい。Mintはニーズと緊急性を高めるため、当初はプロダクトとの関連性が低いが共感されやすい節約や生活のコンテンツをアップしていった。

　さらに貯蓄やローン、投資や財テクなどのユーザーの興味関心を育成するようなコンテンツをアップし、「全然節約できていない」とユーザーが焦った段階で、家計簿アプリを入れてもらうというストーリーを作り上げた。すなわち、集客コンテンツから興味関心育成コンテンツを経て販売促進コンテンツまで導いていく導線を作ったのだ。これが、まさに「ストーリーを作る」ということだ。

　繰り返すが前述したようにマーケティングの目的は「5つの不」の解消だ。

不認知：そのプロダクトについて認知していない

不信：そのプロダクトについて信頼がない

不適：そのプロダクトが自分に合っていない

不要：そのプロダクトが自分に必要ない

不急：そのプロダクトを今手に入れる理由がない

　この5つを解消するために、どのようなマーケティング施策のミックスをしていけばよいかの問いを投げかける。

☞ 起業参謀の問い

- マーケティングを始める前に、まず商品／プロダクトのLPはできているか?
- LPに満足した顧客や事例になりそうな顧客の声（VoC）を掲載できているか?
- PESO（ペイドメディア／アーンドメディア／シェアドメディア／オウンドメディア）と獲得するチャネルはあるが、現在のフェーズと自社のプロダクトを勘案した時に、どのようなマーケティング施策が有効だと思うか?
- それぞれのマーケティング施策をどのタイミング／優先順位で実装するべきか?

　上のような問いを立てながら、起業参謀は起業家に然るべきマーケティング施策の発散と整理をしていく。以下の図5-61のように全体のメディア施策を、ファネルをカバーしながら発散と整理をしていく。

　その上で施策の優先順位をつけていくとよいだろう。施策の優先順位づけの論点としては、図5-62の項目が挙げられる。

- それぞれの施策が5つの不のどこに対応しているか（Where）
- タスクの詳細はどうなっているか（What）

- タスクオーナーは誰か（Who）
- 費用対効果は（How much）
- 優先順位と実装時期は（When）

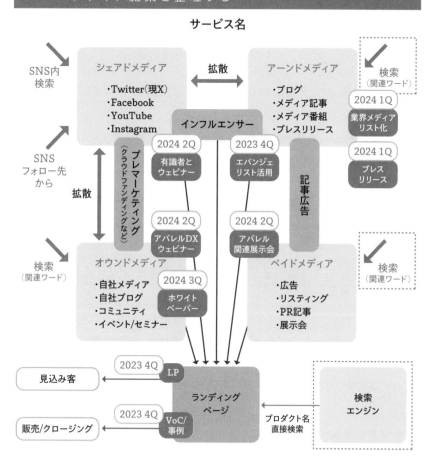

図5-61 メディア施策を整理する

## 図5-62 施策の優先順位づけをする

| | 不認知 | 不信 | 不要 | 不適 | 不急 | 具体的なタスク | タスクオーナー | 費用 | 効果期待 | 優先順位 | 実装時期 |
|---|---|---|---|---|---|---|---|---|---|---|---|
| LP | × | ○ | ○ | ○ | ○ | 商品カタログをダウンロード／問い合わせができるLP作成 | 田中 | 中 | 高 | 高 | 2023 4Q |
| 事例作成 | △ | ◎ | ◎ | ◎ | △ | 実ユーザー5名にインタビューしてLPに載せる | 田中 | 中 | 高 | 高 | 2023 4Q |
| DXウェビナー | ○ | ○ | ○ | △ | ○ | DXティップスとプロダクト活用のコンテンツでウェビナー | 佐藤 | 中 | 中 | 中 | 2024 2Q |
| 有識者ウェビナー | ◎ | ◎ | △ | △ | △ | 業界の有識者であるXXさんとウェビナー | 佐藤 | 高 | 高 | 中 | 2024 2Q |
| ホワイトペーパー | ○ | ◎ | ○ | × | × | 業界動向をリサーチしてコンテンツ化 | 山田 | 高 | 中 | 中 | 2024 3Q |
| メディアリスト | ○ | ○ | ○ | ○ | ○ | 関連する業界メディアの記者をリスト化 | 山田 | 中 | 中 | 中 | 2024 1Q |
| プレスリリース | △ | △ | △ | × | × | PR TIMESでプレスリリース | 山田 | 低 | 中 | 中 | 2024 1Q |
| エバンジェリスト活用 | ◎ | ◎ | ○ | ○ | × | 最初に使ってもらう10名をエバンジェリストで契約 | 山田 | 中 | 高 | 高 | 2023 4Q |
| インスタ運用 | ◎ | ○ | × | × | × | 公式インスタの運用 | 佐藤 | 低 | 中 | 高 | 2023 4Q |
| 記事広告 | ◎ | ○ | ○ | ○ | △ | XX社の記事広告を検討 | 田中 | 高 | 中 | 低 | 2024 3Q |
| インスタ広告 | △ | △ | △ | △ | △ | ウェビナー集客や認知獲得のためインスタ広告運用 | 田中 | 中 | 中 | 低 | 2024 3Q |
| SEO対策 | ○ | ○ | ○ | △ | × | キーワードサーチをしてSEO対策を実施 | 田中 | 中 | 低 | 低 | 2024 4Q |

変化し続ける顧客心理を捉えるための「虫の眼」を身につけるフレームワーク

# 真のPMFとは何か

「唯一重要なのはPMFすることだ」

―― マーク・アンドリーセン

出典：https://a16z.com/12-things-about-product-market-fit/

スタートアップにとっての最重要概念の1つであるPMFについて詳しく解説したい。PMFは、2007年にアメリカの著名なベンチャーキャピタリストのマーク・アンドリーセンが作った言葉だ。

2007年以前は、PMFという言葉・概念がなかったので、スタートアップや新規事業は、「欲しがるものを作る」よりも「そのプロダクトがどれくらい売れたのか」しか判断基準がなかった。

しかし、創業初期のスタートアップにおいて、「売上」を事業進捗の判断軸においてしまうのは、ミスリードにつながる（特に、時期尚早の拡大を誘引してしまう）。なぜなら、売上は「結果指標」であり、売上が実際に立つ前の先行要素（カスタマーの活性化率やエンゲージメント率など）が重要になるからだ。初期のスタートアップにおいてひたすらに売上の伸びを優先的に求めてしまうと、そこに至るまでの要素・プロセスの言語化や定量化することの動機が薄れ、属人化／ブラックボックス化を引き起こしてしまう。

本節では、そもそも真のPMFとは何を指すのかを紐解きたい。「人が欲しがるものを作る」というのは重要なPMFの達成基準であるが、それだけでは、十分ではないと考える。

PMFに関する要素をまとめて、図5-63のようにパルテノンを作ってみた（一つひとつの項目に関して説明は省くが全体像を摑んでいただきたい）。

図5-63 ＰＭＦのパルテノン

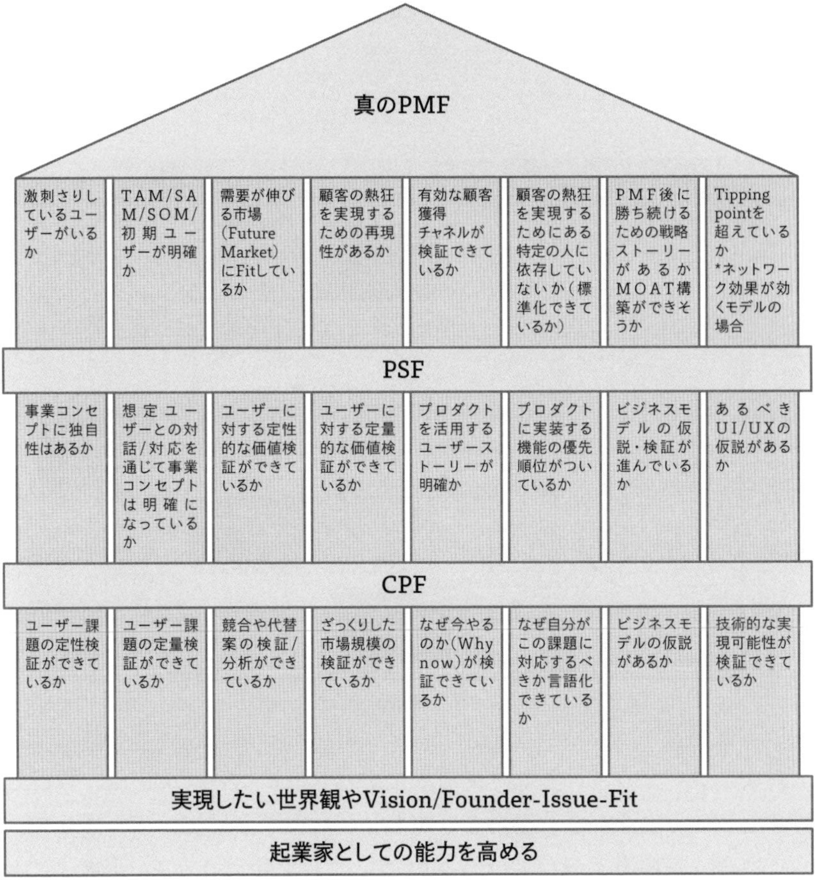

真のPMF

| 激刺さりしているユーザーがいるか | TAM/SAM/SOM/初期ユーザーが明確か | 需要が伸びる市場（Future Market）にFitしているか | 顧客の熱狂を実現するための再現性があるか | 有効な顧客獲得チャネルが検証できているか | 顧客の熱狂を実現するためにある特定の人に依存していないか（標準化できているか） | ＰＭＦ後に勝ち続けるための戦略ストーリーがMOAT構築ができそうか | Tipping pointを超えているか *ネットワーク効果が効くモデルの場合 |

PSF

| 事業コンセプトに独自性はあるか | 想定ユーザーとの対話/対応を通じて事業コンセプトは明確になっているか | ユーザーに対する定性的な価値検証ができているか | ユーザーに対する定量的な価値検証ができているか | プロダクトを活用するユーザーストーリーが明確か | プロダクトに実装する機能の優先順位がついているか | ビジネスモデルの仮説・検証が進んでいるか | あるべきUI/UXの仮説があるか |

CPF

| ユーザー課題の定性検証ができているか | ユーザー課題の定量検証ができているか | 競合や代替案の検証/分析ができているか | ざっくりした市場規模の検証ができているか | なぜ今やるのか（Why now）が検証できていないか | なぜ自分がこの課題に対応するべきか言語化できているか | ビジネスモデルの仮説があるか | 技術的な実現可能性が検証できているか |

実現したい世界観やVision/Founder-Issue-Fit

起業家としての能力を高める

　一般的に抜けがちで、強調したいポイントは「PMFの再現性」である。
　再現性とは「ユーザーがそのプロダクトに熱狂する状態に至るまでのプロセス、先行要素、先行指標を明確にすること」と考えている。ラッキーパンチで人が欲しがるものができた状態には再現性がなく、その後の事業の拡大再生産が難しくなる。

顧客エンゲージメントに「再現性」を持たせていくには型化・標準化・定量化ができているかの観点で見直す必要がある。図5-64は、縦軸に顧客エンゲージメント、横軸に時間を置いたユーザーのエンゲージメントレベルをシンプルに表した図表である。すべてのプロダクトにおいて、このような図表に表すことができる。

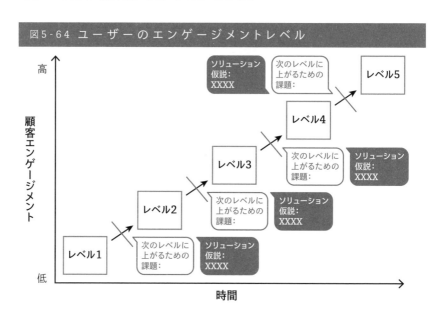

図5-64　ユーザーのエンゲージメントレベル

　あなたがハマっているプロダクトを想起してほしい。現在は、毎日それがないと、生活が成り立たないかもしれないが、最初、そのプロダクトに出会った段階ではプロダクトについて前提知識はなく、「使ってみようかな」と思うような状態だっただろう。

　そして、使用を重ねる中で自分の「行動」がどんどん変容して、そのプロダクトが徐々に生活やオペレーションに入り込んでいった。結果「習慣」が変容し、最終的にはプロダクトがないと生活が成り立たないレベルになった。この状態になると、自分の「価値観」に変容が起きたと言えるだろう。

たとえば、Zoomなどによってリモートワークするのが当たり前の時代になり、仕事の「習慣」は変容した。その結果、リモートワークが生活の中心になり、たとえば、ワーケーションをしたり、地方に移住する人も増えた。これは仕事や生活の「価値観」が変容した状態と言えるだろう。「価値観」の変容までくると、プロダクトはもはや生活のインフラレベルになり、プロダクトに対して非常に高いエンゲージメントを持つことになる。

ただ、そういう強いエンゲージメントに至るにはどのようなハードルがあり、そのハードルを払拭するソリューション／施策は何なのかを明確にする必要がある。図5-64のように、ユーザーのレベルをきちんと定義した上で、それらを明確にすることをおすすめする。

このユーザーのエンゲージメントレベルに、後ほど紹介するカスタマーヘルススコアを掛け合わせていくと、さらに顧客の状態理解の解像度が高まる。

BtoCとBtoBのPMFの達成を目指すためのPMF施策について解説したい。まずはBtoCから説明する（BtoBとBtoCにおけるPMFは少し異なるが、大枠の「エンゲージメントの階段を上らせていく」という考えは同一である）。

## ＞ BtoCにおけるPMF

BtoCの場合は、ユーザーの活性化ができているかどうかが重要である。287ページのUXエンゲージメントマップで紹介したが、活性化の視点として、そのプロダクトに出会って、一番最初の印象や「最初に受ける体験の良さ」に注力する。ユーザーを活性化させ、「あ！ なるほど！」という感動、アハ体験としていく施策が欠かせない。アクティベーション（ユーザーに価値を実感させるマーケティング）がなければ、顧客は定着せず、結果として、PMFには至らない。

296ページのTTFV（Time to First Value）の項でも説明したが、「マジッ

クモーメント」をできるだけ早いタイミングで達成できるかが、その後のプロダクトのパフォーマンスを握っている。

　たとえば、2022年に上場した約30種類の栄養素が入った完全栄養食を販売するベースフードは、初期の頃は、アクティベーション（ユーザーの活性化）ができていなかった。最初に「BASE PASTA」というプロダクトを打ち出したのだが、ネガティブなレビューが散見され、盛り上がることはなかった。

　しかし、2019年に「BASE BREAD」を発売し、ポジティブなレビューが書かれるようになり一気に認知が広がった。これらを食べた方々が、商品やブランドに価値を感じて、行動変容していったのである。

　さらに、コンビニで商品展開を開始すると売上を一気に伸ばした（図5-65）。簡単に購入できることから、自分の生活の中に「BASE FOOD」や「BASE BREAD」が入り込み、定期的に購入するという行動変容にもつながった。

図5-65　ベースフードのユーザーのエンゲージメントレベル

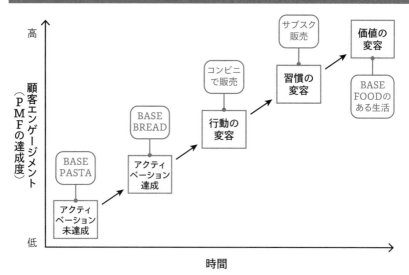

さらに、サブスクで買ったほうが安いため、多くの顧客がサブスクに登録した。そして、10万人を超えたタイミングで上場したのだが、結果として、BASE FOODを食べることが習慣化し、生活の中でなくてはならないものと価値変容していった。この状態は、ライフタイムバリューが非常に高いといえる。

ベースフードの好例を紹介したが、いかにして、様々なプロダクトでこの状態を達成するかという視点が重要である。

344ページ図5-66は、BtoCにおけるPMFのチェックリストだ。

起業参謀は、こうしたチェックリストを活用して起業家のPMF度合いをチェックする必要がある。

## ＞ BtoBにおけるPMF

次に、BtoBにおけるPMFについて解説しよう。BtoBとBtoCのPMFで異なるポイントは以下の通りである。
- プロダクトを通じてチェンジマネジメントが達成できるか？
- ステークホルダーごとのサクセスを達成できるか？
- カスタマーヘルススコアなどを用いて顧客の成功を定量化できるか？

## ＞ プロダクトを通じて
　チェンジマネジメントが達成できるか？

チェンジマネジメントという企業文化・企業管理の変容のやり方があるように、ビジネスユーザー側の価値観や文化までも変容させる施策が時には、必要だと考えている。たとえば、Zoomは最初の段階では事業が伸びなかった。それは、そもそも会社のテレワークの導入率が低かったからである（346ページ図5-67）。

しかし、新型コロナウイルス感染症の蔓延がきっかけとなり、多くの

## 図5-66 BtoCにおけるPMFチェックリスト

| 必要要素 | 詳細説明 | 重要性 | 存在しない |
|---|---|---|---|
| 360度<br>カスタマー<br>レビュー | 関連する顧客データを一元管理している | 高 | データを取っていない |
| | またそのデータには信頼性がある | 高 | 信頼性がない |
| | 顧客対応チームがデータにアクセスできて活用できる | 高 | 活用できない |
| ライフ<br>サイクル<br>マネジメント | 狙うべき顧客セグメントが明確か | 高 | セグメンテーション<br>ができていない |
| | カスタマージャーニー/バリューチェーンが明確か | 高 | ジャーニーは書き<br>出せていない |
| | セグメントに対してシームレスな<br>エクスペリエンスを提供できているか | 高 | 場当たり的な対応 |
| ヘルススコア<br>の<br>可視化/<br>標準化 | オンボーディングマネジメント | 高 | できていない |
| | アダプションマネジメント | 高 | できていない。<br>その場限りの<br>施策を実行する |
| | サクセスマネジメント | 高 | できていない |
| | リニューアルマネジメント<br>（次回のリニューアルをトラッキングできているか） | 高 | できていない |
| カスタマー<br>エクスペリ<br>エンス | 顧客から声（VoC）を集めている | 中 | 顧客調査が<br>できていない |
| | 顧客からの声をプロダクトや<br>オペレーションに反映させている | 中 | 顧客調査が<br>できていない |
| ステーク<br>ホルダー<br>マネジメント | 顧客ニーズに基づいた、<br>顧客とステークホルダーとの<br>チェックイン頻度/タッチポイントを調整している | 中 | カスタマーのキーマンが誰で<br>あるかを認識しておらず顧<br>客の目的の変化によって不<br>意打ちを喰らうことがある |

| 初級 | 中級 | 上級 |
| --- | --- | --- |
| 手作業で取りにいく | 部分的に手作業が残る | タイムラグなしに一元管理 |
| 不備を修正する必要あり | 少し不備の修正が必要 | 信頼性は非常に高い |
| 部分的にできている | おおよそできている | 成果に結びついている |
| ある程度の切り分けができている | 狙うべきセグメントがはっきりしており、それに対するアプローチもある | 狙うべきセグメントがはっきりしており、それに対するアプローチや方針が非常に明確である |
| ジャーニーはある程度書けているが解像度は高くない | ジャーニーが高解像度で書けている | ジャーニーが高解像度で書けており、チーム内で高いコンセンサスが取れている |
| あるべきエクスペリエンスのイメージがあるが一貫性がない | あるべきエクスペリエンスが定義されており、それを実行するための施策が自動化できているが、一部手作業も残っている | あるべきエクスペリエンスが定義されており、それを実行するための施策が自動化できている |
| ある程度データ収集できておりオンボーディングの卒業基準がある | データ収集できており信頼できるオンボーディングの卒業基準があり、オペレーションが回っている | データ収集できており信頼できるオンボーディングの卒業基準があり、オペレーションが回っている。ベストプラクティスの共有や自動化/標準化が進んでいる |
| ある程度基本的な方針があるがその場限りのアクションになっている | プロダクトの利用を促進するための体系的な戦略がある。データはアクションを必要とする顧客の優先順位をつけるために使用させる | 様々な場合を想定した詳細な戦略があり、自動化されたデータをベースとしたトリガー/ダッシュボードを使用し顧客とアクションに優先順位をつけている |
| ある程度データ収集できておりサクセスの方針がある | データ収集できており信頼できるサクセスの基準があり、オペレーションが回っている | データ収集できており信頼できる。オンボーディングの卒業基準があり、オペレーションが回っている。ベストプラクティスの共有や自動化/標準化が進んでいる |
| 何らかの形（エクセルなど）でやっているが属人化しがちである | チームがリニューアルを管理するために安定したプロセスがありヘルススコアに基づく情報が組み込まれている | リニューアルの可能性を管理し顧客損失を予測するのに役立てることができる自動化されたプロセスがある |
| ある程度顧客調査ができている | 顧客のあらゆるエンゲージメント状態の声を取れている | 顧客のあらゆるエンゲージメント状態の声を高頻度で取れており、事例になるカスタマーが多くいる |
| 顧客の声をある程度取っているがアクションにつながっていない | 顧客の声をプロダクトやUXに反映できている | 顧客の声をプロダクトやUXに反映できており、それに基づいたクロスセル／アップセルができている |
| カスタマーのキーマンとのエグゼクティブレビューを設定してリニューアルやエクスパンションを必要に応じて取りにいく | カスタマーのキーマンと会議を行う頻度が確立されておりニーズの変化を捉えている。ただし手動で行われる | カスタマーのキーマンと会議を行う頻度が確立されておりニーズの変化を捉えている。それが自動的に行われている |

変化し続ける顧客心理を捉えるための「虫の眼」を身につけるフレームワーク

ユーザーにとってZoomのサービスに対する認知が変わることになった。先述したようにSkypeはアプリをダウンロードする必要があり、Webexはパスワードの入力が必要だったりする中で、ZoomはURLをクリックすれば入室できるとてもわかりやすいUXだった。

図5-67 Ｚｏｏｍにより習慣変容と価値変容が起きた

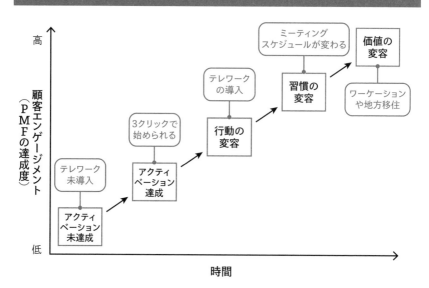

　さらに、一旦開くと「ステップ①ビデオ付きで開始をクリック」「ステップ②招待をクリック」「ステップ③URLをチャットにコピペ」と3クリックでリンクをシェアでき、3クリックジャーニーと呼ばれるほど、無駄な労力を要さず感覚的に設定できることも大きかった（図5-67）。

　このように、PMFを達成する際に、抜けがちなポイントは、素人でもわかるように簡単に作ることである。Zoomが流行りだした時には、「おばあちゃんとも会話ができる」という声が聞かれた。

　他のツール、たとえばGoogle Meetをしようと思っても、おばあちゃんはGmailのアカウントを持っていないケースもあるだろう。Zoomは

インストールすることがなく、ブラウザーさえ立ち上げればすぐにできる。それが流行の要因となったのだ。

さらに、我々はZoomによって行動変容も促された。たとえば、Zoomにより1日10本以上ミーティングができるようになった。これはZoomがない時代では不可能である。Zoomによって、仕事の習慣がアップデートされたのだ。さらにZoomのようなリモートワークのツールがあることによってワーケーションや地方移住がトレンドになった。日本全国どこにいても仕事が変わらずできるようになったのは、まさにZoom（競合のTeams／Google Meet）がもたらした変化だろう。

ただ、最終的にはBtoBで目指すところは、プロダクトによるチェンジマネジメントだ。チェンジマネジメントは、リーダーシップによって組織の全ての構成員に対して変革の重要性・必要性を普及させ、意識レベルから変化がスタートする。最終的には変革を成功に導く、心理的な要素にも重きを置いたものである。プロダクトは手段やきっかけにすぎないが、「変革を起こそう」としているリーダーの一助になることが重要だ。

図5-68はSansanが示しているチェンジマネジメントモデルだが、彼らは単に名刺をスキャンするツールと捉えるのではなく、社内の人脈を共有して、「文化を変えていく」ということを目指しているのがわかる。

上記のようにBtoBソリューションのPMFを目指す企業は、顧客がそのプロダクトを使うことによって、社内の行動規範や文化を変えることができないかを検証することが重要である。

たとえば、前述のZoomに加えてSlackやNotionを会社で使っている方も多いだろう。Slack／Notion／Zoomがこれほど、使われるようになったのは、それらのソリューションが浸透したことによって企業の文化やコミュニケーションの仕方が変わるからだ。一度変容を起こした行動や習慣はそうそう元に戻ることはない。

まずは、わかりやすい価値提案をフックにして、どんどんプロダクトを使わせ、最終的には導入企業側のチェンジマネジメントまでを支援をするストーリーまで設計することがBtoBビジネスでPMFするキーになる。

### 図5-68 Sansanのチェンジマネジメントモデル

| Change Management Level 1 | Change Management Level 2 | Change Management Level 3 | Change Management Level 4 | Change Management Level 5 |
|---|---|---|---|---|
| 営業活動の可視化 | 重要顧客管理 | 新規顧客の発掘 | 既存顧客の関係性強化 | 社内人脈の共有 |
| 各営業の活動内容や案件の状況がリアルタイムでわかる | 重要顧客との出会いからその後のアプローチまで管理する | 新規顧客の発掘見込み顧客の育成失注顧客の掘り起こしまで網羅的にアプローチ | 既存の取引先や重要顧客と強い関係を構築して次のアクションにつなげる | 全社員が保有する人脈を可視化して営業活動に活用する |

出典：Sansanセミナー資料より抜粋

## ＞ ステークホルダーごとのサクセスを達成できるか？

BtoBの場合は、通常複数のステークホルダーが存在する。プロダクトを活用するユーザー、購買するユーザー、パフォーマンス／費用対効果を測る経営陣／マネジャーなどが登場する（図5-69）。

それぞれの役割に応じて、KPIやサクセスの定義が異なることに留意したい。BtoCの場合でも、車や保険や家や学習塾などの高額商材の場合には、家庭内にも意思決定関与者（Decision Making Unit：DMU）ができる。たとえば、学習塾のお金を出すのは父親だが、最も影響力を持つ

のは母親だったり、子供は反対する立場だったりする。

図5-69 複数のステークホルダーが存在する

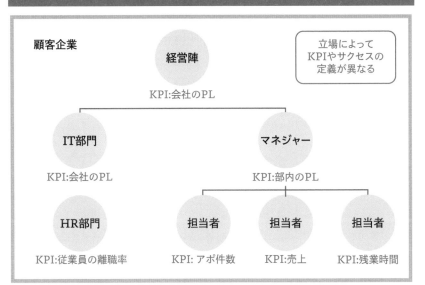

それぞれの立場の人たちのサクセスが何かの定義（定量と定性の両方）を行う。その上で、定点的に観測し、どの程度目標に近づいているのかを計測していく。

> ## カスタマーヘルススコアなどを用いて
> 顧客の成功を定量化できるか？

次に、BtoBのプロダクトでPMFを達成するために活用できる「カスタマーヘルススコア（CHS）」というフレームワークを紹介する。その名の通り、顧客の健全性（ヘルス）を定量化（スコア化）したフレームワークである。顧客の成功に至るまでの道筋を定量化できるかどうかは、再現性を高めるために非常に重要なポイントだ。

## 図5-70 ビジネスのフェーズごとに やるべきこと・やるべきでないこと

| | 立ち上げ期 | PMF模索期 | PMF達成期 | スケール期 |
|---|---|---|---|---|
| やるべきこと | ・顧客との定期的なインタビューの場を設ける<br><br>・マネジャーレベルを先に採用する<br><br>・経営陣がCSの概念を理解した上で、CSを設計する<br><br>・ハイタッチ施策に全リソースを集中<br><br>・問い合わせ対応だけは切り分ける（基本顧客の声を聞く）<br><br>・解約した顧客にインタビューを設定して、改善ポイントを洗い出す | ・カスタマーヘルススコアを導入する<br><br>・オンボーディングの件数をこなせる体制を作る<br><br>・オンボーディングの属人化をなくして、仕組み化する<br><br>・よくある質問をコンテンツに置き換える<br><br>・チャーンの要因分析をセールスやマーケチームと実施する | ・顧客セグメントをしっかり切った上で、それに応じた施策を実行する<br><br>・オンボーディングを標準化することで、担当者ごとにスキルや知識のばらつきができないようにする<br><br>・リニューアルに向けたアプローチを定期的に行う<br><br>・テックタッチ化への移行を意識的に行う<br><br>・顧客事例を積極的にとりにいく | ・役割に応じて専門性を持ったチームが稼働している<br><br>・データ分析に基づいて、テックタッチ施策を立案、実行できている<br><br>・新しく入るメンバーへの育成体制やロールプレーなどのオンボーディングができている |
| やるべきでないこと | ・チャーンレート（解約率）やMRR（月次経常収益）を目標に設定する<br><br>・テックタッチ施策を活用して効率化を追求する<br><br>・解約を防ぐためにリソースを割く | ・アップセルを設定して、MRRを目標にする<br><br>・CSの仕事の9割をオンボーディングに割いている<br><br>・担当者が属人的に顧客情報を持っており、CRMに記載されていない情報が多い<br><br>・状態が把握できていない顧客が存在する | ・マネジャーが権限移譲をせずに積極的な顧客対応を行う<br><br>・業務標準化、顧客分析などを実施するメンバーがいない<br><br>・契約更新後に顧客にタッチできない<br><br>・ヘルプ記事の更新が迅速に行われずに、問い合わせの数が増えている | ・マネジャーのマネジメント範囲が広く、適切な権限委譲が行われていない<br><br>・カスタマーサクセスの担当範囲が幅広くなり、分業化が進んでいない<br><br>・カスタマーサクセスの採用が後手に回っている<br><br>・業務効率化につながるツールの導入ができておらず、マニュアル業務の代替方法を検討できていない |

図5-70を見ていただきたい。図表はBtoBビジネスにおいてフェーズごとに何をやるべきかを簡単にまとめたものだ。初期の頃は、起業家本人や経営メンバーが自ら、ハイタッチで顧客対応をしていくケースが多い。当然プロダクトの専門性が高く、顧客に対する思いも強いので、顧客エンゲージメントを高めることができるケースが多い。

一方で、ハイタッチなやり方に固執しているとそこには再現性がなく、拡大再生産することが難しくなる。PMFを模索する時期にカスタマーヘルススコアを導入する。そうすることで、PMFを盤石にすることができるのだ。

## ＞ カスタマーヘルススコア

カスタマーヘルススコア（CHS）とは、顧客が健全に製品やサービスを利用しているか、顧客が満足しているかを示す指標だ。主にカスタマーサクセスを運用する際に用いられ、顧客が自社の製品やサービスを継続利用するかどうかを判断するために利用する。また、あるプロダクトやサービスがPMFしているかどうかを計測したり、PMFに至るまでの状態を定量化する際にも利用する。

340ページの図5-64でも解説したが、顧客が成功に至るまで階段は1つ飛ばしで上がっていくことはできず、一段ずつ上っていくことになる。

また、その一段一段ごとに越えるべきハードルや障壁がある（たとえば、プロダクトの適切な使い方を理解する、日々のオペレーションにそのプロダクトが組み込まれていく、など）。

カスタマーヘルススコアを使うと、それぞれの段階で、何が未充足なのか、逆に何に満足しているのかを明確にしていくことで定量化できる。定量化によって属人化をなくし、標準化して事業の拡大再生産が可能になる（Section4で紹介したUXエンゲージメントマップを活用して、ハードルの定性的な仮説を立てることができる。一方で、それを定量的に表すことができる）。

加えて、カスタマーヘルススコアを活用することによって顧客の「声なき声」を明確にして、変化を察知しながら顧客の状況を可視化できる（不満足な顧客の多くは声に出して、その不満や不安を伝えてこない）。

　カスタマーヘルススコアを活用することで、以下のようなアクションが可能になる。

- チャーン（離脱）予備軍を洗い出すことができ、未然に解約を予防できる
- 適切なタイミングでの適切な情報提供が可能となる
- 満足している顧客に対して、追加提案できるようになりビジネスの拡大チャンスが生まれる
- ポジティブな顧客を洗い出し、事例化顧客の選出が可能になる

　カスタマーヘルススコアの主要な要素をカバーした「DEARモデル」を紹介する。DEARモデルとは、以下の頭文字を取って命名したヘルススコアの設計フレームワークだ（図5-71）。

Deployment：ユーザーは正しく利用開始できているか
Engagement：ステークホルダーとエンゲージできているか
Adoption：製品を広く／深く活用してくれているか
ROI：製品の価値を感じているか（費用対効果があるか）

## 図5-71 DEARモデル

| | Deployment | Engagement | Adoption | ROI |
|---|---|---|---|---|
| フェーズのゴール | ・成果物が明らかになっている<br>・チャンピオンメンバーの納得度が高まっている | ・高いユーザーNPSが達成できている<br>・経営メンバーとレビューができている | ・成果を上げるためにプロダクトエンゲージメントが高まっている | ・プロダクトを使って成果が出ている<br>・部署内の半分以上のメンバーが使っている |
| 達成の要因 | ・顧客のリテラシー向上<br>・顧客の課題／目的の明確化 | ・ユーザーの継続的リテラシー向上<br>・経営陣が考えているKPIの明確化 | ・継続的スキル向上<br>・ベストプラクティスを認知して参照できる | ・継続スキル向上<br>・部署内においてプロダクトが広がる |
| 提供手段<br>オペレーション<br>カバレッジ | ・使い方のレクチャー<br>・要件ヒアリングからの目的設定 | ・顧客の活用マニュアル作成<br>・KPIツリーの作成 | ・継続サポート<br>・事例紹介 | ・費用対効果がわかるレポート作成のサポート |
| KPI | ・具体的な成果物のイメージができている<br>・メンバーのチュートリアル動画閲覧の終了率 | ・ユーザーNPS<br>・経営メンバーとの半年でのミーティング数 | ・週3本以上の動画作成<br>・毎日1回以上使っている割合（DAU20%） | ・作成した動画からのコンバージョン数<br>・生産性向上指数 |

## > Deployment:ユーザーは適切にプロダクトを利用開始できているか

プロダクトやサービス導入直後の顧客が初期設定やオンボーディングをきちんとできているかの指標。つまり製品が正しく使える状態になっ

ているか、を測るものである。そもそも、使い方がわかっていない場合や納得感が低い状態では、その後の「プロダクトを活用した成功」に至るのは難しくなる。

計測する指標例
- 購入されているユーザー数に対して、実際にプロダクトがデプロイ（実装）されている数の割合がどの程度か？（高い：80%以上、中高：60%-79%、中：40%-59%、低：39%以下）
- チュートリアルの視聴が完了して、自分たちでオペレーションができるオンボーディングが完了している割合がどの程度か？（高い：80%以上、中高：60%-79%、中：40%-59%、低：39%以下）

---

## ＞ Engagement：
### ステークホルダーのエンゲージメント

---

　ステークホルダーとは、契約いただいている製品やサービスの活用やその更新のために関係を持つべき複数の人のことだ。
　オペレーションを実際に行う担当者だけでなく、そのマネジャーや経営陣などのペルソナがいる。

計測する指標例
- オペレーションを担当しているユーザーのNPS（ネットプロモータースコア：顧客ロイヤリティを測る指標）が高い状態にあるか？（高い：9.5以上、中高：8.6-9.4、中：7.7-8.5、低：7.6以下）
- マネジャーの一定レベル以上の位の方と3ヶ月ごとにビジネスレビューを実施したか？
- キーとなるユーザーがイベントに参加しているか？

## ＞ Ａ ｄ ｏ ｐ ｔ ｉ ｏ ｎ ：製 品 を 広 く ／ 深 く 活 用 し て く れ て い る か

ただ単にプロダクトが設置されて使用されているだけでなく、プロダクトが「広く」「深く」活用されているかを検証する。広さは、カスタマーが製品をフル活用できているか、を見る。Adoptionを計測する目的は、カスタマーがプロダクトをちゃんと使えているか、を知りたいからだ。それがダイレクトにわからない場合でも、傾向値として捉えていく必要がある（製品の活用データのログからAdoptionを取ることが理想だ。だがそれができない場合には「活用してくれているか?」を違う方法で見る）。

計測する指標例

- 製品の中で複数機能がある場合、どれくらいの機能数を使ってくれているか？
- キーとなる機能を使ってくれているか？
- プロダクトの最新バージョンを使っている割合
- トレーニングを完了しているユーザー割合

## ＞ Ｒ Ｏ Ｉ ：製 品 の 価 値 を 感 じ て い る か

ここでは顧客が製品やサービスに価値を感じているか、を検証する。

つまり製品に対して、かけた費用（Investment）に対して価値（Return）が出ているかどうかを見ていく。提供しているツールやログを通じてデータで取れる方法があれば、それらを活用する。

データで取ることが難しい場合は、顧客とのビジネスレビューなどであらかじめ定義したゴールに対しての成果が、どの程度達成できているのかを確認する（アンケートやインタビューなどを行う）。

DEARモデルをさらに細かく「フェーズのゴール」「達成の要因」「提

変化し続ける顧客心理を捉えるための「虫の眼」を身につけるフレームワーク

供手段／オペレーションカバレッジ」「KPI」などに整理すると、アクションの解像度が高まる。さらに各要素をベースにして図5-72のようにスコア化していく。そうすることで、それぞれのユーザーがどの程度、達成できているのかを定量化することができ、エンゲージメントを高めるための具体的な施策を打ち出すことができる。

　図5-72のヘルススコアはあくまでサンプルなので簡易化しているが、顧客の現在の状態を定量化しているので、どの顧客がどの要素において課題があるのかが可視化できている。

### 図5-72 カスタマーヘルススコアの表

| 顧客 | カスタマーヘルススコア | Deployment | | Engagement | | Adoption | | ROI | |
|---|---|---|---|---|---|---|---|---|---|
| | | レクチャーの完了率 5:80%以上 4:60-79% 3:40-59% 2:20-39% 1:19%以下 | 動画制作リテラシー（平均テストスコア）5:80点以上 4:70～79点 3:60～69点 2:50～59点 1:49点以下 | NPS 5:9.5 4:8.6-9.4 3:7.7-8.5 2:6.8-7.6 1:6.7以下 | エグゼクティブメンバーの関係性ミーティング数 5:3回以上 4:2回 3:1回 2:0回 1:コンタクトなし | DAU 5:80%以上 4:60-79% 3:40-59% 2:20-39% 1:19%以下 | 週ごとの動画作成数 5:15本以上 4:10-14本 3:5-9本 2:2-4本 1:1本以下 | 1ヶ月あたりのコンバージョン数 5:10回以上～ 4:7回～ 3:5回～ 2:2回～ 1:1回以下 | 生産性向上率 5:30%以上 4:20-29% 3:10-19% 2:0-9% 1:なし |
| A社 | 22 | 4 | 4 | 3 | 2 | 3 | 2 | 2 | 2 |
| B社 | 33 | 4 | 5 | 4 | 3 | 5 | 5 | 4 | 3 |
| C社 | 14 | 2 | 2 | 2 | 1 | 2 | 2 | 1 | 2 |
| D社 | 22 | 3 | 4 | 3 | 3 | 3 | 2 | 2 | 2 |
| E社 | 37 | 5 | 4 | 5 | 4 | 5 | 5 | 5 | 4 |
| F社 | 27 | 3 | 4 | 4 | 4 | 4 | 4 | 4 | 2 |

　大事なことは、スコアと継続率・解約率が相関しているかどうかである。スコアが高いにもかかわらず解約していたり、スコアが低いにもかかわらず継続しているようなことがあれば、カスタマーヘルススコアの設定自体が間違っていることになる。

　たとえば、図5-73の右にあるケースだと、カスタマーヘルススコアと

継続期間が相関していないので、そもそものカスタマーヘルススコアの設定が正しくないと言える。なので、さらに何度かPDCAを回した上でのチューニングが必要になる。

　最初の段階では何が正しいか（どのようにすれば顧客のエンゲージメントが高まり、それが高いサービス／プロダクトの継続率になるか）はわからない。そのため、実際にユーザーを点数としてプロットしてみて、運用する必要がある。運用をしていき、スコアと実情が合うまで継続していく（図5-73の左のような状態を目指す）。

## 図5-73 スコアと継続率・解約率の相関

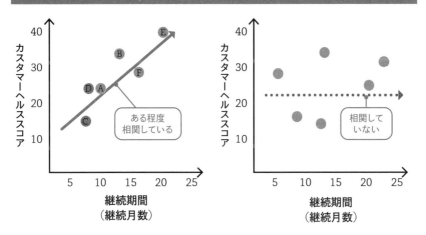

### 起業参謀の視点

カスタマーヘルススコアの留意点として、特にプロダクトにある程度顧客がついてきたタイミング（いわゆるトラクションが出てきたタイミング）で実施すると効果的である。顧客の数が少ないと誤差になってしまう。20〜30社などある程度の数の顧客が見えてくると、そこからパターンも見出せるのでカスタマーヘルススコアが機能する。そのタイミングで、実装することが有効だ。

## ＞ＰＭＦは「状態」ではなく「動詞」である

　顧客の心理状態はどんどん変化し続ける。一度、PMFを達成したとしても、その状態が長く続くことは少ない。すぐに陳腐化が始まってしまう。たとえば、2020年の新型コロナウイルス感染症の蔓延前とコロナ禍、アフターコロナの時代ではユーザーの心境は大きく変わってきている。

　一度PMFを達成したとしても、そこに安住せず、常に顧客心理やインサイトを深掘りして、ダイナミックに市場に合わせていくことがPMFの重要なポイントである。PMFを「動詞」として捉えるということだ。

　たとえば、Dropbox社はPMFをダイナミックに捉えて、常に更新し続け成功した。図5-74の通り、最初はデータを保管するいわばUSBの置換機能として普及した。2010年代初頭は、GoogleフォトやiCloudもなくクラウドコンピュータがそこまで浸透しておらず、すべてのデータがローカルにあり、どのようにファイルを交換するかといえば、USBメモリに全部ファイルを入れて行っていたのだ。しかし、これは非常に手間がかかる。Dropboxは、このような状況に対してデモ動画を使ってUSBの代替であるという理解を広げた。そのため、1回目のPMFは、個人ユースが多かった。そして、カスタマーセグメントを多角化しながら、さらなるPMFも実現した。

　ただ、本当に大きな市場は、実はBtoCではなく、BtoBであった。しかし、DropboxのCEOであるドリュー・ハウストンは、そこになかなか踏み込もうとしなかった。その理由を、「最初の頃は反体制的な文化で、法人営業にもなかなか気が進まなかった。我々は皆全員20代で、写真共有といった消費者向けの機能に注力したかった」と語っている。

　ただ、上場の手前になって、法人ユーザーにもアプローチを始める。単なるファイルの保管だけではなく、ビジネスとして重要な知見の共有

ができるツールとしてDropboxを展開していったのだ。

その結果、Dropboxが最も価値を提供しているユーザーは、個人で長編映画を作っているような人ではなく（BtoCではなく）、企業で書類の共有など仕事で利用している人たち（BtoB）だと気づいたのだ。

つまり、図5-74の通り、Dropboxは一般ユーザー向けに1回目のPMFを達成し、法人向けに2回目のPMFを果たした。さらに、コラボツールを提供して、3回目のPMFを達成したといわれている。

Dropboxの事例の通り、一度PMFしたら、そこに安住するのではなく、常に顧客と対話して、インサイトを取りにいき、ダイナミックに顧客にフィットし続けることが重要である。

繰り返しになるが、PMFは状態ではなく動詞である。ここはポイントとして押さえておいてほしい。

## 図5-74 Ｄｒｏｐｂｏｘの３度にわたるＰＭＦ

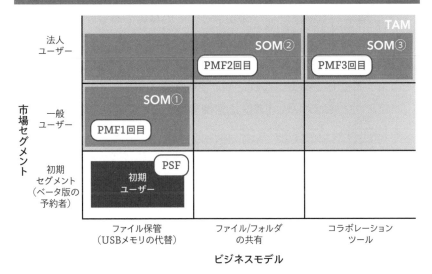

変化し続ける顧客心理を捉えるための
「虫の眼」を身につけるフレームワーク

- 顧客の成功に至るまでのプロセスを型化しているか?
- 顧客の成功の状態を定量化しているか?
- 外部環境や顧客心理の変化に合わせてPMFを再定義できているか?

## まとめ

PMFは状態ではなく動詞である。常に臨場感溢れる顧客像を捉えつつ、顧客心理の変化に合わせて、自社のプロダクトやマーケティング施策や顧客対応をアップデートし続けることが重要になる。私は、起業家が顧客のことを手触り感のあるペルソナではなく、「数字」で呼びだした瞬間から、その事業の衰退が始まると考えている。そうならないために、起業参謀は常に、「顧客視点」「虫の眼」を持ち出して、起業家が「顧客起点」からブレないようにする必要がある。こういった視点を導入することは、ともすれば、労力もかかり、「非常に面倒臭い」と起業家に思われるかもしれない。ただ前述したように、「本質的に価値がある」が「一見面倒臭くて誰もやりたがらない行動」。それを促すことが起業参謀の提供価値であることに留意いただきたい。

## Chapter 6

勝ち続ける仕組みを
作るための
「魚の眼」を
身につける
フレームワーク

# ＭＯＡＴの構築

> 「『オセロの四隅』を押さえよ」
>
> ──尾原和啓　執筆家・IT批評家
>
> 出典：プレゼン資料より

「魚の眼」とは「流れを摑み対応していく視点」のことを指す。また、動的な流れを捉えた上で「流れそのもの」を生み出していく視点とも言える。

「PMF＝人が欲しがるものを作る」はスタートアップにとって非常に重要なマイルストーンだ。ただし、PMFは最終ゴールではない。事業の最終ゴールは「持続的に勝ち続ける仕組みを作ること」だ。そのために、事業を静的ではなく動的に捉えて、勝ち筋を見立て構築していく「魚の眼」が必要になる。

戦略の要諦は「ムリ」「ムダ」「ムラ」をなくすことだ。その中でも、「ムリ」「ムダ」を減らすために持続的な競合優位性を構築する。そのために自社にとっての「オセロの四隅」を検証し作っていくのだ。

「MOAT」という言葉をご存じだろうか？　日本語に訳すと「城壁」や「堀」の意味を持ち、構造的な競合優位性を築く戦略を意味する。ただ単に事業を行うだけではなく、他社が攻め込んできても、勝ち続けられる仕組みを作るということである。

Amazonは、このMOAT構築を非常に巧みに行っている。Amazonで買い物する際にレビューをチェックする人が多いだろう。まさにAmazonにとって、このレビュー機能は非常に大きなMOATになっている。

Amazonは1994年に創業し、その翌年の1995年にレビュー機能を実装した。最初の頃は出版社から大きな反発があった。なぜならば、レビューが悪ければ商品が売れなくなるからだ。書籍を提供する出版社からすれば、低評価がつくリスクは大きい。

だがこういった反発をAmazonは、一蹴する。自分たちの付加価値を「ユーザーの買い物を助ける」「良い買い物体験を提供する」と標榜しているからだ。出版社は重要なステークホルダーには違いないが、あくまで、エンドユーザーに対する価値提供／UXが最優先される。彼らはこれをカスタマーオブセッションと標榜し、自分たちの行動指針（Leadership Principle）の1つに掲げている。

ただ、Amazonレビューが、それこそ何百億レビュー掲載されようが、それは会計的にAmazonの「資産」として、計上されることはない。ただ、この現在何百億個あると言われている「レビュー」はAmazonにとって、最も強力な無形資産になっているのだ。なぜなら、「モノを買う際にAmazonレビューをチェックすること」が多くの人に習慣化しているからだ。書店に行ってAmazonレビューを確認する人の多くは、結局その書店で買わず、Amazonで買うことを選択する。

Amazonレビューは一見すると「諸刃の剣」になる。なぜなら、前述のように、ユーザー評価の低いものは売れなくなるからだ。短期的な視点で見たらネガティブな側面があるが、一方で、中長期的には、「Amazonで購入すると失敗しない」という信頼が構築される。

Amazonレビューはネットワーク効果を生んでおり、Amazonのビジネスをより強固なものにしている。ネットワーク効果とは、ある人がネットワークに加入することによって、その人にプラスの意味を持たせるだけでなく、他の加入者の効用も増加させていくことを指す。レビューがたまっていくと、他者がそれを参考にするようになるので、買い物がしやすくなり、結果として買い物をする人も増えていく。レビューを書く人が増えていくと、Amazonで買い物するユーザーが増え

勝ち続ける仕組みを作るための「魚の眼」を身につけるフレームワーク

るという好循環が生まれる。このように「流れを見る視点（＝魚の眼）」で事業を捉えていくことで強力なビジネスを構築できる。

　このようなMOATを構築できるかどうかは、スタートアップの成長にとって非常に大きな試金石となる。スタートアップにとって、PMFは重要である。ただ、PMFは通過点でしかなく、最終的には「勝ち続ける仕組み」を作ることが大事になるのだ。

## ＞ＭＯＡＴ／ディフェンシビリティの要因

　MOATは、ディフェンシビリティ（Defensibility）と同義で使われる。そもそもディフェンス・アビリティ（Defence + Ability）といい、防御するための能力を指す。ディフェンシビリティとなりうる要因は大枠で言うと下記の7つがある（図6-01）。

①Technology ／ IP ／ Engineering（技術力）
②Data ／ Insight（データ量・データモデル・インサイト）
③Network effect ／ Business Relationship Asset
　（ネットワーク効果・取引関係の質・量）
④Brand ／ Awareness（ブランド価値・認知度）
⑤Culture ／ Team ／ CXO（会社の文化・MVV・チーム・経営陣の
　優秀さ）
⑥Operational Excellence
　（オペレーショナルエクセレンス・標準化）
⑦Strategy（ストラテジー・戦略性）

図6-01 スタートアップの価値を決める要素

| BS<br>PL<br>価値 | ・現在の収益性<br>・BSの健全性（現預金、借金）<br>・固定資産の価値（システム、設備など） |
|---|---|

企業価値

Defensibility Asset（競合優位性資産）

### Technology/IP/Engineering

・自社保有テクノロジーの秀逸さ
・知財（特許）
・エンジニアメンバーの能力/技術力
・Productの秀逸性

### Data/Insight

・Market Insight
・Data量/Dataモデル
・Data Driven経営のノウハウ/システム

### Network effect/<br>Business Relationship Asset

・ネットワーク効果
・リレーションシップアセット
（顧客、メディア、ガバメント、投資家、
メンター/アドバイザー、サプライヤー
など）

### Strategy

・戦略の明確さ
・戦略の独自性
・イノベーションモデル

### Brand/Awareness

・ブランド価値/認知度
・広告以外の顧客獲得チャネル
（メディアリレーション/コミュニティー/
インフルエンサーなど）
・広告による獲得チャネル

### Culture/Team/CXO

・MVVの浸透度
・起業家の業界権威性/Capability/Skill
・経営能力
・TeamメンバーのCapability
・メンバーのエンゲージメント/
モチベーション

### Operational Excellence

・バリューチェーンの成熟度、カスタマー
対応側ノウハウ
（ベストプラクティス、事例、
マニュアルなど）
・バリューチェーンの成熟度、コーポレート
サイドノウハウ
（意思決定迅速化の仕組み、ガバナンス、
コンプライアンスなど）

## ＞1.Technology／IP／Engineering（技術力）

　事例として、アメリカの電動自動車（EV）およびクリーンエネルギー関連企業であるTeslaは、優れたバッテリー管理技術がある。Googleは優れた検索エンジンという技術を持つ。特にDeep Tech系の企業において、高い技術力を持つことが、強いMOATになることは言うまでもない。

## ＞ 2.Data／Insight
（データ量・データモデル・インサイト）

Amazonのレビューによるデータがこれに当たる。2021年に上場した
ワンコインで簡単にフリーランスに対して仕事を依頼できるココナラは、
出店している方々のレビューを数多く持っていることが、その競合優位
性になっている。生成AIによってAIが一般化した現在において、他社
が持っていないデータやデータセット（データの集合体）を持っているこ
とが大きな競合優位性につながることを留意しておきたい。

## ＞ 3.Network effect／
## Business Relationship Asset
（ネットワーク効果・取引関係の質・量）

Amazonの他に、Microsoft、Google、Tesla、Meta、メルカリ、Uber、
Airbnbが代表的な事例として挙げられる。そのプロダクト／プラット
フォームにおいて、ある一定の取引量を超えたら、売り手が買い手を呼
び、買い手が売り手を呼んでくるようになっていく（これは後ほど解説す
るが、ネットワーク効果を発動させるための閾値／ティッピングポイントという）。
メルカリも初期の頃は、売り手も少なかったので、買い手も少ない状態
だった。つまり、初期の頃、こういったプラットフォーム型／マッチン
グ型サービスというのは必ず「ニワトリとタマゴのジレンマ」に陥って
しまう。

## ＞ 4.Brand／Awareness（ブランド価値・認知度）

たとえば、コカ・コーラはペットボトル1本150円ほどするが、原価は

恐らく数円程度の砂糖水である。なぜこの値段で売れるのかといえば、「ブランドの価値」が構築されているからだろう。291ページの「5つの不」(不認知、不信、不適、不要、不急)のところで解説したが、結局売れるようになるには、「第一想起を取れるか」「いかにして信頼されるか」というのが重要な要素になる。そのためのブランディング/認知度というのが重要になる。

## > 5.Culture／Team／CXO
（会社の文化・MVV・チーム・経営陣の優秀さ）

これも強力なディフェンシビリティになりうる。スタートアップの一番の強みの1つは「ゼロから強力なカルチャー」を構築できるところ。そのカルチャーがあると、優秀なタレントを引きつけ保持することができるようになる。また、トラクションが少ない初期においては、「創業チーム／CXO」が最も大きな差別化要因になることを留意したい。

## > 6.Operational Excellence
（オペレーショナルエクセレンス・標準化）

テクノロジーだけでなく、テクノロジーを支えるプロセスやオペレーションがあると他社が参入してきても、なかなか模倣できない。たとえば、マクドナルドよりうまいハンバーガーを作れるプレーヤーは数多くいるが、マクドナルドよりも優れたオペレーションを構築することはなかなかできない。他社が持っていないような、強いオペレーションや業界のノウハウや知見は優位性につながっていく。

39ページで紹介した通り、オセロの真ん中部分をひたすら取りにいくような無駄な布石を打つのではなく、四隅を取りにいくような効果的、効率的な戦略を考えていくことが必要である。

PMFすることは非常に重要だが、PMFすることは最終ゴールではなく、その後に仕組みで勝ち続けられるようにしていく視点が求められる。すなわち、いかにしてMOATやディフェンシビリティを構築できるかが大事なのだ。

## > MOAT／ディフェンシビリティ評価シート

どの程度のMOATが構築できているかは、370ページ図6-02の評価シートを用いてチェックしていくと良い。評価シートには、大カテゴリとしてディフェンシビリティの7つの要素があり、小カテゴリとして22項目がある。

小項目は、「Technology ／ IP ／ Engineering（技術力）」でいうと「自社保有テクノロジーの秀逸さ」「知財戦略の秀逸さ（プロダクト戦略との親和性)」「エンジニアメンバーの能力／技術力」「プロダクトの秀逸性／模倣困難性」の4つがある。

その下の「Data ／ Insight（データ量・データモデル・インサイト)」では、「集積しているマーケットインサイト」「データの量×データの質」「データを活かすための仕組み／ノウハウ」が項目となる。

「Network effect ／ Business Relationship Asset（スケールメリット獲得のネットワーク効果・取引関係の質・量)」は、「保持しているネットワーク効果の有効性」「ステークホルダーリレーションシップの強さ」「サプライサイドのリレーションシップの強さ」といった項目となる。

「Strategy（ストラテジー・戦略性）」では、「戦略の明確さ」「マクロインサイトとミクロインサイトをベースにした戦略の独自性」が小項目となっている。

このディフェンシビリティのチェックシートにある要素の重要性は、ビジネスモデルによって変わってくる。知財を保持しているような企業であれば「知財戦略の秀逸さ」が大事になるだろうし、プラットフォーム型であれば、ネットワーク効果があるかが大事なポイントとなる。

また、BtoCやDtoC（ダイレクトトゥコンシューマー）であれば、ブランドも重要となる。これらの指標に対して、「存在しない」「初級」「中級」「上級」と整理していく（図6-02）。起業参謀として、起業家に対して「今それぞれの項目がどのような状況なのか」「重視すべきはどこなのか」をプロットし、注力すべきポイントに対して視座を出していく。このフレームワークは、そうしたメンタリングに活用できるものである。

## ＞ＭＯＡＴにおける知財の価値とは

日本のTBMという会社は石灰石から紙のようなLIMEXシートを作る技術を持っている。こうした企業にとって重要になるのは、まさにテクノロジーである。こうした新たな開発に臨んでいる企業の場合、知財の活用も重要な論点となる。

知財には大きく4つの役割がある。1つ目は、自社のコア技術を他社から攻撃されないために防衛する役割である。将来必要になる技術も他社に奪われないための備えとして必要になる。

2つ目は収益源としての役割である。有効な技術は他の会社にとっても魅力的であることから、ライセンス提供により知財そのもので収益をあげることができる。

3つ目がクロスライセンスに活用する意義である。クロスライセンスにより他社の技術を使えるようになれば、単独では難しかった技術や製

## 図6-02 ディフェンシビリティ評価シート

| 必要要素 | 詳細説明 | 重要性 | 存在しない |
|---|---|---|---|
| Technology/ IP/ Engineering | 自社保有テクノロジーの秀逸さ | 高<br>（Deep Tech系ならば最高） | テクノロジーの秀逸さはない |
| | 知財戦略の秀逸さ（プロダクト戦略との親和性） | 中<br>（Deep Tech系ならば最高） | 知財戦略はない |
| | エンジニアメンバーの能力/技術力 | 高 | 自社にエンジニア能力はない |
| | プロダクトの秀逸性/模倣困難性 | 最高 | プロダクトの秀逸さはない |
| Data/ Insight | 集積しているマーケットインサイト | 高<br>（BtoCモデルなら最高） | ユニークなマーケットインサイトは蓄積できていない |
| | データの量×データの質 | 高<br>（Data Drivenなスタートアップならば最高） | データが全くない |
| | データを活かすための仕組み/ノウハウ | 高 | データを活かすノウハウ/仕組みがない |
| Network effect/ Business Relationship Asset | 保持しているネットワーク効果の有効性 | 高<br>（プラットフォーム型ならば最高） | ネットワーク効果を活用できるビジネスではない |
| | ステークホルダーリレーションシップの強さ | 中<br>（ステークホルダーが重要なリソースなら高） | ステークホルダーとのリレーションシップをマネジメントしていない |
| | サプライサイドのリレーションシップの強さ | 高<br>（2-sidedマーケットなら最高） | サプライサイドとのリレーションシップをマネジメントしていない |
| Strategy | 戦略の明確さ/独自性 | 高 | 戦略が明確でない。経営メンバーごとにぶれている |
| | マクロインサイトとミクロインサイトをベースにした戦略の独自性 | 最高 | 戦略がない。その場限りの施策を実行する |

| 初級 | 中級 | 上級 |
|---|---|---|
| テクノロジーの秀逸さが多少の持続的競合優位性につながっている | テクノロジーの秀逸さが持続的競合優位性につながっている | テクノロジーの秀逸さが圧倒的な持続的競合優位性につながっている |
| 知財戦略がラフにあり、多少の持続的競合優位性がある | プロダクトごとに知財戦略があり、持続的競合優位性がある | 知財戦略が自社の圧倒的な競争優位性につながっている |
| 自社にエンジニア能力が多少あるが、アジャイル/スクラム/DevOps[1]などのノウハウの蓄積はまだない | 自社にエンジニア能力があり、アジャイル/スクラム/DevOpsなどのノウハウの蓄積も備わっている | 業界でも有数なエンジニア能力/ノウハウがあり、優秀なエンジニアを多く採用できている |
| プロダクトの秀逸性が多少獲得できているが、競合優位性構築までのロードマップが見えていない | プロダクトの秀逸性があり、最適なプロダクトポートフォリオも検討できており、ロードマップに反映されている | プロダクトはもはや競合他社から模倣困難な状況になっており、圧倒的な競合優位性を担保できている |
| マーケットインサイトを捉えているが、活かしきれていない | マーケットインサイトを捉えて、ユーザーエンゲージメントや顧客獲得に活かしている | 圧倒的なマーケットインサイトを獲得できており、それをユーザーエンゲージメントの向上や顧客獲得に活かしている |
| データをある程度蓄積しているが、意思決定に活かしきれていない | データを蓄積しており意思決定に活かしている | 圧倒的なデータ量とデータの質を保持しており、様々な重要な意思決定やKPI達成に活かしている |
| データを活かすノウハウを獲得しようとしているが、目に見える成果は上がっていない | データを活かすノウハウを獲得し、成果を上げることができている | データを活かすノウハウや自動化を自社の強みにしており、そこから持続的に成果を上げることができている |
| ネットワーク効果を意識しているが、戦略的に活かしきれていない | ネットワーク効果を意識し、戦略的に活かしている | 圧倒的なネットワーク効果を構築しており、競合他社が追いつくのが困難なMOATを構築できている |
| ステークホルダーとのリレーションシップをなんとなくマネジメントしているが、体系的に運用できていない | ステークホルダーとのリレーションシップをマネジメントし、体系的にPDCAが回っている | 市場における主要なステークホルダーと非常に良好な関係を保っており競合優位性の構築に活用している |
| サプライサイドとのリレーションシップをなんとなくマネジメントしているが、体系的に運用できていない | サプライサイドとのリレーションシップをマネジメントし、体系的にPDCAが回っている | 市場における主要なサプライヤーと非常に良好な関係を保っており競合優位性の構築に活用している(マルチホーミング問題を解決できている) |
| ある程度の戦略があるがプロダクト/ビジネスモデルのロードマップ/競合優位性構築に活かしきれていない | 明確な戦略があり、プロダクト/ビジネスモデルのロードマップ/競合優位性構築に活かしきれている | 非常に明確な戦略があると同時に、外部環境の変化に合わせて、柔軟に戦略を調整できる対応力を持ち、市場における競合優位性を築いている |
| ある程度の戦略があるがマクロとミクロのインサイトを活かした独自性を構築できていない | 明確な戦略がありマクロとミクロのインサイトを活かした独自性を構築できている | 自ら構築したネットワーク網や情報網において、他社が持っていないマクロ/ミクロインサイトを保持できており、持続的な独自性の構築に活かせている |

1) DevOps：ソフトウェア開発で開発担当者と運用担当者が協力して開発する手法

| 必要要素 | 詳細説明 | 重要性 | 存在しない |
|---|---|---|---|
| **Brand/<br>Awareness** | ブランド認知度/ブランド選好度 | 中<br>(BtoCならば最高) | ブランドの<br>認知度が全くない |
| | 広告以外の顧客獲得チャネル | 高 | 広告以外の<br>顧客獲得チャネルが<br>全くない |
| | 広告による獲得チャネル | 中<br>(BtoCならば<br>高〜最高) | 広告活用の<br>ノウハウがない |
| **Culture/<br>Team/<br>CXO** | 創業者/創業メンバーの業界権威性 | 高<br>(初期では最高) | 業界の知見がない/<br>少ない |
| | 経営メンバーの経営能力 | 高 | 経営メンバーに<br>マネジメント力がない |
| | 組織のMVVの浸透度 | 高 | MVVが定められていない |
| | メンバーのケイパビリティ<br>(専門性、領域インサイダー)の高さ | 高 | メンバーの<br>ケイパビリティが低い |
| | メンバーのエンゲージメントの高さ | 高 | メンバーの<br>エンゲージメントを<br>測っていない |
| **Operational<br>Excellence** | フロント側のバリューチェーンの成熟度<br>(カスタマー対応ノウハウ、<br>ベストプラクティス、事例など) | 高 | オペレーションの型化/<br>標準化の意識が<br>全くない |
| | コーポレート側のバリューチェーンの<br>成熟度(意思決定の速さと質を高める<br>仕組み、ガバナンス、コンプライアンス、<br>ステークホルダーの信頼獲得のための仕組み) | 高 | オペレーションの型化/<br>標準化の意識が<br>全くない |

| 初級 | 中級 | 上級 |
|---|---|---|
| ある程度のブランド認知度があるが体系的なブランドマネジメントができていない | ブランド認知度を獲得できており、体系的にブランドマネジメントができつつある | 市場における第一想起を取れており、非常に強い信頼が獲得できている。加えてブランドマネジメントを体系的に運用できている |
| SNSやオウンドメディア（セミナー）などによる集客をしているが、PDCAが回っていない | プロダクトポートフォリオにとって最適なオーガニックチャネルを検証/活用しながらPDCAが回っている | プロダクトポートフォリオにとって最適なオーガニックチャネルを活用しており、CPAが競合他社に比べて低くなっているためプロダクトの価格も抑えるシナジーもあり、競合優位性を構築できている |
| 広告による顧客獲得をしているが、どの施策が有効かの検証ができておらず、PDCAが回っていない | プロダクトにとって最適な広告戦略を検証/活用しながらPDCAが回っている | プロダクトポートフォリオにとって最適なペイドチャネルを活用しており、CPAが競合他社に比べて低くなっているためプロダクトの価格も抑えるシナジーもあり、競合優位性を構築できている |
| ある程度の知見があり、コンテンツを発信している | 業界内である程度知られた存在になっている | 業界を超えて圧倒的な認知度を誇っており、優秀な人材獲得や企業からのコラボレーション/引き合いを多数獲得できている |
| 経営メンバーに、ある程度マネジメント経験/知見があるが、行き当たりばったり感がある | 経営メンバーにマネジメント経験/知見があり、今後のスケジュールに向けた標準が整っている | 経営メンバーは非常に高いマネジメント知見を持ち、持続的な成長をキープするための両利き経営が実践されている |
| MVVは定められているが形骸化の傾向にある | MVVは定められており、メンバーの浸透度が計測され成果に結びついている | MVVが自社の強みになっており、優秀な人材の獲得/定着に活用できているだけでなく、ブランド価値にも大きく貢献できている |
| メンバーにある程度のケイパビリティがあるが、競合優位性につながっていない | メンバーにケイパビリティがあり競合優位性につながっている | メンバーの多くに非常に高いケイパビリティがあり、持続的な競合優位性につながっている |
| メンバーのエンゲージメントを計測しているが、PDCAが回っていない | メンバーのエンゲージメントを計測しているだけでなく、PDCAが回りパフォーマンスの向上や成果につながっている | メンバーエンゲージメントの圧倒的な高さが自社の競合優位性に貢献している。メンバーは卒業した後でも、非常に良い口コミを広げてくれ、組織の魅力化に貢献してくれている |
| オペレーションの型化/標準化を多少意識しているが、体系的にはできていない | オペレーションの型化/標準化を定期的に行っており、PDCAが回っている | 業界でベンチマークされるレベルのオペレーションエクセレンスを保持できている |
| オペレーションの型化/標準化を多少意識しているが、体系的にはできていない | オペレーションの型化/標準化を定期的に行っており、PDCAが回っている | 業界でベンチマークされるレベルのオペレーションエクセレンスを保持できている |

品を作り出すことができる。

そして、4つ目が企業価値を高める役割である。知財は資産になるので、投資家がその価値を考慮する可能性がある。

図6-03のように企業のフェーズごとに知財でもフォーカスするポイントが変わってくるのが留意点になる。

## 図6-03 知財でフォーカスするポイント

| | 創業期<br>（Pre-seed） | 実証期<br>（Seed） | 事業モデル<br>構築期<br>（Series A） | 事業拡大期<br>（Series B〜） | EXIT期<br>（IPO） |
|---|---|---|---|---|---|
| 課題 | ・基本特許の出願ができていない<br>・潜在的競合が基本特許を出願<br>・提携先の企業や大学／研究機関が発明を発表 | ・基本特許が商用にたえない<br>・基本特許を取りきれない | ・基本特許が事業モデルに合わない（スケールできない）<br>・技術のキーマンを留めることができない | ・事業拡大に必要な周辺特許がない<br>・提携先がアイデアを勝手に使ってしまう | ・上場前に競合から知財侵害を警告されたり提訴されたりして上場に支障をきたす<br>・海外で類似特許が出る |
| 対策 | ・知財担当者を決める<br>・競合の知財情報をリサーチする<br>・提携先の企業／大学／研究機関との合意や契約の検討 | ・商用にたえる特許の出願<br>・大学や研究機関とのライセンス契約を調査 | ・事業をカバーする特許を出願<br>・キーマンを留めるためのインセンティブ設計 | ・事業拡大に必要な周辺特許を出願<br>・提携先の秘密漏洩に注意する。契約を締結する | ・定期的に知財を調査する<br>・海外の知財をリサーチする |

ステークホルダーとの良好なリレーションの蓄積も、そのスタートアップにとって価値を高めていくためのMOATになっていくことに留意したい。特に、マッチング型のプラットフォームビジネスをやっている場合は、役務提供者（サプライヤー）と強力なリレーションを持っていることは、強いMOATにつながる。

たとえば、ベビーシッターとユーザーのマッチングサービスを提供している場合、いかに役務提供者であるベビーシッターと良好な関係を構築し、自社に優先的にリソースを提供してくれるかがキーになる。

起業参謀には、中長期的に勝っていくという視点が非常に大事である。成功している企業や上場している企業のMOATは何なのかを参考にして、いろいろな視座を獲得してほしい。

 起業参謀の問い

- 自社にとってMOATとなる要素は何か?
- 中長期的に見て勝ち続けるためにどのようにMOATを築いていくか、仮説はあるか?

勝ち続ける仕組みを作るための「魚の眼」を身につけるフレームワーク

# 最強のMOAT構築

## ネットワーク効果を身につける

　NFXというシリコンバレーの著名なシード期のベンチャーキャピタルは、「ネットワーク効果を発揮するビジネスモデルを展開する20%の企業が、70%の時価総額を占めている」と示している。つまり、ネットワーク効果を持つ企業は全体の少数派であるにもかかわらず、最終的には価値の大部分を作り出しているということだ。

　ネットワーク効果を発揮できているかどうかが、エクセレントカンパニーやスケールする企業になれるかのキーとなっている。

　たとえばAmazonはネットワーク効果を発揮しながら、世界最大、かつ最も使われるようなeコマースに成長した。このネットワーク効果は、MOATの要素の中でも最強と言われている。このパートでは、ネットワーク効果について紐解き、最強と言われる背景について説明したい。

　NFXがネットワーク効果を16レイヤーに分けて説明している（図6-04）すべて覚える必要はないかもしれないが、起業参謀として、ネットワーク効果を実際に説明する際に、これらを踏まえて網羅的に解説していけると良いだろう。

　自社のビジネスモデル上、どのようなネットワーク効果が有効なのかを理解した上で、起業家に対して「魚の眼」と「医者の眼」を使って示唆を出していくことが大事だ。

　ネットワーク効果とは、端的にいうと、「ネットワーク参加者が増えれば増えるほど、そのネットワーク参加者に対する価値が増していく」という構造のことを指す。

## 図6-04 ネットワーク効果の16レイヤー

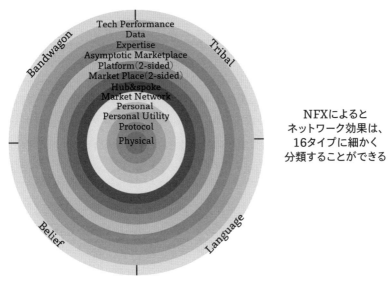

NFXによると
ネットワーク効果は、
16タイプに細かく
分類することができる

出典:以下を参考に著者が加筆。https://www.nfx.com/post/network-effects-manual

　最もわかりやすい例は、FAX、電話、LINEなどだ。FAX、電話、LINEも1人で使っていては、誰ともコミュニケーションを取れないので意味をなさない。

　ネットワーク参加者が増えると、ネットワーク参加者一人ひとりの価値は逓増していく。FAX、電話、LINEのようにネットワークの参加者が増えれば増えるほど、参加者同士のつながりが増えてくるので、結果としてコミュニケーションできる人が増え、参加者の価値が増えるということだ（これを外部性ネットワークという）。

　LINEであれば、国内のスマホ保有者の90%以上が使っているので、もはや、このアプリを入れていない人にはコンタクトが取りづらいとさえ感じるかもしれない。

　スマホを買ったら、最初にインストールするアプリがLINEである。

このようにネットワーク参加者の割合が一定の閾値を超えたら、そのプロダクトはもはや「インフラ」「ユーティリティ」になり、非常に強固なMOATを構築できるようになる。

このように外部性ネットワークにおいて、ネットワーク参加者の価値が逓増する法則は、「メトカーフの法則」と呼ばれている。メトカーフの法則とは、「ネットワーク通信の価値は、接続されているシステムのユーザー数の二乗（$n^2$）に比例する」という考え方である。

たとえば、電話やインターネットなどネットワークの価値は、つながる人が多ければ多いほど価値が向上する。電話の場合、世界で2人しか使用していなければ、「1対1」のつながりしかなくネットワーク価値は限定される。

一方、世界中で電話を使用する人が多い状況となれば、「ユーザー数×ユーザー数」という計算式でネットワーク価値は膨れ上がる。つまり、一次関数的に正比例するのではなく、二次関数的に伸びていく。

図6-05のように各ノードが増えていくと、そのノードをつなぐ線が二次関数的に増えていっていることに注目いただきたい。

30〜40年前は、固定電話が個人のIDと紐付いていた。家を買ったり、住民票を移したり、独立したりしたタイミングで、自分の固定電話を契約することが当たり前で、固定電話が個人にとっての「インフラ」だった。結果として、非常に強力なネットワーク効果を発揮し、固定電話を提供する電話会社のビジネスは非常に大きくなった。

しかし、今は多くの人が固定電話は契約せずに、携帯電話／スマホが代わりのインフラになった（同じ会社が提供している場合が多いが）。つまり、どんなに強力なネットワーク効果があるプロダクト／サービスでも、テクノロジーや人の嗜好性などの外部環境が変わると、その優位性は薄まる可能性が高い。

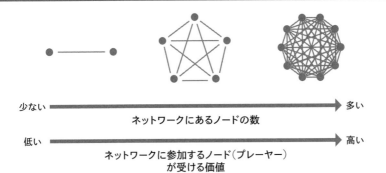

## 図6-05 ネットワーク効果

少ない ➤ 多い
**ネットワークにあるノードの数**

低い ➤ 高い
**ネットワークに参加するノード（プレーヤー）
が受ける価値**

1対1の関係の場合、線は1本。ノードが5つあると1人が4人にかけられる。線は10本。10台あると線は45本になる。ユーザーが増えれば増えるほど、間に引ける線が増えるので、サービスの中に起こる価値は端末の量ではなく線の量になる。電話を使わざるを得なくなるネットワークの参加者が増えれば増えるほどその中のやり取りが活発になり、ネットワーク効果は強くなる。

　以上の通り、ざっと紹介しただけでもネットワーク効果には、複数の種類があることがわかっただろう。ここではこれらを詳細に説明していきたい。

## ＞ 賢者の盲点をつけ

　Amazonの事例を再度紹介しよう。Amazonでは、レビュアーが増えると、レビューを見た人たちがどんどん買い物をして、買い物をした人たちがまたレビューをする。つまり、買い物をする方（デマンド側）とレビュアーの方（サプライ側）がネットワーク効果を作り、その価値を享受している（このケースは相互補完ネットワーク効果という）。購入者がどんどん増えれば、Amazonにサードパーティーとして出店しようという人たちも増えてくる（なぜなら出店したら売れるので）。また、そこでネットワー

ク効果が生まれていく。

　Amazonが30年足らずで、世界最強のプラットフォームになったのは、偶然ではない。1995年に創業者のジェフ・ベゾスがこれらのネットワーク効果を構想したからである。もはや伝説になっているが、ナプキンの裏にフライホイール（詳細は415ページ）を描き、ポジティブループで掛け合わせることによって、成長していく道を見出したのだ。

　楠木建氏が書いた『ストーリーとしての競争戦略』（東洋経済新報社）という名著には、図6-06のように「賢者の盲点」という考え方が示されている。一つひとつで見たら不合理な愚かな戦略かもしれないが、全体で見ると合理的に完成された賢者の盲点を狙う戦略になっているという意味である。

## 図6-06 賢者の盲点

| | 全体 | |
| --- | --- | --- |
| | 非合理 | 合理 |
| 合理 | 合理的な愚か者 | 普通の賢者 |
| 部分 | | |
| 非合理 | ただの愚か者 | 賢者の盲点（キラーパス） |

出典：『ストーリーとしての競争戦略』楠木建著、東洋経済新報社より

　Amazonレビューでは、低い評価がつくとそのモノは売れなくなる可能性が高い。しかし、そうした赤裸々なレビューがあることで、ユーザーは妥当なモノの選択を行うことができる。すなわち、部分的に見る

と「非合理」に見えるが、全体を通じては「合理性」のある戦略となっているのが、Amazonレビューなのである。

## ＞ ネットワーク効果のレイヤー

次に、ネットワーク効果にはどういうものがあるのかを解説する。377ページの図6-04は少し複雑になっているが、見方としては、核に近づけば近づくほど、強烈な効果を発揮するといわれている。

中心部から順に、フィジカル、プロトコル、パーソナルユーティリティ、パーソナル、マーケットネットワーク、ハブ＆スポーク、2サイデッドマーケットプレイス、2サイデッドプラットフォーム、アシンプトティックマーケットプレイス、エキスパタイズ、データ、テックパフォーマンスと続く。外側の周辺部には、ランゲージ、バンドワゴン、ビリーフ、トライバルがある。

一つひとつの効果については、後ほど解説する（ただし、ハブ＆スポーク、エキスパタイズについては、説明が専門的になるので本書では割愛する）。

①**フィジカル**（物理的なネットワーク）

最も強力な要素は、ネットワーク効果のそもそもの起原にもなった物理的なネットワークである。**物理ノード**（例：電話やケーブルボックスや線路の規格）や**物理リンク**（例：地中の電線）に結びついた直接的なネットワーク効果のことを指す。

たとえば、電話は直接的なネットワーク効果を持つだけでなく、他の防御機能を追加するのにも適しているため、最も防御力が高いネットワーク効果といえる。つまり、あるプロバイダーの固定電話が各家庭に導入されたら物理的な場所を占有し、他のプロバイダーが参入するのを防いでくれる（一般的な家庭で、複数の業者と契約することは考えにくい）。

物理的ネットワーク効果は強靭だが、そのためには先行投資（電話の

勝ち続ける仕組みを作るための「魚の眼」を身につけるフレームワーク

場合は基地局や回線インフラ）が必要になる。道路や鉄道、電気、水道、天然ガス、ケーブルテレビ、ブロードバンドインターネットなどは、物理的な直接的ネットワーク効果を持つビジネス例である。前述でおわかりになる通り、ほとんどの物理ネットワークは公益事業である（現在は民間企業かもしれないが、巨額な初期投資が必要になるので、最初は公益事業で始まるケースがほとんどだ）。

②プロトコル

　次のレイヤーはプロトコルによるネットワーク効果である。プロトコルとは、元の「手順」という意味だけにとどまらず複数のグループ間におけるコミュニケーション言語、ルール、考え方、などをまとめて示す言葉である。もともとは「人間同士のやりとり」だけに関する用語であったが、IT分野でコンピュータやソフトウェア同士のやりとりに関する取り決め（通信規約）を指すためにも用いられるようになった。

　わかりやすい例でいうならば、Microsoftの提供するOffice（エクセル、ワード、パワーポイントを提供するビジネスアプリケーション）は強力なプロトコルネットワークを持っている。Officeで活用されるパワーポイント、エクセルなどのアプリケーションで作成されるファイルには、「.ppt」「.xls」などのファイルの形式（プロトコル）を表す拡張子がついている。つまり、他の人がパワーポイントで作ったファイルを受け取って開くには、自分のパソコンにOfficeをインストールして、「.ppt」の形式で開く必要があるのだ（Macユーザーの場合でも、Office for Macをインストールする必要がある。互換性のあるソフトウェアで開くことも不可能ではないが、内容が崩れる可能性がある）。

　なので、ビジネス用にパソコンやMacを購入したら、Officeのライセンスも購入することになる（ビジネスパートナーや取引先がOffice互換性ファイルを送ってくる可能性が高いからだ）。

　このような強力なネットワーク効果があるからMicrosoft Officeは世

界中で多くの市場シェアを占めている。プロトコルが統一されていることによって、各個人／ノード間で共通言語が生まれてコミュニケーションコストが減るというメリットがある一方で、プロトコルを提供するプラットフォーマーが独占的な地位を濫用して、ユーザーに負担を強いる場合もある。

また、高解像度のアニメーション／画像制作をする際に使われていたAdobeが作ったFlashも、以前はデザイナーの中でデフォルトに近いプロトコルで広がっていった。しかし、2010年にスティーブ・ジョブズが発表した文書「Thoughts on Flash」の中で、Flashのセキュリティの脆弱性が指摘され、iPhoneにFlashが搭載されることはなかった（その後Adobeは2011年モバイル向けのFlashの開発終了宣言を行った）。

ジョブズは、表面的にはセキュリティへの懸念を指摘していたが、実際にはFlashがAdobeの方針によって管理されるプロプライエタリー（自社保有）な技術であることを脅威に感じていたのだ（つまりMicrosoft Officeのように市場をAdobeに牛耳られたくなかった）。だからiPhoneではFlashを使わずに、オープンソースプロトコルであるHTML5やHTMLを規格として採用し、それを標準化した。Appleは競合他社であるAdobeが推進するFlashの上で、アプリケーションを作る必要がなくなった。

こういった、プロトコル上の戦いは仮想通貨同士の覇権争いでも起きている。ビットコインやイーサリアムも強力なプロトコルを提供することによって、その価値が高まった事例だといえる。

③パーソナルユーティリティ

パーソナルユーティリティとは、ネットワーク参加者の個人的なアイデンティティが結びつくことによって、そのサービス／プロダクトを活用することの利用価値が高まるという概念だ。

たとえば、Facebook MessengerやLINEなどがそれにあたる。MessengerやLINEは個人に紐づくだけでなく、FacebookやLINEというプラット

フォーム上で個人が認証されているので、なりすましで詐欺にあったり、スパムを受ける可能性が低くなる（当然、こういったプラットフォームも、スパムの脅威にさらされているが、他に比べてはるかにリスクは低い）。結果として、ネットワークに参加することによって他者とのコミュニケーションコストを減らすことが可能になり、結果として利用価値が高まる。

④パーソナル

　パーソナルのネットワーク効果とは、個人のアイデンティティや評判が製品と結びついている場合に有効性を発揮する。たとえば、WhatsAppのIDやInstagram、Facebookは一人ひとりに紐づくことで成長していった。信頼性が必要なため、顧客の獲得にはハードルの高さもあるが、非常に強力なネットワーク効果につながる。

　SNSの広がりなどを見ればおわかりいただけると思うが、ユーザーは実生活で知り合う人の影響を大きく受けて、ネットワークに加わる可能性が高い。自分の周りの40％以上がネットワーク（SNS／メッセージアプリ）に参加すると、「ネットワーク上仲間外れになりたくない」という強力な参加インセンティブが働きだすと言われている。

⑤マーケットネットワーク（マーケット型ネットワーク効果）

　マーケット型ネットワーク効果は、ネットワークに組み込まれている人の多くが、需要サイドと供給サイドの両方を担っている場合に起こる。メルカリがわかりやすいが、登録者は売り手（供給者）であると同時に、買い手（需要者）でもある。マーケット参加者が状況に応じて自分の役割を変えるようなプロダクト／サービスの場合、そのマーケット参加者が受ける価値は、参加者の数が増えるにつれ逓増していく。参加者の双方向性の高さが特徴のネットワークで、InstagramやTwitter（現X）のようなSNS、TikTokなどのショート動画SNSなどが挙げられる。

　マーケットネットワーク効果を発揮させるには、どうやって参加者

に両方の立場を経験させるかがキーになる。たとえば、SNSの"読む専"の人に、どうやって記事を投稿させていくのかが重要になる。"読む専"（需要者）を"書き手"（供給者）に変えていくことをサイドスイッチという。

近年、このマーケットネットワーク効果で最も成功しているのがTikTokである。TikTokでは、ショート動画を作る難易度が一気に下がり、誰でも簡単に配信者になれるようになった。結果として現在、利用者は10億人に膨れあがった。これは非常に強力な外部性ネットワークを持っているといえる。

## ⑥2サイデッドマーケットプレイス

2サイデッドマーケットプレイスは、間接的ネットワークとも呼ばれている。これは、属性の異なる2つのグループが、仲介者を介して取引するマーケットのことである（上記のマーケット型は、簡単にサイドスイッチが起きるが、このパターンではサイドスイッチが起きにくい。特に需要者側から供給側へのスイッチ）。

仲介者（エージェント）となるプラットフォームは需要と供給間の価格やマッチングを取りもち、両者の利益を最適化することを期待される。

たとえば、Airbnbが代表的な事例だろう。Airbnbを利用するホスト側の人とゲスト側の人は、違うセグメントで構成されている。ホスト側は、その土地の大家や富裕層の方が比較的多い。

一方で、Airbnbのゲスト側は若者や学生の割合が高い（つまり、ホストはゲストになることが少ないし、ゲストがホストになるケースも少ない）。

この2サイデッドネットワーク効果の場合、前述のように最初は「ニワトリとタマゴのジレンマ」に陥るケースが多く、「買い手が売り手を呼び込み、売り手が買い手を呼び込んでくる閾値（＝ティッピングポイント）」に持っていくことが、このビジネスの成功に欠かせない。

図6-07の通り、縦軸が需要者側への価値で、横軸がサプライ側の供給量とした時に、通常のマーケットプレイス（直線）は、供給に正比例し

勝ち続ける仕組みを作るための「魚の眼」を身につけるフレームワーク

て需要者側への価値が高まる。

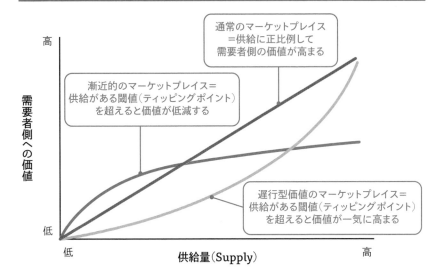

図6-07 マーケットプレイスにおける価値

通常のマーケットプレイス
＝供給に正比例して
需要者側の価値が高まる

漸近的のマーケットプレイス＝
供給がある閾値（ティッピングポイント）
を超えると価値が低減する

遅行型価値のマーケットプレイス＝
供給がある閾値（ティッピングポイント）
を超えると価値が一気に高まる

需要者側への価値

高
低

低　　　　　　供給量（Supply）　　　　　　高

　たとえば、Airbnbならばパリに旅行に行こうと検索して、登録されている家が10件しかなければ、その価値は低いだろう。これが、100件、200件、1000件になるにつれて、ユーザーにとっての価値が大きくなる。「ニワトリとタマゴのジレンマ」が常に付きまとうが、まずは供給数を増やしていくことがポイントと言えるだろう（この「ニワトリとタマゴのジレンマ」を解消する戦略については、次節で解説する）。

　2サイデッドマーケットプレイスでは、「両者の利益を最適化する」ことが重要であるため、Airbnbは初期段階においては、供給数が少なかったため、自分たちで宿泊場所を調達していた。

　また、Uberも一般的なドライバーではなく、自分たちで契約したドライバーを活用していた。こうして初期段階における供給量の担保を図っていったのである。

図6-07の一番下の曲線の通り、ティッピングポイントを超えると、一気に成長が加速するケースは、たとえば、Rettyのようなマッチングサイトのケースが該当する。Rettyは最初は、グルメな人に自分のお気に入りレストランを登録できるツールを配り、ある程度それが蓄積されてきた後に一般に開放した。それは最初のレビューが少ないうちは、需要者側にとって価値がなかなか発生しないが、ある一定の閾値を超えると一気に、価値が増幅するというモデルだった。

2サイデッドマーケットプレイスの例
　ネットワーク効果がバランス良く成長するには両サイド（需要側と供給側）が成長する必要がある。

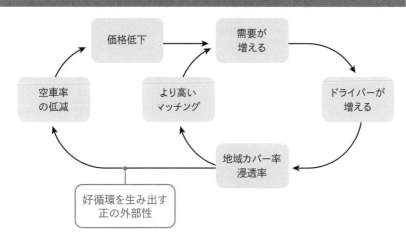

図6-08　2サイデッドマーケットプレイスのＵｂｅｒの例

　たとえば、Uberの乗客1人に対して1000人のドライバー、1人のドライバーに対して1000人の乗客がいても何の意味もない。Uberの場合には、ドライバーが増えれば、地域のカバー率が上がり、マッチングが高まる。しかし、ドライバーの数が多すぎると、ドライバーの仕事がなく

勝ち続ける仕組みを作るための「魚の眼」を身につけるフレームワーク

なってしまうという問題が発生する。そうなれば、ドライバーはUber
で働かなくなるという可能性も出てくる。

　一方で、乗る人のほうが多すぎると、Uberで車を予約しようとして
もブッキングできないという問題が起こる。図6-08のように正の循環が
回るには、需要の量（サービスを使う人）と供給の量（ドライバー）のバラ
ンスを取る必要がある。

　カーシェア事業を行っているGetaroundというアメリカのスタート
アップは、マンハッタンに数台しか空車がなく、ニューヨークで借りよ
うとしてもほとんど不可能な状態が起きている。これではユーザーが満
足するティッピングポイントには到底到達しない。

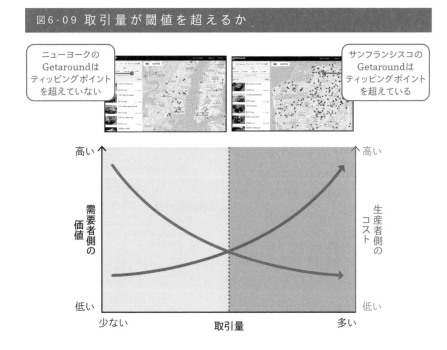

**図6-09 取引量が閾値を超えるか**

　かたや、サンフランシスコでは、半径2マイル以内に50台ぐらい車が
ある状態が起きている（図6-09）。消費者が自由に車を借りられるので

ティッピングポイントを超えていると言える（別の見方をすると車は供給過剰のため、Getaroundと契約し続けるモチベーションが湧きづらい）。いずれにせよ、供給者側／需要者側にとって適切な取引量になるために顧客獲得をコントロールする必要がある。

⑦2サイデッドプラットフォーム

　マルチホーミング問題の対応は非常に重要だ。マルチホーミングとは、ユーザーが複数のプラットフォームを並行して使用することを言う。これに対応してうまくいった事例と、うまくいかなかった事例を紹介しよう。2007年にiPhoneが出て、2008年にAndroidが出た。モバイルインターネットというプラットフォームが誕生した。モバイルインターネット市場においては、自社でアプリケーションを開発する（たとえば、Appleの場合Apple マップやApple Musicなど）。だが、アプリケーションの提供は第三者による開発に依拠している（たとえば、Facebook、TikTok、Uberなど）。つまり、需要サイド（ユーザー）を取り込むためには、供給サイド（アプリ開発者）を取り込み、アプリを開発させないとシェアを取ることができない。

　AppleやGoogleに負けまいと、Microsoftも遅ればせながら、モバイル市場に参入した（2010年10月）。しかし、開発者側からすると、iPhone向けのアプリも、Android向けのアプリにも既に対応していて、そこにさらにMicrosoft向けのアプリを作るとなると負荷が大きくなってしまう。リソースも限られており、3つ以上のプラットフォームに互換性を持つアプリケーションを開発することは難しい。

　そんな状況を乗り越えるべくMicrosoftはノキア買収を手掛け、ネットワーク効果を獲得しようとする。2013年には、ブラックベリーを抜いて世界1位の座を奪い取り、ノキア本社があるフィンランドでは39％を超えていた。

　また、世界24ヶ国でWindows PhoneのシェアがiOS（iPhone）のシェ

勝ち続ける仕組みを作るための「魚の眼」を身につけるフレームワーク

アを超えているなど健闘していた。だが、多くのアプリのデベロッパーは、Windows Phone向けにアプリケーションを開発することを躊躇した。結果としてアプリ／機能が増えず、ユーザーも増加しないという悪循環が起き、結局、2017年にはマーケットシェアが0.1%を切ってしまい、2019年にはサービスが終了してしまう。

　このように、新たにプラットフォーム事業に参入する際には、デベロッパー側から見た時に、「開発に値するプラットフォーム」のショートリストに残る必要がある。

⑧アシンプトティックマーケットプレイス

　これは、2サイデッドマーケットプレイスとも関連するが、漸近的（asymptotic）というポイントがある。わかりやすいのがUberとかLyft（リフト）などのライドシェアサービスの例だ。ユーザーの16分待ちが8分待ちの状態になれば、車の提供者が倍となり、ユーザーの価値も上がる。

　しかし、4分から2分になるためには、同様に車の提供者は倍の数が必

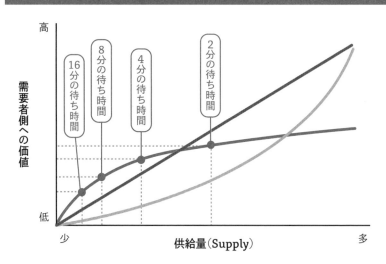

図6-10 2サイデッドマーケットプレイスの漸近的という特徴

要だが、ユーザーにとっての価値は大して変わらないだろう。4分も2分も大差がないと感じる人や、2分でなかなか準備ができないと、むしろ価値を下げて評価をする人すらいるかもしれない（図6-10）。

つまり、供給者側が増えていくと、ユーザーの待ち時間も減るが、ある時点から価値に対する伸びは減速するという特徴が現れる。これが漸近的ということであり、アシンプトティックマーケットプレイスの特徴である。

また、漸近的マーケットプレイスでは、マルチホーミングに対応する必要がある。マルチホーミングが広く行われている場合は、一人勝ちにはなりにくい。

たとえば、Uberは先行したが、Lyftが後からやってきて、より安い手数料でサービスを提供した結果、両者のシェアは拮抗した。自社サービスを使ってもらうよう提案することは相対的に容易であるため、後発企業にとってマルチホーミングは使いやすい追い上げ手段である。

### 図6-11 Uberのマーケットプレイスのマルチホーミング対応

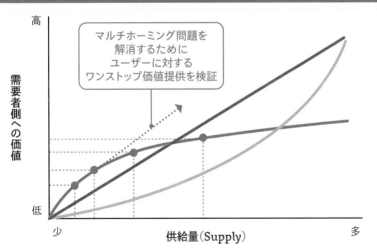

価値が高まるように補完的なソリューションを提案する

つまり、苦労して仕入れて、営業したとしても、コストがかかり負けてしまうということが起こりうる。これに対してUberは、Limeという電動キックボードのスタートアップに出資し、たとえば、Uberに乗りつつラストワンマイルのところでキックボードに乗り変えることができるという、別の付加価値を提供し、打破しようと考えた（図6-11）。このように、ユーザーから見た時にトランザクションコストが減ったり、摩擦が少ないUXを提供することによって、ネットワーク効果における価値を逓減させないような施策を考えることが大事だ。

⑨データ

　データのネットワーク効果について解説する。データは有効なネットワークのため、それを蓄積していくことは非常に重要である。

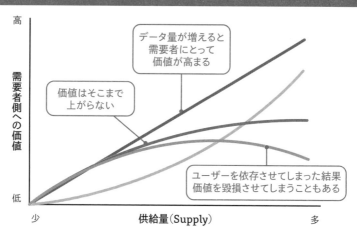

図6-12　データが溜まるとユーザーにとって価値が高まる

データ量が増えると需要者にとって価値が高まる

価値はそこまで上がらない

ユーザーを依存させてしまった結果価値を毀損させてしまうこともある

需要者側への価値

高

低

供給量（Supply）

少　　　多

ただしデータ量の増加によって需要者側への価値が
どう高まるかはビジネスモデルやコンテクストに従う

図6-12の直線のように、一般的にはデータがたまってくると、ユーザーにとってかゆいところに手が届くようなUX構築につなげていくことができる。Netflixは、視聴履歴やお気に入り登録などにより傾向を導き出して、おすすめタイトルを紹介してくれる。ご存じの通り、Netflixには無数の作品が存在する。本数が多すぎると選びきれず、UXは落ちてしまう。それを担保するのが、データをもとにしたリコメンド機能だ。意思決定のために頭を使うと疲れるので、リコメンド機能があると消費者の意思決定を後押しする効果が期待できる。これはデータのネットワーク効果の健全な使い方であると言えるだろう。

　Googleマップのナビには、A地点からB地点へ移動する時にどれくらいの所要時間がかかるかという到着予測時刻が表示される。Googleマップのユーザーが増えれば増えるほど、供給される移動情報が増えて、この予測時刻の精度は増す。
　一方で、データがたまっていくことでユーザーを依存させてしまった結果、価値を毀損してしまうケースもある（図6-12一番下の線）。
　ユーザーをあまりにも囲い込みすぎると、気づかぬ間に依存関係が生まれ、逆にQOL（生活の質）を下げるといったことが生じる。
　たとえば、Instagramをティーンエイジャーが過剰に閲覧することによって、うつ病の発症が高まっているという研究論文が発表されている。ユーザーの特性を把握しているからこそ、効果的な広告を打ち出せる。しかし、その結果中毒性が増すこととなる。過度にデータを集めすぎてしまえば、需要者側に対して価値が下がってしまうようなことが起こりうる。

## ⑩テックパフォーマンス（技術的なパフォーマンス）
　テックパフォーマンス（技術的なパフォーマンス）も、ユーザーが増えていけばいくほど、デバイスのテックパフォーマンスが上がる。スピードが上がったり、品質が高まったりしていく。テックパフォーマンスの

特徴は、「ネットワーク上のノードが増えることで他のノードのパフォーマンスが向上する」「先行プレーヤーに優位性がある」「技術アセットよりも、複製がしにくい」といったことが挙げられる。

　具体的な事例としては、落とし物発見アプリTile（タイル）が挙げられる。これもTileを使う人が増えれば増えるほど、ユーザーにより細かなネットワークが張られることになるので、より探しやすくなる。ユーザーが増えることで、一層ステークホルダーへの価値が高まっていくのだ。また、一般的なモバイルアプリケーションなども、ユーザーが増えれば増えるほど、フィードバックが増え（バグ情報やクラッシュ情報）、結果として技術／テクノロジーの磨き込みにつながっていく。

⑪ランゲージ／バンドワゴン／ビリーフ／トライバル

　最後に、図6-04の円の外側のソーシャルレイヤーに位置する「ランゲージ」「バンドワゴン」「ビリーフ」「トライバル」について触れよう。

ランゲージ

　ランゲージとは、人の意識下における、第一想起を取りにいくことを意味する。まさに「英語」はグローバル言語としてデフォルトを取った。結果として「英語」を母国語とする人たち（英語というプラットフォームのネットワーク参加者）は、大きな利益を受けている（言語というのはプロトコルかもしれないが、例としてわかりやすいので、ここで挙げておく）。

　言語として第一想起を取り、広がった事例をいくつか紹介したい。

　たとえば、Googleで検索することを表した「ググる」という言葉が定着しているが、ほとんどの人に通じる圧倒的に強い第一想起のポジションを取っている。こうした第一想起を獲得すると、何かわからないことや検索したいことがあれば、「とりあえずググる」という行動につながり、結果として、Googleは検索エンジンにおいて圧倒的なシェアを保ち続けている。

「バンドエイド」はジョンソン・エンド・ジョンソンが作った商品だが、もはや多くの方にとって「絆創膏＝バンドエイド」になっているし、「コカ・コーラ」は数ある炭酸飲料の中の1つでしかないが、炭酸飲料の代名詞になっており、圧倒的なマーケットシェアを誇っている。

このように、社会にその商品やサービスの言葉を定着させていく。これは、ブランディングのイメージにも近いネットワーク効果である。

## バンドワゴン

バンドワゴンは、ネットワークに参加しなければならないという社会的圧力によって、人々が「仲間外れにされたくない」と感じる時に起きる効果のことである。

「この人が使っていたから」または「みんなが使っているから」自分も使おうとするということである。バンドワゴンと前述のパーソナルを掛け合わせると強力なネットワーク効果になる。

たとえば、AppleはiPhoneユーザー同士ならば、AirDropを使い簡単にファイル共有ができる「利用価値の高い」ネットワーク効果がある。

バンドワゴン型ネットワーク効果は、アーリーアダプターユーザーから一般ユーザーが使うキャズムを超える際に有効なネットワーク効果になる。なぜなら、一般ユーザーは保守的な意識を持ち「あの人も使っているから自分も使ってみよう」というリスクを避ける意識が強い。同時に、みんなと同じである「安心感」や取り残されたくないという「FOMO（Fear of Missing Out：取り残される不安のこと）感」が生まれ、これが顧客獲得につながっていく。

## ビリーフ（信念）

ビリーフのネットワーク効果は、現代社会において重要な概念だ。金、ビットコインなどには実用的な価値はない。ただ、その象徴的な価値を信じる参加者が増えると価値が増す。いわゆる直接的なネットワーク効

果が発動される　なぜそのような象徴的な価値が生まれるのか？　人間は、群れを成す生物であるため、共通の信念の共有は社会的な結束を生み、コミュニケーションコストを下げることになる。人々が何かを信じる場合、その信念は他の人々にも影響を与え、彼らもそれを信じる可能性が高まる。こういった信念の共有は、集団内での受容と結束を促進する。例えば、金の価値は、その長い歴史を通じて人々が価値があると信じ続けた結果生まれてきた。金には直接的な実用価値（食べることや暖を取るために燃料として使えるわけではない）は限られている（一部の工業用途はある）。主に信念に基づいて価値があると見なされてきた（その輝き美しさゆえに、位が高いものを象徴するための記号として使われた）。ビットコインも同様の価値を提示している。ビットコインは、ただ単なるビットの羅列であり、実用的な価値はない（価値の貯蓄や送金をする際に利用されるが、それは多くの人が信じているから成り立つ）。ビットコインに価値があると信じる人が増えるほど、その価値は高まる外部性ネットワーク効果が発動する。NFXの表現を借りると、ビリーフのネットワーク効果は、砂のようなものである。少量では風に散ってしまうが、重ねることで石のように硬く、強固なものになる。信念が多くの人に支えられると、その力は非常に強力で安定したものとなるのだ。

参照 https://www.nfx.com/post/network-effects-manual

## トライバル

　トライバルとは、「部族の」という意味である。その人のアイデンティティの一部であり、その人が他者からどのように認識されているかに影響を与えるものである。初期のClubhouse（クラブハウス）は招待制だったので、そこに対する特権的な地位がトライバルの効果をもたらした。Slackは、スタートアップやテック業界で活用が広がっていった。その背景には、「クールなスタートアップに属したい」というトライバル効果があったからである。

　帰属意識が生まれて、ネットワーク効果が強化されたのだ。コミュニ

ティ内に入ることが、入れないメンバーに対する「優越感」として設定されていくことでトライバルが引き起こされる。

たとえば、アイビーリーグのMBAの卒業生のネットワークは「優越感」をベースにしたトライバルかもしれない（こういったアルムナイネットワークを活用して、新規の学生獲得のプロモーションをしている）。

Appleもトライバル効果を生み出した企業である。「Apples信者」と言われるように、「Apple」を信奉する人たちによる、熱の伝播なども強力に働きユーザーのエンゲージメントを高めている。毎年、新製品デモやデベロッパー向けのカンファレンス（WWDC）では、そのパフォーマンスで話題性とFOMOを生み出してきた。

Appleのトライバルによる効果は、「ブランディング」にも大きく寄与した。「クールな集団の一員になりたい」「ムーブメントに参加したい」という「なりたい自分になるという自己実現欲求」を触発して、広がっていった。

Appleのスティーブ・ジョブズやTeslaのイーロン・マスクのようなカリスマの存在もトライバル効果を生み出す。宗教のように「自分もクールな集団の一員になりたい」「ムーブメントに参加したい」という、ある意味で精神的な自己実現欲求の中で生み出される、信じている人たちの輪が広がっていくような影響がトライバル効果なのである。

## ＞ Meta社はなぜ世界を席巻できたのか？

これまで紹介した16のネットワーク効果は、掛け合わせていくことで大きな効果を及ぼす。たとえば、Facebook（現Meta）は外部性ネットワークと相互補完ネットワークを掛け合わせて成長した。

Facebookの初期段階は、2004年にハーバード大学でスタートし、その学内でトライバル効果を生み出した。ハーバードは、全米トップの大学なので、Facebookを使用することはその一員になるというトライバ

勝ち続ける仕組みを作るためのフレームワーク「魚の眼」を身につける

ル的な心理につながったのだ。大学のシラバスや授業の状況などの情報をFacebookで流すことでバンドワゴン効果が生まれ、学生内に急速に広がっていった。これが図6-13に示した戦略ストーリーである。

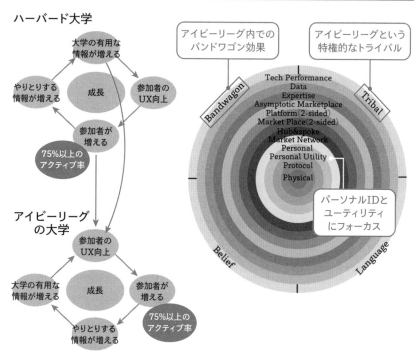

出典：以下を参考に著者が加筆。https://www.nfx.com/post/network-effects-manual

　Facebookは、このバンドワゴン、トライバル、パーソナルユーティリティの効果によってハーバード大学内で広がり、その後徐々に他の大学にも拡大していく。ここでのポイントとしては、いきなり全米の大学に広げるのではなく、アイビーリーグ（ハーバード大学、イェール大学、ペンシルベニア大学、プリンストン大学、コロンビア大学、ブラウン大学、ダートマ

ス大学、コーネル大学の総称）だけに展開したことだろう。アイビーリーグは名門大学ばかりなので、これも、優秀な学生だけが使えるアイテムとしてトライバル効果を生み出し広がった。さらに、「他の学生も使っているから自分も使おう」と保守的な学生をも後押しするバンドワゴン効果を生み出していった。そして、図6-13のように2つの輪からなる戦略ストーリーができあがった。

その後、全米の大学に広げ、さらにパーソナルIDとユーティリティにフォーカスして大学の卒業生や高校時代の同級生にも広げていった。

さらに、Facebook上でアプリを作ってどんどん価値を上げようと考える。そうなると、アプリの開発者を集めることは非常に重要になる。実際に取り組む施策として、デベロッパーカンファレンスを始めた。

つまり、初期の段階では外部性ネットワーク効果だけだったが、デベロッパーにユーザーのID情報を与えることによって相互補完ネットワークを生み出した。ここまできてプラットフォームとして開放したら、一気にデベロッパーが流れ込んだ。デベロッパーが増えると、Facebook上で使えるユーティリティが増えて、ユーザーとしては非常に使い勝手が良くなった。いわゆる、外部性ネットワークと相互補完ネットワークの掛け合わせが奏功した事例といえる（図6-14）。

さらに、その後はテックパフォーマンスにフォーカスし、Instagramを追加したり写真機能を充実させたりしていった。これにより、どんどん外部性ネットワークが強固になっていったFacebookは、まさに時間とともにネットワーク効果を幾重にも用いて進化させていった事例といえる。


ネットワーク効果とは、仕組みで勝ち続けるために非常に重要なコンセプトである。起業参謀は、Facebookが行ったようにいろいろなネットワーク効果を掛け合わせて、示唆を出しながら、ぜひ中長期に勝てるような事業を作っていって欲しい。

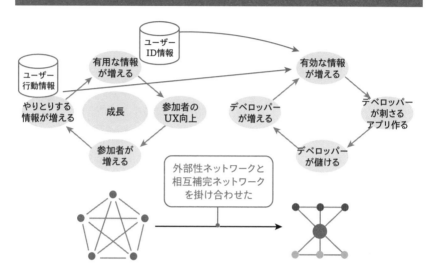

図6-14 Facebookの戦略ストーリー
（外部性ネットワークと相互補完ネットワーク）

 起業参謀の問い

- 自分たちの展開する事業において、どのようなネットワーク効果が有効と考えるか?
- ネットワーク効果を掛け合わせることによって、さらに強固なMOATを構築できないか?

# コールドスタート問題の解消

ネットワーク効果を発動させるためには、コールドスタート問題を解消しなければならない。コールドスタート問題とはいわば、スタート（サービス開始時）がコールド（冷たい／盛り上がっていない）の状態のことだ。前に示したような「ニワトリとタマゴ」のジレンマが生じている状況を指す。

たとえば、オンラインで売り買いできるマーケットプレイスの場合、売り手がいないと買い手が来ないし、買い手がいなければ売り手も出店する価値がないので、やってこない。こういったコールドスタートの状態をどう打破するか。本節では、コールドスタート問題を解消する7つの戦略について解説する。

この戦略について非常によくまとまっているのが、『ネットワーク・エフェクト』（アンドリュー・チェン著、大熊希美訳、日経BP）である。著者のアンドリュー・チェンは現在、アンドリーセンホロヴィッツというアメリカで有名なベンチャーキャピタルのパートナーとなっている。もともとUberの業容拡大の責任者を務めていて、乗客とUberドライバーのバランスを取ったコールドスタート問題を解消した人物でもある。前節で解説したようにUberのようなビジネスモデルでネットワーク効果を作っていくのは非常に難易度が高い。ぜひ『ネットワーク・エフェクト』も参考にして欲しい。その中から代表的な7つの戦略について、事例を用いて解説したい。

これまで、数多くのスタートアップを支援してきたが、その中の大体20〜30%くらいがネットワーク効果を発揮する必要があるビジネスモデルを採用していた。しかし、多くの場合、初期に起きるコールドス

タート問題に対応しきれていない。そのため、この知見は起業参謀にとって不可欠であると考えている。

　スタートアップの多くがインターネットやモバイルを使い、マッチングさせたり、遠いものをつなげたりすることで強みが宿るビジネスモデルを採用している（Web2.0型のビジネスモデルの多くがこれに該当する）。こうしたビジネスモデルは、コールドスタート問題を解消することが欠かせない。だが、そこに対する対策が打てずに、スケールできないスタートアップが多い。

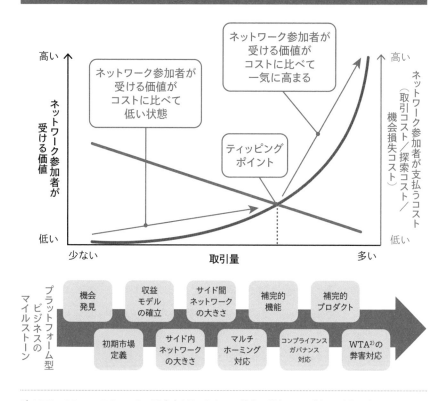

図6-15　ネットワーク参加者とコストの関係

2) WTA：Winner Takes All の頭文字を取ったもの。特定の勝者による市場の独占の意

前ページの図6-15を見ていただきたい。取引量が少ない最初の段階では、いわゆるネットワーク参加者が支払うコストが高い状態から始まる。初期の頃は、需要者がこのネットワーク上で、自分のニーズに合う供給者を探そうとしても見つかる可能性は高くない。また良さそうな供給者が見つかったとしても、その供給者に対するレビューが少ない場合が多いので、「本当に信頼していいのか?」という疑問が浮かんでくる（つまり、情報の非対称性が強く、取引コストが高い状態）。

　一方、供給者もここに出品するとなると、ある程度のコミットメントが求められるので、在庫や労力といったリソースを確保する必要がある。結果として、機会損失コスト（別の場所にリソースを投下していたら得られるであろう利益を放棄すること）が発生してしまう。

　現在は何百万点と商品があり、欲しいものを容易に見つけることができるメルカリを思い浮かべてほしい。今はこのような状態だが、メルカリの創業当初は、供給者側にしろ、需要者側にしろ、最初に参加したユーザーにとって価値が全くないアプリだっただろう。出品する側にしても顧客がいないので価値がない（売れない）。購入側にしても、商品が並んでいないのでアクセスしても全くメリットが見出せない（買えない）からだ。

　このジレンマを解消するために、純粋にお金をばらまきユーザーを獲得するケースも散見される。しかし、スタートアップの場合は、それをするにはリソースが限られている場合が多い。

　また、ただ単なる「ばらまき」は思考停止状態に陥り、もしうまくいかなかった時に、他の施策が何も思い浮かばない状況に陥る。そんな状況を打開するための戦略について解説する。フォローザラビット、便乗、種まき、看板、生産者エバンジェリスト、招待、アトミックネットワークの7つである。

　なお、紹介する7つの戦略は、一つひとつ独立しているが、掛け合わせて実践していくことで高い効果が期待できる。そのため、代表的な7

つを起業参謀の知見として蓄えて、プラットフォーム型やマッチング型のビジネスを実施している起業家に対して、示唆を出していってほしいと考えている。

## ＞ ① フォローザラビット戦略

フォローザラビット戦略は、コールドスタート問題を解消するための最も有効な戦略である（『起業大全』の中では、パイプライン戦略と表現している）。

まずは、事業者自らが生産者を演じて、認知を獲得したり、ノウハウを蓄積する。そしてある一定の品質や取引ボリュームを担保できるようになったら、その「成功モデル」を外部に開放していく戦略だ。たとえば、Amazonは、最初は自らダイレクトに商品を消費者に販売していたが、その後マーケットプレイスとして、出店者から手数料を取るモデルを展開した（図6-16）。

### 図6-16 Amazonのフォローザラビット戦略

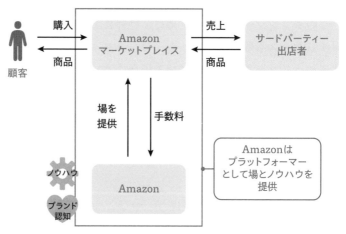

ポイントとしては、まずは、自ら取引を継続的に行い需要者側をどんどん引きつける。需要者の数がティッピングポイントに達したら、サードパーティーに開放していくという戦略だ。つまり、「ニワトリとタマゴのジレンマ」でいうと、ニワトリ側を演じるという戦略だ。

　Airbnbも初期の頃は、自分たちのアパートを掲載して、それを旅行者に提供していた。創業メンバー自らがオペレーションを行いゲートキーパー（品質保証）をすることで、ノウハウを蓄積していった（図6-17）。

図6-17 Airbnbのフォローザラビット戦略

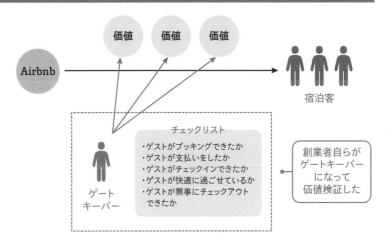

　これらの事例のポイントは、最初から2サイデッドマーケットプレイスを狙うのではなく、水が一方から一方へ流れるようなパイプライン型で攻めていったことである。

　この戦略を用いてうまくいった事例に、ブロガーのプラットフォームを展開するMedium（ミディアム）がある。最初にプロのライターを雇って高品質なブログを投稿して読者の注目を浴びた。そうして記事のレベルが高いというイメージを確立して、読者や執筆者を呼び込んだのだ。ユーザーがコンテンツを書いてくれるタイプのプラットフォームだが、

最初はプロのライターを集めて書いてもらったのである。まさにハード
サイド（集めるのが難しいユーザー）を集めた例だ。特に影響力がある方々
を集めたこともポイントだ。

　次に、国内の事例に目を向けてみよう。2019年に上場したスペース
マーケットは、会議室、一軒家、古民家、無人島など広く空きスペース
を貸出している。最初の頃は、供給者側に対してコンサルティング事業
を行っていた。売上の半分ぐらいを「この場所を有効活用しませんか?」
というコンサル業が占め、マッチングまで請け負ってあげていた。537
ページで、「ハイタッチ」「ロータッチ」「テックタッチ」について解説
するが、スペースマーケットは、最初はハイタッチ（コンサルティングモ
デル）で丁寧に空きスペース活用の提案を行い、ノウハウや実績を作っ
た。その経験をベースにして供給者側を呼び込んでいったのだ。

**注意点**

- パイプライン型から始める時には、ノウハウをためていくことを意識
  する
- 自社の顧客リソースの一部を開放することになるので、社内での調整
  が必要になる

---

## 〉 ② 便 乗 戦 略

　便乗戦略とは、既に多くのユーザーが存在しているプラットフォーム
に自らのプロダクトを乗せていく戦略だ。リソースをかけて新規ユー
ザーを獲得するのではなく、そのプラットフォームにいる既存ユーザー
にプロダクトの利用を促していく戦略だ。

　有名なケースとしてAirbnbが挙げられる。Airbnbは、すでに多数の
ユーザーがいた当時米国最大級だったクラシファイド広告のプラット
フォームであるCraigslist（クレイグスリスト）に便乗した。そこに物件の
広告を載せて、顧客を自社サイトへ流していった。他のプラットフォー

ムに便乗して顧客獲得することで、コールドスタート問題を解消したのだ。

　Microsoftの場合は、IBMに便乗した。IBMは、MicrosoftのMS-DOSやインテルのマイクロプロセッサーなどを組み合わせてIBM PCをローンチさせた。それまで販売する製品は内製してきたIBMだったが、この時はパーソナルコンピュータをできる限り迅速に生産することを目指したため、Microsoftと組むという決断をしたのだ（IBMは16bit PCを作ろうとしていたが、PC用のOSを持っていなかった）。内製化するには膨大な時間がかかるため外部調達して作ろうとMicrosoftに打診したのだ。

　一方で、Microsoftも16bit用のOSを持っていなかったが、期間3ヶ月でOSを作ったことがMSのブレークスルーの始まりだった（『反省記』西和彦著、ダイヤモンド社より著者が要約）。

**注意点**

- 当然便乗するプラットフォームのほうが資本力とリソースがある。ルールやポリシーを尊重せずにハックを繰り返していると、目をつけられてアカウント削除やブラックリストに載ってしまう可能性がある
- プラットフォーム側に依存しすぎてしまうと、いざ自分たちで独立して展開しようとした時に、顧客獲得できなかったり、オペレーションノウハウがないという問題が発生する場合がある

---

> ③種まき戦略

　ワンサイドの潜在的ユーザーに対して価値創造を行い、そこから反対側のユーザーが参加するようにインセンティブを設計して引きつける戦略である。

　たとえば、第4章で紹介したANYCOLORというVTuberのプラットフォームでは、当然ながらVTuberが集まらないと成り立たない。そ

のため、供給サイドに対して、手取り足取りサポートしたり、オーディションを設けたりと、魅力を打ち出していった。それによって、VTuberとしてデビューできる人が増え、どんどんコンテンツが作られていくようになった。フォローザラビット戦略と似ているが、魅力をちりばめることで種をまくような効果となり、一気に伸びるイメージだ。

　別の事例を挙げてみよう。iPhoneの後発であるAndroidを開発した時、Googleは種まき戦略を行った。Googleは、「ゲーム」や「生産性」や「エンターテインメント」など10のカテゴリーのそれぞれで最高のアプリを用意した開発者に、「賞金1000万ドルを贈呈するAndroid Developer Challenge」を開催した[3]。

　多くのiOS開発者（生産者）が賞金獲得を目指してこのキャンペーンに殺到する。実際に、賞金を受け取れるほど素晴らしいアプリが世に出たなら、そのアプリは、カテゴリーのマーケットリーダーとして他の大勢の消費者も呼び込むことになる。結果として、プラットフォームはコールドスタートを解消することができた。

　また、AdobeはPDFの自社開発のフォーマット／プロトコルを広げるために、確定申告をオンラインでPDFドキュメントを作り提出できるようにした。結果として、PDFがアメリカにおいて、スタンダードなドキュメントプロトコルになった。

　Rettyという口コミによってレストランの良し悪しを判断するソーシャルグルメサイトを運営するスタートアップが上場した。スタート時には、すでに「食べログ」や「ぐるなび」が席巻していたので、人を呼び込むことに苦戦した。どうやってユーザーを増やしていったかというと、気になるレストランを1クリックで記録できる「行きたいお店リスト」を作ろうと顧客に発信したのだ。グルメな人がログを残せるツールとして、どんどん登録者が増えて、何万人とたまってきたタイミングで、

---

3) http://googlepress.blogspot.com/2007/11/google-announces-10-million-android_12.html

「あなたが登録しているレストランを、一般向けに公開しましょう」と展開し、一気にユーザー数が伸びた。コアとなる供給者側を巻き込んでいくことで、ユーザー全体を増やしていった好例であろう。

**注意点**

- 種まき戦略を際限なくしてしまい、リソースを過剰に費やしてしまう
- 「フリーライド」し続けるネットワーク参加者をうまく「ネットワークに貢献する参加者」にコンバートできずに、リソースを過剰に費やしてしまうことを避ける（たとえば、プラットフォーム利用時に何らかの制約や手数料を設けるなど）

---

> ④看板戦略

影響力のあるユーザー層（いわゆるインフルエンサー）を引きつけてプラットフォームの魅力化を行い、他のユーザーが参加したくなるインセンティブを提供する方法である。

たとえば、Voicyはキングコングの西野亮廣氏がこのプラットフォームで発信をしたことで火がついた。また2021年に人気が爆発した最初に、業界のインフルエンサーを招待して、そこから火をつけていった。インフルエンサーのような憧れられる存在から火をつけて、そこから一気に拡散していく方法である。

マッチングアプリで非常に多くのユーザーを獲得しているTinder（ティンダー）も最初は、全米でも屈指のパーティースクールである南カリフォルニア大学の中でも、さらにキャンパスで顔の広い人気の友人の誕生パーティーを企画した。「Tinderをダウンロードすること」をパーティーに参加する条件にして、大学の中でも影響力がある層に一気に広がった。

**注意点**

- 逆にインフルエンサーからの評判が悪くなると、逆効果になってしま

い、その後のユーザー獲得に支障をきたしてしまう。インフルエンサーとの関係構築は慎重に行うべきである

---

## ＞ ⑤生産者エバンジェリスト戦略

---

生産者が自分の顧客に対して、プラットフォームのユーザーになるように働きかける、生産者側から需要者側を連れてきてもらうようにする戦略だ。たとえば、クラウドファンディングはイメージしやすいだろう。クラウドファンディングでキャンペーンをやる人は、どちらかというとサプライ側である。どんどんお金を集めたいので、彼らがエバンジェリストになって、ユーザーを集めてくるという仕組みになる。

**注意点**

● 生産者側に頼るがユーザー（需要者）を獲得できないケースもある。そういったケースを想定して、需要者側を獲得するような施策をプラットフォーム側でも用意しておく

---

## ＞ ⑥招待戦略

---

LinkedInがターゲットにしたのは、ビジネスパーソンでトップの方々ではなくて、「もっと有名になりたい」「自分はもっとキャリアアップしたい」という高い上昇意識がある人（マイクロインフルエンサー）を狙った。この層の人は積極的にネットワークを広げる傾向があるため、レバレッジをかけて、どんどん招待が広がっていった。

さらに、Gmailも最初の頃は招待制で始まった。信頼できる人から招待を受け、自分が信頼している人へ招待を送る。こうした連動により、どんどん広がっていったサービスである。また初期のClubhouseも招待制にして、特権感を与えて、広がっていった。

**注意点**

- 招待ユーザーを増やしすぎてしまうと、特別感が薄れてしまう。一方で、招待ユーザーが少ないと、広がりが少なくなる。プロダクトが良い感じでバイラルしていくような招待スキームを考える（Clubhouseは2つの招待枠を用意したことが、うまくいった）

## ＞ ⑦アトミックネットワーク戦略

　潜在的には多くのユーザーに広がる可能性がある「極小市場／アトミックセグメント」を最初のターゲットにする戦略。ターゲットのセグメントが限定的なので、ごく初期の段階であっても、効果的なマッチング機能を提供できるという戦略だ（ネットワーク参加者の取引コストが低い状態）。

　214ページで紹介したフレームワーク「Go-to-Market」とあわせて考えると理解しやすい。最初からターゲットを絞らずに全方位的に始めてしまうと、どうしても「ニワトリとタマゴのジレンマ」に陥りがちである。そのため、できるだけユーザーが抱えている痛みを具体化して、そこから攻めていくことが重要である。

　たとえば、クレジットカードはコールドスタートに陥りがちだ。利用者が増えないと加盟店も増えないし、加盟店が増えないと利用者も増えない。ただし、一度ティッピングポイントを超えると利益遍増型の非常に儲かるビジネスモデルになる（VisaやMastercardは世界Top20に入る時価総額の高さを誇っている）。

　今でこそ我々の生活のインフラとなったクレジットカードだが、最初は、まさに「アトミックネットワーク戦略」で始まった（『ネットワーク・エフェクト』より）。クレジットカードを発明したバンク・オブ・アメリカは最初のローンチをアメリカのカリフォルニア州のフレズノで始めた。なぜか？　以下を条件として満たしていたからだ。

- フレズノは25万人の人口がいる中堅都市で、クレジットカードが機能する人口要件を満たしていた（逆にそこまで人口が多くないことも重要だ）
- 当時にしては珍しく家庭の45%以上が何らかの形で銀行との取引を持っていた（コミュニケーションコストが低かった）

バンク・オブ・アメリカは、フレズノの住民6万人にクレジットカードを郵送した。加盟店の手数料は6%とし、申込み手続きはなくした。消費者の信頼枠は300〜500ドルに一律に設定。送付したその日からカード会員がいる状態になるので、店舗に交渉しやすい土壌を整えた。その結果、すぐに300店舗で利用がスタートしたのである。

フレズノでカードを配ってから13ヶ月で200万枚のカードを配り2万の加盟店を獲得し、見事に全米に広げていった。

Uberは、アトミックネットワークを劇的に絞った。最初の段階は、「午後5時の通勤電車のカルトレインの5番ストリートでタクシーに乗りたい人」と絞り込んでいた。この時間帯は、帰宅する人が利用するためにいつもかなり混んでいた。駅前でタクシーに乗りたい人がいれば、オペレーション担当が登録ドライバーにリアルタイムでメッセージを送るというサービスだった（『ネットワーク・エフェクト』より）。

クラウドソーシングで国内最大となったクラウドワークスも好例だ。フリーランスの方々と法人のマッチングサービスだが、フリーランスも多種多様であり、企業側のニーズも多種多様だ。

そこで、図6-18の通り、まずはエンジニアとゲームやアプリの制作会社とのマッチングに絞り込んだ。当時は、スマホが浸透してきた時期で、アプリ開発者が企業において全く足りていなかったのだ。クラウドワークスCEOの吉田浩一郎氏は「この決定には恐怖があった。ライターのほうが母数は多いとか、デザイナーも取り込まないと外注も取れな

いのでは? と頭をよぎった」と当時の決断を振り返っている。その後、マッチング率や流通総額が高まってきてから、他の職種に横展開していったのだ。

## 図6-18 クラウドワークスのアトミック市場戦略

| 職業 | プロ／副業 | 企業からのニーズ |
|---|---|---|
| エンジニア | プロ | ◎ |
| | 副業 | ○ |
| デザイナー | プロ | ○ |
| | 副業 | △ |
| ライター | プロ | ○ |
| | 副業 | △ |
| 単純作業者 | プロ | △ |
| | 副業 | △ |

最初は絞り込んだ

### 注意点

- 221ページの二股戦略でも解説したが、1つのセグメントのみに絞って検証を進めると、実際にそのセグメントが適切かどうかが検証できないことがある。なので、蓋然性の高い2つか3つのセグメントを選択して、展開することを推奨する

いかがだっただろうか? コールドスタート問題を解消する7つの戦略について解説した。先述したが、これらの戦略を掛け合わせることでより大きな効果を生んでいくことに留意してほしい。

上記で紹介したクラウドワークスも「アトミックネットワーク効果」

勝ち続ける仕組みを作るための「魚の眼」を身につけるフレームワーク

に加えて、初期の影響力のある凄腕エンジニアから集めるという「看板戦略」、また、仕事を受託したフリーランスの方々が仕事をしやすくするような「種まき戦略」を掛け合わせてうまくいった事例と言えるだろう。

　起業参謀としては、ネットワーク効果のメカニズムを理解しつつ、コールドスタート問題に陥りがちなビジネスモデルに対して、適切な示唆を与えていく必要がある。そのために、これまで説明したことをインプットしていただければ幸いである。

> 👆 起業参謀の問い
>
> ● どのような戦略を活用すればコールドスタート問題を解消できそうか?
> ● 7つの戦略を掛け合わせることによって、より効果的にコールドスタート問題を解消できないか?

# フライホイールの構築

フライホイールは、ぜひ身につけていただきたい最重要のフレームワークの1つである。フライホイールとは羽根車という意味で、回れば回るほど、遠心力が強まり、それがポジティブループになって大きな成長効果を生む考え方である。

スタートアップが仕組みで勝ち続けるためには、「違いを作ってつなげていくこと」が重要であると述べた（図6-19）。

## 図6-19 違いを作ってつなげていく

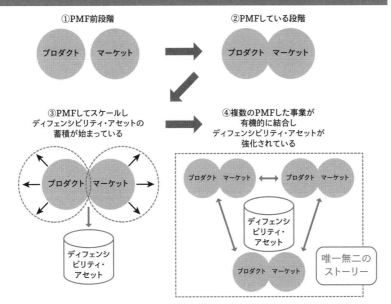

①PMF前段階

プロダクト　マーケット

②PMFしている段階

プロダクト　マーケット

③PMFしてスケールし
ディフェンシビリティ・アセットの
蓄積が始まっている

プロダクト　マーケット

ディフェンシ
ビリティ・
アセット

④複数のPMFした事業が
有機的に結合し
ディフェンシビリティ・アセットが
強化されている

プロダクト　マーケット　　プロダクト　マーケット

ディフェンシ
ビリティ・
アセット

プロダクト　マーケット

唯一無二の
ストーリー

出典：『起業大全』田所雅之著、ダイヤモンド社より

勝ち続ける仕組みを作るための「魚の眼」を身につけるフレームワーク

他のプレーヤーが見えていない「賢者の盲点」を発見し、違いを作ってつなげていくことで、独自のネットワーク効果を構築する。そのために一見すると異なった要素を有機的につなげていき、有効なネットワーク効果がないかを検証するフレームワークになっている。

　Amazonは、まさにこのフライホイールを掛け合わせることを繰り返していき、非常に強固なビジネスモデルを築くことができた（第1章で解説）。ジェフ・ベゾスが紙ナプキンの裏に書いたという逸話が有名である。実際にAmazonは図6-20のように最初のモデルから、どんどん要素を加

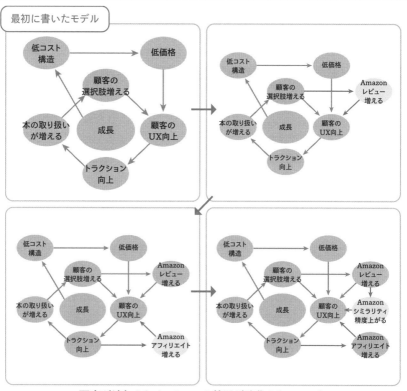

**図6-20 フライホイールを掛け合わせるAmazonの戦略**

要素が追加されネットワーク効果が強化されていった

え、つなげていって強固なフライホイールを構築していった。

　Amazonはレビューの仕組みを構築することでUXを高めて、顧客のエンゲージメントを高めて呼び込んだ。

　また、アフィリエイトプログラムを構築し、本のレビューを書いた方に対してインセンティブを与えるよう仕組み化した。これにより書籍の紹介が増え、Amazonユーザーは、より買い物がしやすくなった。

　さらに、Amazonシミラリティといって「この本を買った人は、こんな本も買っています」というおすすめする機能を加えて、買い物体験は高まった。図6-21の左側のように静止画（スナップショット）で表現されているビジネスモデルを右側のダイナミックな動画にしていくことで、中長期的な勝ち筋を検証できるようになる。

## 図6-21 Amazonのビジネスモデルと戦略ストーリー

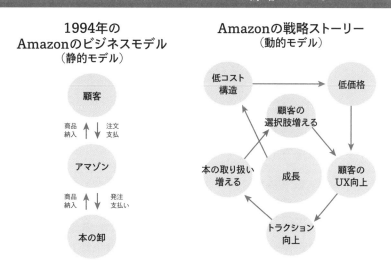

出典：『起業大全』田所雅之著、ダイヤモンド社より

　私はこれまで数多くのスタートアップを支援してきたが、フライホイールのように自社のビジネスを動的に表現できているスタートアップ

勝ち続ける仕組みを作るための「魚の眼」を身につけるフレームワーク

は少数派だ。フライホイールの書き方をマスターして整理することにより、起業参謀はより付加価値を出せるようになる。どの要素を強化すれば、ビジネスが持続的競合優位性を保てるのかの示唆を出せるからだ。

フライホイールの具体的な書き方について説明する。メルカリを例にとって解説していこう。

---

> Step1:ビジネスモデルのユーザー／
> ステークホルダーは誰か？
> 誰のUXを向上するのか、を書く

---

始めるにあたって重要な留意点として、いかなるビジネスモデルであっても、ユーザー（ステークホルダー）に対するUX向上が重要な要素になる。メルカリの場合だと、メインのユーザーとしては、「商品を出店する売り手」と「商品を購入する買い手」になる。

---

> Step2:ユーザーのUXが向上したら、
> どのようなポジティブな効果があるか書いてみる

---

ユーザーに対するUX向上が達成できたら、どのようなポジティブな効果があるのかを書いてみる。メルカリの場合、買い手のUXが向上したら「出品数」が増える、売り手のUXが向上したら「購入数」が増える。結果として「取引数（売上）」が増える。

また、売上が増えるので、それに伴い「ユーザー獲得のマーケティング予算」「購入者のレビュー数」「アプリの開発予算」も増えていく。Step1とStep2を図で表すと図6-22のようになる。

図6-22 Step1とStep2
誰に、どのような効果があるのか?

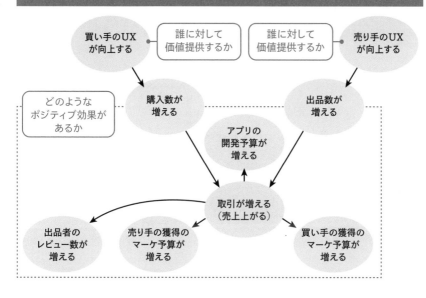

> Step3:要素をつなげて、
> ポジティブループが回るかを書いてみる

買い手のUX向上につながる要素として以下が挙げられる。
- 出品者のレビュー数が増えたら、良い出品者を見極められる
- 売り手の獲得予算が増えたら、出品者が増える
- アプリの開発予算が増えたら、購入UXが向上する

売り手のUX向上につながる要素として以下が挙げられる。
- 買い手の獲得予算が増えたら、購入者が増える
- アプリの開発予算が増えたら、出品UXが向上する
図で表すと図6-23のようになる。

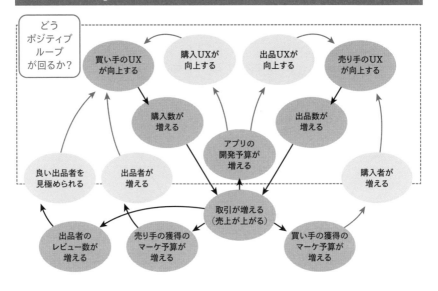

図6-23 Step3 ポジティブループが回るか？

> Step4：ポジティブループが回る中で、どのような
　アセットが蓄積されるかを書き出してみる

　Section1 MOATで解説したように、スタートアップは持続的な競合
優位性構築が戦略の肝だ。取引が増えポジティブループが回る中で、ど
のようなリソースが獲得できるのかを考えていく（図6-24）。

データアセット
- 出品者のレビューが増えることによるレビューDBの充実
- マッチングが増えることによって、購買傾向がわかるマッチングDB
　が充実
- 購入者が増えることによる購入者DBの充実
- 出品者が増えることによる出品者DBの充実

ノウハウ／UX

- マーケティング予算が拡充することによるマーケティングノウハウの蓄積
- アプリの開発予算が増えることによるより良い UX の提供

ブランディング

- マーケティング予算を投下することによりブランディング向上／第一想起の獲得

## 図6-24 Step4 どのようなアセットが蓄積されるか？

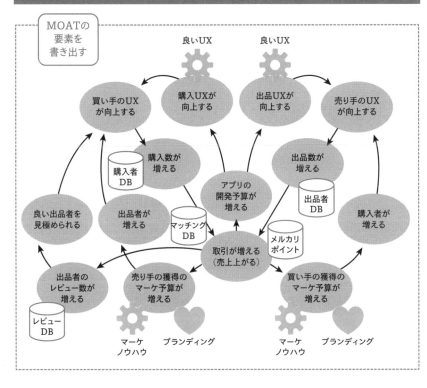

勝ち続ける仕組みを作るための「魚の眼」を身につけるフレームワーク

## ＞Step5：メルペイがメルカリ全体にもたらす 効果を書き出す

　さらに、メルカリは「メルペイ」という仕組を新たに組み込む。売った人にはメルペイが貯まるという構造になっており、メルペイは現金同様に、様々な店舗で買い物をすることができる（図6-25）。

図6-25 メルカリのフライホイール
（メルペイによる売り手のエンゲージメント向上）

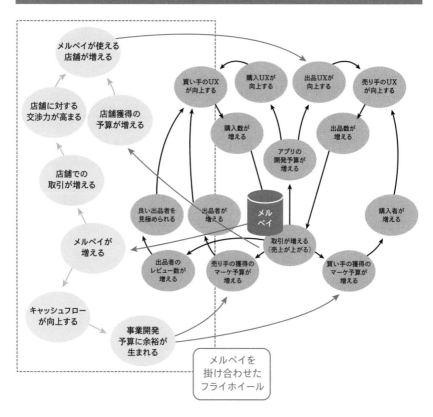

さらに、メルペイを使える店舗が増えていくと、出品者のUX向上につながっていく（なぜなら、現金とほぼ変わらない感じで使えるので）。2023年10月現在メルペイが使える店舗は264万と日本全国の多くの店舗をカバーしている（dポイントとも連携している）[4]。

　さらに注目するべきは、メルカリは引き出される前のキャッシュを銀行のように運用することもできるので、それを運用してより収益を生み出すこともできるのだ。

## ＞Step6：派生するビジネスモデルを書いてみる

　こうしたメルカリの事例を見た時に、「自分がもしメルカリの経営陣だったら、次にどのような施策を行えば、事業全体にポジティブな効果が生まれるか？」という観点を持つことが重要だ。

　たとえば、出品者のデータベースがたまるということは、出品者の与信がどんどん溜まっていくことになるので、もしかしたら、優良な出品者に対して、融資を行うようなマイクロファイナンスが展開できるかもしれない（図6-26）。

　また、出品しているアイテムの真贋（しんがん）データベースが貯まるので、もしかしたら、真贋データベースを海外の中古品販売している業者にサービスとして提供できるかもしれない。このように整理するだけでなく、発散にもこのフレームワークは活用できる。

　これらはあくまで例なので、実際の実現性は低いかもしれない。ただし、第2章でも述べたように、ただ単に事業の整理をするだけでなく、今後の可能性について発散することも、起業参謀に求められる役割だ。

4) https://www.merpay.com

図6-26 派生するビジネスモデルのフライホイール

融資モデルを行った場合のフライホイール

出品者の出品数が増える

優良な出品者に融資

融資からの収益が増える

メルペイが使える店舗が増える

買い手のUXが向上する

購入UXが向上する

出品UXが向上する

売り手のUXが向上する

店舗に対する交渉力が高まる

店舗獲得の予算が増える

購入数が増える

出品数が増える

店舗での取引が増える

アプリの開発予算が増える

出品者与信DB

良い出品者を見極められる

出品者が増える

メルペイ

購入者が増える

メルペイが増える

取引が増える（売上が上がる）

出品者のレビュー数が増える

売り手の獲得のマーケ予算が増える

買い手の獲得のマーケ予算が増える

キャッシュフローが向上する

事業開発予算に余裕が生まれる

👆 起業参謀の視点

フライホイールとロードマップを掛け合わせる。

少し応用になるが、このフライホイールと第4章で紹介したロードマップを掛け合わせることによって、事業の解像度をさらに高めることができる（「鳥の眼」と「魚の眼」の掛け合わせ）。

## ＞ コングロマリットプレミアムを実現する

「コングロマリット・ディスカウント」という用語をご存じだろうか?
コングロマリット・ディスカウントとは、多角的な事業展開（新規事業
の展開やM&A）をしている複合企業が、それぞれの事業を単一で経営し
た場合と比較して、株価が下落する現象のことである。

　事業同士のシナジーが、認識されていないから、会社全体としての評
価が落ちてしまうということだ。

　逆に、上記で解説してきたフライホイールを活用したポジティブルー
プのストーリーを検証することによって、事業全体としてシナジーがあ
ることを示せれば、逆にコングロマリットプレミアムを達成できる（事
業同士の相乗効果によって、市場からの評価が向上すること。新たに事業を取得す
ると、既存事業では実現できなかった市場の拡大や新たな知見を獲得でき、競争力
が強化される）。

 起業参謀の問い

- 現状のビジネスにおける重要なステークホルダーは誰か?
- そのステークホルダーのUXを向上させる要因は何か?
- ステークホルダーのUXを向上させるためのポジティブループ
  を回すことができるか?
- ポジティブループを回していく中で、どのような持続的競合優
  位性（MOAT）を蓄積することができるか?
- 全体のポジティブループを回しながら、新たな事業展開をする
  ことは可能か?
- 事業展開をする際、実現性の高いロードマップはどうなってい
  るか?

## まとめ

第1章でも述べたが、スタートアップの目的は、ただ単にPMFするだけでなく、PMF達成後に勝ち続ける仕組みを構築することだ。そのために、本章で紹介した「魚の眼」が欠かせない。本章で紹介したフレームワークを駆使することによって、部分的に見ると非合理だが、全体を俯瞰すると、合理的な戦略を設計して実装していくことが肝になる。

特に、1回目の起業家はこの視点を持ちにくく、目先の目的に最適化してしまう傾向がある。そこに、「魚の眼」を提供することは多大な価値（行動の質の向上）をもたらす。本章で紹介した、MOATやフライホイールなどは、いつでも使えるように身につけていただきたい。

メタ認知力を
高めるための
「医者の眼」を
身につける
フレームワーク

# 「医者の眼」を身につける フレームワーク

　スタートアップや新規事業が失敗する最も大きな要因の1つが、「時期尚早の拡大」だ。まだ機が熟していないにもかかわらず、拡大思考に走ってしまい自滅する。起業家はポジティブバイアスがかかりやすいため、自社の状態を「過大評価」し、競合や既存代替案を「過小評価」してしまう。

　そうした失敗を防ぐために「医者の眼」を使って、起業家がやろうとする事業や起業家自身に関しての認識力を高めてもらうことは、起業参謀にとって欠かせない仕事になる。

　限られた時間とリソースの中で、何が欠けていて、何ができるのかを認識する必要があるからだ。本章では、起業家のメタ認知力を高めるフレームワークを紹介していく。

　通常、新規事業やスタートアップは保有するリソースは多くない。特に初期の頃には、人的リソースや金銭的なリソースは圧倒的に少ないケースが多い。そんな中で、スタートアップにとって最大の武器になるのは「なぜその事業をやるのか＝Why」である。

　このような意味づけをすることには様々なメリットがある。まずステークホルダー（顧客／投資家／仲間）を引きつけることができる。また、意思決定もWhy起点で行うとブレずに済む。また、人数が増えてきた時に、Whyがあるとメンバーが一丸になれる。

　本章では起業家自身のWhyを言語化するのに有効な「ライフジャーニー」というフレームワークを紹介する。これを活用することで、なぜ自分がその創業に至ったのか、なぜ自分がこの事業をやる意味があるの

か、その言語化／明確化ができるようになる。

「Whyから始めよ」

――― サイモン・シネック
出典：https://www.youtube.com/watch?v=qp0HIF3SfI4

著述家のサイモン・シネックは伝説となったTEDトークでこう伝えている。

シネックによると凡庸な会社はWhatとHowから始める。たとえば、あるコンピュータ会社は、以下のようなメッセージを出している。「我々は素晴らしいコンピュータ（What）を作っています。美しいデザイン、シンプルな操作方法、取り扱いも簡単（How）。一台いかがですか？」。まず「機能的価値」や「外発的欲求」から追求し、場合によっては意味づけをしていく。

一方で、シネックも取り上げている世界を動かす企業の事例であるAppleを取り上げてみよう。

「現状に挑戦し、他者とは違う考え方をする。それが私たちの信条です。製品を美しくデザインし、操作法をシンプルにし、取扱いを簡単にすることで私たちは現状に挑戦しています。その結果、素晴らしいコンピュータが誕生しました。一台、いかがですか？」

――― スティーブ・ジョブズ　Apple創業者
AppleCMより

図7-01が示すように、Appleには「現状にチャレンジする人を支援する」という「Why」がある。それが土台になり、実現するための手段として、デザインやシンプルな操作方法（WhatやHow）を追求するということだ。第6章のネットワーク効果の節でも触れたように、「Apple信者」と言われるようなApple製品に熱狂する人たちがおり、新製品が出た時に、彼らが中心となり、熱を伝播している。結果としてAppleは世

界有数のブランドになっただけでなく、多くの人たちに使われる製品を生み出してきた。その熱源になっているのは「Why」である。

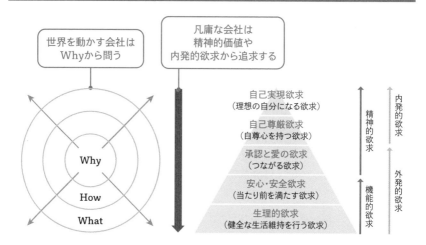

図7-01 世界を動かす会社はＷｈｙから問う

スタートアップや新規事業の強みの1つは、「Why」から始めることができることだ。スタートアップにとってPMF達成の重要性は、これまでに説明した通りだ。

同様に、「ファウンダーイシューフィット」つまり起業家と課題が合っていることが、事業の推進力や「やり抜く力」を高める上でキーになる。そのためには、自分自身がその課題の当事者であることが理想だ。

仮に自分自身が当事者ではなかったとしても、身近な人が抱えている課題に対して強く共感することが、スタートアップや新規事業の原動力になる（図7-02）。

ファウンダーイシューフィットの有名な事例を紹介しよう。サイクロン式掃除機で世界的な企業になったダイソンの創業者ジェームズ・ダイソンは非常にきれい好きだった。ダイソンは、紙パック交換が面倒な掃除機に非常に大きな憤りを覚えてサイクロン式掃除機の開発に着手した。

なんと5000台以上の試作機を作って、サイクロン式掃除機の発明に至ったと言われている。このように、強いこだわりを持ってサイクロン式掃除機を作れたのは、自分自身が感じた「怒り」が原動力になったのである。

## 図7-02 誰の課題を解決するか

| 誰の課題? | 自分自身が抱えている課題 | 周りの身近な人が抱えている課題 | 第三者が抱えている課題 |
|---|---|---|---|
| メリット | 一番共感しやすいメッセージ性が強い | 他の人の共感を生み出しやすい | 客観的な視座を持てるバイアスがかかりにくい |
| デメリット | 課題の痛みを膨張しがちになる客観的な視座が必要 | 視野が、狭くなってしまう可能性がある客観的な視座が必要 | 痛みの検証が表面的になりがち実際にどこに痛みが存在するかの掘り下げが必要 |

"自分事"の課題を
解決しているか?

ミドリムシの大量培養に成功し東証プライムにも上場したユーグレナ。その創業者である出雲充氏は、東京大学の文科三類在学中にインターンシップで行ったバングラデシュで、栄養失調に苦しむ子どもの惨状を目の当たりにしたことが、起業の原体験になった。こうした子どもたちをどうにかして救いたいという思いから、多くの人に、栄養価の高いミドリムシを届けたいと思い起業したのだ。

メタ認知力を高めるための「医者の眼」を身につけるフレームワーク

## ＞ 自らのＷｈｙを見つける
　　ライフジャーニーフレームワーク

　ライフジャーニーというフレームワークを紹介しよう。このフレームワークを活用することによって、起業家が自分にとって「Why（なぜそれを自分がやるのか）」を明確化し、言語化することができるようになる。

　ライフジャーニーは創業時の段階に実施すると有効だ。前述のようにスタートアップにとっての最大の武器の1つは、課題に対する強い共感であると考えている。ファウンダーである起業家が抱く課題に対して、強いこだわりを持ち事業を作れるかが競争優位性になる。

　以下では、ライフジャーニーフレームワークの書き方を具体的に伝えていく。これは30分以内で描けるシンプルなフレームワークだ。まず、1枚の紙（パワポでもよい）を用意する。そこに2本の線を書く。横軸は時間軸で縦軸は自分の状態「＋100」は最もよい状態、「－100」は最も辛い状態になる（図7-03を参照）。

　ライフジャーニーは下記の2ステップで書いていくとよい。

①これまでの人生で影響力のあったイベントを書き出してみよう
②なぜそれらのイベントに浮き沈みを感じるのか、自分に与えた
　意味を書いてみよう（意味付け）

　なお、図7-03で私の半生をサンプルで描いてみた（もっと詳しく書いてもよい）。
イベント：中学受験成功　意味付け：努力が報われることの喜び
イベント：部活レギュラーになれず　意味付け：才能の見極めが必要

イベント：ハワイに留学　意味付け：世界の広さを知る

イベント：大学入学　意味付け：何者にもなれない焦り

イベント：英語猛勉強　意味付け：努力の型化の重要性

イベント：アメリカ留学　意味付け：自己理解の重要性

イベント：哲学を勉強　意味付け：知の世界の追究を決意

イベント：帰国して極貧生活　意味付け：お金がないと心が荒む

イベント：プロ通訳　意味付け：手に職があると強い

イベント：起業失敗　意味付け：スタートアップの世界にハマる

イベント：『起業の科学』発売　意味付け：失敗を最大の糧にする

## 図7-03 私のライフジャーニー

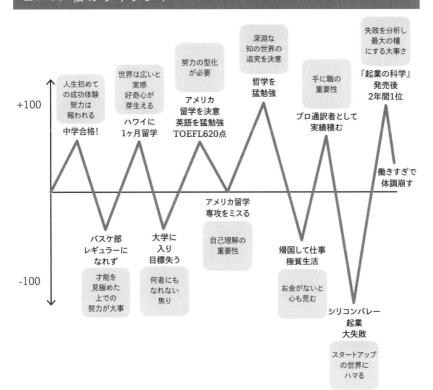

## ＞ Googleも原体験から始まった

　誰もが毎日使っているGoogleも、創業者の「不」が起点となって始まった。Googleは、ラリー・ペイジとセルゲイ・ブリンの2人が作った会社だ。どちらも親が共産圏で生まれ育ったという共通項があった。共産圏においては情報が民主化されていなかった。結果として、人生の選択肢が少なくなってしまうという大きな「不」を痛感した原体験を持っていた。それを払拭するべくGoogleでは「世界中の情報を整理し、世界中の人がアクセスできて使えるようにする」を掲げ、その達成に尽力した。図7-04は、企業活動を集約して表した図になっている。現状の「不のある世界」から「不が解決された世界」がヴィジョンであり、それをもたらすのが、How ／ What（Googleの場合は検索エンジン）だ。それを支える創業者のWhyの存在が、それらの活動に魂を入れていくのだ。

図7-04「不のある世界」から「不が解決された世界」

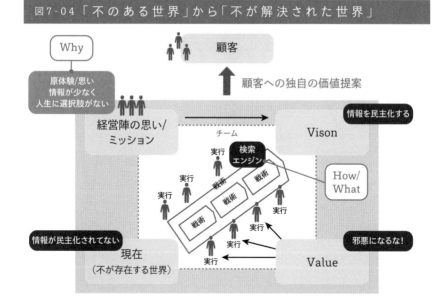

「どんなに知識や経験があっても、行動の源泉である使命感や劣等感の強さを自分に向けられるかが重要である」

——— 小野壮彦氏

出典：『経営×人材の超プロが教える 人を選ぶ技術』小野壮彦著、フォレスト出版より

　自分のライフジャーニーを振り返ってみて、なぜそのような意味づけをしたのか考えてみよう。それができたら次のワークに移る。自身のありたい姿や実現したいこと、ある程度想像できる「3年後、自身のありたい姿」と「3年後、実現したいことやビジョン」を書いてみよう。
「あなた自身がしたいこと（Want）」「できること（Can）」「社会から必

図7-05　3年後、自身のありたい姿は？

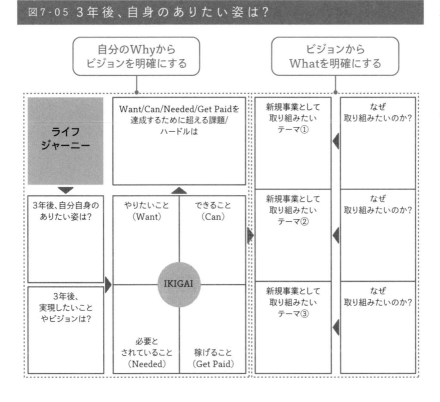

要とされていること（Needed）」「稼げること（Get Paid)」を書き出して
みる（図7-05)。

　ちなみにWant ／ Can ／ Needed ／ Get Paidは、これをIKIGAIのフ
レームワークといい、自分のやるべきことをより明確に言語化するた
めに活用できるフレームワークだ。IKIGAIをさらに深掘りたいならば、
図7-06のようなフレームワークを活用することもおすすめする。

## 図7-06 IKIGAIテンプレート

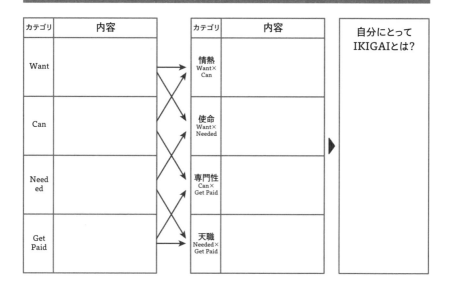

情熱：やりたいこと（Want）できること（Can）の掛け合わせ
使命：やりたいこと（Want）必要とされること（Needed）の掛け合わせ
専門性：できること（Can）稼げること（Get Paid）の掛け合わせ
天職：必要とされること（Needed）稼げること（Get Paid）の掛け合わせ
　上記のように整理してみると、4つの重なりを満たすためには何が必
要になってくるのか、整理しやすいのでおすすめだ。

IKIGAIやそれを達成するための課題が明確になったら、自分が新規事業として何をやりたいのか、なぜやりたいのかを明確にしてみる。「課題の構造化」のところでも解説したが、すぐに「XXというテーマをやってみたい」と「コインの裏返し的」に発散しないこと。

　まず、自分のライフジャーニーを振り返り、どのような意味づけをしたのかを言語化する。その上で、自分のありたい姿や、それを満たしていくための条件（Want／Can／Needed／Get Paid）を考えるようにする。「自分が何にモチベートされるのか」は、普段生活をしていたら言語化／構造化することはないと思うが、ここを明確にすることで、より自分の深い部分にある「行動の源泉」に気づくことができる。

　このように、自分をメタ認知し、セルフアウェアネス（自己認識）を高めると自身のことをもっと深く知ることができる。優れた起業家／ビジネスパーソンになるためには、自分自身のことを深く知る必要がある。そうすることで、今何が足りていて、何が足りていないのかを見極められるようになり、より質の高い意思決定ができるようになる。

## ＞「ジョハリの窓」

「ジョハリの窓」という自己分析をして他者との関係性を模索していく考え方を紹介する。
「自分がわかっている」「他人がわかっている」という「開放の窓」
「自分はわかっていない」「他人はわかっている」という「盲点の窓」
「自分はわかっている」「他人はわかっていない」という「秘密の窓」
「自分もわかっていない」「他人もわかっていない」という「未知の窓」
の4象限に整理する方法である（図7-07）。

　自分自身をメタ認知して、より良く知るということは、「開放の窓」を広げていくということだ。その効用は、自己認識が高まるだけではな

メタ認知力を高めるためのフレームワーク「医者の眼」を身につける

い。他人に自分のことを開示すると、他人も己を開示しようとするようになる。結果、組織として見ると心理的安全性につながるのである。

　また、「ジョハリの窓」を意識したところで、一見売上や顧客満足度などにはつながらないように見えるかもしれない。しかし、図7-07右の「組織成功のエンジン」という概念の中では、組織の関係性の質を高めていくことが、思考の質を上げていくことが明らかになっている。「なぜ自分たちがそういうことにこだわるのか」を摑むためには、「開放の窓」を広げていくことが重要なのである。ライフジャーニーのフレームワークは、まさにこの「開放の窓」を広げていく効果を持つと言えるだろう。

## 図7-07　ジョハリの窓と組織成功のエンジン

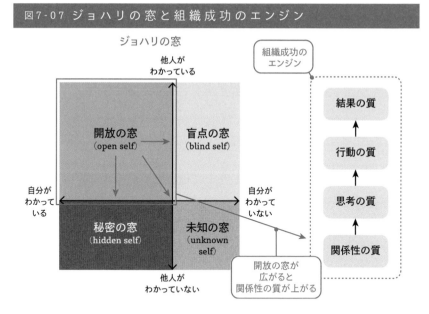

## 起業家の成長とスタートアップの成長を同期する

　経営全体を見渡したときに各要素が連動せず、歪な状態になっていると<ruby>歪<rt>いびつ</rt></ruby>な状態になっているとプレマチュアスケーリングを引き起こしてしまうと解説した。

　またこのようなムラが起きる原因の1つとして、「事業の成長スピード」に「経営陣の成長スピード」が追いつかないという側面もある。

　ここでは、事業のフェーズが進むにつれ、起業家がその思考法をどのように自らアップデートしていくべきかについて解説する。

　私は、「経営陣が起業家から事業家／経営者（CXO）になれるかが成功のキーになる」と考えている。では、ここで言っている事業家／CXOの定義について考えてみよう。ChiefとOfficerは、その組織の長／リーダーである立場／役割を表現している。真ん中のXは、それぞれの専門性に応じた職能を指す。代表的なのはCEO（最高経営責任者）やCOO（最高執行責任者）、CFO（最高財務責任者）やCTO（最高技術責任者）などだ。従来なら、CTO（最高技術責任者）は製品開発だけ、CFO（最高財務責任者）はファイナンスだけを見て部分最適化ができれば、職務を果たしたことになるだろう。しかし、「スタートアップCXO／経営者」になる人材は、この「専門性」だけでは不十分だ（専門性は当然、必要条件だが十分条件ではない）。

　外部／内部環境が激しく変わるスタートアップにおいて、各機能に「部分最適化」された意思決定やディレクションしかできない「エセCXO」は、組織を間違った方向に導く。

　「スタートアップCXO」は部署／ファンクションをまたいで俯瞰的かつ大局的に事業を把握し、必要なリソースを配分し、かつディレクショ

ンする力を持つ人材だ（図7-08）。

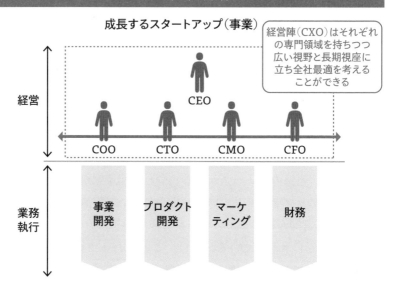

図7-08 スタートアップＣＸＯ／経営者とは

成長するスタートアップ（事業）

経営陣（CXO）はそれぞれの専門領域を持ちつつ広い視野と長期視座に立ち全社最適を考えることができる

経営

CEO

COO　　CTO　　CMO　　CFO

業務
執行

事業
開発

プロダクト
開発

マーケ
ティング

財務

　事業や組織が大きくなるにつれて、起業家はプレーヤーからプレーイングマネジャーになり、最終的には「経営者」になっていく必要がある。
　図7-09は、フェーズが進むにつれてどのような思考法（いわばOSの部分）を持つべきかをまとめたものである。見てわかるように、PMFを達成したタイミング（いわゆるシリーズAのタイミング）で、起業家は自らハックして、経営者に移行していく必要があるのだ。

　スタートアップの成長と起業家自身の成長を同期していく。起業参謀の役割としては、問いや対話を通じて、気づきと成長を促していく必要がある。では、以下に図7-09左端の一つひとつの要素について解説していく。

## 図7-09 企業の成長と経営者に必要な能力

| | 起業家 | | 経営者へ移行 | |
|---|---|---|---|---|
| | Pre-seed (初期) | Seed (PMF期) | Series A (スケール画策期) | Series B (スケール期) |
| 誠実さ | バイアスをかけずに顧客課題やファクトに向き合えるか | ファクトに向き合いPMFの状態を目指せるか | PMF後に必要となる要素(オペレーション/人事)などと向き合えるか | 大きくなってもおごることなく真摯にユーザーに向き合えるか |
| 決断力 | 顧客課題がなかった時にピボットできるか | 仮説思考を持ち施策の継続的なPDCAを回せるか | 適度な計画思考と大胆な仮説思考を持ちPDCAを回せるか | 0→1で最適化したものを断ち切ることができるか(人脈やアプローチ) |
| 集中力 | 顧客と話すこと、プロダクトを作ることに集中できるか | ターゲットユーザーを定めてPMFに集中することができるか | 様々なステークホルダーが増える中で何に集中するべきかを見極められるか | 継続的に成長するために仕組み化に集中できるか |
| 人間味 | ターゲットユーザーのインサイトを深掘るための共感を示すことができるか | Tech-touchとHi-touchを掛け合わせることができるか | メンバーが増える中で、このスタートアップで働く意味や意義を増やせるか | メンバーが増える中で、このスタートアップで働く意味や意義を増やせるか、それを仕組み化できるか |
| 対人スキル | 投資家や初期メンバーに魅力を伝えることができるか | 投資家や初期メンバーに魅力を伝えることができるか | 投資家や採用候補者に対して魅力を伝えることができるか | メンバーに伝えるのが難しいこと(レイオフや成長の鈍化など)を伝えて、腹落ち感を醸成して動いてもらえるか |
| コミュニケーション能力 | インタビュースキルビジョンセリング | 顧客開発スキルインタビュースキルビジョンセリング | ビジョンと戦略でチームを一丸にできるか 幹部チームを育成する能力があるか | ボトムアップで意見を集め、コミュニケーションを行う仕組みが実装できているか、健全なコンフリクトをマネジメントできるか |
| 常に前進/学習する姿勢 | 市場の流れを読み今後伸びる市場を発見できるか、顧客インサイトから学べるか | 自社のPMFを過大評価せずに学習できるか | 過信せずに自分より優秀な人を雇うことができるか | 専門家を活用するために様々な領域の知見を身につけているか |
| セルフアウェアネス | なぜこの事業を自分がやるべきか(Why me)の言語化ができているか | プレマチュアスケーリングにならないように自らの状態を冷静に見られるか | 起業家から経営者になるように自らをハックできるか | 事業が大きくなっても慢心せずにビジョンを伝え続けられるか |

メタ認知力を高めるためのフレームワーク 「医者の眼」を身につける

## ① 誠 実 さ

初期（Pre-seed）

　バイアスをかけずに顧客課題やファクトに向き合えるか。

　第1章でも解説したが、起業家はバイアスがかかりやすい存在である。顧客と向き合い、ファクトと向き合い実際に課題は存在するのか、課題の本質は何かを検証していく必要がある。

PMF期（Seed期）

　実際にトラクション（売上）が出てくるフェーズだが、そこでも自分たちのことを過大評価せずにユーザーと誠実に向き合うことが求められる。

スケール画策期（Series A期）

　この頃になると、起業家から事業家に移行するフェーズになる。他のメンバーを信用して、どんどんオペレーションやタスクを権限委譲していくことが大事になる。組織的な課題も一気に増え複雑化する時期なので、それから逃げずに誠実に向き合う必要がある。

スケール期（Series B以降）

　組織も拡大し、順調に成長が見えてくる時期だ。ただ、プロダクトやサービスは陳腐化してしまうリスクがあるので、顧客の声を誠実に聴き、常にPMFのアップデートを心がけていく必要がある。

## ② 決 断 力

初期（Pre-seed）

　顧客課題がなかった時にピボットできるか。

　初期フェーズで着想したアイデアが本質を捉えていなかったり、想定した課題が存在しないという場面に出くわすことが起きる。そういった

場面に遭遇した時に、それまでのアイデアを棄却して、次のアイデアや着想に向かうことができるかが重要になる。初期の起業家にとって、最も貴重なリソースは「時間」である。うまくいかなかったことに対するサンクコストにずるずると「引きずられないこと」が重要だ。

## PMF前（Seed期）

仮説思考を持ち、継続的なPDCAを回せるか。

引き続きスピードや行動量が大事になるが、一方である程度のプランニングやパフォーマンスのチェックも必要になってくる。顧客の成功をきちんと定量化し、PMFに邁進しているかを、常にチェックする。うまくいかなかった施策は臆することなく棄却し、次の案をどんどん考えていく決断力が大事になる。

## スケール画策期（Series A期）

このフェーズでは、ステークホルダーも増え、扱う取引高も増えてくるので、計画の解像度の高さが必要になる。それをベースにして、中長期的な時間軸で決断をする必要がある。ただ、組織が大きくなるタイミングなので、スピードが落ちてしまうリスクがあり、「意思決定（行動）の質」とスピードのバランスを取りながら進んでいく。

## スケール期（SeriesB以降）

初期の頃に獲得したリソース（人材や方針）の耐久性がなくなってくることがある。その場合も臆することなく、事業のスケールに最適なリソースを調達して引き当てていくことが大事になる。

---

## ③集中力

### 初期（Pre-seed）

起業家にとって、最も重要なリソースは「集中する時間」だ。この頃は顧客と課題とプロダクトに向き合い、ひたすらPMFを目指していく必要がある。異業種交流会や起業家の集まりなど、声がかかる場合があ

るが、意味がないものが多いのが実情だ。いかにマインドシェアを事業に集中投下できるかがキーとなる。

### PMF前期（Seed期）

　ターゲットユーザーを定めてPMFに集中できるか。

　第4章でも解説したが、PMFは、全方位的ではなく、自分たちが初期にターゲットにするべきユーザーを見極めて、そこにリソースを集中できるかがカギになってくる。起業家は多動な人が多いので、PMFやターゲットユーザーにフォーカスすること以外に、気が散りがちになるので注意が必要だ。

### スケール画策期（Series A期）

　ステークホルダーが増えてくる中で、何に集中するかを見極めていく。エッセンシャル思考という考えがあるように、自分たちが注力したら成果が上がること（本質的な付加価値が上がること）、注力しても成果が上がらないものを切り分けていく。この頃になるとプロジェクトマネジメントが得意な人材を採用し、個別施策やプロジェクトのマネジメントは権限委譲することをおすすめする。起業家は、優秀な人材の採用や中長期的な戦略構築や、中長期的に見て価値が生まれそうなステークホルダーとの関係構築に注力する。

### スケール期（Series B以降）

　勝ち続けていく仕組みの構築がこのフェーズの焦点だ。属人化を排除し、標準化を画策する。どのようにすれば拡大再生産できるか、持続的な競合優位性を獲得できるかに経営陣はリソースを張っていく。

---

### ④ 人間味

#### 初期（Pre-seed）

　ターゲットユーザーのインサイトを引き出すために共感力を示すことができるか。

ユーザーと話をしてインサイトを引き出していくことがこのフェーズにおいては非常に重要になる。そのための傾聴力や共感力やインタビュースキルなどを身につけていくことが大事になる。

PMF期（Seed期）

PMFを目指すにあたって、ハイタッチとテックタッチを掛け合わせていく。スケールするためにテックタッチ化がキーになるが、顧客と向き合う対応（ハイタッチ）を掛け合わせることによって、顧客対応に人間味を加えていくことが大事だ。

スケール画策期（Series A期）

メンバーも増えてくる時期だ。顧客の成功のベースになる一緒に働くメンバーの成功やエンゲージメントにフォーカスし、「働きがいのある組織」「働く意味を見出せる組織」を作っていくことが重要になる。

スケール期（SeriesB以降）

さらに人数が増えてくる。どうしても経営メンバーと新しく参加するメンバーの距離が生まれてしまいがちになる。場合によっては、オフサイトミーティング、合宿、課外活動などを実装して、メンバーが「働く意味」を見出せる組織にしていく。

この頃に、一度Mission ／ Vision ／ Valueを刷新するのも有効な手立てだ。

## ⑤ 対人スキル

初期（Pre-seed）

投資家やメンバーに自社の魅力を伝えることができるか。

初期の重要なステークホルダーである、投資家、採用候補者、創業メンバーに対して、事業の魅力を伝えることができるかが重要になる。リソースがない中で、自分たちのストーリーを伝え、それらのメンバーを引きつけ引っ張ってくる必要がある。

PMF期(Seed期)

PMFが見えてくる中で、さらに自社プロダクトや自社が対応する領域について、魅力を伝えていく必要がある。加えて、まだ初期段階なので、起業家はなぜこの事業を立ち上げるに至ったのか、そのストーリーを様々なステークホルダーに伝えていく。

スケール画策期(Series A期)

この頃になると、優秀な人材を引きつけていくことが事業成長のドライバーになってくる。経営陣は面接スキルを身につけたり、人前で話をして自社の魅力を伝えていくスキルを身につけていく。

スケール期(Series B以降)

この頃になると、メンバーが増えると同時に、フィットしていないメンバーも出てきたりする。また、組織としてのガバナンスを高めるために予実管理などの必要性も出てくるので、シビアなコミュニケーションも必要になってくる。そういったシビアなコミュニケーションを行うための対人スキルを身につける必要がある。

---

## ⑥ コミュニケーション能力

---

初期(Pre-seed)

初期の頃は、顧客からインサイトを引き出すためのインタビュースキルが重要になってくる。直接、顧客と話をして顧客すらも言語化できていない「隠れた欲求」や「諦めていること」を言語化していく。また、まだリソースが少ない初期の頃は、自分たちが達成したいビジョンを掲げて、それを伝えていくスキルも重要になってくる。

PMF期(Seed期)

PMFを目指すに当たって、顧客開発スキル（既存顧客と対話しながら、プロダクトエンゲージメントを高めていくための示唆を出すこと）が求められる

ようになる。初期のAirbnbも、創業メンバー自ら実際に顧客と話をしながらプロダクトを開発することによって、イテレーション（企画・開発・テスト・改善）の速度を速め、PMFを達成することができた。

スケール画策期(Series A期)

　この頃になると、メンバーが増えてくる。事業を成長させるという遠心力だけでなく、ビジョンを通じてチームを一丸にしていくという「求心力」も求められるようになる（図7-10）。

## 図7-10 ＭＶＶでチームをグリップする

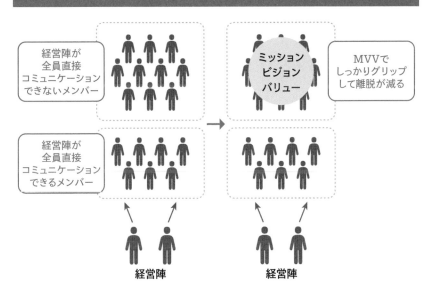

スケール期(Series B以降)

　この頃になると、メンバーの数も増えてきて組織も大きくなる。その状態であっても顧客起点で考えるために、顧客に近い現場のメンバーから様々な意見を吸い上げることができるかがキーになる。また、組織が大きくなると摩擦が生じるが、それを解決していくスキルが必要になる。

## ⑦ 常 に 前 進 ／ 学 習 す る 姿 勢

初期（Pre-seed）

　市場の流れを読み、今後伸びそうな市場を発見できるか、また顧客心理に寄り添い、未充足な部分に対して価値提案ができるかを検証し、学んでいくことがこのフェーズにおいて最も重要になる。また、常に最新の情報を集めたり、既存の利用可能なプロダクトを試して、貪欲に学んでいく姿勢が必要だ。

PMF期（Seed期）

　プロダクトがローンチして少しトラクションが出ると、どうしても慢心してしまう場合がある。だが、プロダクトローンチや売上が立つことは始まりにすぎず、その後のPMFや達成に向けて、必要な知見や顧客インサイトを貪欲に学んでいく。

スケール画策期（Series A期）

　PMFが見えて、いよいよスケールを画策できる時期。この時期では、自分よりも優秀な人をいかにしてチームに取り込んでいけるかがキーになる。チームに取り込んだメンバーから貪欲に学んでいくことが大事。また、起業家から経営者になるために、様々な知見（ファイナンス、人事、オペレーションなど）を身につける必要がある。それらを貪欲に学んでいけるかがポイントになる。

スケール期（SeriesB以降）

　業務が多岐にわたり、それぞれの領域の専門家を採用したり、様々な外部の専門家を活用する必要が出てくる（図7-11）。それらに対して、ディレクションする立場として、体系的かつ包括的な知見を身につけておくのが大事。また新たな事業の着想をするために、最新のテクノロジーや事例について把握することが必要になる時期でもある。

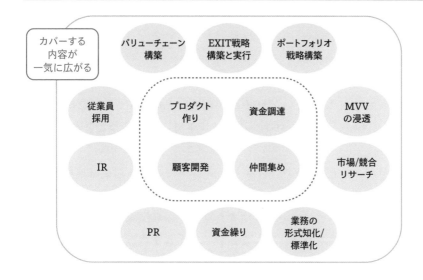

**図7-11 業務が多岐にわたり専門家が必要になる**

カバーする
内容が
一気に広がる

バリューチェーン
構築

EXIT戦略
構築と実行

ポートフォリオ
戦略構築

従業員
採用

プロダクト
作り

資金調達

MVV
の浸透

IR

顧客開発

仲間集め

市場/競合
リサーチ

PR

資金繰り

業務の
形式知化/
標準化

---

## ⑧セルフアウェアネス

### 初期(Pre-seed)

ライフジャーニーのフレームワークでも解説したが、なぜ自分がこの事業をやるのか（Why me）、言語化する必要がある。そうすることによって、初期のステークホルダー（創業メンバー、投資家、取引先）に対して、事業やアイデアの魅力化をすることができる。

### PMF期(Seed期)

第1章で解説したように、自己認識力を高め、時期尚早の拡大にならないように注意を払う必要がある。特にPMF未達にもかかわらず人を増やしすぎてしまったり、他の費用をかけてバーンレート（資金燃焼率）が不必要に上がってしまうことに注意しよう。

## スケール画策期（Series A期）

起業家から事業家／経営者になるために、自分の得意分野や伸ばすべきポイントを認識する。その上で、採用や自分のスキルアップ／知見アップに勤しんでいく。

## スケール期（SeriesB以降）

初志貫徹。大きくなっても創業期のビジョンを思い返して、常にフレッシュなマインドでいられるかが重要。Amazonはどんなに大きくなっても、DayOne（創業1日目）のマインドセットを持つことを掲げた。

いかがだっただろうか？　スタートアップの成長と起業家自身の成長を同期するポイントについて解説した。これらのポイントはあくまで参考なのだが、私がこれまで接してきた成功する起業家に共通することは、フェーズが変わるたびに、新たな知見やスキルを貪欲に学び、常に成長を心がけているということだ。

起業参謀の役割として、視座を提供するだけではなく、起業家が高みを目指して成長するために背中を押すことも求められる。そのための参考にしていただければ幸いである。

---

column

### 初期の起業家に必要なのは「戦略的泥臭さ」

PMFを目指す起業家に必要な資質は何かと一言で表現すると、「戦略的泥臭さ」と考える。スタートアップは、市場を選択しPMFできるビジネスモデルを選択し、ソリューションを絞り込んで展開する。

つまり、高い戦略性が求められる。『起業の科学』では「何をやるか」と同時に「何をやらないか」、つまり「無駄な戦いを略す」ための戦略性を解説した（本書の「戦略」でもこの点については

改めて説明した）。

　一方で、戦略が決まれば、何がなんでも PMF を目指していく「泥臭さ」が求められる。顧客の元に出向いて、何が本当に欲しいものかを明らかにしたり、自らセールスを行うなどだ。戦略性と泥臭さを両方持ち合わせた「戦略的泥臭さ」が、PMF に不可欠な起業家の態度・スタンスだ。

　たとえば、2019 年時点で、時価総額が 350 億ドルを超えた世界最大手のフィンテック企業である Stripe（ストライプ）というスタートアップをご存じだろうか。彼らは、2009 年に立ち上がった時に、ユーザーを営業して獲得することに非常に熱心に動いた。Stripe の創業者であるコリソン兄弟は、その事業ポテンシャルを評価されて、シリコンバレー最強のアクセラレータである Y Combinator に支援された。

　彼らは、まさに、「戦略的泥臭さ」を発揮して、PMF を達成した。Stripe のようなサービスにとって、YC 卒業生は、アーリーアダプター探しに最適なコミュニティだった（YC の卒業生は起業家で、最適なペイメントソリューションを常に探していた）。

　共同創業者のパトリックとジョン・コリソンはユーザー一人ひとりに対し、丁寧に仕事を行った。電話をかけて Stripe を試してみることを了承した潜在ユーザーがいたら、リンクを含んだメールを送るのではなく、その顧客の場に出向き Stripe をインストールしてあげたのだ。このテクニックは「コリソン・インストール」と呼ばれている。

# ＫＰＩの設計と運用

「医者の眼」の中でも重要なコンセプトであるKPIの設計と運用について解説する。KPI（Key Performance Indicator）とは「重要業績評価指標」と訳される。目標を達成するプロセスでの達成度合いを計測したり監視したりするために置く定量的な指標を意味する。つまりKPIとは、業務のパフォーマンスを計測・監視するために置く。よって、KPIの達成状況を確認することで、目標までの進捗を把握することができる。チーム内でKPIを共有し、目標に対する到達率を数値で把握することで適切に組織活動を行うことができる。

「良いKPIに基づいて行動できているか否か」

が、優れたスタートアップとそうではないスタートアップの差を生んでいる。行動の質を高めて成果を上げるための良いKPIの設計と運用とは、どういうものだろうか。

## ＞ ＫＰＩとは繰り返される「問い」

KPIとは、その組織で繰り返される「問い」である。急成長するスタートアップは遠心力の中で離散しがちだが、良いKPIを設計していると、「求心力」を高めて組織を一丸にできる。

3、4人のメンバーで構成される小さなスタートアップでも、「KPIは何ですか?」と聞くと、それぞれのメンバーからバラバラな答えが返ってくる場合がある。KPIがはっきりしないと、何にリソースを注ぐべき

## 図7-12 良いKPIと悪いKPI

| 論点 | 良いKPI | 悪いKPI |
|------|---------|---------|
| 戦略/ゴールとの整合性 | 全体戦略との連動性がある KGI[1]/OKR[2]と連動している | 何のための計測かわからない |
| フェーズ/ビジネスモデルとの整合性 | 事業フェーズ/ビジネスモデルとの整合性がある | 事業フェーズ/ビジネスモデルとの整合性がない |
| 腹落ち感と個人のインセンティブとの整合性 | メンバーの腹落ち感があり個人インセンティブとの整合性がある | メンバーの腹落ち感がなく個人インセンティブとの整合性がない |
| 業績との連動性 | 業績と連動している | KPIを改善しても業績が上がらない |
| シンプリシティ/解釈の揺らぎの少なさ | 定義がシンプルで人によって解釈のズレがない | 複雑で理解されない、人によって解釈が変わる |
| 具体性 | 具体的でアクションが導きやすい | 具体性に欠けアクションが導けない |
| 責任の所在の有無 | 責任の所在がはっきりしている | 責任の所在が曖昧で誰が説明するのかわからない |
| 達成可能性 | ストレッチ（努力）すれば達成できる | ストレッチしても達成できない無理な設定 |
| 計測可能性 | 簡単に計測できる | 計測が煩雑 |
| 定点計測/運用性 | 定点的に計測できて運用が容易 | 気が向いた時にしか計測していない |
| 期限の明確性 | いつまでに、どれくらいの数字を達成するか、期限が決まっている | 期限が曖昧である |
| 測定結果とアクションの連動性 | 測定結果に基づいたアクション出しが容易にできる | 測定してもアクションが出てこない |
| 焦点の明確性 | KPIをベースにどこに焦点を合わせたらよいかが明確になる | どこに焦点を合わせたらよいか不明確 |

1) KGI：Key Goal Indicator の略。重要目標達成指標
2) OKR：Objectives and key results の略。目標と主要な結果

かが判然としない。結果、足並みが揃わなくなり、勢いを得ることができず、成長が止まってしまう。

　スタートアップに参加する全員が、現在追求しているKPIを理解していることが非常に重要だ。戦略は、ムリ・ムラ・ムダを減らすと説明したが、リソースが離散せずに集中することにより、ムラとムダを減らすことができる。

　図7-12に良いKPIと悪いKPIの比較をまとめた。一つひとつの論点について説明していく。

### ①戦略／ゴールとの整合性

　KPIはビジネスゴール（KGI）に到達するための途中段階の達成状況を推し量る問い（共通言語）である。つまり、ビジネスゴールと連動性があるということは重要な点である。何のための計測か、ゴールや目標が抜けていたら、そもそも機能しない。

　☞　起業参謀の問い
- KGIや戦略／ゴールが決まっているか？
- KPIがKGIや戦略／ゴールと連動しているか？

### ②フェーズ／ビジネスモデルとの整合性

　フェーズやビジネスモデルとの整合性も重要である。たとえば、メルカリのようなマッチングサービスとセールスフォースのようなSaaS型ビジネスでは見るべきポイントは変わってくる。メルカリは売り手と買い手のマッチングビジネスなので、トランザクションボリュームを増やしていくと出品数が増え、買い手にとっても選択肢が増えるので、連動して売買も増え手数料収入が入ってくる。初期のKPIでは、第6章のネットワーク効果でも解説したが、売り手が買い手を呼び込み、買い手が売

り手を呼び込む閾値（ティッピングポイント）を超えていくことが初期の
KPIになる。

　一方でSaaS型は、メルカリのようなネットワーク効果を期待するも
のではない（他のユーザーが増えても、一人ひとりのユーザーの価値は直接的に
は高まらない）。そのため、顧客一人ひとりの満足度やエンゲージメント
向上の実現がKPIになる。このように、ビジネスモデルによってKPIは
変わっていくのである（こちらは、460ページで詳しく解説している）。

　フェーズによってもKPIは変わってくる。初期フェーズにおいては、
売上をひたすら求めるよりも、たとえば10社の顧客に絞り込み、どの
ようにすれば熱狂に持っていけるのかを画策し、エンゲージメント率
やNPS（ネットプロモータースコア）などをKPIに据えていく。また、初期
フェーズである課題検証や価値検証の時期ならば、ユーザーが現状のプ
ロダクトに満足しているポイントは何か、不満足なポイントは何かを明
確にできたインサイトを得るための学習量やインタビュー数がKPIにな
る。

 起業参謀の問い

- ビジネスモデルを勘案した上でKPIを設計できているか?
- 自社のフェーズを勘案した上でKPIを設計できているか?

③腹落ち感と個人のインセンティブとの整合性

　このポイントも重要だ。メンバーはKPIに腹落ちした上で動くという
ことが非常に重要である。いくら事業にインパクトのあるKPIが設計で
きたとしても、腹落ち感がなければ動くことはできない。特に個人のイ
ンセンティブやOKR（目標と主要な結果）などのパフォーマンス指標との
整合性が必要になる。

起 業 参 謀 の 問 い

- KPIに対するメンバーの腹落ち感はあるか?
- KPIと個人のパフォーマンスやインセンティブが連動しているか?

### ④業績との連動性

　これは1つ目の項目「戦略／ゴールとの連動性」とも関連するが、KPIを動かすことによって全体にどのような影響があるかという観点である。瑣末なKPIを設定してしまっては、業績への貢献は叶わない。

　起 業 参 謀 の 問 い

- KPIが事業の業績を左右するドライバーと連動しているか?

### ⑤シンプリシティ／解釈の揺らぎの少なさ

　これは非常に重要だ。こだわりだすとKPIは複雑になりがちだが、運用性も重要になるので、KPIをわかりやすく設定することが重要になる。KPIはコミュニケーションツールである。チームで理解しやすく共通言語になることが求められる。

　起 業 参 謀 の 問 い

- KPIがシンプルでわかりやすいか?
- コミュニケーションをする際に伝えやすいか?

### ⑥具体性

たとえば、「売上」というKPIには具体性がなくアクションにつながりにくい。売上を因数分解すると〈顧客数×顧客単価×購入頻度〉になるが、この因数分解した数字のうち、どれがボトルネックになっていて、どれを改善したら最も効果があるのかを明らかにしないと、インパクトがあり、かつ具体的なアクションにつながらない。

 起 業 参 謀 の 問 い

- KPIは具体性が高いか？
- 全体プロセスを構造的に捉えて因数分解をした上でKPIを決めているか？

## ⑦責任の所在の有無

　KPIを設定する時に、それに対して誰が説明責任（アカウンタビリティ）を持つのかを、明らかにする必要がある。その所在が明らかでないと、マネジメントするコストが高まってしまう。

 起 業 参 謀 の 問 い

- KPIに対する説明責任を持つ人は決まっているか？

## ⑧達成可能性

　設定するKPIがあまりに低すぎてもダメだし、あまりにもハードルが高すぎても現実的ではない。たとえば「来月までに3倍伸ばせ！」などは高すぎるKPIで、達成は難しい。メンバーが尽力してストレッチすれば達成できるKPIを設定していくことが重要だ。
　また、数字ばかりを追うと、「広告をどんどん打ちましょう」と短期的にトップラインを上げるがストックしていかない施策を打ちがちにな

る場合もあるので要注意だ。

 起業参謀の問い

- KPIはストレッチしたら達成できるレベルに設定できているか?

⑨計測可能性と⑩定点計測／運用性

これは上記のシンプルさともつながるが、計測し、運用しなければ形骸化してしまう。「計測可能性」と「定点計測／運用性」は連動している。簡単に手元にデータを用意できないKPIでは、運用はできない。

たとえば、コンシューマープロダクトを販売する事業を展開する場合、顧客データ（たとえば、どれくらい商品が閲覧されたか、どれくらいカート落ちしているか）は、プラットフォーマーであるAmazonや楽天が握っている。つまり、どこがボトルネックになっているのか見えにくいのがデメリットだ。最近はDtoC（ダイレクトトゥーコンシューマー：直接販売）に切り替える事業者が多いのは、顧客データを獲得し、定点計測できるようになるからだ（どれくらい閲覧があったのか、そのうちの何人が離脱したのか、といった数値がつぶさにわかる）。結果として、良いKPI（より粒度が細かく、アクション可能なKPI）を設定できる。

起業参謀の問い

- KPIは定点的に計測できるか?
- KPIの根拠となるデータを取ることができるか?

⑪期限の明確性

良いKPIには時間軸が必要だ。1年で達成するKPIなのか、それとも四

半期なのかと、時間軸を明確にすることで、打つべき施策やどれくらいのリソースを張るべきかが明確になる。

 起業参謀の問い
- いつまでに達成するか明確になっているか?


⑫測定結果とアクションの連動性

良いKPIは、次にどのようなアクションを取れば良いのか、その示唆につながる。たとえば、組織マネジメントのコンサルティングを提供する識学は、「入社後からコンサルタントになるまでの平均期間」をKPIの1つとして置いている。一人前のコンサルタントを数多く輩出すれば、それだけ、業績が上がるからだ。「より短期間で育成」するために、育成プログラムの標準化や育成プログラムの改善といった具体的なアクションを挙げることができる。

 起業参謀の問い
- KPI結果からアクションの示唆を出すことができるか?


⑬焦点の明確性

非常に重要な要素だ。「この数字に焦点を合わせ注力」すれば、「業績が伸びる」という要点を押さえられているか。たとえば、SaaS事業における解約率や、メルカリのようなマッチングサービスであればGMV（Gross Merchandise Valueの略語で、「流通取引総額」と訳される）など。

 起業参謀の問い
- KPIを改善することにより、事業全体のインパクトは高まるか?

続いて、KPI設計の解説に入っていく。図7-13にKPI設計から運用までのプロセスを書き出した。また、「経営陣」「マネジャー」「担当者」の誰がかかわるのかもプロットした。初期のスタートアップは「経営陣」が「マネジャー」を兼ねている場合や、「マネジャー」と「担当者」を兼ねているケースも多いので、あまり誰がかかわり、説明責任を持つのかは重要ではないかもしれない。ただフェーズが進むにつれ、組織拡大に伴った仕組構築をしていく際に、参考にしていただきたい。

**図7-13 KPIの設計・運用のプロセス**

| | ステップ | 1 | 2 | 3 | 4 | 5 | 6 | 7 | 8 | 9 | 10 | 11 | 12 |
|---|---|---|---|---|---|---|---|---|---|---|---|---|---|
| | プロセス | 前提条件の確認 | ゴール（KGI）の設定 | 腹落ち感の醸成 | KGIと現在のギャップ確認 | プロセス確認 | 絞り込みCSFの設定 | アクション目標の設定 | 運用性の確認 | 対策の事前検討 | 運用／対策実践 | 改善 | 経営陣報告 |
| プロセスオーナー | 経営陣 | ◎ | ◎ | ◎ | ○ | ○ | ○ | | | | | | ◎ |
| | マネジャー | ○ | ◎ | ◎ | ◎ | ◎ | ◎ | ◎ | ◎ | ◎ | ◎ | ◎ | ◎ |
| | 現場担当 | | | ◎ | ○ | ○ | ○ | ○ | ○ | ◎ | ◎ | ◎ | |

全体の12のステップの概要を見ていこう。

ステップ1「前提条件の確認」

先述した通り、ビジネスモデルがメルカリのようなマッチング型なの

かSaaS型なのか、はたまた中古車販売のような、高単価商材の販売モデルなのか、それによって前提条件は変わるだろう。

ステップ2「ゴール（KGI：Key Goal Indicator／重要目標達成指標）の設定」

そのフェーズで定めている目標をベースにして、経営陣が決定していくゴールになっていく。

ステップ3「腹落ち感の醸成」

重要だが抜けがちなプロセスだ。個人やチームレベルのKPI（たとえば、OKRやMBO）を勘案しながら、コンセンサスを取っていき、納得感を醸成していくとよいだろう。ステップ2、3は行き来する。無理なKPIになっていないか、あるいは達成がたやすい無難すぎるKPIになっていないか、といった点は現場と確認をしながら設定し、腹落ち感を高めたい。先述したが、良いKPIとは、チームが全力で尽力（ストレッチ）した時にようやく手が届きそうな数字を置くことである。「ストレッチ」は、人やチームによって、その期待値が異なるので、個々に対話をしながら定める必要がある。

ステップ4「KGIと現在のギャップ確認」とステップ5「プロセス確認」

ビジネスゴールとのギャップの確認をして、プロセスを確認しながらアクション可能な要素に因数分解する。その上で、プロセス全体の中でどこがボトルネックなのか、全体の中でどの要素を改善すれば、大幅に改善しそうかを明確にする。

ステップ6「絞り込みCSF（Critical Success Factor：重要成功要因）の設定」とステップ7「アクション目標の設定」

さらに要因の分析と構造化／言語化を進め、どのようなアクションや施策を打てば、成果につながるかを検証していく（このコミュニケーショ

ンは、主にマネジャーが要となって現場のメンバーと行う）。

## ステップ8「運用性の確認」

KPIとして実際に定点計測し、運用が図れるかどうかを確認する。

## ステップ9「対策の事前検討」

戦術の幅出しをする。たとえば、見込み顧客を増やす（リード数）をKPIとして設定した場合、様々な施策が考えられる（SEO対策の強化、オウンドメディアの構築、インフルエンサーマーケティングの実行など）。起業参謀としては、この「戦術の幅出し」を支援することも重要だ。実際に、戦術アイデアが10個出てきたとしても、それを全て実行することは現実的ではない。

## ステップ10「運用／対策実践」

どれを実行するか優先順位をつけて決定し、実行する。

## ステップ11「改善」

改善をしながら、様々な施策も講じていく。

## ステップ12「経営陣報告」

ステップ8〜11を一定期間回しながら、定点的に経営陣に報告する。

次に、これら一つひとつのプロセスの中身を見ていこう。

---

### ＞ ステップ1　前提条件の確認

---

KPIは、企業のフェーズやビジネスモデルによっても変わってくる。ビジネスの前提条件の確認をして、適切なKPIか検証することが求められる（図7-14）。

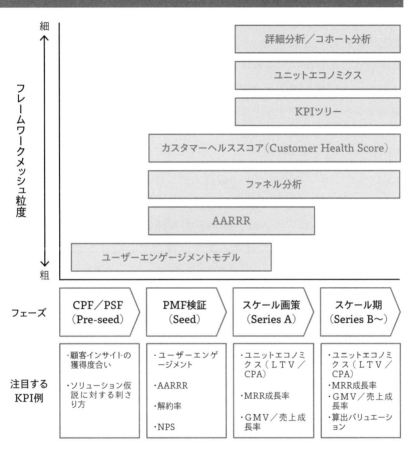

図7-14 フェーズごとのKPI設定のフレームワーク

| | 細 ← フレームワークメッシュ粒度 → 粗 |
|---|---|
| | 詳細分析／コホート分析 |
| | ユニットエコノミクス |
| | KPIツリー |
| | カスタマーヘルススコア（Customer Health Score） |
| | ファネル分析 |
| | AARRR |
| | ユーザーエンゲージメントモデル |

| フェーズ | CPF／PSF<br>（Pre-seed） | PMF検証<br>（Seed） | スケール画策<br>（Series A） | スケール期<br>（Series B～） |
|---|---|---|---|---|
| 注目する<br>KPI例 | ・顧客インサイトの獲得度合い<br>・ソリューション仮説に対する刺さり方 | ・ユーザーエンゲージメント<br>・AARRR<br>・解約率<br>・NPS | ・ユニットエコノミクス（LTV／CPA）<br>・MRR成長率<br>・GMV／売上成長率 | ・ユニットエコノミクス（LTV／CPA）<br>・MRR成長率<br>・GMV／売上成長率<br>・算出バリュエーション |

　スタートアップの初期段階では、細かすぎるKPIを設定する必要はない。複雑化させずに、たとえば、AARRRモデル（アーモデル＝海賊指標／Acquisition：獲得、Activation：活性化、Retention：継続、Referral：紹介、Revenue：収益）のようなシンプルモデルで追っていけるとよいだろう（AARRRはコラム476ページでの解説を参照）。

　先に進んだ段階においては、顧客のN数が増えるに伴いデータポイン

メタ認知力を高めるためのフレームワーク　身につけるフレームワーク　「医者の眼」を

トが増えるため、メッシュを細かくして、より解像度の高い施策を打つことも有効になる。

　たとえば、SaaSモデルを展開していて、売上がある程度立ってきた段階であれば、カスタマーヘルススコア（詳細は351ページ参照）を活用し、ユーザーのエンゲージメント向上のプロセスを可視化する。

　また、オンボーディング完了率を計測して、もし、それが低く、その後のエンゲージメント向上につながらないのならば、対応策を講じる。

### クリティカルマス型

　KPIはビジネスモデルごとの成長モデルによっても変わってくる。

　たとえば、ネットワーク効果が効くようなマッチングビジネスやプラットフォームビジネスは、参加者が参加者を呼び込むに至るまでの、ティッピングポイントに達するまで、投資をし続ける必要がある（図7-15のようにクリティカルマスを獲得するまでJカーブを深く掘るモデル）。

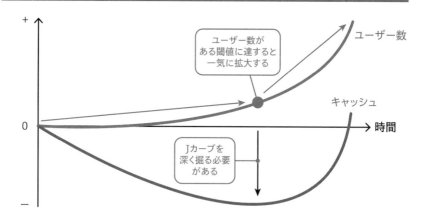

図7-15 クリティカルマス型

　現状の代替案に対する未充足が強い初期ユーザー（アーリーアダプター）からスタートし、そこまで現状に対する未充足が強くない一般ユーザー

（いわゆるクリティカルマス層）を呼び込んでいく。そこまで達すれば、強力なネットワーク効果（外部性ネットワーク効果や相互補完ネットワーク効果）が働き、顧客獲得が一気に容易になり、成長が加速する。メルカリやUber、Airbnb、Instagram、TikTokなどがこのクリティカルマス型といえる（図7-15）。

積み上げ型

　積み上げ型（たとえばSaaS型やDtoCのECモデル）は、図7-16のような成長曲線を描くのが一般的だ。ゼロからプロダクトを開発する場合は、初期からそれなりの投資が必要になるが、クリティカルマス型ほどのJカーブを描くわけではない。

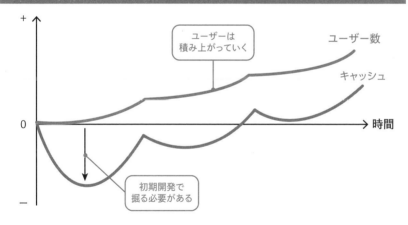

図7-16 積み上げ型

また、他のユーザーが増えても、ユーザー一人ひとりにとっての価値が逓増するわけではない（他のユーザーの存在が、新たに参加するユーザーにとってクリティカルな存在ではない）。なので、コールドスタート問題に陥りにくく、初期から売上が立ちやすいモデルである。

　また、SaaSやサブスクのようなビジネスモデルを採択すると、顧客

との関係が積み上がっていくので、収益予想が立てやすいというメリットがある。見るべきKPIは、解約率や顧客ロイヤリティを測るNPS（ネットプロモータースコア）になる。

R&D型

　図7-17は、高い技術を有するR&D型（Deep Techなど）のスタートアップの成長カーブである。他のプロダクトと異なり、PoC（Proof of Concept：概念実証）やベータ版などの厳密なフェーズがある場合が多く、それぞれのゲートを通過するたびに売上が上がり、企業価値も一気に上がるケースが多い。

　PoCやベータ版でも売上がほとんど立たないケースもあるのでKPIとしては、売上に関する指標ではなく、技術的な基準が満たせたか、既存のソリューションに比べてパフォーマンスが高いアウトプットを出せたのかが論点になる場合が多い。

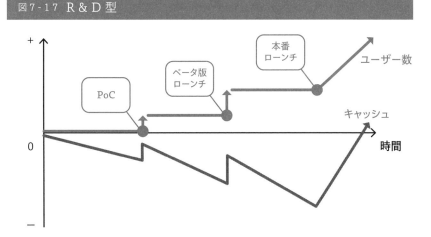

図7-17 R&D型

　ispaceという会社をご存じだろうか。ispaceは、「地球と月がひとつのエコシステムになる世界を築くこと」をビジョンに掲げて、月面開発の

事業化に取り組んでいる次世代型の民間宇宙企業だ。

　図7-18は2023年に上場を果たしたispaceの有価証券報告書の一部から抜粋したこれまでの収益の経緯と、彼らの顧客であるJAXA（NASA）などが規定している開発工程である。開発フェーズが定義されており、それらをクリアしていかないと、次の受注や売上につながらないモデルになっている。

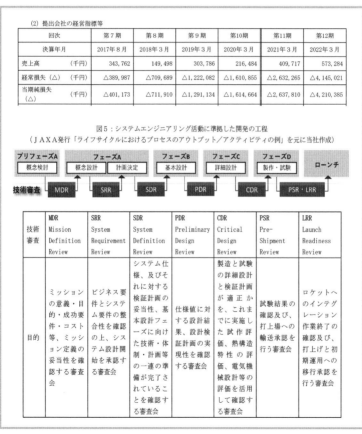

図7-18　ispaceのビジネスモデルと収益

(2) 提出会社の経営指標等

| 回次 | 第7期 | 第8期 | 第9期 | 第10期 | 第11期 | 第12期 |
|---|---|---|---|---|---|---|
| 決算年月 | 2017年8月 | 2018年3月 | 2019年3月 | 2020年3月 | 2021年3月 | 2022年3月 |
| 売上高　　　　（千円） | 343,762 | 149,498 | 303,786 | 216,484 | 409,717 | 573,284 |
| 経常損失（△）　（千円） | △389,987 | △709,689 | △1,222,082 | △1,610,855 | △2,632,265 | △4,145,021 |
| 当期純損失（△）　（千円） | △401,173 | △711,910 | △1,291,134 | △1,614,664 | △2,637,810 | △4,210,385 |

図5：システムエンジニアリング活動に準拠した開発の工程
（JAXA発行「ライフサイクルにおけるプロセスのアウトプット／アクティビティの例」を元に当社作成）

| プリフェーズA | フェーズA | | フェーズB | フェーズC | フェーズD | ローンチ |
|---|---|---|---|---|---|---|
| 概念検討 | 概念設計 | 計画決定 | 基本設計 | 詳細設計 | 製作・試験 | |

技術審査　MDR　SRR　SDR　PDR　CDR　PSR・LRR

| 技術審査 | MDR Mission Definition Review | SRR System Requirement Review | SDR System Definition Review | PDR Preliminary Design Review | CDR Critical Design Review | PSR Pre-Shipment Review | LRR Launch Readiness Review |
|---|---|---|---|---|---|---|---|
| 目的 | ミッションの意義・目的・成功要件・コスト等、ミッション定義の妥当性を確認する審査会 | ビジネス要件とシステム要件の整合性を確認の上、システム設計開始を承認する審査会 | システム仕様、及びそれに対する検証計画の妥当性、基本設計フェーズに向けた技術・体制・計画等の一連の準備が完了していることを確認する審査会 | 仕様値に対する設計結果、設計検証計画の実現性を確認する審査会 | 製造と試験の詳細設計と検証計画が適正か、これまでに実施した試作評価、熱構造特性の評価、電気機械設計等の評価を活用して確認する審査会 | 試験結果の確認及び、打上場への輸送承認を行う審査会 | ロケットへのインテグレーション作業終了の確認及び、打上げと初期運用への移行承認を行う審査会 |

出典：ispace 2023年3月期有価証券報告書より

上記のクリティカルマス型、積み上げ型、R&D型の3つがビジネスモデルの全てではないが、ビジネスモデルとフェーズによってKPIが変わってくるということは、ご理解いただけただろうか。

## ＞ ステップ2 ゴール（KGI）の設定

ゴールの設定について解説する。ビジネスモデルやフェーズによってゴールは変わってくることに留意したい。PMF前では、PMFを示す指標（高いエンゲージメント率やNPSなど）を追求し、PMFが見えてスケールを画策するときは、MRR（月次経常収益）成長率やGMV（流通取引総額）成長率を指標にする。注意するべきポイントは、PMFの達成がまだ未確定にもかかわらず、その時に売上ばかり追い求めてしまうケースだ。バケツの底に穴が開いていて、水がどんどん流れ出す状態になりかねない。

## ＞ ステップ3 腹落ち感の醸成

KPIとは組織における「問い」である。この「問い」によって、メンバーの行動を駆り立てる必要がある。そうするためにはKPI設定にあたって、メンバーの「腹落ち感」を醸成しなければならない。強引な上意下達で決めて「やらされている感」が広がってしまうと、行動に反映されなくなり、形骸化してしまう。外部環境はどんどん激しく変わっていく中で、完璧なKPIや計画を立て続けていくのは不可能に近い。不完全な情報しかない中でも成長への勢いをキープするには、腹落ち感を持ち動くことが大事だ。

そのためにメンバー同士で常に対話をしながら、すでに組織で置いているようなOKRやMBOのような個人目標／チーム目標と連動して整合性を合わせていくことが大事になる（図7-19）。

図7-19 OKRとKPIの連動による整合性

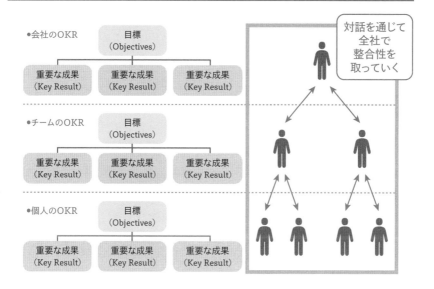

- 会社のOKR　目標（Objectives）
  - 重要な成果（Key Result）
  - 重要な成果（Key Result）
  - 重要な成果（Key Result）

- チームのOKR　目標（Objectives）
  - 重要な成果（Key Result）
  - 重要な成果（Key Result）
  - 重要な成果（Key Result）

- 個人のOKR　目標（Objectives）
  - 重要な成果（Key Result）
  - 重要な成果（Key Result）
  - 重要な成果（Key Result）

対話を通じて全社で整合性を取っていく

　なお、メンバーに動いてもらうためには、何らかのインセンティブを用意する必要も出てくるだろう。金銭的なインセンティブという安易なオプションだけでなく、もっと面白い仕事をアサインすることを提示するなど、「仕事のインセンティブは仕事」と定めると、組織としてのエンゲージメントが高まってくる。

## ＞ ステップ4　KGIと現在のギャップ確認

　KGIを設定するには、Goal、Who、When、Whatの4つを設定する必要がある。ここでは、不動産販売に従事するモデルを取り上げてみよう。

Goal（ゴール）：年間売上4000万円を達成する
Who（誰が）：不動産販売チーム

When（いつまで）：2024年1月1日から2024年12月31日の間
What（何を）：10件の不動産販売契約を締結する

　ステップ4の「KGIと現在のギャップ確認」は、このビジネスゴール
と現状のギャップの確認をするパートである。現在の状況を把握した上
で、もしこのままの状態で進んだ場合に、最終的にどの程度のギャップ
（未達可能性）が発生しそうかを確認する。

　たとえば、不動産販売会社の営業担当者だったとして、2024年のビジ
ネスゴールが10件の契約締結にもかかわらず、1〜3月期に1件しか実
績を上げられなかったとする。これを単純計算すると、1年の4分の1が
終わってまだ1件なので、年間で4件しか取れないことになる。4件と10
件の間に6件のギャップがあるということが確認できる。まずは、この
ギャップを具体的に把握することが肝要である。具体的に、どの程度の
ギャップが生じるか表現したのが図7-20である。

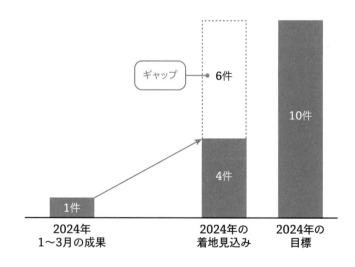

図7-20 不動産販売会社の「KGIと現在のギャップ確認」

このギャップからコインの裏返し的に「不動産を6件売る」という
KPIを設定するのではなく、全体プロセスにおいて何が原因なのかを把
握して分析することが重要になる。そうすることで、よりクリティカル
でアクション可能なKPIが設定できる。

## ＞ステップ5　プロセス確認

　プロセス全体でどこがボトルネックになっているのかを明確にするた
めに、プロセスを因数分解／可視化する。たとえば、最終的に契約する
前には、図7-21の通り、「初回接触　問い合わせ」があって、「物件案内
／内見」が続き、「申し込み　購入審査」を経て、「ローン審査」になり
「契約」に至る。このプロセスに分けて歩留まりを計測することが重要
である。

　さらに各段階でどれくらいの件数があったのかを埋めていき、ギャッ
プを見極める。このケースでは「初回接触　問い合わせ＝50件」「物件
案内／内見＝30件」「申し込み　購入審査＝3件」を経て、「ローン審査
＝3件」「契約＝1件」となっている。

　このように定量化することで、50件から30件に落ちているところをカ
バーするべきなのか、30件から3件に落ちているところをフォローして
いくのかという具体的な手立てが考えられる。

　プロセスを定量化／モデル化することで、下記の3つの考察を得るこ
とができる。ギャップが生じている際には、モデル化して具体性を持っ
て手立てを検討していくことが求められるのだ。

①モデル化すると、顧客のエンゲージメント状態がどのように高
　まるかの因果関係・パターン（勝ち筋）を知ることができる
②パターン（勝ち筋）に向かう中で、どのプロセスがボトルネッ
　クなのかを明確にできる

③モデル化することによって、需要予測が可能になり、後続のバリューチェーンに必要なリソースの調整ができる

図7-21 「①初回接触」から「⑤契約」までの歩留まり

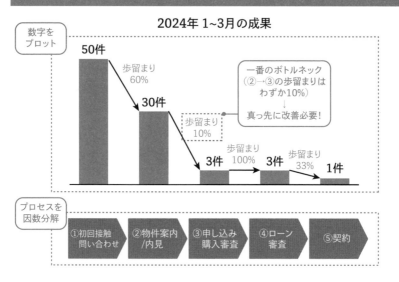

## 〉 ステップ6　絞り込みCSFの設定

　前のステップでは、ギャップが起きている要因を分析すべく事業をモデル化した。その中からどこに焦点を合わせるべきか、CSF（Critical Success Factor：重要成功要因）を検証していく。全体のパフォーマンスへのインパクトが大きい部分がCSFとなることに留意する。

　引き続き、先ほどの不動産会社の例を挙げる。図7-21では、全体のプロセスにおける歩留まりを表現している。1番目がいくのは、「②物件案内／内見」から「③申し込み　購入審査」への歩留まりが10%、つまり90%が離脱しているという点だ。

しかも30件のうち27件が次のステージに進めずに、もったいないことになっている。「④ローン審査」から「⑤契約」も歩留まりが33%と良くないので検証が必要だが、件数がそこまで多くないこともあり、まず②→③の部分の検証が必要という仮説が立つ。スタートアップは無尽蔵にリソースがあるわけではないので、このように一番インパクトがありそうな部分から手をつけることを心がける。

## ＞ ステップ7 アクション目標の設定

　最も優先順位が高く対処すべきポイントに対して、アクション目標を設定する。その際には、「⑤契約」の段階にまで至るのが10件であったとしたら、引き合い数はどのくらいで、それぞれのフェーズは何件で、歩留まりは何%にすべきなのかアクション目標を記入していく（図7-22）。このあたりもマネジャーと現場担当者が確認しながら、腹落ちさせて決

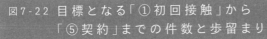

図7-22 目標となる「①初回接触」から
　　　　「⑤契約」までの件数と歩留まり

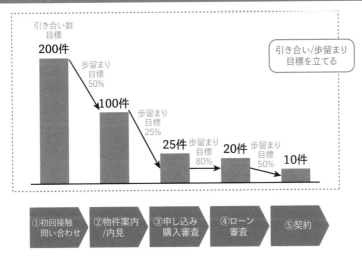

引き合い数
目標
**200件**

歩留まり
目標
50%

**100件**

歩留まり
目標
25%

**25件**

歩留まり
目標
80%

**20件**

歩留まり
目標
50%

**10件**

引き合い/歩留まり
目標を立てる

①初回接触
問い合わせ

②物件案内
/内見

③申し込み
購入審査

④ローン
審査

⑤契約

めていくことが重要である。

## 〉ステップ8 運用性の確認

前のステップで目標を立てた。このステップ「運用性の確認」では、そもそもこの件数や歩留まりは実現できるのかを話し合う。現在のリソースや顧客の数を鑑みて、実現できるかを話し合うことが重要である。実際にできるのかを握れた上で、対策を検討していく。

## 〉ステップ9 対策の事前検討

KPI／目標が決まった後は行動に移るわけだが、有効な施策を発散して、その中から優先順位をつけていく。たとえば、「①初回接触　問い合わせ」数を増やすためには展示会に行く方法もあるかもしれないし、チラシを送る手法もあるかもしれない（第5章のマーケティングの節で述べたように、起業参謀は様々な施策について精通していることで、付加価値を提供できるようになる）。優先順位を決める際には、下記の観点で判断することがポイントである。

- このチャネル戦略で、顧客単価はどの程度か？
- このチャネル戦略で、獲得可能な顧客はどの程度の数か？
- それぞれのチャネル施策が、顧客のライフサイクルのどのあたりに刺さりそうか？
- そこで、どの程度のコンバージョンが見込めるか？
- 1人の顧客獲得にどの程度の時間がかかるか？
- テストに必要な期間は？

ABテストと言われるように、施策も2、3案同時に走らせてみて、パ

フォーマンスを比較するのが有効だ。そして、比較結果に基づきうまくいった施策を横展開していく。

## ＞ ステップ１０　運用／対策実践

　施策を始めてからの定点観測も重要になる。実際に走らせてみたら、歩留まりがなかなか改善されないケースも出てくる。その時に経営者やマネジャーは現場に対して、「なぜやらないのか？」と詰問するだけでは、効果がない。前記のようにフェーズを因数分解して、ステージを進めるための行動の質にフォーカスし、「何が必要なプロセスなのか」「何が必要なリソースなのか」を見極めていくことがポイントになる。

## ステップ１１　改善

　最初に立てた施策がうまくいかない場合もある。ただし、うまくいかなかった場合でも、それを放置するのではなく、なぜうまくいかなかったのかを、検証して改善する必要がある。講じた施策がうまくいかなかったら、実際に、ターゲットとなるユーザーを抽出して、直接インタビューなどを実施して、何が課題かを聞き出すことや、ユーザーが実際に活用しているシーンなどを観察したりするとヒントが得られる。また239ページで紹介したモチベーショングラフを活用して、プロダクトやサービスを活用しているシーンをユーザーに想起してもらい、改善点を洗い出すのも有効だ。

## ステップ１２　経営陣報告

　ステップ8〜11を回しながら、ある一定期間経過したら、その成果について報告していく。特に初期の頃（プロダクトローンチ後の3ヶ月間〜6ヶ

月間）は、できるだけ高頻度に報告することで、リソースの配分がしやすくなるので、おすすめだ。

---

## まとめ

ここまで解説してきたようにKPIを設計することによって、組織全体の共通言語ができるだけでなく、全体の視点からのインパクトのある要因（CSF）を見つけたり、CSFに対してリソースを投下するという意思決定ができるようになる。

起業参謀として、KPIプロセスのフレームワークは、ぜひ使いこなせるようになり、付加価値を提供できるようにしていただきたい。

---

column
### AARRR（アー）モデルとは

　AARRRモデル（海賊指標）とは、サービスの成長段階を表す5つの言葉の頭文字をつなげたものである。

　それぞれ、Acquisition（獲得）、Activation（活性化）、Retention（継続）、Referral（紹介）、Revenue（収益）の5つである。その成長段階ごとに可視化することで、現在のビジネスステージの確認や、課題の抽出が容易となる。

Acquisition：獲得　ユーザーはどこから獲得されているのか？

Activation：活性化　ユーザーはどれくらい好ましい経験をしているのか？

Retention：継続　ユーザーは継続してサービスを利用しているのか？

Referral：紹介　ユーザーは友人や周りにこのサービスを伝えているのか?

Revenue：収益　全体を通じて、ユーザーの行動は的確にマネタイズされているのか?

　この5つの段階に分け、分析する。実際、顧客の獲得に集中しても、顧客がそのビジネスやサービスで好ましい経験を得られなければ、継続的な利用や紹介、そしてビジネスの収益化に結びつかない。

　逆に、いくら素晴らしいサービスを提供しても、顧客が増えなければ、それが実際に経験され、活性化されるまでビジネスが広がるのは難しいといえる。

　食品のサブスクリプションサービスを例にAARRRを見てみよう。

「Acquisition（獲得）」では、サービスの宣伝や広告を通じての新規登録者数を確認し、数値化する。施策としては、ターゲット層に合わせたSNS広告や、コンテンツマーケティングが一般的である。

「Activation（活性化）」では、ユーザーが初回の食品セットを受け取り、その満足度を数値化し、分析する。施策としては、初回限定の特典やアンケートを通じてのフィードバック収集を行い、サービスの改善を図る。

「Retention（継続）」の段階は、ユーザーがサブスクリプションを継続して利用しているかの確認である。ここでは、ロイヤルティプログラムの導入や季節限定の商品提供など、継続的な利用を促す施策が用いられる。

「Referral（紹介）」は、ユーザーが友人や家族にサービスをすすめる段階である。例としては、友人紹介での割引やSNSでのシェアを奨励するキャンペーン、紹介者に特典を提供する施策が

メタ認知力を高めるための「医者の眼」を身につけるフレームワーク

ある。

「Revenue（収益）」の段階は、これまでのステップがサイクル化し、安定化し、ビジネスが収益化する段階である。全体を通じてさらに細かい分析を行い、最適化を目指す。具体例としては、全体の施策を振り返り、効果の高い施策にリソースを集中させ、利益率の向上を目指す。

AARRR 実践のポイントとしては、各段階の状況や効果を適切に数値化・可視化することが挙げられる。

たとえば、先ほどの食品サブスクの獲得の段階を例にすると、単に新規登録者数で分析するだけでなく、再購入率やユーザーのアクティブ率、キャンセル率など、どの数値が最適な指標となるかを分析し、見極める必要がある。

この見極めを、AARRR の全段階で行うことが重要である。そのため、分析すべき指標を的確に見極めるマーケティングスキルを持ち、各数値に対する改善アプローチが的確に行われることが、重要なポイントである。

# スタートアップバランススコアカード

戦略とは「ムリ・ムダ・ムラ」を減らすことだと、繰り返し伝えてきた。ここでは、その中でも「ムラ」をなくすアプローチについて解説する。

「ムリ」と「ムダ」というのは、比較的わかりやすいがこの「ムラ」というのはなかなか、起業家だけだとメタ認知しにくい現実がある。

また起業家というのは、自分の得意分野や成功体験や専門分野でのバイアスがかかりやすい。結果として、ある特定の領域にはこだわってリソースを張るが、自分が苦手だと認識しているところは、後回しになってしまう。

このケースが致命的になる場合もある。以前、とあるBtoB SaaS分野で事業を立ち上げている起業家のメンタリングをしていた時のことだ。その起業家は、元々代理店出身の営業に強い方だった。営業力が非常に高く、何でも売れてしまう方だった。それが彼の強みであり、自分でもそこに自信を持っていた。

一方で、何でも売れてしまうが、売れた後に半年も経たないうちにユーザーがどんどん解約してしまうのだ。でも、営業したら売れてしまうので、どんどん売って、どんどん解約が続く状況になっていた。

結果としてどうなったのか？ そのプロダクトの口コミは非常に悪いものになってしまったのだ。結局プロダクトではなく、その会社の営業部員の人間力に影響されて買ったケースが多かったので、実質的に価値が生まれておらず、多くの顧客が「買って後悔した」「買わないほうが良い」と口コミを載せていたのだ。

そういう口コミが増えてしまうと、取り返しがつかなくなる。特にBtoBの場合、ユーザーが購買のミスをしてしまうと、営業部員の社内での評価に響くので保守的になる傾向がある。その時に、そんな口コミが多いプロダクトは避けてしまうのだ。結果として、そのサービスは開始2年で全く新規受注が取れなくなり、クローズしてしまったのだ。

まさに「うまいラーメンができる前に、ラーメンをどんどん売ってしまう」というプレマチュアスケーリング（時期尚早の拡大）の事例だ。これがスタートアップが潰れてしまう最大の理由の1つになっている。こういった状況を防ぎ、自社の的確な状況を認識するための「医者の眼」を身につけ、歪な成長を防ぐためのフレームワークを紹介したい。

---

## ＞ スタートアップバランススコアカードで　全体最適を考える

バランススコアカード（BSC）をご存じだろうか？　バランススコアカードは、ハーバード・ビジネス・スクール教授のロバート・S・キャプランと著名なコンサルタントであるデビッド・ノートンが1992年に発表した経営システムのフレームワークだ。

BSCは、戦略経営のためのマネジメントシステムで財務数値に表れる業績だけではなく、財務以外の経営状況や経営品質から経営を評価し、バランスの取れた業績の評価を行うための手法である。従来のバランススコアカード（図7-23の左側）は、財務の視点、顧客の視点、内部プロセスの視点、学習と成長の視点で成り立っており、事業をまさに"バランス良く"マネジメントするために用いられるフレームワークである。

バランススコアという名称の通り、組織全体のバランスを客観視して、どこが悪いのかを明確にして、その因果関係までを明らかにしていくためのフレームワークである。

組織として売上や利益を上げることはもちろん大事である。しかし、

利益や売上は、あくまで結果である。顧客のエンゲージメントが高まった結果、買い続けてくれるのである。そして、なぜ顧客エンゲージメントが高まっているのかというと、その顧客に対して良いプロダクトを提供したり、それを届けるための良いプロセスを保有しているからである。そのプロダクトがなぜ成り立つのかというと、スキルを持った人材がいるからであり、彼が常に学習をしているからである。このように、学習→プロセス→顧客→売上という全体を見ていくことでバランスが取れた成長ができる。

この従来のフレームワークを、私はスタートアップ向けに拡張した。それがスタートアップバランススコアカード（Startup BSC）と名付けたものである。

メタ認知力を高めるための「医者の眼」を身につけるフレームワーク

**図7-23 スタートアップバランススコアカード**

481

図7-23の右側のように、土台として「ミッション・ビジョン・バリュー（MVV）」があり、その上に「戦略」が乗る。さらにその上に、「HR・組織戦略」や「コーポレートプロセス（知財、法律、ガバナンスなど）」「ステークホルダーリレーションズ」「UX設計／プロダクト開発プロセス」と続く。

　そして、さらにその上に「マーケティング」や「カスタマーリレーションシップ」などの営業領域が続き、上部の「ファイナンス／バリュエーション」につながっていく。こうしたレイヤーで、自分たちをきちんとメタ認知していくのだ。

　欠けている部分を、きちんと明らかにし、必要なものを補填していくことが非常に大事である。そうすることでプレマチュアスケーリングを防ぐことができる。スタートアップの74%が、それが原因で潰れてしまっているというデータがある。

参照：https://www.duetpartners.com/why-is-premature-scaling-still-the-biggest-startup-killer/#:~:text=The%20Startup%20Genome%20Report%20investigated,fail%20due%20to%20premature%20scaling.

図7-24　失敗するスタートアップは
　　　　時期尚早なスケールをしている

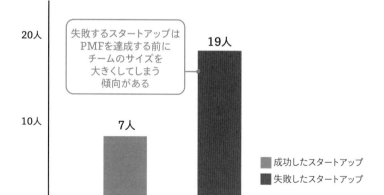

スケールする前のチームの平均人数

失敗するスタートアップは
PMFを達成する前に
チームのサイズを
大きくしてしまう
傾向がある

19人

7人

20人

10人

0

■ 成功したスタートアップ
■ 失敗したスタートアップ

また、Y Combinatorの創業者のポール・グレアムは、「スケールしないことをしろ」と言っている。スケールする前に、まず、事業全体の要素が歪な状態になっていないかを検証していくことが大事である。

図7-24のように失敗したスタートアップは、スタート段階で早々にチームを拡大してしまっていることがわかる（成功したスタートアップはPMF前にはメンバーが7人しかいないのに対して、失敗したスタートアップはPMF前に平均してメンバーが19人もいる）。

経営者の能力が低いためか、それぞれの分野の専門家が増えてマーケティングが得意な人はマーケティングのみ、ファイナンスが得意な人はファイナンスのみ、HRが得意な人はHRのみを見るという、部分最適が起きがちになり、事業の運営にかなりのムラが生じてしまうのだ（図7-25）。

## 図7-25 部分最適しか見られないCXOでは意味がない

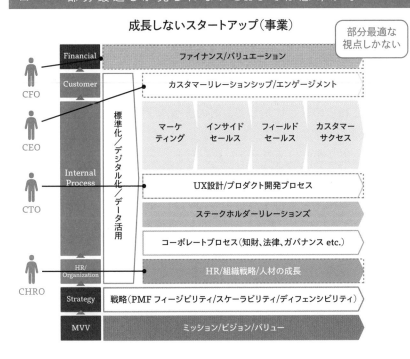

優れた起業参謀は、ある意味「優秀な外部CXO」として欠けている視点を補い、事業全体のバランスが歪にならないように指摘していくことが求められる。

## ＞ スタートアップバランススコアカードの活用方法

次に、スタートアップバランススコアカードをどのように活用したらいいのかについて解説する。まずは、事業のコアメンバーを集めた上で下記の2つの問いを立てる。

---

問1　BSCで全体を俯瞰した時に、どこが課題になっているか？

問2　その課題が起きている要因は何か？

---

続いて、各メンバーに発表してもらい、図7-26のようにスタートアップバランススコアカードにマッピングする。その後、次の4つの質問を重ねる。

---

問3　これらのことに対して、どのようなアクション／施策を行えばよいか？

問4　施策を費用対効果でマッピングするとどうなるか？

問5　施策の優先順位はどうなるか？

問6　その施策を実行するための3W1H（誰が・Who ／何を・What ／いつまで・When ／どのように・How）は決められるか？

---

ここまでの問いを図7-26に整理ができたら、施策をどう行うかブレストする。

一つひとつ定量・定性で自己評価をし、定点観測していこう。

図7-26 スタートアップバランススコアカードで課題を指摘する

自動で衣類を折り畳む家電「ランドロイド」を開発・販売して、100億円を調達したもののプレマチュアスケーリング（時期尚早の拡大）によって倒産したセブン・ドリーマーズ・ラボラトリーズというスタートアップの事例がある。同社の敗因を創業者のインタビューや記者による分析によって検証してみた[3]。

3）https://business.nikkei.com/atcl/gen/19/00002/042500301/

上記のフレームワークに当てはめると、図7-27のようになる（図は、スタートアップBSCの要素を成熟度で表したものだ）。一つひとつの要素を見ていこう。


ファイナンス：セブン・ドリーマーズは、100億円を超える資金調達をすでに行っていた。

トラクション／PMF：課題とソリューションがフィットしていない状況だった（ランドロイドでは、ユニクロのエアリズムを畳むことができなかった）。商品は非常に高価（185万円）であったため、一般に浸透していくのは困難だった。

セールス／マーケティング：カフェを作るなどマーケティングは体系的に行い、事業アライアンスも積極的だった。PRも各媒体の露出も多かった。つまり、PSF（プロダクトソリューションフィット）には至っていないが、営業面においては莫大な資金を投じていた。

組織マネジメント：一度に様々な事業を手がけていたので、当然それをコントロールしていくための幹部のリソースも分散してしまった。結果、チームが1つになれずにメンバーたちがポロポロ辞めていった。

ガバナンス：「4日前まで倒産することを知らなかった」という。きちんとキャッシュフローを見ていなかったので、ガバナンスは弱かった。

戦略：複数の事業を手がけたためにリソースが分散してしまった。

MVV：「世の中に存在しないけれども、あったら良いもの」を作るというビジョン。


　いかがだろうか?

　ファイナンスやセールス／マーケティングなどは、全体から見てもかなり進んでおり、それこそIPO手前のスタートアップの状態だった。

　しかし、「ユニクロのエアリズムを畳めないためにPSFしていない」「チームが一丸になっていない」「ガバナンスが利いていない」という状

## 図7-27 会社にムラがある状態

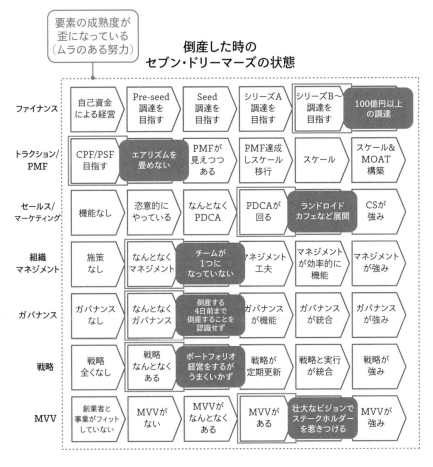

要素の成熟度が
歪になっている
（ムラのある努力）

倒産した時の
セブン・ドリーマーズの状態

| | | | | | | |
|---|---|---|---|---|---|---|
| **ファイナンス** | 自己資金による経営 | Pre-seed調達を目指す | Seed調達を目指す | シリーズA調達を目指す | シリーズB〜調達を目指す | 100億円以上の調達 |
| **トラクション/PMF** | CPF/PSF目指す | エアリズムを畳めない | PMFが見えつつある | PMF達成しスケール移行 | スケール | スケール&MOAT構築 |
| **セールス/マーケティング** | 機能なし | 恣意的にやっている | なんとなくPDCA | PDCAが回る | ランドロイドカフェなど展開 | CSが強み |
| **組織マネジメント** | 施策なし | なんとなくマネジメント | チームが1つになっていない | マネジメント工夫 | マネジメントが効率的に機能 | マネジメントが強み |
| **ガバナンス** | ガバナンスなし | なんとなくガバナンス | 倒産する4日前まで倒産することを認識せず | ガバナンスが機能 | ガバナンスが統合 | ガバナンスが強み |
| **戦略** | 戦略全くなし | 戦略なんとなくある | ポートフォリオ経営をするがうまくいかず | 戦略が定期更新 | 戦略と実行が統合 | 戦略が強み |
| **MVV** | 創業者と事業がフィットしていない | MVVがない | MVVがなんとなくある | MVVがある | 壮大なビジョンでステークホルダーを惹きつける | MVVが強み |

態だった。

　さらに月々のバーンレート（資金燃焼率）も2億円を超えていたとのことで、ランウェイはかなり短くなっていた。これも、セールス／マーケティング／PRなどのコストを抑えれば、もう少し下げることができたと予想される。

では、ムラの少ない状態とはどういう状態かというと、図7-28のように要素が同期している状態を指す。ここでは2018年のSmartHRを取り上げてみる[4]。

図7-28　SmartHRのスタートアップBSC

ファイナンス：15億円の調達を完了（シリーズB）。

---

4）https://speakerdeck.com/miyasho88/we-are-hiring

トラクション／PMF：解約率が0.7%とかなり低くPMFは達成。

セールス／マーケティング：口コミが発生している。また堅実なマーケティングを行い、型化を実行。

組織マネジメント：高い採用力とメンバーの高いエンゲージメント。

ガバナンス：KPI／MRRをベースにした経営のコントロール。

戦略：外部連携サービス強化によるプラットフォーム化。

MVV：MVVが浸透し、エンゲージメントが高い組織。

　これを見ると全体のバランスが取れて、成長軌道に乗っているのがわかる。その後は順調にメンバーも増え、売上も伸び、2021年には125億円の大型調達を行い、ユニコーン企業の仲間入りを果たした。

　さて、セブン・ドリーマーズとSmartHRについて見てきたが、別の見方をしてみたい。縦軸にスケール、横軸に時間をおいて、ムラがある状態と、そうではない状態との比較をしている（図7-29）。

　490ページ図7-29では縦軸がスケールで、横軸が時間。グレーのラインはリソース（資金）、青いラインが企業の成長（トラクション）である。スタートアップは先行的に「リソース」投下して、そこからしばらく経つと「トラクション」が伸び、成長していく。

セブン・ドリーマーズのケース：リソースを多く投下しているが、実際のトラクションには反映されておらず、非常に「ムラ」が大きい状態になっている（「成長」と投下する「リソース」も連動していない）。

SmartHRのケース：リソースの投下に対して、それに見合ったトラクションを出している。採用やガバナンスも全体に目配りができており、「ムラ」が小さい状態で成長ができている[5]。

---

5）https://mag.smarthr.jp/guide/information/smarthr_next_2018_miyata/

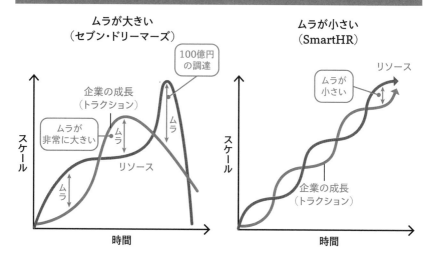

図7-29 セブン・ドリーマーズとSmartHRの違いは？

私はセブン・ドリーマーズやSmartHRで働いたことはないし、アドバイスをしたこともない。上記は、あくまで私の想定であることをご了承いただきたい。ただ、「ムラ」の重要性を理解いただけただろうか？

100億円調達したスタートアップであっても、「ムラ」を放置してしまうと、至る所に綻びが生じてしまい、時期尚早の拡大につながり、うまくいかなくなってしまうのだ。

改めて、「医者の眼」を提供することが起業参謀の1つの役割であると強調したい。起業家というのは、ポジティブバイアスと専門家バイアスがかかってしまい、現状を過大評価し、自分の専門領域にどんどんリソースを投下するため、それが現実の成長と乖離してしまうことが、しばしば起きてしまう。

ムリ・ムダ・ムラの、ムラの状態を防ぐことについて解説した。スタートアップバランススコアカードはチェック項目も多く、ある意味ハイレベルなフレームワークといえる。しかし、起業参謀には押さえてお

いていただきたいフレームワークである。

 起業参謀の問い

- スタートアップバランススコアカードの各要素の状態はどう
  なっているか?
- 全体の中で過剰投資になっている部分はないか?
- 全体の中でボトルネックになっている部分はないか?

メタ認知力を高めるための「医者の眼」を
身につけるフレームワーク

# スタートアップの目利き

　起業参謀は、起業家に対して示唆出しをするだけでなく、時として、新規事業の目利きを行いどの事業に対して、張っていくか／投資していくのかを決める存在でもある。

　私はこれまで、ベンチャーキャピタリストとしてスタートアップの評価や目利き、または、数多くの事業会社の新規事業の評価や目利きを行ってきた。第4章では、その簡易版として、「事業の筋の良さ」を見極めるフレームワークを紹介した。本節では、「投資家目線」（ある意味で究極の医者目線）で、事業／スタートアップをどのように評価するのかを解説したい。

　前提としてスタートアップにはフェーズ（段階）がある。ここが一般的な事業会社との大きな違いである。「中小企業診断士」「MBA」などの資格や学位は、経営全般の知見を身につけるのには役立つ。

　その一方で、それらの知見はスタートアップや新規事業に最適化しているわけではない。従来持っているビジネス知見や経験の上に「フェーズごとにスタートアップを目利き」するフレームワークを身につけることで、必要に応じて示唆を出すこともできる。

## 〉 スタートアップではフェーズが重要

　各フェーズごとにスタートアップを目利きするポイントは変わってくる。私はベンチャーキャピタリストだった経験もあり、現在は年間に何百社というスタートアップや新規事業の審査にかかわらせてもらってい

る。その際に意識しているのがフェーズ感だ。フェーズごとに見るべき
ポイントが変わってくるということだ。

　一般的にスタートアップといった時に、図7-30の通り、プレシード、
シード、シリーズA、シリーズB、シリーズC、メザニンというように
分けられる（厳密にいうと、シリーズA、B、CというのはA種優先株、B種優先株、
C種優先株と、優先株が発行されるたびアルファベット順でアサインされることに
起因している。しかし、事業フェーズが進んでいないにもかかわらず、A、B、Cと
次々と優先株が発行されるケースもたまに見かける）。

## 図7-30 資金調達のステージ

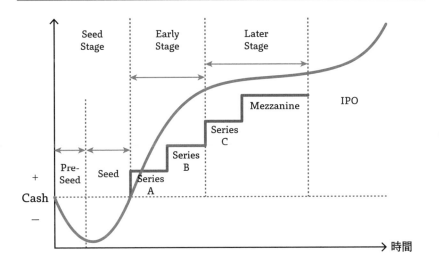

　では、いかに評価していくのか、そのフレームワークについて解説
したい。図7-31の通り、このフレームワークを構成する2つの軸がある。
横軸の左が「定性的」、右が「定量的」で、縦軸の下が「個の力」、上が
「仕組み」になっている。

　スタートアップの成長で見るべきポイントとしては、左下から徐々に
右上に上がっていくようなイメージだ。

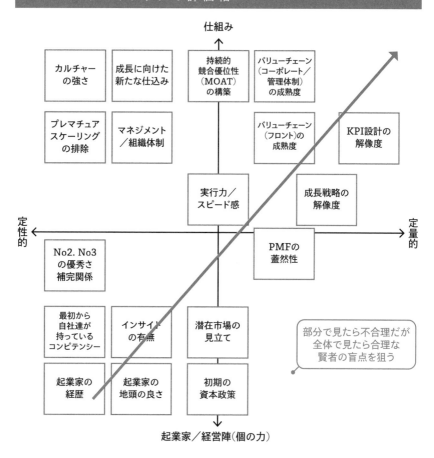

図7-31 スタートアップの評価軸

仕組み

カルチャー
の強さ

成長に向けた
新たな仕込み

持続的
競合優位性
（MOAT）
の構築

バリューチェーン
（コーポレート／
管理体制）
の成熟度

プレマチュア
スケーリング
の排除

マネジメント
／組織体制

バリューチェーン
（フロント）の
成熟度

KPI設計の
解像度

実行力／
スピード感

成長戦略の
解像度

定性的

定量的

No2. No3
の優秀さ
補完関係

PMFの
蓋然性

最初から
自社達が
持っている
コンピテンシー

インサイト
の有無

潜在市場の
見立て

部分で見たら不合理だが
全体で見たら合理な
賢者の盲点を狙う

起業家の
経歴

起業家の
地頭の良さ

初期の
資本政策

起業家／経営陣（個の力）

　事業を開始した当初は、まだプロダクトも未完成でローンチしておらず、当然、売上が立っていない状態も多い。また、まだ数人単位で、組織化もしていない状態で、「スタートアップ」＝「起業家／創業メンバー」といった感じになる。

　この時期にベンチャーキャピタルが何で評価するかといえば、「起業家の経歴」「地頭の良さ」「コンピテンシー（たとえば、凄腕プログラマーな

ど）」「業界知識」「業界とのネットワーク」である。これらの「個の力」というのは、なかなか定量化できないものだ。

たとえば、ある起業家がドローン物流の領域で起業するといった時に、想定しているビジネスモデルと同じくらい大事なのが、「どの程度、当該領域で経験／知見を持っているか」ということだ。ビジネスモデルはともすればピボット（方向転換）するが、創業者はピボットしない（少なくとも初期フェーズにおいては）。なので、創業者が、関連する役職においてどのような経験を積み実績を残してきたのか、どのような知見を持っているのか、が非常に重要になる。この例の場合、ドローン関連の会社で積んだ経験や、物流業界で積んだ経験があるかが、問われる。

そして、徐々にステージが先に進んでいくと、「個の力」ではなく「組織の力」「仕組みで勝てること」が重要になる。とはいえ、決して経営者個人の力が軽視されるわけではない。

たとえば、日本を代表する企業であるソフトバンクやユニクロも、今では非常に大きいグローバルカンパニーになったが、孫正義氏や柳井正氏は、今も市場から経営者として評価され続けている（ただ、ソフトバンクやユニクロにしろ、懸念されているのが後継者選びだ。経営者の最大の使命の1つは後継者選びであるが、本書のテーマとは少しずれるので、ここでは取り上げない）。

第5章でも解説したように、スタートアップのゴールは、ラッキーパンチで、人が欲しがるものができる状態を目指すのではない。顧客の成功に至るまでの道筋を型化／標準化して、その知見を自社の競合優勢性に転換すること。つまり「仕組みで勝ち続けること」である。なので、フェーズが先に進んでいくと「KPI設計」「成長戦略の解像度」「MOATの構築」などが重要な要素になってくる。

## ＞プレシード期における目利きのポイント

プレシード期は、プロダクトがまだローンチしていない、もしくはローンチして間もないなど、最近始まったばかりのスタートアップを指す。そんな状態で何をもって目利きするべきか。ここ最近の日本の傾向は、スタートアップ業界の知名度が高まっているので、若手でも優秀な人たちが起業するケースが出てきている（たとえば、外資系戦略コンサル出身者や有名大学の博士課程を修めた人など）。

そういう、一般企業なら喉から手が出るほど欲しがるポテンシャルのある優秀な起業家も見られるようになった。その場合、起業して間もなく何千万円調達するケースもある（場合によっては億に達する）。これは起業家の経歴やコンピテンシーなどが評価されているのだろう。この時期は、プロダクトそのものよりも起業家や起業チームを、もしくは参入しようとしている領域の魅力度を評価する。

プレシード期の目利きのポイントは、下記の6項目である。

---

プレシード期の目利きのポイント

1 起業家の経歴・トラックレコードは?

（これまでの成功体験は？　過去にハードシングス／苦しい状況があった時にどのように対応したか?）

2 起業家の地頭の良さ・コミュニケーション力・素直さ（自分の強み・弱みの理解）は？　人として信頼できそうか？　対話可能性があるか？　事業家・経営者として大成しそうか?

3 対応する市場に対する見立ては？　市場に対するどのようなインサイトを持っているか？　市場は魅力的か?

4 資本政策は失敗していないか?

5 どのようなコンピテンシーを持っているか?

---

6 他は持ち得ないような顧客インサイトを持っているか？

図7-32 プレシード期の見るべきポイント

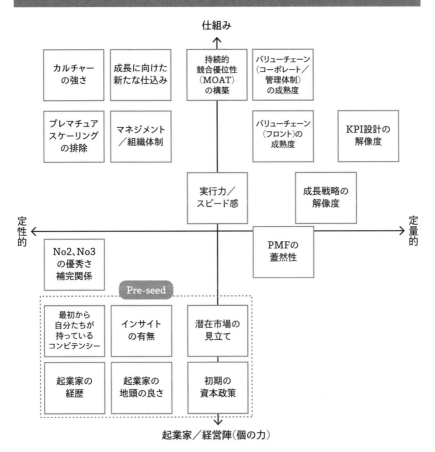

## 1. トラックレコード

　これまでの起業家の経験や職歴、どのような成果を上げてきたのか、どんなハードシングス（苦しい状況）を経験したのか、を確認する。スタートアップを成功させることは、一筋縄ではいかない。事業を推進す

る中で数多くのアップダウンが待ち構えている。そういった荒波に耐えることができるやり抜く力（グリット）があるかどうか、を確認する必要がある。

　また、2回目や3回目のシリアルアントレプレナーの場合、その成功体験や失敗体験がきちんと糧になって、今回の起業の武器になっている場合は評価につながる。

**見極めるための質問項目**

- これまでの成果や実績について教えてください
- これまで乗り越えてきたハードシングスについて教えてください。またそれを乗り越えるために活用したリソースについて教えてください
- なぜ他でもない自分（自分たち）がこの事業をするべきなのか教えてください（Why me）

**質問回答に対する留意点**

- 実績も大事だが、成果を上げるためにどう課題や苦しい状況を乗り越えてきたかも大事になる。今後、起きうる様々な困難な状況を乗り越えられそうかを見極めるためだ
- 受け売りではない「自分の言葉」で自分のストーリーや事業の魅力について語れているかが大事になる


## 2. 起業家の地頭の良さやOSの部分

　外部環境が大きく変化する中で、限られた情報から素早く学習し、然るべき仮説を立てることができるかどうか（いわゆる地頭の良さ）。

　顧客と向かい合い対話をしていくための誠実さや事業の成長やPMFにフォーカスするための集中力の高さも評価の対象になる。

　また、フェーズが変わるたびに、必要なスキルやケイパビリティが変わってくるが、必要に応じてそれらを身につけることができる学習意欲や成長意欲も重要な要素になる。

**見極めるための質問項目**

- 情報を獲得するために、どのようなインプットやアウトプットをしていますか？
- 今、現在最もリソースや時間を投下していることは何ですか？
- 今後、事業をスケールするにあたって、様々なケイパビリティを獲得する必要がありますが、どのように獲得しますか？
- 事業の意思決定をどのようなプロセスで行いますか？
- 最近興味を持っているトレンドはありますか？ またなぜ、それに興味を持っているのですか？

**質問回答に対する留意点**

- ストリートスマート（世渡り上手）かブックスマート（ガリ勉タイプ）か、もしくはその両方のバランスがいいタイプかを見極める。いずれにせよ高い学習能力を備えているか見極める
- 情報が少ない状況でも、仮説を立てながら、意思決定を行えるかを見極める。情報を網羅的に集めないと動けないような慎重なタイプなのか、ある程度集まったら仮説を立てて、その結果をベースに判断するタイプなのか
- 興味の範囲を聞くことで、どの程度の知的好奇心があるかを見極める（地頭が良い人は、広い範囲を深く考察している場合が多い）

## 3. 対応する市場の見立て／解像度

　起業は、市場の選定で半分勝負が決まると言ってよい。なぜこの市場にターゲットを定めて狙っているのか、思考の深さと広さをベースにした解像度の高さが示せているかがキーになる。ただ単に、市場の大きさや成長率だけでなく、テクノロジー、法律、社会情勢、産業構造の変化などを構造的に捉えていると評価が高くなる。

　私は、起業家は自分たちが対応する領域において「権威＝オーソリティ」になっていく覚悟が必要であると考えている。自らそういったオ

ピニオンリーダーになれば、採用／広報／マーケティング／ロビー活動にポジティブに寄与するからだ。

**見極めるための質問項目**

- なぜ、この市場が魅力的だと考えるのですか？
- なぜ、この市場に今参入するのですか？（2年前でも2年後でもなく今参入する理由は何ですか？）
- 外部環境や産業構造の変化をどのように捉えていますか？
- 注目しているテクノロジーやスタートアップはありますか？
- TAM ／ SAM ／ SOM の算出をどのようにやっていますか？
- 一次情報をどのように集めていますか？

**質問回答に対する留意点**

- 外部環境の変化に対するアンテナの高さは、優れた起業家を見極める際に重要なポイントとなる
- TAM ／ SAM に関しては、ざっくりだったり、盛りがちだったりするが、きちんとファクトに基づいていたり、ロジカルに算出できているとポイントは高い
- スタートアップも名前の羅列ではなく、事業内容やプロダクト／ UX の特徴まで押さえているかが、キーになる

## 4. 初期の資本政策

　資本政策は、取り返しがつかないのでミスをしないことが非常に重要だ。その事業にコミットをしないようなメンバーに株を渡しすぎたり、エンジェル投資家に株を渡しすぎてしまうケースがたまに見られる。

　たとえば、学生時代の友人と共同創業し、50％・50％で株を割る。しばらく経ったら一方が、全然コミットしなくなる。コミットしているほうは50％を買い戻そうとするが、容認されずに揉めてしまい結局50％が浮いてしまう。こういったケースが起きやすい。初期の頃はこういったリスクが高い。ただ、この時期は起業家の経験が少ないケースが多いた

め、ミスをしてしまうケースがあるのだ。起業参謀としては、こういったミスをしないように、場合によって指導することも求められる。

### 見極めるための質問項目

- なぜ、現在のような資本政策（創業者での株の配分）になっているのか教えていただけますか？
- 株を配分する時にこだわるポイントは何ですか？
- 資本政策、エクイティストーリー、スタートアップファイナンスに関する知識はありますか？

### 質問回答に対する留意点

- 「これからこの事業に対してどの程度コミットしていくのか」が初期の株の配分を考える時の重要な留意点となる。過去にコミットして貢献していることは評価されるが、共同創業者の場合、今後数年間にわたって100%のコミットがあることが望ましい
- 初期の起業家はファイナンスの知識に乏しいケースが多い。その場合はクリティカルな知見に対しては起業参謀が提供するなどを考慮する

## 5. コンピテンシー

業界知識や必要となるオペレーションスキル／知見があるか。たとえば、ロボット分野で起業しているにもかかわらず、その領域に関する知識や経験がない場合だと、「そもそも持続的に勝ち続ける根拠」が薄くなってしまう。起業家は最初から全ての知見を持ち合わせることは不可能だが、これまでのキャリアで積んできたことや、学んだことを棚卸しして、コンピテンシーを明確にする必要がある。

また、プロダクトを作る能力も重要になる。もしプロダクトを外注する前提となっていると、スタートアップの強みであるスピード感が出せなくなる。PDCAを回すのが遅くなったり、適切な価値を提供できなくなったりするので、PMFが困難になる。プレシードのフェーズで、プロダクトを作るケイパビリティがなかったとしても、少なくとも獲得し

ようとする姿勢は重要である。たとえば、ノーコーディングを勉強していたり、エンジニアもしくはデザイナーとしてプロダクト開発にかかわった経験を持っているメンバーを、一旦は業務委託でもよいので、将来的にフルタイムを見越して引き入れたりしているかは重要だ。

**見極めるための質問項目**

- 他の起業家や事業会社にはない自分たちの強みは何ですか？
- 考えている事業における持続的競合優位性の仮説はありますか？　それを今後どのように獲得していく計画ですか？
- プロダクトを作るケイパビリティはありますか？

**質問回答に対する留意点**

- 自分たちの「強み」に立脚して事業を始めることが、勝ち抜くための前提条件になる場合が多い。そのために、自分たちの強さや得意分野を認識しているかが重要。初期の頃は、当然、課題や強くない部分もあるが、それを認識した上で、今後どうやって獲得していくのか、その仮説が重要になる

## 6. インサイト

　自分たちが経験や業務や顧客対応によって得た他の人が知り得ないような情報を持っているか。大企業では、カニバリゼーションが起きたりして、その事業を進めることができないような「イノベーションのジレンマ」をついているか、も重要な視点だ。たとえば、誰よりもその業界のコスト構造に詳しいとか、業界のキーマンとつながっていて、最新の情報を常にゲットできる、などが挙げられる。

**見極めるための質問項目**

- "誰の""何を（どんな困り事を）""どのように"で自分たちのテーマを表現できますか？
- ターゲットユーザーの課題を定量的に表現できますか？
- ターゲットユーザー自身が言語化／表現できていない課題を発見でき

ていますか？

- 自分たちが提供する価値提案の"独自性"がありそうか言語化できていますか？
- どれくらいの数のエンドユーザーと話をしていますか？
- 大企業がこの事業に参入できないような「イノベーションのジレンマ」はありますか？

**質問回答に対する留意点**

- インサイトは現場（顧客のいる現場）にしかない。一方で顧客自身が言語化できていない場合も多い。そのようなインサイトを獲得することが初期の起業家にとって非常に重要な要素になる
- ファクトベースの定量的な表現で事業や市場について語ることができるかが、起業家のインサイトを推し量る際に重要な軸になる
- また「大企業／既存事業が容易に参入できないイノベーションのジレンマ」をつくことがスタートアップの勝ち筋を見つける際に必要になる。そのために、一次情報に加えて、産業構造やバリューチェーンに関して知見が高いかを見極める

---

## ＞ シード期の目利きのポイント

---

シード期は、プロダクトをローンチして、ある程度のトラクションが出ている状態だ（ただしPMFは盤石ではない）。

シード期の目利きのポイントは、前項のプレシード期の6つの項目に加えて、下記の4項目を勘案することが重要である（先述した、プレシード期の目利きのポイントと合わせて起業家に確認するとよい）。

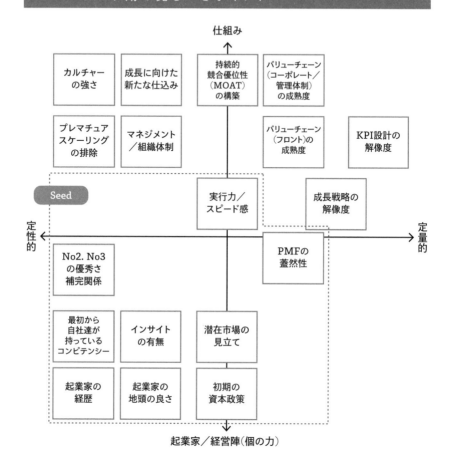

図7-33 シード期の見るべきポイント

シード期の目利きのポイント

1 PMFは見えているか？　PMFをどのように定量的に測っているか？

（結果指標ではなく、先行指標でPMFを検証できているかがポイントになる）

## 2 PMF後の成長戦略はあるか?

(PMFは重要だがPMFに最適化するのではなく、その後の視野は? 成長戦略を磨いているか?)

## 3 経営陣（No2やNo3）は優秀か?

(優秀な人材を口説けているか? どのような人脈を持っているか?)

## 4 実行力やスピード感を持っているか?

(定点観測した時にどの程度、成長差分があるか?)

## 1. PMFの蓋然性

シード期になると、PMFの蓋然性が高まってくる。実際にプロダクトをローンチして、多少のトラクションがある状態かもしれない。実際に顧客に対応する中で、「どうすれば顧客が熱狂するのか」を見極めようとして、結果が出ているかが重要なポイントになる。売上やMRRのような事業の成果指標よりも、NPS／解約率／定着率のような「顧客の熱狂」を図る先行指標を見るようにする。

また、この頃は全方位的に市場を狙うのではなく、ニーズが最初に顕在化するアーリーアダプターに狙いを定めて、PMFを達成しようとしているかも重要な目利きのポイントになる。

### 見極めるための質問項目

- 現状どれくらいのトラクションがありますか?
- 毎月どれくらいのトラクションの伸びがありますか?
- 想定したターゲットユーザーからトラクションが伸びていますか? それとも、想定外のユーザーから伸びていますか?
- トラクション（売上／MRRなど）は結果指標ですが、それをもたらすための先行要素／先行指標はありますか? どのように計測していますか?
- 自社がPMFした状態について説明できますか?

- "人が欲しがるものができた状態""カスタマーがサクセスした状態"にカスタマーが至るまでの再現性はありますか？
- 顧客インサイトをベースにして、市場で既に定義されているコンセプトやドメインを自らの言葉で更新できていますか？
- アーリーアダプターを定義した上で、そこでPMFを狙っていますか？

**目利きする際の留意点**

どういった指標を追いかけているのか？　どのセグメントに狙いを定めているのかが重要なポイントになる。たとえば、SmartHRもローンチ間もない頃は、MRRや売上ではなく、NPSや解約率に焦点を合わせた。そのために、顧客との契約単位を年間契約ではなく、月契約に変えた。そうすることで当然、毎月解約が発生するが、解約に際して顧客が不満に感じたポイントを学習することにフォーカスしたのだ。

## 2. 成長戦略の解像度

PMF達成は非常に重要なマイルストーンだが、PMF後にどう成長していくのか描けていることが重要だ。ここの解像度が高いことによって、今後成長に必要となる人員計画や資金使途も明確になってくる。

**見極めるための質問項目**

- 今後のロードマップをどのように想定していますか？
- 今後、成長するための顧客獲得の戦略はありますか？
- 今後、成長をするために必要な人員の想定はありますか？
- 今後、成長をするために資金調達の計画や、その資金を活用するための資金用途の計画はありますか？

**目利きする際の留意点**

この頃になると顧客のプロダクトに対するフィードバックも増え、また市場全体の解像度も高まってくる。ロードマップを策定し、どう攻略すれば勝てそうかの青写真があることが大事だ。

### 3. No2やNo3の優秀さ

　スタートアップは、1人のスーパーマン起業家で勝ち切れるほど甘くはない。優秀な仲間を初期段階で引き入れることができるかが、その後の成長にとって大きな要素になる。特に、優秀なNo.2、No.3の存在はカルチャー醸成や今後の成長に大きく寄与することに留意しよう。

#### 見極めるための質問項目

- 自分自身の強みと弱みを理解していますか？
- 自分と補完関係になるようなメンバーを集めることができていますか？
- （もし No.2、No.3 がいる時）No.2、No.3 とどのような役割分担／補完関係になっていますか？
- 創業メンバーを集める際のチャネルは何ですか？

#### 目利きする際の留意点

　スケールを目指すには、強固な経営チームが組成できているか、「経営チームゴレンジャー論」を説明したい（ゴレンジャーだからといって、5人必要なわけではなく、一人二役、場合によって三役こなすこともある）。「ゴレンジャー」のそれぞれの役割を経営チームが持っていると、その後の成長に有利に働くと考えている。

・アカレンジャー

　パッションがあり、孫正義氏やスティーブ・ジョブズのような人物が該当する。「一見すると突飛」に見えるアイデア／世界観を打ち出す。そもそも、スタートアップはこの人のビジョンがなければ始まらない。

・アオレンジャー

　アカレンジャーの強烈な「ボケ」に対して、怯まずに「ツッコミ」を入れることができるリアリスト。大局観を捉え、事実を冷静に見ながらプロダクト作りのディレクションや、「ビジョナリー」の「ブループリント」を実現可能な戦略・戦術に転換できる人。Googleの場合なら、数々のIT企業を経営してきたエリック・シュミットという大人のツッ

コミ担当が加わり、ブレークスルーした。

・キレンジャー

　対人に強い人。コミュニケーションの達人、ムードメーカー。スタートアップ業界では「ハスラー」と呼ばれる。多くのカスタマー、ステークホルダー、提携先候補を常に見て、適切な人間関係を構築できる人。ビジネスセンスにあふれ、資金調達も行う。このキレンジャーがいるとチームの雰囲気が明るくなり、採用力が高まる。私も数多くのスタートアップ経営チームを見てきたが、この「キレンジャー」が初期のチームにいると非常に心強い。

・モモレンジャー

　デザイン性の高いUX／UIを設計、実装できる人。機能が優れているだけではプロダクトがコモディティ化してしまうが、センスの良い使い勝手を実現できるのが特徴。流行に敏感なヒップスターと呼ばれる人がこれにあたる。Appleの製品も、インダストリアルデザイン部門を率いてきたジョナサン・アイブがいなければこれだけ普及することはなかった。

・ミドレンジャー

　スタートアップの参謀役、ストラテジスト。アカレンジャーが掲げた大風呂敷な目標を達成するために、現実的なロードマップとマイルストーンを設計していく。FacebookのCEOであるシェリル・サンドバーグなどは、優れたストラテジストといえる。


### 4. 実行力やスピード感

「スナップショットで判断しない」。私がベンチャーキャピタルの立場の際に重視していたことだ。スナップショット（その瞬間の状態）として、どんな大風呂敷を広げることもできるが、定点観測をするとボロが出る場合が多い。

　たとえば、「我々は月20%成長している」という起業家がいた時、そ

の言葉を信じるかどうかは別にして、翌月会った時に本当に20%成長しているかどうか、を確認する。あらゆる面でこれを実行する。「たまたま今月は資金調達に忙しくて、伸びていません」というコメントがあるならば、その起業家は、次に会った時も、そういった言い訳を打ち出してくる可能性が高い。

### 見極めるための質問項目

- この1ヶ月での事業の進捗／成長を教えてください。また今後1ヶ月でどのような進捗や成長を見越していますか？
- 事業の成長スピードを速めるためにどのような施策を行っていますか？
- なぜ、その進捗／成長があったのか、要因／先行要因／先行指標を教えてください

### 目利きする際の留意点

「目利きをする時は定点観測をする」。これに尽きる。結局スタートアップ／新規事業の強みは、小さいながらも機動力を持って、圧倒的な実行力で成長していくことである。そういった初期のスタートアップにおける優位性があるにもかかわらず、何らかの言い訳をして動けていない起業家／スタートアップは、大きな成長は見込めない。

## ＞ シリーズＡ期の目利きのポイント

トラクションが生まれてきて、PMFが見えてきた段階。PMF達成と同時に、その後のスケールを本格的に画策するフェーズ。この時期になると、スタートアップは徐々に組織として体をなす。今後のスケールを見据えて仕組みや標準的なオペレーションを作っていく必要が出てくる。

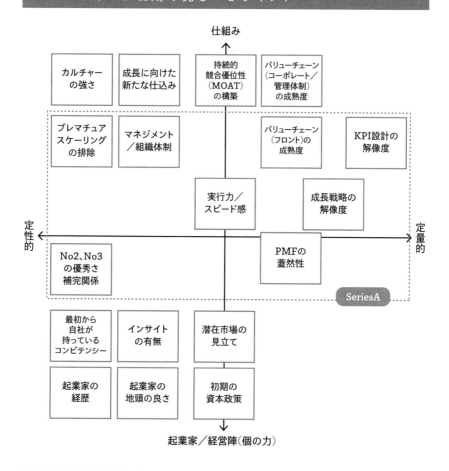

図7-34 シリーズA期の見るべきポイント

仕組み

| カルチャー<br>の強さ | 成長に向けた<br>新たな仕込み | 持続的<br>競合優位性<br>（MOAT）<br>の構築 | バリューチェーン<br>（コーポレート／<br>管理体制）<br>の成熟度 |

プレマチュア<br>スケーリング<br>の排除　マネジメント<br>／組織体制　バリューチェーン<br>（フロント）の<br>成熟度　KPI設計の<br>解像度

実行力／<br>スピード感　成長戦略の<br>解像度

定性的 ← → 定量的

No2、No3<br>の優秀さ<br>補完関係　PMFの<br>蓋然性

SeriesA

最初から<br>自社が<br>持っている<br>コンピテンシー　インサイト<br>の有無　潜在市場の<br>見立て

起業家の<br>経歴　起業家の<br>地頭の良さ　初期の<br>資本政策

起業家／経営陣(個の力)

シリーズ A期の目利きのポイント

1 PMFの達成はどの程度か？

2 KPI設計は磨き込まれ、適切な状態になっているか？

3 ユニットエコノミクスを改善するためのバリューチェーンはど
　の程度成熟しているか？

4 急成長に耐えうるマネジメント体制ができつつあるか？

5 プレマチュアスケーリングにならないようにマネジメントできているか？

## 1. PMF達成の確度

　今後スケールするにあたって「PMF達成の確度」が最も重要な目利きのポイントになる。顧客がプロダクトに熱狂しており、どんどん口コミが発生しているか、がポイントになる。「需要に殺される」と表現されるようにPMFが達成できたかどうかは、直感的にわかる（詳しくは第5章の「真のPMFとは何か」で解説しているので参照いただきたい）。

### 見極めるための質問項目

- 自分たちがターゲットしたユーザーでPMFを達成できているか？（無作為なユーザーセグメントでなく、自分たちが考えるアーリーアダプターを見極められているか？）

- 経営メンバーの人間関係に依拠しない新規ユーザーにプロダクトが刺さっているか？

- プロダクトはユーザーに価値提供をしており、ユーザーの行動変容や習慣変容がもたらされているか？

- カスタマイズをさほどせずとも、プロダクトはユーザーに刺さった状態になっているか？（もし完全なカスタマイズが必要ならば、労働集約的になり利益逓増型のスケールは難しい）

- NPSなどの顧客エンゲージメントを計測した時に、高いスコアや、良いフィードバックがユーザーから返ってきているか？

- ユニットエコノミクスが健全化しているか？　もしくは、今後の健全化が見えているか？（ユニットエコノミクスが健全な状態ではなくスケールしてしまうと、顧客獲得するたびに会社の収益は落ちてしまう）

### 目利きする際の留意点

　PMF達成の確証なしに、スケールを画策してしまうと、何度か説明しているように時期尚早の拡大を引き起こしてしまい、バーンアウト（資金が底を突く）につながってしまうので要注意だ。一方で、起業家は自社のPMFを過大評価するケースもあり、「何をもってPMFと言えるのか？　定量的な証明はあるのか」を問うことが大事だ。

## 2. KPIの磨き込み

　事業を進めるに当たって「指針＝北極星」となるKPIが磨き込まれているか、がポイント。良いKPIがあると、チーム全体として同じ方向を向けるようになる。

### 見極めるための質問項目
- KPI を設計するために必要なデータを収集できているか？
- PMF の再現性を高めるための KPI の設計ができているか？
- KPI に基づいて組織やオペレーションを設計できているか？

### 目利きする際の留意点

　優れた起業家はKPIの設計が巧みだ。KPIの設計は、その組織における「一番重要な問い」を設計することになり、それが統一されることによって、コミュニケーションコストが減り、組織としてモメンタム（勢い）が高まる。

## 3. バリューチェーン（フロント側）の成熟度

　PMFを盤石にするために、顧客対応のプロセス／バリューチェーンの磨き込みが必要だ。マーケティング／セールス／カスタマーサクセスなど、顧客にインターフェースするいわゆるフロント側のバリューチェーンがどの程度成熟しているかを見極める。

### 見極めるための質問項目
- 顧客獲得するための勝ち筋のチャネルを構築できているか？

- 広告だけでなく、それ以外の顧客獲得（口コミ、紹介、広報、オウンドメディア）などのチャネルを構築できており、CPAを下げることができているか？
- 顧客のエンゲージメントの高め方を型化／標準化するために顧客と定期的な対話を行っているか？　また、その対話から必要な施策を洗い出せているか？

### 目利きする際の留意点

　スタートアップがうまくいかない1番目の理由が「PMFできないこと」。2番目の理由が「顧客獲得できないこと」と言われている。顧客獲得のための「勝ち筋」を見つけることができるかが、今後の成長の可否を分けると言ってよい。

## 4. マネジメント／組織体制

　盤石とは言わないまでも、マネジメント／組織体制を構築できているかが重要。今後のスケールに向けて、さらに組織体制やマネジメントを強化する必要がある。起業家以外のミドルマネジメント／経営幹部が採用できていることが見極めるべきポイントになる

### 見極めるための質問項目

- メンバーへの権限委譲の仕組みを実装していますか？
- コアとなるバリューが維持された形で急速に拡大できていますか？
 （1年で2〜3倍になってもバリュー維持の耐性があるか？）
- 個別のKPI管理が全体組織マネジメントに活かされていますか？（個人、チーム、全体組織のKPI管理の整合性が取れているか？）
- 今後のスケールを見据えて、ミドルマネジメントを採用できていますか？
- 会社の拡大や成長に合わせて自分（経営陣）の役割や時間の使い方を意識して変えていますか？
- メンバーのエンゲージメント／ロイヤリティを高めるためのマネジメ

ントができていますか？

- OKR／MBOや1on1を実装して、メンバーのストレッチゴールを設定／モニタリングする仕組みができていますか？

**目利きする際の留意点**

　この頃になると「個の力」から「仕組み」で運営していくように徐々に移行が必要になる。起業家自身が「プレーヤー」から「プレイングマネジャー」そして「マネジャー」になるように、成長できているかがポイントになる。


## 5. プレマチュアスケーリングの排除

　急激な事業成長が見込めるようになる一方で、プレマチュアスケーリングのリスクも高まる。人を採用しすぎてしまい固定費が重くなったり、組織拡大のスピードに対して、マネジメント体制が追いつかなかったりする。歪な成長にならないために、起業家は常に目配りをする必要がある。

**見極めるための質問項目**

- スタートアップバランススコアカードのような全体を見渡すことができるフレームワークを活用して、過剰投資にならないようにウォッチしていますか？
- バーンレート（資金燃焼率）が上がりすぎないためにキャッシュフローやPLなどをモニターしていますか？

**目利きする際の留意点**

　シリーズAの時期は、事業成長が加速する時期である（この時期は1年間で2〜3倍伸びるスタートアップも少なくない）。一方で、全体の目配りをしないと、マネジメント不全で組織が崩壊してしまうリスクもあることに留意するべきだ。それを防ぐために「医者の眼」を持って、事業全体の目配りをできるとよい。

　PMFが盤石になり、スケールを目指す時期だ。成長に伴い組織も20人、30人、100人と急激に大きくなり、階層化していく。成長による「遠心力」が働く一方で、それにより組織が離散するリスクもある。そうならないようにカルチャーを強固にして、仕組みで「求心力」を高める必要がある。「攻め」と「守り」のバランスを取る舵取りが経営陣には求められるフェーズだ。

> シリーズB期の目利きのポイント
> 1 コーポレート側のバリューチェーン・組織体制が構築できているか？
> 2 攻めだけでなく守りも意識した組織体制・マネジメント・ガバナンスを構築できているか？
> 3 MOATの構築に蓋然性はあるか？
> 4 継続的成長のための新規事業の仕込みがあるか？
> 5 急成長しつつも、強力なカルチャーで、求心力を保てているか？

## 1. コーポレート側のバリューチェーンの成熟度

　このフェーズになると、組織体制もできてくる（100名を超えるところも少なくない）。さらなる成長を画策するために、それを支える人やオペレーションも盤石にしていく必要がある。スケールして組織も拡大していくと、コーポレート側やマネジメントのさらなる成熟が求められる。

**見極めるための質問項目**

● コーポレート側のバリューチェーンの課題を把握して、強化していま

すか？

- バックオフィス系オペレーションの標準化を行っていますか？
- 経営陣は、優秀な人材を獲得するために採用にリソースを投下できていますか？
- メンバーのエンゲージメントを高めるために定点的に計測して、向上していく仕組みはありますか？

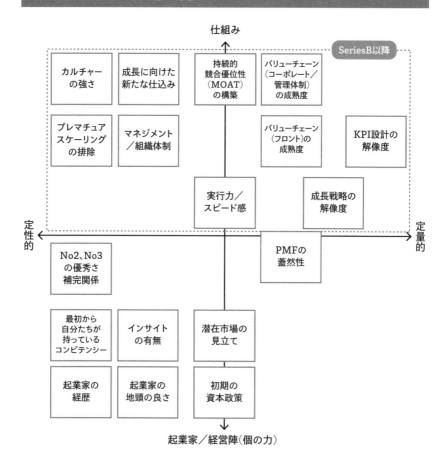

図7-35 シリーズB期の見るべきポイント

### 目利きする際の留意点

　うまくいっている企業は、表出しているプロダクトやプロダクト戦略の秀逸性だけでなく、その裏側にある、組織／戦略／カルチャーも盤石である場合が多い。どうしても成長に寄与するフロント側にフォーカスしがちだが、スタートアップの足腰になるバックオフィスも同時にリソースを投下して盤石にすることが求められる。

## 2. 守りを高めるガバナンス／コンプライアンス／CSR

　上場を見据えて「守り」も強化していく必要がある。上場しない場合であっても売上が伸び、人数が増えてくると会社の社会的責任が高まる。コンプライアンス違反をしない、ガバナンスがしっかりした「健全な企業経営」をすることは、さらに優秀なタレントを引きつけたり、大手企業との取引をするために必要な要素となってくる。こういった「守り」が弱い起業家が多いので、外部アドバイザーで補完したり、経験値のあるメンバーで管理部門を作っていくようにする。

### 見極めるための質問項目

- 上場に必要となる規定関連を整えていますか？
- 予実管理を行っていますか？
- 取締役会などの設定を行い経営に対する牽制／ガバナンスを利かせていますか？
- CSRやインパクトを経営のテーマとして抱え、施策を打てていますか？

### 目利きする際の留意点

　上記は、ほんの一部を抜粋したものになっているが、上場が現実味を帯びてくるタイミングで、スタートアップは「私企業」から「社会的な公器」へ移行していく必要がある。そのために自分たちがもたらすことができる社会的責任やインパクトについて検証し、メッセージや関連する施策を打ち出していく。

## 3. MOATの構築

「オセロの四隅を取る」と表現したが、持続的競合優位性を持ち続けるために自分たちの事業にとってMOATを構築していくことが一層重要になってくる。この頃になると、市場性が検証されているので、競合が複数出てくる。多額のキャッシュを投入して、市場シェアを奪おうとする大手企業が出てくる場合もある。キャッシュ投下によるパワープレーに負けないためにも「勝ち続ける仕組み」を仕込む必要がある（詳しくは第6章の「MOATの構築」を参照）。

### 見極めるための質問項目

- 自社にとって最大の持続的競合優位性は何ですか？（テクノロジー／ブランド／データ／チームなど）
- 自社のプロダクトにネットワーク効果を活用できるポイントはありますか？

### 目利きする際の留意点

MOATの構築に関しては第6章全体で解説したので、ここでは割愛するが、一見すると非合理に見えるようなことをつなげて、中長期的に勝ち筋を構築できるようなストーリーを紡げるかが重要になる。

## 4. 持続的成長ストーリーのための仕込み

シリーズB期に差しかかったら、上場後も見据えて、新たな新規事業を仕込むことが重要になる。

上場を境に既存事業の拡大がネックとなり、リスクの高い新規事業に対する投資に対して保守的になってしまうケースがある。そうなってしまうと、上場後に成長の伸び代が減ってしまい、外部環境が変わり、主力事業のプロダクトが陳腐化してしまうと、成長が鈍化してしまうリスクがある。それを避けるためにも上場前の段階で、今後伸びそうで、かつ自分たちの事業とシナジーが見込めそうな新規事業にリソースを投下していくことが重要だ（場合によっては他のスタートアップの買収なども検討

する）。

### 見極めるための質問項目

- 上場後に成長するためにどのようなストーリーを描いていますか？
- 既存事業とシナジーがあるような新規事業を探索していますか？
- 連続的な成長だけでなく買収や出資による非連続な成長を画策していますか？

### 目利きする際の留意点

　既存事業の深掘りと新規事業の探索を掛け合わせていく「両利き経営」については、518ページで簡単に触れた。上場後に大企業になっても伸びている企業は、既存事業は最大限に伸ばしつつ、常に事業機会を探って仕込んでいる場合が多い。スタートアップとして、事業を探索するカルチャーはDNAとして持っているので、その良い部分を今後のさらなる成長に向けて継承していくことが重要だ。

## 5. カルチャー

　事業と組織が急成長すると「遠心力」が強まり組織が離散して、崩壊してしまうリスクがある。それを防ぐために、確固たるカルチャーを構築し、求心力を利かせ続けられるかどうかは非常に重要な視点だ。求心力を高めるために、定期的にメンバーのエンゲージメントを計測し改善していく。

### 見極めるための質問項目

- MVV（Mission/Vision/Value）をメンバーに定期的に伝える仕組みはありますか？
- MVV がどれくらい浸透しているかを計測する仕組みはありますか？
- 意思決定をするときに MVV が土台になっていますか？
- MVV が事業の模倣困難性や持続的競合優位性の向上に寄与していますか？

メタ認知力を高めるためのフレームワーク　「医者の眼」を身につける

**目利きする際の留意点**

スタートアップ企業の最大の強みの1つは、カルチャーをゼロから構築し、それを自社の魅力として打ち出すことができることである。そのアドバンテージを持ち続けるために、常に自社のカルチャーを明確にし、メンバーに伝えていく必要がある。

☝ 起業参謀の視点

以上、プレシード期、シード期、シリーズA期、シリーズB期と解説してきた。それぞれの条件を十分に満たしているスタートアップは多くない。起業参謀として、そういった欠けているポイントを補完するために本書で紹介しているフレームワークを用いて、整理して、示唆を与えていくことが求められる。

まとめ

時期尚早の拡大、時期尚早の最適化を招くことがスタートアップが失敗してしまう最も大きな要因の1つだ。熱いパッションを持って事業を進めることは大事だが、同時にクールなヘッドを持ち合わせて、事業全体の状態を客観的にモニターすることが欠かせない。起業参謀は、「医者の眼」を提供することにより、起業家のメタ認知や学習を促し、「ムリ、ムダ、ムラ」を減らすことが求められる。本章で紹介したフレームワークや視座を用いることで、起業家にさらなる価値を提供できるような存在になっていただきたい。

圧倒的行動量を
引き出すための
「人（伴走者）の眼」を
身につける
フレームワーク

　これまでは、行動の質を高めるための視座／フレームワークを解説してきた。ただ、図8-01の「過度な網羅思考」のように計画／分析／検証ばかりしていても、成果を上げることはできない。「行動量を高める」ために、事業の仮説構築を行うフレームワークを紹介する。

　「人（伴走者）の眼」は非常に重要だ。伴走者として起業家をエンパワーメントする視点だ。人が一番リスペクト／信頼するのは、結局「人」である。AIがどんどん進化し、「人の仕事を奪っていく」ことが懸念されている。ただ、人はAIには動かされない。人に託された使命は、他の

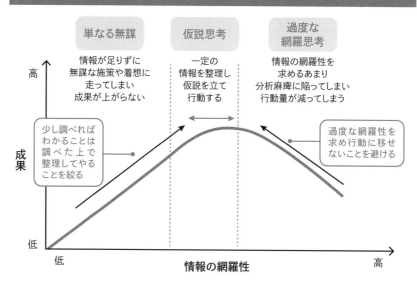

図8-01「行動量を高める」ため事業の仮説構築を行う

人から信頼／リスペクトされ、信頼に基づき背中を押すことである。起業参謀は、ただ単なる知見の提供だけではなく、エネルギーやパワーを注力していくことが求められる。そのために有効なメンタリングスキルや傾聴スキルを磨く必要があるのだ。

リーンキャンバスによる仮説構築のフレームワークについて解説する。
図8-02をご覧いただきたい。これはフェーズごとに、事業仮説を立てる際にカバーするべき要素をマッピングしたものだ。

フェーズが進んでいくと、事業の解像度が高まり、巻き込むステークホルダーや説明責任を果たすステークホルダーが増えてくるので、必然的にカバーする要素も増えてくる。初期の頃は、誰かに対して、レポート／説明を果たすよりも、「事業の蓋然性」「事業のポテンシャル」をチェックしていくことが大事になる。
本章では、誌面の都合があるので、そのためのフレームワークを4つ解説したい。

## ＞ リーンキャンバス〜30分で書ける
## 　 究極の仮説構築フレームワーク

図8-03のリーンキャンバスは、誰でも簡単に習得でき、すぐに使える事業仮説構築フレームワークだ。非常にシンプルだが実践で使えるのが特徴だ。『Running Lean　リーンキャンバスから始める継続的イノベーションフレームワーク』（オライリー・ジャパン）という書籍を書いたアッシュ・マウリャが、「ビジネスモデルキャンバス」という以前からあった有名なフレームワークをスタートアップ向けにバージョンアップしたのが「リーンキャンバス」だ。簡単に書ける割に、MECE（漏れなくダブリなく）で整理ができるため、スタートアップ業界では、標準的なフ

# 図8-02 仮説構築でカバーする要素

| 要素 | 概要 | Pre-seed | | Seed | Series A | Series B~ |
|---|---|---|---|---|---|---|
| | | Ideation | CPF/PSF | PMF | Scale準備 | Scale |
| 創業者のストーリー | 事業をする理由や背景(Why me/ストーリーテリング) | ◎ | ◎ | ◎ | ◎ | ◎ |
| 顧客 | (サービス/プロダクトを必要としている)顧客 | ◎ | ◎ | ◎ | ◎ | ◎ |
| 課題 | 解決したい顧客の課題(顧客が最も課題としていること) | ◎ | ◎ | ◎ | ◎ | ◎ |
| 提供価値 | 顧客に提供したい自社の(プロダクト/サービス)提供価値 | ○ | ◎ | ◎ | ◎ | ◎ |
| ユーザーインサイト | (プロダクト/サービス)検証を通じて得られた独自の新しい視点/発見 | ○ | ◎ | ○ | ○ | ○ |
| ソリューション | 顧客に提供するソリューション(解決方法/手段)の概要及び詳細 | ○ | ◎ | ○ | ○ | ○ |
| MVP/プロトタイプ | 顧客に価値を提供できる最小限のプロダクト/サービス | | ○ | | | |
| サービスデモ | 実際に動くプロダクト/サービスデモ(動画等) | | ○ | ◎ | ◎ | ◎ |
| チャネル | 顧客に自社プロダクト/サービスを届けるための媒体/経路 | | ○ | ◎ | ◎ | ◎ |
| ビジネスモデル | 自社プロダクト/サービスを通じて利益を得るための仕組み | ○ | ◎ | ◎ | ◎ | ◎ |
| 代替案/競合分析 | 自社プロダクト/サービスと競合他社/代替案との比較及び優位性 | | ○ | ◎ | ◎ | ◎ |
| 市場規模 | 特定の市場/業界におけるTAM/SAM/SOM/初期市場 | ○ | ◎ | ○ | ◎ | ◎ |
| 外部環境 | 外部環境(PEST)の変化とWhy now?(今が最適なタイミングの理由) | ○ | ◎ | ○ | ◎ | ◎ |
| MOAT | 自社プロダクト/サービスが市場で勝ち続けるための持続的な競合優位性 | | | ◎ | ◎ | ◎ |
| チームメンバー | 創業者の経歴(スキル/経験)及びチームメンバー構成(経歴/スキル) | ○ | ○ | ◎ | ◎ | ◎ |
| トラクション | 自社サービス/プロダクトからの売上/顧客数の実績及び成長率推移 | | | ◎ | ◎ | ◎ |
| VoC(顧客の声) | 自社サービス/プロダクトを実際に利用した顧客の声(PMFの仮説証明) | | | ◎ | ◎ | ◎ |
| 顧客接点(Engagement) | 自社サービス/プロダクトの顧客接点の明確化及び最適化 | | | ◎ | ◎ | ◎ |
| KPI/CSF | (定性/定量)目標を達成する上での重要成功要因及び指標 | | | ◎ | ◎ | ◎ |
| KPIツリー | (定性/定量)目標を達成するまでの度合いや関係性(要素)の可視化 | | | ◎ | ◎ | ◎ |
| ロードマップ | 事業展開をする上で、目標達成までの大まかな計画や方向性の可視化 | | | | ◎ | ◎ |
| 事業計画 | 現状及び将来的な(直近3~5年)数値計画(ex. 売上、費用、顧客数 等) | | | ◎ | ◎ | ◎ |
| 成長戦略 | 今後の市場における自社の事業展開及び優位性を構築するストーリー | | | | ○ | ◎ |
| 組織図 | (As-is)現状⇔(To-be)理想の組織体制及びメンバー構成(ポジション等) | | | | ◎ | ◎ |
| 資金調達/資金使途 | 資金調達額(取得割合含む)及び具体的な資金使途や検証項目/仮説 | ○ | ○ | ◎ | ◎ | ◎ |
| 企業価値評価 | 自社の企業価値評価(評価対象:事業価値/企業価値/株式価値) | | | ○ | ◎ | ◎ |

レームワークとして使われている。

図8-03を見ていただきたい。9つの項目で構成されている。特に「①顧客セグメント」「②顧客の課題」「③独自の価値提案」「④ソリューション」の4つの項目が非常に重要となる。

特に、事業のエッセンスは「誰の」「何を（どんな困り事を）」「どのように（どのような解決策で）」という3つで表現できる。これがいわゆる事業の「コンセプト」であり、まずこの3つを仮説として定めて検証することが重要になる。

その後は、「⑤チャネル」「⑥収益の流れ」「⑦コスト構造」「⑧主要指標（KPI）」「⑨圧倒的な優位性」が続く。この5つの項目は①〜④で定めるコンセプトを実現していくための戦略／戦術になる。

## 図8-03 リーンキャンバスを書く順番

**リーンキャンバスを書く順番は以下のようにする**

| 顧客の課題<br>上位3つの課題<br><br>②| ソリューション<br>上位3つの機能<br><br>④ | 独自の価値提案<br>あなたの差別化要因と注目に値する価値を説明した単一で明確な説得力のあるメッセージ<br>③ | 圧倒的な優位性<br>簡単にコピーや購入ができないもの<br><br>⑨ | 顧客セグメント<br>ターゲットにする顧客<br><br>① |
|---|---|---|---|---|
| | 主要指標<br>計測する<br>主要活動<br>⑧ | | チャネル<br>顧客への<br>経路<br>⑤ | |
| コスト構造<br>顧客獲得コスト<br>流通コスト<br>ホスティングコスト<br>人件費など ⑦ | | | 収益の流れ<br>収益モデル<br>顧客生涯価値<br>収益<br>粗利益 ⑥ | |

**製品**　　　　　　　　　　　　　　　　　　　　**市場**

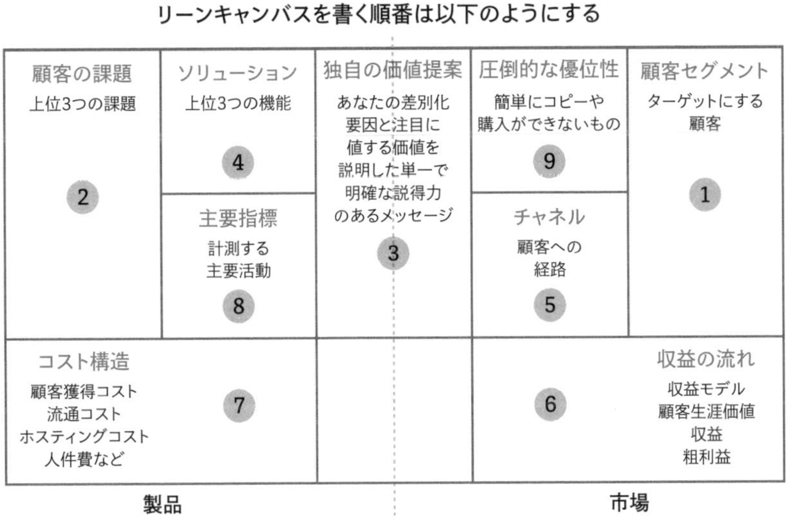

最初に挙げた4つの項目が変わると、連動して5つの項目も変動する。そのため、まずは「①顧客セグメント」「②顧客の課題」「③独自の価値

提案」「④ソリューション」を明らかにしていくことが重要である。第1章で解説したように、まず事業のコンセプトを定めてから、「戦略」「戦術」を定めていくイメージである。

初期のスタートアップでは、まだ顧客もいないので、3年〜5年を見据える事業計画書を作ることは、どうしても形骸化してしまう。なので、まずは上記のように「仮説思考」に則り、徹底的に顧客は誰で、課題は何かを磨いていくことを優先的に行うべきである。

図8-03の通りまずリーンキャンバスを使い事業仮説を構築する。

改めて「仮説」とは何かというと、「その時点でわかっている最適な解」だ。当然、初期の頃は情報が限られていたり、一次情報も獲得できていなかったりするので、仮説は粗くなる。ただ、仮説を立てることにより、自分たちが「何がわかっていないのか、わかっていない状態（＝無知の無知）」から、「何がわかっていないのか、わかっている状態（＝無知の知）」になる。「無知の知」の状態になるのは非常に重要だ。なぜなら、誰に何を聞いたらいいのか、どのような情報を集めればよいのかが明確になり、やることを絞り込むことができるからだ（図8-04）。

最初にリーンキャンバスを書いてみると、自分の無知に気がつくケースが多い。
- 「誰が最初のセグメント」かわからない
- 「現状それらのユーザーがどのような代替案を使っている」かがわからない
- 「ユーザーがどのようなプロセスでどのような課題を抱えている」のかがわからない

このように「無知の知」を言語化し、自覚することができる。「無知の知」を自覚すると、「すでに知っていること（自明なこと）」と「知らないこと（不明なこと）」を切り分けることができるようになり、時間やリソースをより有効に使うことができるようになる（図8-05）。

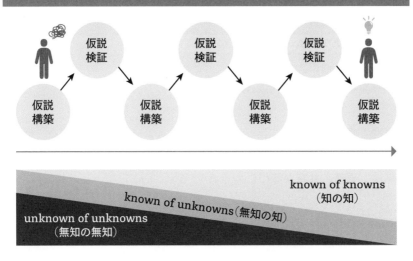

図8-04 「無知の無知」から「無知の知」へ

known of knowns
（知の知）

known of unknowns（無知の知）

unknown of unknowns
（無知の無知）

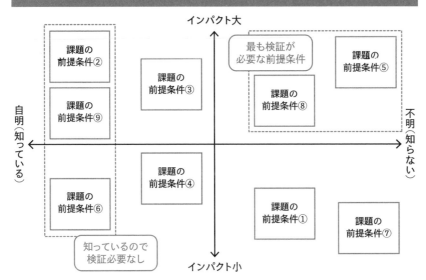

図8-05 「無知の知」を言語化し自覚する

インパクト大

課題の
前提条件②

課題の
前提条件③

最も検証が
必要な前提条件

課題の
前提条件⑤

課題の
前提条件⑨

課題の
前提条件⑧

自明（知っている）

不明（知らない）

課題の
前提条件④

課題の
前提条件⑥

課題の
前提条件①

課題の
前提条件⑦

知っているので
検証必要なし

インパクト小

第5章で紹介した「課題の構造化」を使うと何が自明で、何が不明かの整理ができるようになる。またリーンキャンバスは一度書いたら終わりではなく、顧客検証が終わったらどんどんバージョンをアップデートしていく必要がある。

　リーンキャンバスの利点は以下の3つだ。

高速性：すぐに書ける
簡素性：プロダクトの本質を簡単に描ける
携帯性：更新と共有が簡単にできる

　『Running Lean』著者のアッシュ・マウリャは、この著書で上記のように述べている。

　前述した有名なフレームワークである「ビジネスモデルキャンバス」は、「キーパートナーシップ」「キーアクティビティ」「キーリソース」「パートナーシップ」など、ある程度スケールした事業を想定した項目となっている。
　たとえば、スタートアップが駆け出しの段階からパートナーありきで考えてしまうと、直接顧客と対話するのではなく、販売パートナーや代理店と協働するなどの方向を示唆してしまう。つまり、顧客の声を聞くよりも、売上を伸ばすことを志向してしまうのだ。まとめると、ある程度スケールしたタイミング（シリーズB期）でビジネスモデルキャンバスを活用し、事業全体をチェックするのは有効だ。
　一方で、PMFの前段階においてはリーンキャンバスのほうが適切だと考える。リーンキャンバスを身につけるには、1回自分で書いてみることだ。自転車に乗ったことがない人は、自転車の乗り方を教えることはできないだろう。同様に、起業参謀としても一度もリーンキャンバス

を書いたことがないと、「手触り感（＝リアリティ）」を持って起業家にこのフレームワークを使って示唆を出すことはできない。1回でもよいので、新規事業案を書いてみて、それを誰かにレビューしてもらうとなお良い。

　また、興味のある新規事業やスタートアップに遭遇したら、そのビジネスモデルをリーンキャンバスに自ら落とし込んでみるのも、このフレームワークをマスターするのに役立つだろう。

　リーンキャンバスを書く時は、まず「誰の」「どんな課題を」というコンセプトを明確にしてから「ソリューション」「チャネル」「収益の流れ」などの戦略／戦術について書いていく。

## ＞ ソリューションありきの思考停止を避ける

　逆に「ソリューション」「収益の流れ」ありきで先に書いてしまい、そこから顧客や課題を書いてしまうパターンを見受ける。生成AIやDAO ／ Web3.0などの流行のバズワード／ソリューションを使って起業することが目的になってしまい、本質的な課題の検証に迫らないケースがあり、要注意だ。525ページ図8-03で示したが、コンセプト→戦略→戦術の順で検証していくことが、ムリのない進め方だと考えている。「ソリューションありきの思考停止」に陥らないように、顧客とその課題をとことん深掘ることから始めてほしい。

### リーンキャンバスの具体的な書き方

　項目①から⑨のステップを少しだけ解説しよう。そして、図8-03の項目に沿って、早速書き始めてみよう。

1.顧客セグメント：カスタマーを特定する。どういったアーリーアダプターがいるかを明確にしよう。

2. 顧客の課題：ターゲットセグメントに対して、解決するべき上位1〜3位の課題を記述する。

3. 独自の価値提案：提供するプロダクト・サービスでどういった独自の価値を提供するかを書く。

4. ソリューション：本当に課題が存在するかどうか検証をしていないので、ソリューションは現時点で想定できる簡素なものを書く。

5. チャネル：初期のスタートアップにおけるチャネルとは、それほど選択肢はない。自分が直接話ができるカスタマーをどうやって集めることができるかが重要。

6. 収益の流れ：最初はあまり意識する必要はないが、プロダクトは無料で提供するのではなく、値段をつけて販売するようにする。

7. コスト構造：プロダクトを市場に送り出すまでのコストをリストにする。将来のコストを正確に計算することはできないので、現在の基準で考える。

8. 主要指標：何を成功の指標にするのかを書く。デイブ・マクルーアのAARRRモデル（海賊指標）を使うことをおすすめする（476ページ参照）。

9. 圧倒的な優位性：ここは埋めるのが難しいので、最後にもってきている。内部情報、専門家の支持、ドリームチーム、ネットワーク効果、コミュニティ、既存カスタマーなどを書く。

## 〉2サイデッドマーケットのリーンキャンバス

　リーンキャンバスを書く際の留意点を紹介する。複数のステークホルダーがいるビジネスモデルを着想するときに、きちんとそのステークホルダーごとに分けて書く必要がある。

　二者のステークホルダーがいるビジネスモデルは、2サイデッドマーケットと呼ばれる。代表的なモデルとして、Uberやメルカリやairbnbなどが挙げられる。こういったビジネスモデルはネットワーク効果が強

く、両サイドのカスタマーが増えれば増えるほど、お互いに与える価値も比例して増えていく（ネットワーク効果の385ページで解説した通り）。

2サイデッドマーケットでは、両者に対する課題を想定し、価値提案をする必要がある。たとえば、Airbnbの場合は、ホストとゲストの二者がいないと成立しない。さらに、メルカリの場合も買う人と売る人がいないと成り立たない。その場合は、両者に対してバリューを提供する必要があるので、整理して分ける必要がある（図8-06）。

## 図8-06 Airbnbのリーンキャンバス

| 顧客の課題 | ソリューション | 独自の価値提案 | 圧倒的な優位性 | 顧客セグメント |
|---|---|---|---|---|
| ホスト：使っていない部屋があり、無駄になっている | ホストとゲストをマッチングするサイト | ホスト：自分の持っている家をマネタイズ | ユーザーのフィードバックスケールメリット | ホスト：家を持っていてお金を稼ぎたい人 |
| ゲスト：安価で快適に旅行をする手段がない | **主要指標**<br>取引数<br>部屋の公開数<br>予約コンバージョン率 | ゲスト：快適に安価に旅行ができる | **チャネル**<br>コミュニティ<br>Web site | ゲスト：旅行を快適にかつ安価にしたい人 |

| コスト構造 | | 収益の流れ | |
|---|---|---|---|
| システム設定費用・運用費・給料・カメラマンへの支払い | ホスト：広告費 コミュニティ運営<br>ゲスト：宿泊費 | ホスト：ブッキングの手数料 | ゲスト：ブッキングの手数料 |

上記で色分けしてあるのはゲストとホストを分けるため

リーンキャンバスを書く際に、この二者の色分けをするのがポイントになる。またBtoBtoCやBtoBtoBのビジネスモデルを提供する際のリーンキャンバスを書く際に、真ん中にいるBに対しては、価値提供を意識しているものの、エンドユーザーのCユーザーやBユーザーに対しての価値提供や課題仮説がないために、全体として価値提供できていない

ケースもある。

　もちろん、直接取引をするB（いわゆるクライアントユーザー）について
も掘り下げるが、エンドユーザーであるCユーザーやBユーザーに対し
てもヒアリングをするなど、顧客解像度を上げていくようにしなければ
いけない。

　☝ 起業参謀の問い

- 初期の顧客セグメントの仮説はあるか?
- 顧客は現状の代替案に対してどの程度充足しているか?
- リーンキャンバスを書いてみて、何がわかっていて、何がわ
  かっていないか明らかになったか?
- ソリューションありきで顧客や課題を書いていないか?
- この事業にかかわってくる重要なステークホルダーについて書
  けているか?

# MSP／MVP／
# Prototype

スタートアップは初期の頃は、「失うものは何もない」状態だ。新規事業のスタート時も同様だろう。事業会社の場合は、法務のコンプライアンスを遵守するといった意識が必要になるが、新たな事業の場合、そこまでのリスクはない。そのため、実際に顧客検証する際には、さっさと顧客にぶつけてみるのが一番早い。

その前提に立った時、「作る前に売る」という発想が出てくる。534ページ図8-07の通り、アイデアがあれば、実際に求められているかを検証すべく、作る前に売ってみる。売ってみるということは、値段をつけてリアクションを見るだけでなく、営業資料やパンフレットを用いて顧客にそれを提示して反応を見るなども含まれる。

その反応から得たフィードバックをベースにして、どんどんブラッシュアップしていくのだ。重要なポイントは、きちんと直接顧客に聞くということ。間接的に聞いたり、聞いた気になっていたりしては、インサイトは得られない。

東京大学産学協創推進本部 FoundXディレクターの馬田隆明氏が書いた『解像度を上げる――曖昧な思考を明晰にする「深さ・広さ・構造・時間」の4視点と行動法』（英治出版）では、「MVPの概念とは最初は自ら作りかけの車を押していくようなことだ」と示している。

MVP（Minimum Viable Product：顧客に価値提供できる最小限のプロダクト）というと、エンジニアが新たな技術を使って作るプロトタイプをイメージする人も多いかもしれない。しかし、現在大きくなっているようなスタートアップや新規事業は、創業者やプロダクトマネジャー自らが手を

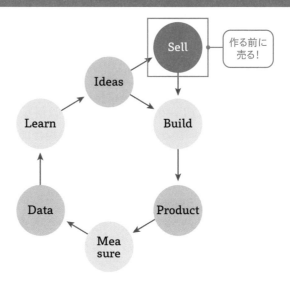

図8-07「作る前に売る」発想

Sell — 作る前に売る！

Ideas

Learn

Build

Data

Product

Mea sure

動かして、大きな作り込みはせずに、検証したケースが非常に多い。すなわち、プロダクトは生煮え状態だったとしても、どんどん行動に移して顧客の声を聞いた結果、急速に成長していくことができたといえる。

　現在、未上場の世界メガスタートアップ4位（2023年10月現在）のStripeという簡単に決済できる仕組みを構築したフィンテックのことは先述した。創業者自ら顧客のところに赴き、実際に感触もその場で確認する、まさに、「ハイタッチ」で初期対応し、顧客の声を聞くことによって、様々なインサイトを獲得することができ、無事にPMFしたこのサービスは、その後世界に広がっていった。

## ＞「とりあえず動いてから考える」という創発戦略

　新規事業においては、頭の中でごちゃごちゃ考えて完璧なプランに磨

き上げるよりも、実際に行動してみてユーザーからフィードバックをもらったほうが前に進むことが多い。

　上場時に7000億円の時価総額となったメルカリはスタートアップの成功モデルだといえる。彼らは、戦略性もさることながら、その行動力も光っていた。メルカリが登場した2013年は、ヤフオク！やフリルといったフリーマーケットアプリが存在していた。彼らは後発だったのである。

　また、最初の段階ではターゲットをどこに絞るのが効果的なのかが見えていなかった。しかし、メルカリはひとまずローンチしてみたのである。結果的に刺さったユーザーは、子育て世代であった。たとえば、子ども服がなかなか捨てられない母親と、どんどん大きくなっていく子どもの服をお得にゲットしたい母親をマッチングした。実際にサービスをスタートしてみることによって、メインのターゲットを見定めることができたのである。ある程度の仮説を立てることはもちろん大切だが、いつまでも、その仮説の精度を高めていこうとしがみついているのではなく、行動に移していくことも重要なのである。

 起業参謀の視点

起業参謀には、「来週までにこれをやりましょう」「いつまでにこのアクションを行いますか」と起業家のペースメーカーとして背中を押す役割がある。

　行動してどんどんフィードバックを得るためのフレームワークを紹介したい。MVP／MSPのフレームワークを解説していく。

「MVPを世に出した時に"恥ずかしい"と感じないなら、行動するスピードが遅いということだ」
―― リード・ホフマン　LinkedIn創業者

出典：https://twitter.com/reidhoffman/status/847142924240379904 を基に著者が翻訳

まず、顧客に価値提供できる最小限のプロダクトを世に問うということだ。加えてMSPというコンセプトも紹介したい。MSPは、Minimum Sellable Productの略称で、販売可能な最小限のプロダクトを意味する。売ることが可能な最小限の状態を見極めるという考え方だ。

　BtoBで営業して販売してみたり、ECサイトで販売してみる。こうした行動の量を高めることが重要だと考えている。

　成果を上げるには、行動の質に加えて、行動の量を高められるかが重要だ。これまで紹介してきたフレームワークを活用して、ユーザーセグメントや顧客課題の仮説が立ったら、MVPやMSPを作り、顧客に当ててみると様々なことを学ぶことができる。

　上記のリード・ホフマンのコメントのように、MVPを出す時は、「不完全な状態」なので、「気持ち悪さ」「恥ずかしさ」が残ることになる。

　ただ、その状態であっても顧客へぶつけ、フィードバックを受け取ることが重要だ。

## ＞「ＤｏｏｒＤａｓｈ（ドアダッシュ）」の事例

　2020年12月に見事に上場した「DoorDash（ドアダッシュ）」というフードデリバリーのスタートアップをご存じだろうか?

　図8-08のように1時間でペライチのランディングページを作り、PDFのメニュー表と電話番号だけ載せていた。問い合わせページがないので当然ながらやり取りをするフォームもなく、電話受付だけで行っていた。創業者はスタンフォード大学出身の優秀なエンジニア集団だったので、こんなミニマムなサービスを出すのは、「恥ずかしかった」だろう。

　だが彼らはスピードを重視して、事業の検証を行った。この事業において一番の検証要素は、「顧客がいるかどうか」である。なんと、ランディングページをローンチした翌日に最初の注文が入り、自らの手で顧客の元に配送したのだ。彼らは車もなく、最初は徒歩で運んだと回想し

ている。創業者自ら顧客と話し、そこから一次情報／インサイトを獲得
し、高速でサービスを改善していったのだ。

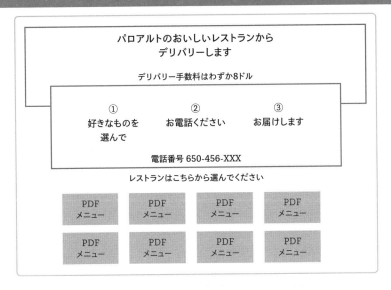

図8-08 DoorDashのランディングページ

> ハイタッチ、ロータッチ、テックタッチ

ここで、ハイタッチ、ロータッチ、テックタッチというコンセプトを
紹介しよう。ハイタッチとは、まさに、上記のStripeやDoorDashのよ
うにシステムやツールを介することなく、顧客の元に行き、直接話した
り、サポートすることだ。使いこなすためにハンズオンや対面、勉強会
など一対一に近い状態で手厚くサポートを行うことだ。

初期の頃やMVPを出して検証する際には、このハイタッチを行うこ
とをおすすめする。そして、ある程度インサイトが取れて、カスタマー
のエンゲージメントが高まるポイントがわかってきたら、徐々にロー
タッチやテックタッチに移行していく。

ロータッチとは、セミナーや複数名集めた研修会など1対複数で顧客支援することだ。テックタッチとは、Webサイトのコンテンツや動画などで、直接人を介さない自動化されたデジタルなサポートである。

図8-09 事業の時間軸におけるハイタッチ、ロータッチ、テックタッチの割合

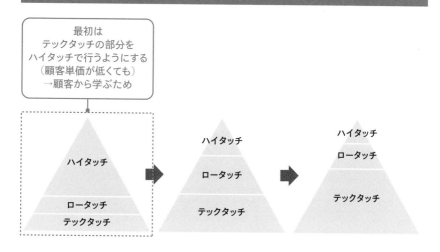

　初期の頃にハイタッチで顧客に接し、成功した事例は数多い。

　たとえば、ウェブアプリケーションを提供しているMixpanel（ミックスパネル）という企業は、初期段階ではユーザーに月150ドルを支払ってサイトにコードを埋め込んでもらい、創業者自身がコンサルタントとして毎月アクセスレポートを作り、送っていたという逸話がある。

　また、世界中でホームページ作成に使われているWordPressも、ハイタッチからスタートしている。WordPressの創業者マット・マレンウェッグは"おばあちゃん子"だった。祖母が「ウェブサイトを作りたい」と言ったので、高齢者でも使いやすいプラットフォームを制作したというのがWordPressの始まりだと言われている。

## ＞ ＭＶＰ／ＭＳＰをマスターする

　ここからは、MVP ／ MSPにはどのようなタイプがあり、どのように活用するのかを解説していきたい。

　540ページ図8-10は、PMFの検証ができるプロダクト（プロトタイプ／MSP ／ MVP）のパターンになっている。

　ユーザーは口頭で説明されるだけでは、プロダクトをイメージすることができない。

　たとえば、「こんなマッチングアプリどうでしょうか?」と言われても伝わりきらないので、フィードバックを得るのは困難になる。そのために、図8-10のプロダクトのタイプを使い分けて、検証していく。

## ＞ パンフレット

　いくつかMVPとして有効な手法を紹介していこう。1つ目がパンフレットである。これは特にBtoCの場合は有効だ。まだプロダクトのローンチ前であっても、プロダクトのイメージ図や価値提案を書き出してみて、実際にターゲットユーザーに当ててみる。

> パンフレットによるMVPのステップ
> ①ターゲットとなるペルソナを絞り込む
> ②そのペルソナに対して、どのような価値提案をすれば良いのか
> 　ブレストする
> ③価値提案に対応する機能のブレストをする
> ④機能の一覧を費用対効果軸でプロットを行う
> ⑤実際に機能・価値提案を載せたパンフレットを数パターン用意
> 　する

⑥ターゲットペルソナに対して、インタビューを行う

質問

「このパンフレットを見た時の印象は?」

「実際に使ってみたいと思ったか?」

「いくらなら出しても良いと思うか?」

図8-10 ＰＭＦの検証ができるプロダクトのパターン

| 施策 | 有効度 | 説明 | 検証項目 | | |
|---|---|---|---|---|---|
| | | | 事業コンセプト | ユーザー課題検証 | BtoCの価値検証 |
| パンフレット（デザイン性 低） | 高 | 想定顧客に対して提示するプロダクト/サービスパンフレット | ○ | ○ | ○ |
| パンフレット（デザイン性 高） | 高 | 想定顧客に対して提示するデザイン性高いプロダクト/サービスパンフレット | ◎ | ○ | ◎ |
| 営業資料（解像度 低い） | 高 | 想定顧客に対する価値提案を盛り込んだ営業資料 | ○ | ○ | △ |
| 営業資料（解像度 高い） | 高 | 想定顧客に対する価値提案/プランなど盛り込んだ営業資料 | ◎ | ◎ | △ |
| PR資料/FAQ | 中 | Amazonで活用される手法プロダクトのプレスリリースとFAQ | ○ | ○ | ○ |
| ランディングページMVP | 高 | プロダクトの価値提案/使用ステップがわかるLPサイト | ○ | ○ | ○ |
| プレオーダーMVP | 中 | プロダクトのローンチ前にリストを獲得するサイト | ○ | △ | △ |
| 動画MVP | 中 | プロダクトの振る舞いを提示する動画 | ◎ | ○ | ○ |
| コンシェルジュMVP | 高 | 裏側にハイタッチ（人）がおりプロダクトのインタラクティブを担うMVP | ◎ | ◎ | ◎ |
| 本番プロダクト | 高 | 実際のユーザーに活用してもらうプロダクト（場合によっては有償提供） | ◎ | ◎ | ◎ |

「どういった価値提案や機能があれば、もっとお金を出すことが
できるか?」

　図8-11にある通り、商品は一言で何なのか、どんな課題を解決するの
か、使うメリットは何なのか、解決方法は何かといったことがパンフ
レットの骨子（スケルトン）となる。

| | | | 検証項目 | | | | | | | 必要なリソース | | |
| BtoBの価値検証 | ユーザーストーリー検証 | 実装機能検証 | UX検証 | UI検証 | 価格検証 | 競合／代替案検証 | 市場規模検証 | ビジネスモデル検証 | 実ユーザー獲得 | 検証コストの安さ | 検証プロセスの手軽さ | 実装スキルの容易さ |
|---|---|---|---|---|---|---|---|---|---|---|---|---|
| △ | △ | ○ | △ | △ | ○ | ○ | △ | △ | △ | ◎ | ◎ | ◎ |
| △ | △ | ○ | △ | △ | ◎ | ○ | ○ | △ | ○ | ○ | ○ | ○ |
| ○ | △ | ○ | △ | △ | ○ | ○ | △ | ○ | ○ | ◎ | ◎ | ◎ |
| ◎ | ○ | ◎ | △ | △ | ○ | ◎ | ○ | ○ | ○ | ○ | ○ | ○ |
| ○ | ○ | ○ | ○ | ○ | ○ | ○ | △ | ○ | ○ | ○ | ○ | ○ |
| △ | △ | ○ | ○ | ○ | △ | ○ | ○ | △ | ○ | ○ | ○ | ○ |
| △ | △ | △ | × | × | △ | ○ | ○ | △ | ◎ | ○ | ○ | ○ |
| △ | ○ | △ | △ | △ | △ | ○ | △ | △ | ○ | ○ | ○ | △ |
| ◎ | ◎ | ◎ | ○ | △ | ◎ | ○ | ○ | ○ | △ | ○ | ○ | ○ |
| ◎ | ◎ | ◎ | ○ | ◎ | ◎ | ◎ | ◎ | ◎ | ◎ | △ | × | × |

## 図8-11 パンフレットのスケルトン

| | |
|---|---|
| **表紙** | 商品のタグライン |
| **サブヘッドライン：サマリー** | 誰のどんな課題をどう解決するのか |
| **第一段落 商品概要／メリット** | ソリューションのサマリーと提供価値を簡潔にまとめる<br>初めて耳にする人にもわかりやすく書く |
| **第二段落 解決する問題** | どのような課題をクリアしようとするのかを<br>明確に説明する |
| **第三段落 解決方法** | どのような解決方法でその問題を解決するのかを書く |
| **第四段落 責任者の声** | お客様にどのような価値を提供するのか、<br>商品に対する意気込みを書く |
| **第五段落 どれくらい簡単に価値提供できるか** | アクセスの良さや、<br>どこで手に入れることができるのかを書く |
| **第六段落 お客様の声** | どれくらいの利点があるのか、<br>どういう定量／定性メリットが出たのかを書く |
| **第七段落 まとめ補足** | 商品の詳細やリンクを記載 |

## 図8-12 Aパターン・Bパターンを作って顧客に聞いてみる

### Aパターン

| | |
|---|---|
| **表紙** | 西宮市で栽培される地産地消！絶品コーヒー豆 |
| **サブヘッドライン サマリー** | 豊穣な土地で栽培されるコーヒー豆 |
| **第一段落 商品概要／メリット** | XX豆を使用。XXX！XXXX！ |
| **第二段落 解決する問題** | どのような課題をクリアしようとするのかを明確に説明する |
| **第三段落 解決方法** | 地産地消の西宮ブランド。流通価格がないので、安くて美味しいコーヒー豆 |
| **第四段落 責任者の声** | XX「XXXX」 |
| **第五段落 どれくらい簡単に価値提供できるか** | iwakuracoffee.com/（Shopify/Base）楽天、道の駅（直販） |
| **第六段落 お客様の声** | どれくらいの利点があるのか、どういう定量／定性メリットが出たのかを書く |
| **第七段落 まとめ補足** | 商品の詳細やリンクを記載 |

### Bパターン

| | |
|---|---|
| **表紙** | 西宮市でコーヒー栽培しませんか？あなただけのブランド豆が作れる |
| **サブヘッドライン サマリー** | 初心者でも自給自足の夢が叶う |
| **第一段落 商品概要／メリット** | XX豆を使用。XXX！XXXX！ |
| **第二段落 解決する問題** | どのような課題をクリアしようとするのかを明確に説明する |
| **第三段落 解決方法** | 地産地消の西宮ブランド。流通価格がないので、安くて美味しいコーヒー豆 |
| **第四段落 責任者の声** | XX「XXXX」 |
| **第五段落 どれくらい簡単に価値提供できるか** | iwakuracoffee.com/（Shopify/Base）楽天、道の駅（直販） |
| **第六段落 お客様の声** | どれくらいの利点があるのか、どういう定量／定性メリットが出たのかを書く |
| **第七段落 まとめ補足** | 商品の詳細やリンクを記載 |

ポイント

　たとえば、コーヒー豆を作ろうとしている時に、図8-12の通り、Aパターン・Bパターンを作って、顧客にぶつけてみる。コーヒー豆農園をやろうと思っていて、どんな問題を解決しようと考えていて、コーヒー豆をいくらで販売しようとしているかを伝えていく。

## ＞ 営業資料

　営業資料も有効なMVPだ（544ページ図8-13）。特にBtoB向けのプロダクトの検証に効いてくる。ターゲットユーザー／ターゲット企業に対して、提案する価値提案やその価値提案に対応する機能が刺さるかどうかを検証できる。

　BtoBの場合は、実際の決済者・ユーザーなどの複数のステークホルダーに提示してみることで、実際にどの部分が刺さるのか、逆にどの部分が刺さらないのかを確認できる。プロダクトローンチ前のタイミングや既にプロダクトをローンチしているタイミングで行うことが有効だ。

　営業資料を提示するビジネスユーザーへの価値訴求は、経済的合理性が強い軸となる。「月1万円でこのサービスを導入すると、生産性が20%上がるので、人件費に換算すると8万円の価値が出る」のように提示することにより、そのストーリーが刺さるかどうかが検証できる。

図8-13 営業資料も有効なMVP

## 営業資料スケルトン

| コンテンツ | 詳細説明 |
|---|---|
| 表紙 | 一言で言ってどういうサービスか |
| 課題仮説 | 想定ペルソナが課題に思っていることを問いかける |
| ソリューション価値提案 | 課題に対してソリューションがどんな価値提案をするかを記載する |
| ソリューションの詳細/Demo | ソリューションの詳細説明や具体的なサービスイメージ |
| 想定される定量的効果 | Before/Afterでどのような定量的効果があるか（経済的なメリット/生産性アップなど） |
| 想定される定性的効果 | Before/Afterでどのような定性的効果があるか（自社の魅力化/ブランド価値向上など） |
| ユーザーの声 | 導入したユーザーの声、アンケート調査の結果など |
| サポート内容とメニュー | どのようなサポート内容になるかの提示（松竹梅で提示すると選びやすい） |
| 競合比較 | なぜ競合他社よりも優れているのか、比較表でわかりやすく説明する |
| Call-to-Action | 注文に向けた具体的なアクション、なぜ今注文するとお得なのか |

## Waterfall分析

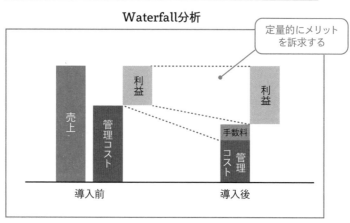

## ＞ＰＲ資料／ＦＡＱ「シンキングバックワーズ」

　Amazonでは、これまで（現在も）数多くの新規事業が企画されて世の中に出てきた。Amazonが新規事業を企画する際には、まずPR／FAQといって、あたかもそのプロダクトが既に世に出たかのような感じで「プレスリリースとそれに対するFAQ（よくある質問）」を作るのだ。

　このコンセプトを「シンキングバックワーズ（Thinking backwords：逆から考える）」といい、図8-14のように「解決したい課題は?」「それによって、お客様や取引先はどのような痛みを感じているか?」などを記入するフレームになっている。

### 図8-14 「ＰＲ／ＦＡＱ」のテンプレート

| 質問 | 回答 |
|---|---|
| 解決したい問題は? | |
| それによって、お客様や取引先はどのような痛みを感じているか? | |
| その痛みを解決するために現状の商品やプロセスは十分か? | |
| もし足りない場合は、どのように解決するか? | |
| それは自社の技術力や組織力で解決可能か?　商品化することができるか? | |
| 解決不可能な場合、それを提供できるパートナーは市場に存在するか? | |
| 新商品の詳細と利点は? | |
| それを使って課題をどう解決するのか? | |
| どれくらい簡単に解決できるのか? | |
| それを利用したお客様はどのように喜んでいるか? | |

このように、最終的な製品が出た状態を想定し、そこをベースにしてやってくる質問に対して答えられるかを見ているのだ。こうすることで、プロダクトの本質的な価値を見極め、欠けている点をまさに逆算しているのだ。

## 〉ランディングページMVP

ランディングページMVPは、パンフレットや営業資料と似たところがあるが、実際のウェブサイトになるので、そこを訪れたユーザーからの反応やパフォーマンスを見ることができる（問い合わせ、デモ問い合わせ、資料請求、ウェイティングリスト参加、メルマガ購読、購入予約など）。

プロダクトに関する情報をランディングページ上に載せ、価値提案や端的な特徴、価格、もしあれば、ユーザーの声などを載せる。「問い合わせ」「資料請求」「購入予約」「購入」などのCall-to-Actionを用意する。

ランディングページの構成要素は、図8-15にある通りだ。

〈期待させる→共感を得る→解決方法を紹介する→比較してもらう→信用してもらう→不安を解消する→行動を促す〉という流れとなる。最終ゴールの「行動を促す」では、商品の注文だけでなく、説明会への参加や資料請求なども考えられる。

536ページで紹介した「DoorDash」というフードデリバリーのスタートアップは、ランディングページMVPの事例だ。PDFメニューが載っているだけの簡素なランディングページで問い合わせフォームもなく、電話番号だけ表示して注文は電話で受けた。さらに、デリバリーも自分たちで行った。MVPにより、そもそも顧客がいるかどうかを検証した事例だといえるだろう。

その後、ユーザーからフィードバックを得て、どんどんサービスをブラッシュアップしていった。これはランディングページMVPと、後ほど解説するコンシェルジュMVPを掛け合わせた事例だといえる。

## 図8-15 ランディングページの構成

| 構成要素 | 説明 | パーツ |
|---|---|---|
| 期待させる<br>パート | 課題に直面したユーザーはとにかく早く未充足を満たしたいと考えている。そこに対して「これなら解決できそう」と一瞬で期待できるかが重要である | ・わかりやすいメインビジュアル<br>・ターゲットに刺さるタグライン |
| 共感を得る<br>パート | ターゲットユーザーに問いかけをして共感を得ていく。質問形式でユーザーの悩みを確認する | 「悩んでいることはこれですか?」という具体的な質問リスト |
| 解決方法を紹介<br>するパート | ユーザーの抱える課題を解決するプロダクト/サービスパート | 何を、どのように、いつ、いくらで解決するのか? |
| 比較してもらう<br>パート | 課題解決に関する商品やサービスは他にも存在する。そこと比較してどう違うのかを提示する | バイアスのかかっていない比較表 |
| 信用してもらう<br>パート | 初めて見るユーザーの不信を解くパート | ・専門家からのお墨付き<br>・ユーザーからの声<br>・販売実績 |
| 不安を解消する<br>パート | 実際に購入するためにはどうするのか、それにまつわる不安を解消するパート | ・キャンセルへのポリシー<br>・後払いや分割払いなどの金銭負担への対応 |
| 行動を促す<br>パート | このLPを見て、ユーザーにどのようなアクションをとってほしいかを伝えるパート | ・資料請求/説明会申し込み/購入予約/購入など |

## ＞ プレオーダーMVP

　利用開始前に興味のある顧客だけがオーダーできるようにし、反響を検証する方法である。たとえば、Makuakeのようなクラウドファンディングのプラットフォームでプロダクトの特徴を解説し、プレオーダーをもらうといった方法がある。実際に手元に届くのは数ヶ月後かもしれないが、商品が出る前にオーダーを受けるMVPである。

　最近では、MVPとして、クラウドファンディングを利用するケースが増えている。国内のクラウドファンディングには、ハードウェア系だとMakuake、社会課題系ならREADYFOR、その他サービス系だったらCAMPFIREなど、なだらかな棲み分けがなされているので、プロダクトに合致するプラットフォームを選択するとよいだろう。

たとえば、2022年上場したベースフードは、最初は100万円からスタートした事業だった。クラウドファンディングでサポーターが200人つき、その方々からフィードバックを得てプロダクトを磨いていった。

しかし、クラウドファンディングでたくさん集まったからといって、事業としてすぐに成功するわけではない。残念ながらクラウドファンディングで接点を持つ人たちには、本当に欲しいという思いを持っている人だけでなく、単に興味本位だった人もいるからだ。

そういう方々からはリピートオーダーは来ないし、エンゲージメントも低い。そのため、クラウドファンディングが成功したからといって、強気に展開するのではなく、最初はこぢんまりやって広げていくことが重要だ。

また、社会課題系事業と相性がいいREADYFORでは、コンセプト検証が有効だと考えている。たとえば、保護犬の命を救う活動であれば、READYFORで投げかけてみて、そういった社会課題を持っている人を集めてコミュニティを作る方法などは有効だ。

こうしたクラウドファンディングを利用したプレオーダー MVP は、先述したランディングページMVPや営業資料と掛け合わせると、より効果が期待できる。

## ＞ 動画ＭＶＰ

ローンチ前にプロダクトについてのショート動画を提示して、ユーザーやフィードバックを集める手法だ。有名な例としては、Dropboxがある。Hacker Newsというスタートアップの起業家がよく閲覧するサイトに、ショート動画を載せたことにより反響が広がったのだ。

## ＞ コンシェルジュＭＶＰ

　最初の段階からシステムを作り込んで自動化するのではなく、コンシェルジュのようにユーザーの痛み一つひとつに応えるようにハイタッチで対応していくことで、ザッポスやAirbnbが採用した手法として有名である。

　コンシェルジュMVPはその名の通り、コンシェルジュのようにニーズを聞きながらプロダクトを作り込んでいく方法である。先述したDoorDashの例だけでなく、ザッポスという靴のインターネット販売事業を行うスタートアップも、最初のプロダクトはシステムを作り込まなかった。しかも、在庫も抱えず、その商品の発注が来たら近くの靴店に行って梱包して届けていた。そうする中で、どんな靴が売れるのかを検証していったのである。

## ＞ ＭＶＰやＭＳＰの精度を決める５つの要素

### ①ビジュアルの精度

　インターフェースやビジュアルのピクセルパーフェクトなど、本番のデザインにどの程度近づいているか。UI（ユーザーインターフェース）を強みにしようとしているプロダクトやクリエイティブが重要なプロダクトにおいては、ビジュアルの精度は大事にすべきポイントだ。

### ②幅広さ

　広範な機能のうち、どれくらいの数や種類をMVPやMSPに組み込むかを検討する。独自の価値の提案をどこまで盛り込めるかは、重要なポイントとなる。多機能さを売りにするのであれば、幅広さを見せることは大切だ。550ページ図8-16のように、映画アプリのサービスをスタートするなら、「映像を再生する」だけでなく、「プレイリストを作成でき

ること」や気に入った「映画を購入できること」にまで広げて組み込むのだ。

③深さ

　MVP／MSPの機能をどの程度、詳細に作り込んでいくかを検討する。MVPで試したい機能や独自の価値の深掘りを行う。図8-16の通り、「プレイリストを作成」の価値を掘り下げてMVP／MSPに組み込むか、組み込むならば、どこまでを反映させるかは大きなポイントといえる。

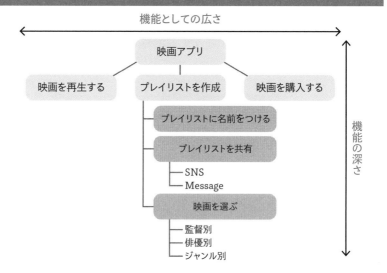

図8-16　MVPやMSPの幅広さ・深さをどこまで見せるか？

④インタラクティビティ

　アプリや製品のインタラクティブな要素が、ユーザーにどう提示されるのかを検討する。UXやインターアクションが独自の価値提供につながるプロダクトならば、重要な要素になる。

⑤データモデル

インターフェースにあるデータ量とバックエンドにあるデータ量を、どれくらい用意するのかを検討する。データが独自の価値そのものにつながるプロダクトならば、重要な要素になる。

## ＞ＭＶＰ／プロトタイプ

プロトタイプは大きく3種類に分けられる。一番簡単なものがペーパープロトタイプで、紙に書いたレベルやBubbleやFigmaなどのノーコードで作成するプロトタイプを指す。

2番目がワイヤーフレームで作成したもの。最後はインタラクティブに作動させることができるまで作り込んだプロトタイプである。

プロトタイプをどこまで忠実性が高いものを作るかは、検討の余地がある事項だ。当然、実物に近くなっていればいるほど、ユーザーも

### 図8-17 ＭＶＰ／ＭＳＰの忠実度レベル

|  | コンセプト検証 | 低忠実 | 中忠実 | 高忠実 |
|---|---|---|---|---|
| 長所 | 非常に迅速にできる。スキルがなくても作成できる | 迅速。低スキル。安くできる、入手しやすい材料やウェブ上ツールで作れる | よりインタラクティブテストが容易。時間と質のバランスが良い | ビジュアル、コンテンツ、インタラクションなどデザインが完成している。極めて詳細なテストができる |
| 短所 | インタラクションがほぼない。インタビュアーのスキルに依存する | インタラクションが限られている。細かい点やフロー全体をテストするのが難しい。文脈を設定しにくい | 時間がかかる割には完全に機能しない。中途半端になりがち | 相当な時間やリソースがかかり、コーディングやデザインのスキルを要する |
| 活用 | プロダクトコンセプトやユーザー課題に対して深掘りする際に使える。また価格設定の示唆出しなどに活用できる | ユーザーフローや情報のアーキテクチャなど全体のコンセプトを掘り下げるには最適。様々なバージョンを出して比較してテストができる | 特定のインタラクションや導かれたフローのユーザーテストを行う。文脈がより明確なためステークホルダーのプレゼンにも使える | トーン＆マナーを意識した極めて具体的なインタラクションや細かいユーザーテストを行う。ステークホルダーに最終的なデザインを提示する |

フィードバックをしやすくなる。とはいえ、図8-17にある通り、「コンセプト検証」「低忠実」「中忠実」「高忠実」において、それぞれに短所と長所がある。どのように活用するかを決めた上で、短所・長所を踏まえて、どういったMVP／MSPにするかを判断していくことが求められる。

図8-17を見ればわかる通り、MVP／MSPは、ペーパープロトタイプからベータ版になるにつれてプロダクトの解像度は高まっていく。この解像度が上がれば上がるほど、痒いところに手が届くようになっていく。

ただし、ベータ版を作るには、どうしてもリソースはかかる。そのため、ターゲットユーザーが誰なのかを特定した上で、「ベータ版まで作る必要はあるのか、ないのか」を見極める。そもそもプロトタイプを作る必要がないのであれば、パンフレットや営業資料の提示で十分である。

## ＞ 自社でまず検証する「ドッグフーディング」

MVPのコンセプトの1つとしてドッグフーディングという手法がある。これは、1980年代後半にMicrosoftから広まった概念で、「ソフトウェアの開発をしている会社では、まず社員が試用する」という意味で使われるようになった用語だ。その後「製品・サービスを売る際には、事前に社員が使って品質と有用性を確かめる」という意味になっていった。

Microsoftでは、新しいソフトウェアを市場に出す前に、社員有志を社内横断的に組織し、そのソフトウェアを試用しながら不具合を修正していった。開発担当ではない社員が試験することにより、一般的かつ網羅的な試験が安価にでき、さらに社員が自社製品を早く理解できるという利点もある。最近では、ドッグフーディングの意義は拡大され、ソフトウェアだけでなく、新製品の利便性・有用性を評価する活動にも展開されている。

他にも、AWS（アマゾンウェブサービス）とかFacebookなども、このドッグフーディングの事例として有名だ。AWSは、Amazonが提供するクラ

ウドコンピューティングサービスである。2000年頃のAmazonは自社の
サーバ購入に多くの費用を費やしていた。それまではサーバを買うこと
が業界の常識だったからだ。サイトの安定性を取るには、どんなに高価
でも支払い続けなければいけないと、他に選択肢がない状態だった。

　Amazonで最も商品が売れるのはクリスマス商戦に合わせた、11月や
12月である。この最高の繁忙期の状態に合わせてサーバを買っていたの
で、とても値段が高かった。つまり、閑散期である他の月でも繁忙期と
同じだけコストがかかっていたのだ。そこで「自分たちでできないか」
という発想を持ち、AWSを作った。そして、Amazon内でうまくいった
ので他社へ横展開していったのだ。このように、ある程度リソースがた
まってきたら自分たちで試してみるというドッグフーディングの発想も
重要である。

　MVPは、行動の量と行動の質に効く考え方である。最初は行動の量
が重要なので、低忠実のランディングページや営業資料、プロトタイプ
を駆使してコンセプトを検証していく。続いて、UIやUXの検証にはイ
ンタラクティブなMVPなどを出して試していく。そうすることによっ
て、行動の量が少しずつ行動の質に転化していくのである。

　👆 起業参謀の問い
- 自分たちの事業にとって最適なMVP／MSPは何か?
- スピードと検証の質のバランスを考えたMVPを選択できてい
  るか?

# ＣＰＦ／ＰＳＦテンプレート

　初期の事業仮説を立てるためには、リーンキャンバスが有効だとお伝えした。事業を始めたばかりの着想段階においては、高速でPDCAを回し、どんどん仮説を磨くのに有効だ。

　一方で、ステージが少し進むと、リーンキャンバスだけではカバーしきれない。課題やソリューションや市場について、もっと深掘る必要がある。その際に活用できるCPF（Customer Problem Fit：顧客の課題の検証）・PSF（Problem Solution Fit：顧客の課題の解決）テンプレートを紹介する。スタートアップ全体のフェーズの中で、最もリスクが高いのはこのフェーズである。

　だが、これまでこのフェーズで事業の仮説を検証するテンプレートが存在しなかった。そこで作成したので紹介したい。

　このフェーズでは、まだプロダクトのローンチ前か、もしくはローンチしてもまだトラクションがない時期だ。定量的な項目というよりも、「スタートアップの目利き」で解説した定性的な要素が重要になる。

## カバーするべき内容

　それぞれの項目についてどんなフレームでブレイクダウンしていけばいいのか、簡単に説明していこう。

### 自己紹介／チーム紹介

　まず創業メンバーの事業につながるプロフィールをまとめる。ビジネスモデルや事業の着想と同じくらい大事になるのが、そもそも起業家が

## 図8-18 CPF／PSFテンプレート①

自己紹介/チーム紹介

写真 写真 写真

プロフィール プロフィール プロフィール

なぜ自分たちは
この事業を起案するのか?
**自身の原体験/ストーリーや思い

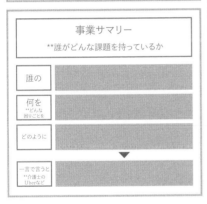

事業サマリー
**誰がどんな課題を持っているか

誰の

何を
**どんな
困りごとを

どのように

一言で言うと
**介護士の
Uberなど

なぜ今やるのか?
**STEEP分析(S: 社会/嗜好の変化/
人口動態 T:テクノロジーの進化
E: 経済/家計 E:環境問題 P:規制/政治 )

S
T
E
E
P
サマリー

持っているコンピテンシーや経験である（図8-18）。

**ポイント**

- これまで在籍した会社のロゴ／学歴など、自分たちの強みを一目で提示できるものを掲載する
- プロフィール写真は、自分たちの人間性が伝わるものを記載する

なぜ自分たちがこの事業をやるのか（=why me／why us）

　ここには自身の原体験や思いを反映させていくことが大切である。「スタートアップの目利き」でも解説したが、CPF／PSFを検証するプ

レシード期においては、「なぜ自分たちがこの事業をやるのか」という「will」となるストーリーがポイントとなる。

**ポイント**

- 自分の経験や経歴を踏まえた上で、なぜ自分がこれをやるべきなのかを書く
- 少しエモーショナルな表現にして、共感を生むのも有効になる

事業サマリー

「誰の」「何を」「どのように」で端的にまとめる。サマリーなので、以降解説する内容を書き上げてから、最終的に磨き上げてもよい。「エレベーターピッチ」という言葉もあるが、エレベーターに乗っている短い時間（約30秒）で説明できるような、端的な表現ができるよう磨き込まれていることが大事だ。

**ポイント**

- 介護士の Uber、医者向けの Slack など、すでに世の中に浸透しているサービス／プロダクトをアナロジーとして活用することも有効

なぜ今やるのか?

外部環境の分析である。STEEP分析でサマリーを書くと良いだろう。S：社会／嗜好の変化・人口動態、T：テクノロジーの進化、E：経済／家計、E：環境問題、P：規制／政治／関連する法律、などを整理する。

**ポイント**

- 特に規制や関連する法律の変化などを捉えることが大事
- テクノロジーやテクノロジープラットフォームの変化によって市場が大きく動くポイントがあれば、ハイライトする

図8-19 CPF／PSFテンプレート②

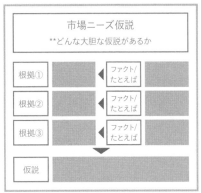

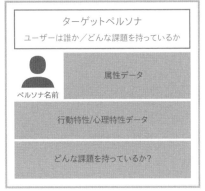

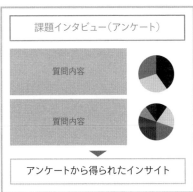

## 市場ニーズ仮説

　ここでは市場のニーズの仮説を書く。それに際して、根拠を提示し、その裏付けとなる例やファクトを書く（図8-19）。

### ポイント

- ここで、聞き手や読み手をハッとさせられるようなインサイトや大胆な仮説を盛り込めるかがポイントになる

## ターゲットペルソナ

　ターゲットとなるペルソナを具体化する。実在する人物をベースにして書く。ユーザーインタビューや観察を通じて初期ターゲットの「どんな課題を持っているか」「行動特性／心理特性」「属性データ」を明らかにする。インタビュー／モチベーショングラフなどを活用して定性情報を拾い上げて記述する。

### ポイント

- 実際に実在する人物で書けるのがベスト。「手触り感」を意識する
- ペルソナの納得感を高めるまでインタビューなどを通じて顧客との対話を繰り返していく

## 課題インタビュー（アンケート）

　ファクトを裏付けるためにアンケートも取り、定量情報を示すのも有効だ。質問内容をグラフなどでまとめられると明確化しやすい。

### ポイント

- 質問の仕方にバイアスがないか、質問したユーザー数が十分かを確認する（人数が少なすぎると逆に信憑性を失う）

## インタビューサマリー

　得たインサイトを基にして、プロダクトが提供する独自の価値提案が導き出せるならば、それをハイライトして載せると良い。

### ポイント

- インタビューの仕方にバイアスがないか、インタビューしたユーザーの数が十分かを確認する（人数が少なすぎると逆に信憑性を失う）

## 図8-20 CPF／PSFテンプレート③

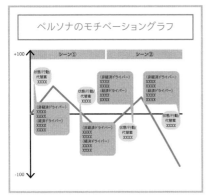

ペルソナのモチベーショングラフ

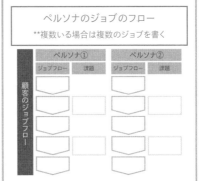

ペルソナのジョブのフロー
**複数いる場合は複数のジョブを書く

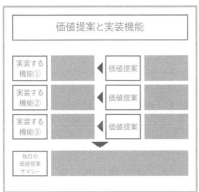

価値提案と実装機能

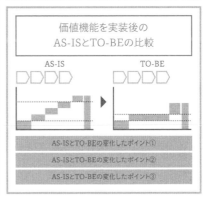

価値機能を実装後の
AS-ISとTO-BEの比較

### ペルソナのモチベーショングラフ

　モチベーショングラフ（239ページ）やカスタマージャーニーを書くことによって、「顧客の思考」と「顧客の行動」を合わせて理解し、そこから捉えたインサイトサマリーを記述していく（図8-20）。

**ポイント**

- 代表的なペルソナのモチベーショングラフを記載する
- 複数のインタビューなどから得たサマリーを記載するのも有効

### ペルソナのジョブフロー

　ターゲットペルソナのオペレーションや行動を端的にフローで表現し、また、そこでボトルネックとなっている課題（定量課題と定性課題）について掲載していく。上記のカスタマージャーニーやモチベーショングラフを集約するのもよい。

　**ポイント**

- このフレームワークは、特に BtoB でバリューチェーン上でオペレーション／ジョブの境界線が区切られているものを表現する際に、有効になる
- 定性課題に加えて、定量課題を記載することによって説得力を増すことができる

### 価値提案と実装機能

　プロトタイプや、ベータ版プロダクトがある場合は、そこのメインの実装機能と対応する価値提案について記載する。まだそれらがローンチできていない場合は、顧客課題に対してどのような価値提案と機能を実装するのか仮説を書く。

　**ポイント**

- プロトタイプやベータ版があるならば、使用後にユーザーインタビューを行い、プロダクトのフィードバック（感じた価値）を載せていく
- 課題インタビューを通じて得た示唆をベースにして、価値提供できそうな機能について記載していく

### AS-ISとTO-BEの比較

　プロダクト実装前（AS-IS）とプロダクト実装後（TO-BE）の比較。それぞれのプロセス／バリューチェーンに対して、プロダクトはどのような定量的な価値を提供したのかを書き出す（コスト減／時間の削減／売上の

増加／需要の平準化など）。こうすることによって、提供価値について、第三者に伝えやすくなるし、今後事業開発や営業をする際に、使用する資料に転載することもできる。

**ポイント**

- この比較ができると、営業資料やランディングページなどにも記載できるので非常に有効になる。顧客プロセスの深い理解と定量的な結果検証が必要になる

**図8-21 ＣＰＦ／ＰＳＦテンプレート④**

プロダクトイメージ

サービス名

プロダクトイメージ
Figma
Bubbleなど
のノーコード
イメージ or
グラフィック
でも良い

Demo/
モックアップ
URL

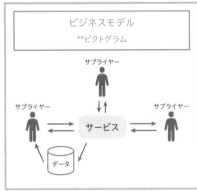

ビジネスモデル
**ピクトグラム

サプライヤー

サプライヤー　サービス　サプライヤー

データ

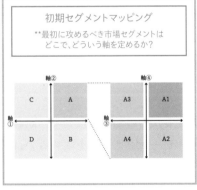

初期セグメントマッピング
**最初に攻めるべき市場セグメントはどこで、どういう軸を定めるか？

軸②　軸④

| C | A | | A3 | A1 |
| D | B | | A4 | A2 |

軸① 軸③

| 軸A | 軸B | 軸C | | |
| --- | --- | --- | --- | --- |
| | | H | HM | M |
| H | H | ◎(優先順位:最高) | ○(優先順位:高) | |
| | HM | ○(優先順位:高) | | |
| | M | | | |
| HM | H | ○(優先順位:高) | | |
| | HM | | | |
| | M | | | |
| M | H | | | |
| | HM | | | |
| | M | | | |

## プロダクトイメージ

　具体的なプロダクトのUI／UXのイメージがあると、ターゲットペルソナに対して、独自価値を確かに提供できるという説得性が高まる。スライドで表現するよりも、デモ動画を載せたり、デモサイトへのリンクを張るのも有効になる（図8-21）。

**ポイント**

- ベータ版とはいかないまでも、簡易でも良いのでプロダクトのイメージを初期段階から作っておくとよい。それを実際に顧客に提示して、フィードバックを得ることにより、顧客課題と提供価値の検証が深くできる

## ビジネスモデル図

　サービス／プロダクトを描画の中心に置き、ピクトグラムで、事業にかかわる重要なステークホルダー（サプライヤー、カスタマーなど）が、どんな関係性でつながるかを整理する。複数のステークホルダーがいる少し複雑なビジネスモデルを展開する場合は、整理することが重要だ。

**ポイント**

- ビジネスモデルは、顧客セグメントが変わるとどんどん変わっていくので、あまりこの記載にこだわる必要はない。ただし、記載がないと、「どうやって収益を上げるのか」がわからないので、現時点での想定を記載する

## 初期ユーザーセグメント

　初期に狙うべきユーザーを明らかにするための軸を整理して、記載していく。初期の頃は、全方位的に全ユーザーセグメントを攻めるのは得策ではない。何度か述べているが全方位的に攻めると、リソースがいくらあっても足りない。図8-21（左下）は、2つの4象限で表すことによって、絞り込むことができている。

- 軸の設定が重要になる。顧客対応や顧客との対話を通じて軸の書き方を磨き込んでいく必要がある

## Go-to-Market

初期のユーザーセグメントの軸をより精緻に表現したい場合は、第4章でも紹介したGo-to-Marketのフレームワークを用いて、どの初期セグメントから攻めるべきかを明確にする。市場に対する知見が高まると、

### 図8-22 CPF／PSFテンプレート⑤

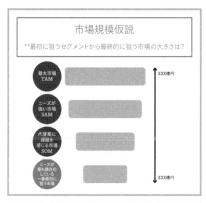

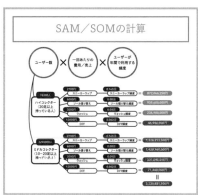

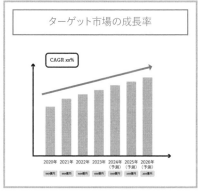

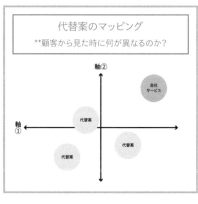

この軸の切り方も、独自性を高めることができ、他社が見えていない市場を狙うことができるようになる。

**ポイント**

- こちらも軸の設定が重要になる。市場全体の中で、どこに焦点を定めるのかを独自の切り口で、ターゲットできていることを示す

### 市場規模仮説

算出したTAM、SAM、SOMを定義していく（この計算に関しては第4章を参照）。一般的な話をすると、最初に狙うSOMは100億円ぐらいの規模感の市場でなければ、スタートアップは厳しいと言われている（図8-22）。

**ポイント**

- TAM／SAM／SOMに加えて、Go-to-Marketなどで定めた「最初に狙うべきセグメント」を記載するとよい

### SAM／SOMの計算

SAM／SOMの詳細の算出を示す。初期において、「狙うべき市場の魅力度」と、どの初期セグメント／SOMから狙っていくのか「勝ち筋を見極めるインサイト」が重要な評価軸になることに留意したい。

**ポイント**

- SAM／SOMには顧客の購入頻度が抜けがちになるので、注意する。年に一度も購入しない高額なものを、顧客数×顧客単価のみで計算してしまうと、市場規模の過大評価になってしまう

### ターゲット市場の成長率

スタートアップの強みは、まさに現在、すごい勢いで伸びている市場に、ゼロベースで（しがらみがなく）参入できる点である。外部環境分析を行い、ファクトベースで、ターゲットとしている市場がどの程度年率で伸びているのかを記載する。

**ポイント**

- 成長率を調べるためにきちんとリサーチをする。省庁が出しているレポート（無料）や、場合によっては業界の有料レポートなどを購入して、市場全体の視点を獲得するのが大事だ

## 代替案のマッピング

　代替案のマッピングも行っていこう。代替案のマッピングの軸の切り方は、提供者側（サプライサイド）の軸（たとえば、テクノロジーの洗練度や、プロダクトが提供する機能の数など）ではなく、ユーザーのマインドから軸を書いていくことである（たとえば、UXの良さ、手に入りやすさ、コストなど）。

**ポイント**

- 上記のように、作り手目線で書かない。顧客が自社のプロダクトを競合の中から選ぶ時に何を基準で決めているのか、認識することが重要である

# 自社の 魅力化ドキュメント

　最後に、自社の魅力を言語化するストーリーブックについて解説する。

　スタートアップは、実は掘り起こすと魅力が隠れている。それを掘り起こして言語化して、ステークホルダーに魅力を伝えていくフレームワークだ。

　特に、スタートアップは優秀な人材を採用できるかが、成長のカギになる。そのために必要なのが、優秀な求職者層に自社の魅力を伝えるドキュメントを作成することだ。それに加え、投資家やメディアや取引先に対しても、自らの魅力を伝えていくために役立つ資料にもなる。

　多くの起業家や新規事業は、自分たちの事業の魅力を十分に言語化できていない。私は多くのスタートアップをご支援させてもらっているが、それができていないがために、優秀な人を採用できないという課題にぶつかっている。

　そこで、自社の魅力や課題を整理するためのストーリーブックを作成することをおすすめしたい。『起業大全』でストーリーブックについて触れている。スタートアップは、当然まだリソースが少ない状態なので、「強みなんかない」と感じるかもしれない。

　しかし、私はスタートアップならではの強みがあると考えている。初期フェーズであっても初期フェーズならではの魅力がある。それを図8-23の左側のように洗い出し、自社の魅力をストーリーに落とし込んで、求職者へと届けていくことが重要である。まずは、きちんと自分たちの強みを楽しんで言語化していくことがスタートとなる。

　スタートアップには、安定性や給与、福利厚生といったことは確かに

求められないが、「業界全体が未開拓で伸び代しかない」や「社長との距離が近くて、膝を突き合わせて仕事ができる」「一緒にPMFを達成するような経験が得られる」ということが味わえる。インセンティブで言えば、初期段階で入社することによってストックオプションが得られるといった可能性もあるかもしれないが、それよりもやはり、初期のスタートアップだからこその経験が魅力になるのではないかと思っている。そのあたりをストーリーブックというツールで言語化し、求職者に伝えていけるとよい。

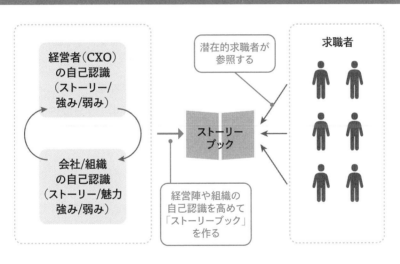

**図8-23 自社の強みをストーリーブックに落とし込み求職者へ伝える**

## 〉 ストーリーブックに何を載せるのか?

ストーリーブックとは、自社の魅力だけでなく課題も掲載しているドキュメントのことを指す。「ストーリー」という言葉を使うと、つい良さばかりを伝えたくなってしまうが、入社後のネガティブサプライズを

減らすために、きちんと課題点も明記すべきである。悪いことを隠そうとしたところで、入社したらすぐにバレてしまう。時間やコストをかけて採用した人が、「こんなはずではなかった」といってすぐに辞めてしまうよりは、魅力もあるけれど課題もあるという点を詳らかにした上で、理解し、入社を決めてくれる人を採ることが一番良い。

　他にも、業界や市場の魅力についても伝えるようにしたい。たとえば、Web3.0業界の会社であれば、今後かなりの伸びが期待できるだろう。
　また、企業の顔である社長だけでなく、一緒に働くメンバーも魅力の1つである。どんな人と働くかで自身の成長は決まってくるので、働くメンバーについては、きちんとアピールしよう。このように自社やバリューチェーン、メンバーのことを棚卸しすると、自分たちを客観的に見る機会にもなる。ストーリーブックを作るプロセスにおいて、経営陣とメンバー間で共通言語ができ、一枚岩になれるという効果も期待できる。会社の求心力が上がる要素もあると言えるだろう。
　特に、重要なポイントをお伝えしたが、ストーリーブックを作る意義は、下記の7点ほどにまとめられる。

- 自社、業界、市場、一緒に働くチームメンバーの魅力化
- 採用力を高める
- 人は、疑いを感じるもの、恐怖を感じるものに近づかない（透明性が採用力につながる）
- 自社を改めて客観的に棚卸しする良い機会になる
- 経営陣・メンバーが一枚岩になれる
- 会社の求心力がアップする
- 良いストーリーブックは、内外のステークホルダーのコミュニケーションの核となる（強固な無形資産になる）

結果として、ストーリーブックは内外のステークホルダーに対して、共通の自社の強みを見える化することにつながっていく。もちろん求人に対しても魅力を伝えていくことができる。ストーリーブックはコミュニケーションの核にもなりうるし、同時に遠心力という外に向ける力にもつながっていくのだ。

　採用は、マーケティングと似た構造になっている。マーケティングをする際にはプロダクトを魅力化するように、採用前には自社を魅力化することは非常に重要である。そして、その魅力を自社の採用ページにきちんと反映できているかも確認しよう。

　プロダクトの競合だけではなく、「採用競合」という考え方がある。プロダクトの内容は全く違っていたとしても、同じフェーズの似たような経歴の起業家の起こしたスタートアップ同士は、潜在的求職者から見ると同じような魅力を感じることが少なくない。その際に、ストーリーブックで自社の魅力がきちんと言語化されていると、競合との差別化につながるだろう。

　570ページ図8-24の通り、ストーリーブックを採用チャネルにきちんと組み込んで中身を伝えることで、複数のチャネルを経由しても、きちんと自社の魅力にたどり着いてもらうことができる。

　また、副次的な効果として、自社の魅力をきちんと言語化することによって社員が一枚岩になっていくことができる。社員が本当に求めているお金以外の働く目的を言語化でき、チームのエンゲージメントが高まるのである。社内のメンバーにもポジティブな影響があることがポイントになる。

　なお、ストーリーブックの策定は、PMFが達成できたタイミングで行えると良い。PMFを達成できずにストーリーブックを作成すると、魅力が少なかったり、採用しようにも固定費（人件費）が増えてリスクが高まったりするからだ。

Chapter8　圧倒的な行動量を引き出すための「人（伴走者）の眼」を身につけるフレームワーク

569

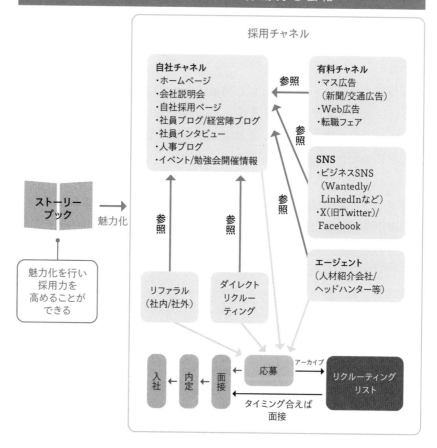

図8-24 ストーリーブックによって採用力を強化

会社、仕事、環境の魅力を心の底から「良い」「好き」と感じて「人に伝えたい」と思わなければ、採用ブランディングはできない。PMF後は、それができる絶好のタイミングになる。

起業参謀の視点

「医者の眼」や「人（伴走者）の眼」で、きちんと自分たちのことをメタ認知させた上で、魅力を言語化して整理していくためにストーリーブックは活用できるだろう。

## ＞ ストーリーブックに載せること①
　我が社はこんな会社です

　ストーリーブックに何を掲載するかを具体的に説明していこう。

ストーリーブックに載せること①我が社はこんな会社です

- 会社の概要（創業年、資本金、本拠地）
- 事業概要（PMFしたコア事業+周辺事業）
- 会社の実績（創業からのマイルストーン：ローンチサービス／売上／トラクション／特筆すべきマイルストーン／その年を一言でまとめると）
- 会社のミッション
- 会社のビジョン
- 会社のバリュー（行動方針）
- 会社のメソッド

　「エレベーターピッチ」という表現があるが、自分たちの事業の顧客が誰で、課題は何で、これに対する独自の価値は何かといったことを端的に示した事業概要は必要である。
　ミッション／ビジョン／バリューや自分たちが持っている秘伝のタレ的なメソッドもあれば、強力なインパクトになる。

## ＞ ストーリーブックに載せること②
社長はこんな人です

- 私はこんな人間です
- 社長としての喜びは
- 創業のきっかけは
- 得意なこと
- 苦手なこと
- 趣味
- 出身地
- 家族構成
- 経歴

※これらは人間らしさが出るようにする

　初期のスタートアップというのは、社長そのものの魅力が重要である。ヒーローのような側面だけが求められるのではなくて、人間臭さを出すということが大事である。入社してもらった後には、社長と膝をつき合わせて5年、10年と一緒に歩んでもらうことが想定される。そのため、自分の得意なことだけではなく、苦手なことや補完してほしいことなども示す。社長に好感をもった人であれば、「貢献したい」と前向きに受け止めるはずである。

## 〉ストーリーブックに載せること③
## 会社のビジョン

- 会社の目指す未来像
- 会社の3年後、5年後、10年後の姿は
- なぜそのような姿を目指すのか
- その実現のために必要なことは
- これから3年、5年で起きると予想される市場の重要な変化
- 1年後、2年後、3年後の会社の状態ゴールは

　規制緩和や市場の拡大などの外部環境の変化を捉えて、3年後、5年後、10年後にどのようなことを達成しているかを言語化しておく。

　10年後は不確定なことも多く、絵に描いた餅になるかもしれないが、現時点で目指す方向性を示しておくことが重要である。優秀な人は、面談で「御社のビジョンは何ですか」と尋ねてくるものである。それに対して、明確に答えられなければ心に刺さらないだろう。

　たとえば、現在の市場はまだ小さいけれど、5年後には100倍になるなどの見込みを立てられると良い。これは、20年前のGoogleや15年前のFacebookと同じ状況かもしれない。ここから一緒に伸びていこうといったことを伝えられるようにしたい。

## 〉ストーリーブックに載せること④
## 会社の魅力

- 仕事の魅力

- 一緒に働く人の魅力
- 業界／領域／市場の魅力
- 環境面の魅力
- その他の魅力

　ストレートに社内の仕事の面白さなどを伝えられるとよい。現在は、カスタマーサクセスのような仕事が人気となってきたが、10年前にはこうした仕事の概念はなかった。このようにゆくゆくはメジャーになっていくような仕事を先取りしておくと、ビジネスパーソンとしての価値を高めていくことができる。求職者に、そのあたりの価値を伝えられるようにしたい。

　また、先述したが一緒に働くメンバーの魅力も重要だ。社長だけでなく、経営陣の魅力をきちんと伝えていけるとよい。

　スタートアップの場合には、安定した給料や福利厚生の充実といったことを職場の魅力として打ち出すことは難しいだろう。

　一方で、変化の激しい業界で学ぶことができることや、ビジネスパーソンとして成長できるといったことは魅力になる。求職者に成長欲求がないような人であれば、そもそもスタートアップにはマッチしない。事業スピードも速いけれど、それに負けずに自分の成長速度も速められることはアピールできる大きなポイントだ。こうした環境面や業界の魅力をきちんと表現していけると良い。

### 伸びている業界がどうかは求職者にとって大きな魅力

　伸びている業界で働いているだけで、働く人の市場価値が高まる。初期のGoogle出身者や初期のDeNAやMIXIなどのソーシャルゲーム業界には優秀な人が多い。それは伸びていく勢いのある業界なので、優秀な人材を引き付けることができたからだ。「この業界にいたことがブランディングになる」ということを感じられると、優秀な人にとっての魅力

になる。

　起業参謀の問いとしては、下記の8つの質問を投げかけて、仕事の魅力を言語化する支援ができるとよい。

 起業参謀の視点

- 仕事のどこが魅力か？
- 一緒に働くチームメンバーのどこが魅力か？
- 当社への貢献度の実感をどのように感じるか？
- 社会的な貢献性は？
- 影響範囲、インパクトは？
- 独自性は？
- 新規性は？
- 総じて積める経験は！

　続いて、ターゲットとする人材のベネフィットは何かを把握して、それを打ち出していくことも重要である。
　たとえば、「未経験から一生使えるスキルを獲得」「働き方自由！ リモートワーク」などは、ベネフィットが出せているが、「人気ある業界の急成長ベンチャーで人材募集」「インサイドセールス立ち上げメンバー求む」などは、潜在求職者側からベネフィットを感じることができない。

　また、他の魅力化できる項目がないか洗い出してみよう。たとえば、自分たちがPMFした業界のファーストムーバーであるなどは、きちんと言語化する必要がある。
　他にも、
- 製品・サービス

- 技術力
- 営業力／チャネル
- 内部資源／仕組み
- マネジメント
- 組織文化

といった点に目を向けてみるとよい。

　環境面の魅力や課題も言語化しておけるならばしておきたい。リターンとして、報酬制度や昇進制度、福利厚生などを示す。

　また、就労環境として労働環境や職場環境、組織的支援について説明を入れる。加えて、この会社の環境はどう働きやすいかにも触れられるとよい。

　とはいえ、スタートアップは報酬制度や労働環境がそこまで整っていないケースも多い。福利厚生や給料も大企業と比較すると低いかもしれない。しかし、その分、ストックオプションとして3年後や5年後に上場した際に、大きなインセンティブが入る可能性がある。そうしたスタートアップのフェーズの魅力を言語化するのもポイントだ。

## ＞ ストーリーブックに載せること⑤
## 　会社の課題／受け入れてほしいこと

　ネガティブサプライズを減らすためのポイントについても、配慮しておく必要がある。それぞれの項目を客観的に見て自社の優れている点、改善が必要な点を明らかにしよう。

　たとえば、女性の方が入社するのに、これまで1人も女性がおらず、オフィスに女性トイレがなかったという事実を入社してから聞いたのでは、すぐに辞めたいという気持ちになってもおかしくない。

　こうしたことは、面接などの段階で「弊社は残念ながら女性社員はい

ません。しかし、今後増えていくので環境整備をしていきたいと考えているから、必要な点を指摘してほしい」と言われていれば、入社してからのネガティブサプライズの可能性は下がる。ネガティブな点を隠しても、すぐにわかってしまうので、課題や受け入れてほしいことはきちんとストーリーブックに載せるようにしたい。

さらに、自社の課題を洗い出すことで、マイナス面を認識して、経営力を強化することができる。これはストーリーブックを作る、もう1つの目的とも言えるだろう。

なお、課題の洗い出しは下記の4つのステップで行えると効果的だ。

①課題を列挙する（マイナーなものであってもよいので一旦全部出す）
②グルーピング化する
③まとめてみる
④課題をカテゴライズする

> ストーリーブックに載せること⑥
　こんな人と働きたい／こんな人は嫌だ／
　一緒に働く仲間

- こんな人と働きたいを書き出してみる（スキル+実績+性格など）
- こんな人と働きたくないを書き出してみる
- 一緒に働く仲間は誰か

繰り返しになるが、どんな経営陣やメンバーがいるかは求職者にとって大きな魅力になる。そして、その上でこんな人と働きたいということを言語化していく。言語化するのは、求めるスキルや能力だけでなく文

化に合うかといった性格的な面も含む。

また、反対に、「こんな人は合わないだろう」という点も伝えておくと齟齬がないだろう。

ストーリーブックは、多くのスタートアップが用意しきれていないツールである。そのため、起業参謀としては、ぜひ支援したい部分である。

自社の魅力は言語化していても、その手前の業界や市場の魅力や社長自身の魅力などが整理されていないケースもある。こうした準備を進めていくことで、採用競合に勝っていくことができる。

いくら良いプロダクトがあったとしても、優れた人材がいなければ勝ちきれない。そのあたりを意識して、このストーリーブックを起業家と作成していくようにしたい。

---

まとめ

成果を上げるには「行動の質」と「行動の量」の掛け合わせであると、第1章でも述べた。リソースが限られる起業家の成果を最大限高めるべく、様々なフレームワークを紹介してきた。本章では、起業家の背中を押し、「行動量」を高めるためのフレームワークを紹介した。行動量を高めるためにペースメーカー、または行動を発奮する起爆剤のように、起業家に対峙することも求められることを留意いただきたい。

# 起業参謀がスタートアップの道を照らす

　最後までお読みいただいて、いかがだっただろうか。

　ここ10年ほどで、起業も新規事業も以前とは比べものにならないほど増加した。しかし、それを支える起業参謀は未だに圧倒的に少ない。日本をスタートアップや新規事業が変えていくには、起業家の存在だけでなく、優れた右腕となる起業参謀の存在が欠かせない。そんな思いを胸に、本書の執筆を続けてきた。

　ここまで読み進めてきた方はお気づきだと思うが、本書は一度読んだら終わりではない。起業参謀として活動していく中で、様々な疑問が湧いた時に、読み返していただくことをおすすめする。多くのフレームワークを紹介したが、それらをそのまま使うのではなく、あくまで、「守破離」の「守」という基本的な型として捉えていただければと思う。

　この本がきっかけとなって社会に必要とされる起業参謀が数多く育ってくれることを期待している。そして、その方々が、起業家と共に世の中の「不」へと立ち向かい、社会を前に進めてくれると信じている。

　同じ起業参謀として肩を並べ、スタートアップと新規事業の未来を作っていく方と出会えることを楽しみにしている。

　そして、AIの進化などにより、現在や未来に自分の道を見出せず、不安を抱えているビジネスパーソンの道を照らすヒントになれたのなら、これほど光栄なことはない。

　起業しても、起業参謀となっても、企業人として企業に残る道を選んだとしても、本書でお伝えをしたことがあなたを必ず支えてくれるはずだ。ぜひ、自分らしく生きるために、本書でお伝えした知見を活かしていって欲しい。

　本書の制作にあたっては、本当に多くの人のご支援をいただいた。この場を借りて、心から感謝を伝えたい。

最後に、読者の皆様、ありがとうございました。いつかどこかで、新たな価値を創造する仲間として出会えることを心から楽しみにしています。

著者

# 参考・引用文献

『キャプランとノートンの戦略バランスト・スコアカード』（ロバート・S・キャプラン、デビッド・P・ノートン著、櫻井通晴訳、東洋経済新報社、2001 年）

『マネジメント［エッセンシャル版］　基本と原則』（ピーター・F・ドラッカー著、上田惇生訳、ダイヤモンド社、2001 年）

『地頭力を鍛える　問題解決に活かす「フェルミ推定」』（細谷 功著、東洋経済新報社、2007 年）

『ストーリーとしての競争戦略　優れた戦略の条件』（楠木 建著、東洋経済新報社、2010 年）

『スティーブ・ジョブズⅡ』（ウォルター・アイザックソン著、井口 耕二訳、講談社、2011 年）

『I, Steve: Steve Jobs In His Own Words（In Their Own Words）』（George Beahm 編、Agate B2、2011 年）

『具体と抽象　世界が変わって見える知性のしくみ』（細谷 功著、dZERO、2014 年）

『問題解決　あらゆる課題を突破する ビジネスパーソン必須の仕事術』（高田貴久、岩澤智之著、英治出版、2014 年）

『10 分後にうんこが出ます　排泄予知デバイス開発物語』（中西敦士著、新潮社、2016 年）

『ジョブ理論　イノベーションを予測可能にする消費のメカニズム』（クレイトン・M・クリステンセン、タディ・ホール、カレン・ディロン、デイビッド・S・ダンカン著、依田光江訳、ハーパーコリンズ・ジャパン、2017 年』

『戦略インサイト　新しい市場を切り拓く最強のマーケティング』（桶谷 功著、ダイヤモンド社、2018 年）

『世界標準の経営理論』（入山章栄著、ダイヤモンド社、2019 年）

『文系 AI 人材になる　統計・プログラム知識は不要』（野口竜司著、東洋経済新報社、2019 年）

『100 万人に 1 人の存在になる方法　不透明な未来を生き延びるための人生戦略』（藤原和博著、ダイヤモンド社、2019 年）

『「具体⇄抽象」トレーニング　思考力が飛躍的にアップする 29 問』（細谷 功著、PHP ビジネス新書、2020 年）

『問いのデザイン　創造的対話のファシリテーション』（安斎勇樹、塩瀬隆之著、学芸出版社、2020 年）

『反省記　ビル・ゲイツとともに成功をつかんだ僕が、ビジネスの " 地獄 " で学んだこと』（西 和彦著、ダイヤモンド社、2020 年）

『起業大全』（田所雅之著、ダイヤモンド社、2020 年）

『ビジョナリー・カンパニー ZERO　ゼロから事業を生み出し、偉大で永続的な企業になる』（ジム・コリンズ、ビル・ラジアー著、土方 奈美訳、日経 BP、2021 年）

『9 割の社会問題はビジネスで解決できる』（田口一成著、PHP 研究所、2021 年）

『ネットワーク・エフェクト　事業とプロダクトに欠かせない強力で重要なフレームワーク』（アンドリュー・チェン著、大熊希美訳、日経 BP、2022 年）

『解像度を上げる　曖昧な思考を明晰にする「深さ・広さ・構造・時間」の 4 視点と行動法』（馬田隆明著、英治出版、2022 年）

『経営×人材の超プロが教える　人を選ぶ技術』（小野壮彦著、フォレスト出版、2022 年）

『イノベーション道場　極限まで思考し、人を巻き込む極意』（高岡浩三著、幻冬舎、2022 年）

『Running Lean 第 3 版　リーンキャンバスから始める継続的イノベーションフレームワーク』（Ash Maurya 著、角 征典訳、Eric Ries 編、オライリー・ジャパン、2023 年）

［著者］

**田所　雅之**（たどころ・まさゆき）
株式会社ユニコーンファーム代表取締役CEO

1978年生まれ。大学を卒業後、外資系のコンサルティングファームに入社し、経営戦略コンサルティングなどに従事。独立後は、日本で企業向け研修会社と経営コンサルティング会社、エドテック（教育技術）のスタートアップなど3社、米国でECプラットフォームのスタートアップを起業し、シリコンバレーで活動。帰国後、シリコンバレーのベンチャーキャピタルのベンチャーパートナーを務めた。
また、欧州最大級のスタートアップイベントのアジア版、Pioneers Asiaなどで、スライド資料やプレゼンなどを基に世界各地のスタートアップの評価を行う。これまで日本とシリコンバレーのスタートアップ数十社の戦略アドバイザーやボードメンバーを務めてきた。2017年スタートアップ支援会社ユニコーンファームを設立、代表取締役CEOに就任。その経験を生かして作成したスライド集『Startup Science 2017』は全世界で約5万回シェアという大きな反響を呼んだ。2022年よりブルー・マーリン・パートナーズの社外取締役を務める。
主な著書に『起業の科学』『入門 起業の科学』（以上、日経BP）、『起業大全』（ダイヤモンド社）、『御社の新規事業はなぜ失敗するのか?』（光文社新書）、『超入門 ストーリーでわかる「起業の科学」』（朝日新聞出版）などがある。

「起業参謀」の戦略書
——スタートアップを成功に導く「5つの眼」と23のフレームワーク

2024年1月30日　第1刷発行
2024年4月19日　第3刷発行

著　者——田所　雅之
発行所——ダイヤモンド社
　　　　　〒150-8409　東京都渋谷区神宮前6-12-17
　　　　　https://www.diamond.co.jp/
　　　　　電話／03・5778・7233（編集）　03・5778・7240（販売）

装丁————杉山健太郎
本文デザイン&DTP——高橋明香（おかっぱ製作所）
イラスト——坂木浩子（ぽるか）
編集協力——佐藤　智
校正————鷗来堂
製作進行——ダイヤモンド・グラフィック社
印刷————新藤慶昌堂
製本————ブックアート
編集担当——高野倉俊勝

©2024 Masayuki Tadokoro
ISBN 978-4-478-11844-3
落丁・乱丁本はお手数ですが小社営業局宛にお送りください。送料小社負担にてお取替えいたします。但し、古書店で購入されたものについてはお取替えできません。
無断転載・複製を禁ず
Printed in Japan

**◆ダイヤモンド社の本◆**

# すべての起業家は、事業家へと自己変革せよ！

ベストセラー『起業の科学』がさらに進化！ 伝説のスライド10,000枚を1冊に凝縮！
スタートアップを着実に成長させるための実践知を網羅。
フェーズごとにやるべきこと、やってはいけないことがわかる！

## 起業大全
### スタートアップを科学する9つのフレームワーク
田所　雅之［著］

●B5判並製●定価（本体3200円＋税）

**https://www.diamond.co.jp/**